上册

大变局

十六国的分裂与融合

左文宁 灵犀无翼 著

中国出版集团 现代出版社

图书在版编目（CIP）数据

大变局：十六国的分裂与融合 / 左文宁，灵犀无翼
著 . -- 北京：现代出版社，2023.3
ISBN 978-7-5231-0214-5

Ⅰ . ①大… Ⅱ . ①左… ②灵… Ⅲ . ①中国历史—五
胡十六国时代—通俗读物 Ⅳ . ① K238.09

中国国家版本馆 CIP 数据核字 (2023) 第 035086 号

大变局：十六国的分裂与融合（全两册）

作　　者	左文宁　灵犀无翼
责任编辑	王志标
出版发行	现代出版社
地　　址	北京市安定门外安华里 504 号
邮政编码	100011
电　　话	010-64267325　64245264（传真）
网　　址	www.1980xd.com
印　　刷	北京飞帆印刷有限公司
开　　本	710mm×1000mm　1/16
印　　张	49
字　　数	851 千字
版　　次	2023 年 3 月第 1 版　2023 年 4 月第 1 次印刷
书　　号	ISBN 978-7-5231-0214-5
定　　价	108.00 元

序　言

读完气壮山河、令人叹为观止的三国史，私以为这是中国历史上最精彩的一部分，否则它无法引动人们的情感共振。不过，当我真正了解两晋十六国南北朝时，才知道三国时期不过是大乱之前的小打小闹。

倏然间，便有了一种"曾经沧海难为水，除却巫山不是云"的感动。

有人曾问，与盛世相比，乱世到底有什么吸引人的地方。且让我来打个比方。如果说盛世是一屏铁画银钩、端严有度的楷书，那么乱世就是一方笔走龙蛇的行书。

前者，无疑是美的，而它唯一的缺憾却也正源于此，因为，大多数人的命运，都被安放在差不多的轨迹之中。而我更乐于欣赏的却是，乱世中蹲踞着的、蛰伏着的一切可能。

这种可能，是"天挺英姿"的李雄临危承命、败敌夺城、蹈玄德之前基的义举，而在此之前，他只是一个流亡四川的难民。其实，他最有可能的际遇，是成为满地饿殍中的一员。

这种可能，是"容仪机鉴"的刘渊振臂一呼、乘乱立业、"复兴"汉室大业的伟志，而他本来的身份，是一个地地道道的匈奴人。其实，他最有可能的际遇，是继续为西晋效犬马之劳。

这种可能，是"辱在厮养"的石勒发迹河朔、称雄北方、致力文教经济的睿见，而他蒙受过的最大不幸，是被掠卖为奴、亲族四散。其实，他最有可能的际遇，是被奴隶主榨干最后一滴血。

这种可能，还可以是石勒、张宾的君臣遇合，苻坚、王猛的鱼水情深，慕容三杰的继往开来，高欢、宇文泰的恩怨情仇，"索虏""岛夷"的针锋相对，美服壮马、褒衣博带的碰撞交融……

是的，这个时代最特别的地方，不在于战争孕育了和平，而在于碰撞产生了交融。这种文化的交融，诞育了新的文明、新的气象。

移目南方，东晋的风流人物也是这个时代熠熠生辉的明星，你看那气盖山河的刘裕、乘风破浪的宗悫、闻鸡起舞的祖逖，他们哪一个不曾演绎过人生的传奇？你看那东山再起的谢安、归园田居的陶渊明、志人录心的刘义庆，他们哪一个不曾留下过生命的足印？

限于篇幅，本书聚焦的重点，放在了两晋之间的十六个北方（笼统的说法，实则其范围大致上涵盖了汉地中、东、西部，远达漠北及西域）政权——成汉、前赵、后赵、前凉、前燕、前秦、后燕、后秦、西秦、后凉、南凉、南燕、西凉、北凉、胡夏、北燕。

在十六国之外，我们也对"流量"不够、不能跻身十六国之列的若干政权，投以关注的目光。因为，在前仇池、武都国、武兴国、阴平国、宕昌国、邓至国、冉魏、谯蜀、桓楚、翟魏、代国、西燕等国的历史时空里，这些政权也曾是他们自己的主角。

那一代，关中（以长安为核心）、关东（以邺城、襄国、中山为核心）乱纷纷；那些年，南方、北方同争艳。

只是，无论多么精彩纷呈的时代，终究会有它的终结者，去书写属于自己的传奇，翻开新的历史篇章！

终于，在公元 439 年那一年，武功赫赫的太武帝拓跋焘，消灭了苟延残喘的北凉小国，统一了中国北方，结束了那个混乱之中蹲踞着、蛰伏着一切可能的十六国时期，中国历史正式（刘裕建宋，标志着南朝的开始）进入了另一个碰撞交流的时期——南北朝。

曾试图，用将星云集、波澜壮阔、横绝百代这样的语言来刻绘这个时代，临到下笔却又觉得它们仍显苍白无力。但仍想在最后，为这两晋十六国，道出心间最感性的认识："匈奴鲜卑羯氐羌，风云一场际会；王谢崔卢李郑杨，物情半日闲话。"

是为序。

目录 / Contents

第一卷　二赵争雄

各政权部分人物表

【两晋】

皇帝：武帝司马炎、惠帝司马衷、怀帝司马炽、愍帝司马邺、元帝司马睿、明帝司马绍、成帝司马衍

宗室：齐王司马攸、汝南王司马亮、楚王司马玮、太子司马遹、赵王司马伦、齐王司马冏、河间王司马颙、长沙王司马乂、东海王司马越、南阳王司马模、东瀛公司马腾、成都王司马颖、范阳王司马虓、太子司马诠、襄阳王司马范、南阳王司马保

中央官员、外戚：郭钦、卫瓘、江统、石崇、王恺、傅咸、杨骏、张华、贾谧、嵇绍、王衍、王浑、王济、孔恂、杨珧、马隆、索靖、王导、王敦、温峤、桓温、庾翼、庾亮、刘惔、褚裒、刘隗、刁协、戴渊

地方官、军阀：赵廞、耿滕、费远、罗尚、辛冉、王浚、苟晞、刘琨、苟藩、阎鼎、傅祇、崔毖、崔焘、韩据、姬澹、邵续、邵泊、邵缉、邵竺、祖逖、徒龛、曹嶷、李矩、郭默、王逊、李钊、钱凤、陶侃

宗王信从：卢志、陈眕、张方、公师藩、孙秀

乞活军、流民军：田禋、田兰、王如、侯脱、严嶷

【成汉】

皇帝：武帝李雄、哀帝李班、废帝李期、诏文帝李寿、归义侯李势

宗室：李辅、李特、李庠、李流、李骧、李始、李荡、李超、李攀、李含、李辅、李远、李国、李离、李玝、李越、李广、李奕

信从、外戚、臣子：阎式、赵肃、任回、任调、任颜、上官惇、李攀、费佗、苻成、隗伯、范长生、范贲、王达、何点、李剑、王嘏、董融、文夔、韩豹、谯秀、龚壮、罗恒、解思明、王利、蔡兴、李嶷、董皎、马当、李闳、王广、韩皓、邓定、隗文、常璩

【前赵（汉赵）】

皇帝：光文帝刘渊、刘和、昭武帝刘聪、隐帝刘粲、刘曜

宗室：于扶罗、呼厨泉、刘豹、刘宣、刘宏、刘景、刘欢乐、刘洋、刘裕、刘隆、刘义、刘厉、刘延年、刘骥、刘逞、刘劢、刘岳、刘胤、刘熙

信从、外戚、臣子：崔游、朱纪、范隆、崔懿之、公孙彧、王弥、呼延攸、呼延翼、呼延颢、呼延晏、田密、赵固、宣于修之、陈元达、王彰、范隆、马景、靳准、靳明、靳康、朱纪、卜泰、游子远、胡勋、綦母豚

【后赵】

皇帝：明帝石勒、石弘、武帝石虎、石遵、石鉴、石祇

宗室：周曷朱、石生、石瞻、石聪、彭城王石堪、石宏、石恢、石邃、石宣、石韬、石斌、石琨

信从、外戚、臣子：郭敬、宁驱、师欢、汲桑、王阳、支雄、夔安、吴豫、冀保、桃豹、刘膺、逯明、郭敖、刘宝、刘徵、呼延莫、张瞱仆、张越、郭黑略、赵鹿、孔豚、支屈六、张訇督、冯莫突、刁膺、孔苌、支雄、张宾、王脩、曹平乐、石越、程琅、程遐、蒲洪、姚弋仲、姚襄、续咸、徐光、彭彪、郭殷、成公段、李颜、崔约、孙珍、张豺、梁犊、刘显、邓恒、王午、王佗、李产、邓恒、王擢（后投凉）、麻秋、张伏都、刘浑、佛图澄

【前凉】

凉王（张祚追封）：武王张轨、昭王张寔、成王张茂、文王张骏、桓王张重华

信从、外戚、臣子：宋配、阴充、氾瑗、阴澹、令阴据、狐亚、张镇、张越、曹祛、贾夌、麴晃、王融、孟畅、张诜、蔡忠、阎沙、赵仰、贾摹、陈珍、韩璞、窦涛、宋辑、辛岩、张阆、皇甫该、谭详、李柏、杨宣、裴恒、张耽、谢艾

【前燕】

皇帝（追封）：武宣帝慕容廆、文明帝慕容皝、景昭帝慕容儁

宗室：慕容莫护跋、慕容木延、慕容涉归、慕容耐、慕容吐谷浑、慕容翰、慕容仁、慕容恪、慕容霸、慕容评

信从、外戚、臣子：乙那楼、慕舆根、刘佩、封奕、王车、高翊、悦绾、阳骜

【代国】

领袖（含代王、追封的皇帝）：拓跋毛、拓跋推寅、拓跋邻、拓跋诘汾、拓跋力微、拓跋沙漠汗、拓跋悉鹿、拓跋绰、拓跋弗、拓跋禄官、拓跋猗㐌、代王（穆帝）拓跋猗卢、景帝拓跋普根、平文帝拓跋郁律、惠帝拓跋贺傉、炀帝拓跋纥那、烈帝拓跋翳槐

相关：拓跋六修、拓跋比延、窦宾、库贤

【其他】

秃发树机能、齐万年、郝散、段末波、段匹磾、段文鸯、段牙、段辽、段兰、投鹿侯、檀石槐、宇文悉独官、宇文逸豆归、高钊、涉夜干、冉闵、冉胤、李农、王泰、逢约、董闰、张温、刘虎

楔子

从三国归晋，到八王之乱

"晋世宁，四海平，普天安乐永大宁。四海安，天下欢，乐治兴隆舞杯盘。舞杯盘，何翩翩，举坐翻覆寿万年。天与日，终与一，左回右转不相失。筝笛悲，酒舞疲，心中慷慨可健儿。樽酒甘，丝竹清，原令诸君醉复醒。醉复醒，时合同，四坐欢乐皆言工。丝竹音，可不听，亦舞此槃左右轻。自相当，合坐欢乐人命长。人命长，当结友，千秋万岁皆老寿。"

在西晋中期，伴随着时兴的杯盘舞，有一首名为《晋世宁》的词曲盛行于世。其意一眼可见，乃是颂咏太平繁荣之象。

诗圣杜甫也曾歌咏盛世昌平，无限深情地回忆道，"忆昔开元全盛日，小邑犹藏万家室""宫中圣人奏云门，天下朋友皆胶漆"，但无人不晓，繁华烬灭之时，便是"洛阳宫殿烧焚尽，宗庙新除狐兔穴"的凄惨景象。

那么，晋世的"宁"，是否又果如曲中所言，是一个美好的承平盛世呢？不然。

所谓"冰冻三尺，非一日之寒"，如果说开元这个鸿钧盛世多少有些水分，那么西晋这个本该是多民族的大一统王朝，则更印证了"盛名之下，其实难副"的古训。

这话还得从三国归晋说起。

众所周知，由汉至魏、由魏至晋，皆是以禅让的方式完成了政权的交接。不过，无人不知，西晋司马氏得国，无非是"拷贝"了曹魏欺负孤寡的方案。所以，这办法一定很好用吧？是的，好用，但不同的是，魏晋二朝赢得的口碑却大相径庭。

这也难怪！毕竟，人家曹氏父子英才盖世、一统北方，自己栽树自己乘凉，摘了汉朝的果子，也能咽得下去。而西晋所得的舆论，则是"司马昭之心路人皆知"。当然，这不是说老谋深算的司马懿于国无功，只是说他和曹操相比，不是一个重量级的选手。

就在这种路人皆知的情况下，司马昭的儿子司马炎，便在咸熙二年（265）十一月十四日，以一种温情脉脉的方式，从魏元帝曹奂手中接过了国器。三日后，晋武帝司马炎封曹奂为陈留王，食邑万户，并安置于邺城，尊之如前。

司马炎的做派，看似很"忠"，但要在这方面大做文章仍旧缺乏说服力，因此西晋的治国理念，只能是"孝"。李密在《陈情表》中就抓住了这一点，最大限度地拖延了出仕的时间。

为何要拖延？政治形势不明朗，是个很重要的原因。

当时，西晋承袭曹魏疆土，虽已消灭了蜀汉，但并未拿下孙吴之地，想要一统四海非在旦暮之间，何况，曹魏宗室是否全无反击之力，其他权臣、士族是否犹有篡晋之心，还未可知。因此，司马炎在泰始元年（265），便吸取了前朝缺乏宗室藩屏的教训，一口气分封了 27 个同姓王。

正如青年学者仇鹿鸣在《魏晋之际的政治权力与家族网络》一书中所言，"司马氏家族作为一个政治利益的共同体，家族各旁支的成员对魏晋革命的完成皆有所贡献，为政权的平稳转移奠定了基础……作为一个缺少坚实政治基础的皇帝，宗室的力量亦是司马炎稳固自身权力的重要助力"。

但是，司马炎也明白，自己的江山是依靠士族官僚的支持得来的，所以他也不能拿走对方的所有利益。于是，已经暴露出弊端的九品中正制，仍然被沿用下来，进而成为保护士族政治特权的一大法宝。

如此一来，司马炎的皇位，坐得越来越稳当。不仅如此，年轻皇帝的运气也好得出奇，此时与他竞夺天下的对手，是一个声名狼藉的暴君——孙皓。

"王濬楼船下益州，金陵王气黯然收。千寻铁锁沉江底，一片降幡出石头。"太康元年（280）时，趁着孙皓尽失民心的当头，西晋打下了吴国，开创了三国归晋的新局面。

想想看，汉末时期英杰辈出、各竞雄才，如此反而造成了三国鼎立的局面。谁能想到，他们竟然是在为一个称不上雄主的青年皇帝做嫁衣呢？

有道是，"世无英雄，遂使竖子成名矣"，历史的吊诡之处就在这里。

更可叹的是，在统一天下之前，司马炎尚算称职，但在这以后，他便有些飘了、迷了、醉了。一时之间，画风突变。

姑且不论"羊车望幸"那一茬，只说司马炎奢侈无度这一桩事。

起初，"太医司马程据献雉头裘"，被司马炎弃之殿前，当众焚毁。随后，他又以此来告谕官民，不可奢侈靡费。这些做法，似乎都表明他是个崇尚节俭的明君。

可是，后来呢？当司马炎的舅父王恺和石崇玩起"斗富"的时候，他还暗地里"伸出援手"，赐给他一棵二尺来高的珊瑚树。

接下来的事，大家都知道了：石崇冷冷一笑，直接砸了这棵珊瑚树，表示这只是个假货。然后，仆从们抱出一堆高达三四尺的珊瑚树，让王恺随便挑。王恺心里那个恼啊，恨不得立马钻到地缝里去。

您说，作为一国之君，居然纵容臣子斗富炫财，这是多么匪夷所思的做法。

道理很简单，皇帝臣子都没带好头，整个领导集团都陷入了极端腐败之中，你能指望百姓循规蹈矩社会风清气正吗？

有识之士都很着急。大臣傅咸曾上书说"奢侈之费，甚于天灾"，意在请求皇帝制止这股邪风，但司马炎对此无动于衷，终致奢风大炽而不可收拾的局面。

原本因为政局的稳定，百姓能够安居乐业，一度出现了"太康繁荣"的景象。仅以人口为例，灭吴之后，西晋的人口已达 377 万户。客观地说，司马炎执政初期的贡献，不可被抹杀。只是在那"晋世宁，四海平"的风平浪静之下，却涌动着无数噬人的暗流。

有哪些暗流呢？

其一，司马炎只看到宗室翼助中央的力量，却没有提防他们的野心。这么说吧，大封同宗子弟为王，不是不行。但是，司马炎是怎么做的呢？早先，他令宗王们以郡为国，自行选用国中的文武官员，享有租税上的独立权。这就是说，司马炎把用人权、财权都给了他们。

这还不算。到了咸宁三年（277），司马炎又将封国分为三等，制定郡国置军的制度。理论上，诸王并无地方行政权，但他们又往往担任一方的都督诸军事和地方刺史，后来篡位的赵王司马伦，便担任过征西将军。从此往后，西晋的宗王又拥有了军政大权。

为了防备士族阶层里的野心家，司马炎允许宗王出镇、参政，但却不知宗王中间也不乏觊觎皇权之人，他们完全可以利用自己的身份地位，与多方势力勾结一气，破坏整个政府的运营机制和秩序。西汉时七国之乱的教训，殊可深味。

其二，司马炎的继承人司马衷自小就以"看起来不太聪明"而著称，而他的"贤内助"——皇后贾南风却是以凶悍贪权著称的女人。在皇后杨艳、杨芷和太子妃贾南风等人的"保驾护航"下，先天不足的司马衷保住了太子之位，并于太熙元年（290）四月继承皇位，改元永熙，史称晋惠帝。

毫不客气地说，这是西晋的巨大灾难。一早，臣子卫瓘就有了"此座可惜"的见地，后来《晋书·武帝纪》也对此评价道："中朝之乱，实始于斯矣。"

一般来说，即便是皇帝平庸，只要核心官员较为得力，这个国家都不太可能乱起来。但一个闹出过"何不食肉糜"的笑话的皇帝，如何分得清臣工的贤愚好坏，管得了皇后的为非作歹，制得住宗王的勃勃野心？他只会沦为一具牵线木偶，受人摆布。

其三，游牧民族大量内迁杂居，引发了许多不可忽视的民族矛盾。泰始六年（270）时，鲜卑人秃发树机能举旗叛乱；元康四年（294）时，匈奴人郝散发动起义；元康六年（296）时，氐人齐万年也聚众而起……

齐万年被镇压下去之后，太子洗马江统上表《徙戎论》，提出了"申谕发遣，还其本域，慰彼羁旅怀土之思，释我华夏纤介之忧"的解决办法。

然而，执政的贾南风没有听取这番真知灼见。10年后，遂有北方少数民族进犯中原之事。

最终，在奢侈之风的浸染下，在皇帝暗弱、皇后越位、外戚争权、宗王夺政的乱局中，西晋王朝摇摇欲坠，终致崩溃四散，享祚不过51年。

史官如实地记录下了以下历史片段——

元康元年（291），贾南风密诏楚王司马玮除去外戚杨骏，废黜杨太后，以便于大权独掌。

不久后，贾南风利用汝南王司马亮和楚王司马玮的矛盾，先令司马玮杀死司马亮，再以矫诏之名收杀司马玮。

元康九年（299）至永康元年（300）间，贾南风废黜了太子司马遹（非她所出），赵王司马伦煽动舆论，促使贾南风谋害废太子，而后化身"正义大使"，废黜了贾南风。

永康二年（301）正月，赵王司马伦废帝自立，软禁司马衷。

当年四月，齐王司马冏杀死司马伦，迎司马衷复位，改元永宁。

太安元年（302）底，河间王司马颙、长沙王司马乂攻杀司马冏，司马乂独揽大权。

永兴元年（304）初，东海王司马越趁夜擒住司马乂，司马颙的部将用火烤死了他。成都王司马颖为皇太弟。

次年，司马颙挟持司马衷，发诏要罢免司马越。司马越起兵相抗。

光熙元年（306），司马越护送司马衷回到洛阳，担任太傅录尚书。司马颖死于范阳王司马虓部下之手。

当年十一月十八日，司马衷猝死，有说是被司马越毒死的。晋怀帝司马炽继位，仍为司马越之傀儡，不日后，司马颙被骗杀。

长达 16 年的战事，终告完结，东海王司马越成为"八王之乱"的终极赢家。

只不过，一波未平一波又起，"八王之乱"的烽火，早已成为永嘉之乱的序章！

---

① 因本书涉及的政权很多，为区别起见，对于年号的书写方式是，若为西晋或东晋的纪年一般不注明国号，反之则在年号之前注明国号，如大成晏平元年（306）。

第一章

成汉，第一个吃螃蟹的国家

这一头，"八王之乱"愈演愈烈；那一厢，分裂割据的局面已经悄然形成。光熙元年（306），烽火方息，但多年来饱受战苦的西晋王朝，哪有阻遏割据之风的能力和魄势呢？

此前两年，十六国中的大成（汉）和汉（前赵），便开始与它公开叫板，而不久之后，早有独立之志的张氏、慕容氏也纷纷划疆自立，史称前凉、前燕。

凝聚力、向心力，是西晋晚期尤为稀缺的东西。那些被战火击碎的忠孝节义，无一不昭示着大一统政权的不合时宜。

——引言

第一节　李流据广汉、占成都

流民中的精英，不一般

在"八王之乱"还未全面爆发时，贪腐的赵王司马伦坐镇关中，与其心腹孙秀大量搜刮钱财，以致民怨鼎沸、反声一片。更要命的是，他们的主要搜刮对象是氐羌人，此举无疑加剧了关中地区的阶级与民族矛盾，最终引发了齐万年领导的农民起义。

然而，镇压了齐万年，一切便能好起来吗？西晋在关中的统治已遭到了义军的严重冲击。狼藉满地，民不聊生。很快地，一场规模空前的流民迁徙运动，以不可思议的速度席卷全国。

数据是最能说明问题的。晋惠帝元康八年（298），关中天水、略阳、扶风、阴平、始平、武都六郡10万多流民南下梁州、益州。

造成此次流民南下主要有两个原因，除了司马伦的贪得无厌与西晋政府繁苛的徭役，还有严重的自然灾害。

西晋年间，自然灾害一直非常猖獗，政府早就被它搞得焦头烂额了。据曹文柱《魏晋南北朝流民问题的综合考察》一文统计，西晋统治时期（265—317）是自然灾害的频发阶段，50年间共发生重大水灾31次，旱灾35次，其他严重灾害49次。多达115次自然灾害，摊下来平均一年都有2次多，况且，其灾情还普遍较为严重。

然而，剖析时情，又不难得知，当时的自然灾害虽然不少，却不致令人绝望到远走他乡。因为在天灾的背后，还隐藏着人祸。

原来，多年以来，官府几乎没在关中地区施以惠政。于是，关中先是水利失修，再是连年干旱、粮价飞涨，继而饿殍满地、瘟疫横行……

天灾与人祸齐飞，只能让深陷旋涡里的人无比绝望。所谓"树挪死，人挪活"，百姓长期生活在水深火热之中，若不另谋生路，难道原地等死不成？

走吧！背井离乡，也总比坐以待毙的好。活着，比啥都强！

不然呢？指望着西晋政府去赈灾？醒醒吧！洛阳城内，新一轮的政治洗牌即将开始，谁还有心思去安顿这些小老百姓？

流民转移到了汉中，接着上书朝廷，请求去相对富庶的巴蜀谋生。对此，西晋朝廷的本意是拒绝的，他们立马派出御史紧闭剑阁关，并监视流民的行动，唯恐他们闹出事端。

蜀道剑门无寸土，雄关耸峙，打是不可能打的。至少在这之前，还从未有人正面攻破过剑阁关，因此这帮军事素质并不高的流民，又能怎么办呢？其实也不难办到，既然这个御史是朝廷委任的，这事儿就好办了。

很简单，两个字：贿赂。

果然，双方很快成为"朋友"，要通过剑阁关完全不在话下。

就在流民哼着欢快的小曲儿，迈着轻快的步伐，穿过剑门关时，队伍里传出了一声惊叹："刘禅有如此之地而面缚于人，岂非庸才邪！"

这个人叫李特。

李特，字玄休，先祖是巴西（今四川阆中）人，一度迁徙到汉中，东汉末年归附曹操，曹操将他们迁到了关中略阳，称其为"巴氐"（史界亦有不同看法）。李特之父李慕，是个猎将。据史料记载，李特"身长八尺，雄伟善骑射，沉毅有大度"，是个猛男。

听了李特的这番言辞，与之一同逃荒的阎式、赵肃、李远、任回等人，都甚为惊异，觉得他不是个寻常人物。而后来的事情，也印证了他们的判断。

李特与兄弟李庠、李流三人，对老弱病残、生活困难的群众予以无微不至的照料。他们也因此赢得了很高的声誉。

有了声誉，地位自然也就上来了。

流人刚剽，蜀人懦弱？

永康元年（300），贾南风倒台，朝廷让耿滕代替赵廞担任益州刺史一职。作为贾南风的姻亲，嗅觉灵敏的赵廞知道这意味着什么，他才不会拱手让权、任人宰割呢！

在赵廞看来，与其束手待毙，不如割据一方，当一个土皇帝！

但是，想当土皇帝，首先你要有资本。你赵廞有这资本吗？别说，他还真有。他的资本，就是这 10 余万六郡流民。这很好理解，流民不是没饭吃才跑过来的吗？至于吃饭……好说，开仓赈粮，收买人心。

于是，便有了以下这一幕——

什么？李特你说你是巴西人？我赵廞也是巴西人啊！哎呀！老乡见老乡，两眼泪汪汪啊。李特老弟，看你大老远的回乡也不容易，大家都是四川人，你手底下这帮弟兄也无所事事，不如以后跟着老哥我一起干吧！

好了！李特兄弟终于找到一处寄所！不只是他们，包括妹夫李含、任回、上官惇（上官昌）、李攀、费佗（费他）、苻成、隗伯等人，都屁颠儿屁颠儿地前来归附，计有 4000 骑兵之多。

有了益州刺史这把保护伞，他们开始聚众劫掠，竟连一丝顾忌都没有……

即将到任的"益州刺史"耿滕似乎觉察到了什么。

他连忙给朝廷上表，说"流人刚剽而蜀人懦弱，客主不能相制"，一定会有内乱，不如将这批流民遣返，否则很可能会再度爆发齐万年之乱。

耿滕的话不无道理，他在这里提到了一个民风问题：流人刚剽，蜀人懦弱，二者无法兼容。

关中民风自不必多说，刚猛彪悍，秦始皇统一六国与秦人的本性不无关系。但"蜀人懦弱"一说，又从何而来？耿滕所说是否有理有据？

其实，很久之前，西晋统治者确实已经注意到了这点。

太康年间，晋武帝司马炎曾问过华谭有关蜀、吴的民风问题："吴、蜀恃险，今既荡平。蜀人服化，无携贰之心；而吴人趑雎，屡作妖寇。岂蜀人敦朴，易可化诱；吴人轻锐，难安易动乎？"

看看，那时司马炎已经意识到"蜀人服化，无携贰之心"了。现代史学家陈寅恪先生在《金明馆丛编初稿》中就指出："蜀汉境内无强宗大族之汉人组织，地方反抗力薄弱，洛阳征服者易于统治，此晋武帝所谓蜀人服化无携贰之心者是也。"

在这里，陈先生所说的"强宗大族"，在曹魏灭蜀之际都被司马昭迁到了中原。为了加强对蜀地的掌控度，统治者们也是费尽了心力。

杀弟之仇，不共戴天！

这一头，赵廞的如意算盘打得啪啪响；那一边，耿滕已经计划着遣返流民了。

赵廞心里有点儿慌，暗道：不行，这绝对不行！没了流民，老子的皇帝梦还做得成吗？

如此一想，赵廞当机立断，二话不说杀了耿滕。这等于和西晋朝廷决裂了。随后，赵廞自称益州牧、大将军、大都督，开始安置僚属，改换郡守县令，彻底拉起了反旗。

在那时，纵是朝廷所任的官员，也都不敢跟赵廞对着干。照这个势头下去，赵廞显然是要搞些大事情的，但很可惜，他的枪子儿打错了地方。

说实在的，赵廞真不是一块当土皇帝的料，刚到了需要他大显身手的时候，他却开始嫉贤妒能，大搞内部矛盾。

当时，在他的"嫡系部队"里面，要数李庠最为出色。

李庠是李特的三弟，他不仅精通兵法、英勇善战，而且在流民中声望很高。赵廞十分欣赏他，以之为威寇将军、阳泉亭侯。李庠负责募集六郡的武夫，以便截断北路。由于李庠善于经营，他的队伍很快发展到了万人规模，兵士们都很听李庠的话。

兵将一心，一般来说不是坏事，但这情形落在心胸狭隘的赵廞眼中，却成了李庠"功高盖主"的罪证。到了永宁元年（301）二月，长史杜淑、张粲边对赵廞进谗，大陈"非我族类其心必异"的歪理。

只是，找什么理由除掉李庠呢？

刚巧，忠心耿耿的李庠正在劝说赵廞称帝，赵廞灵机一动，便借口李庠蓄意谋反，把他和其子侄们统统杀害了。这个时候，李特、李流都在外带兵。

为防李特、李流赶来报复，赵廞又把那具被戳出一堆血窟窿的尸体还给了李特，并安慰李特兄弟，说李庠之罪与他无涉。同时，赵廞还任命李特、李流为督将。

呵呵，这是在哄小孩吗？

若论"蓄意谋反，大逆不道"，第一个应该要杀的就是赵廞本人，他却拿这个借口杀自己的心腹，可笑不？

把尸体给了李特，还盼着李特不要把这事放在心上，继续为杀弟之人效力。赵廞这是把李特当瓜娃子（四川方言，傻子）看。

再说了，李庠在流民中的声誉与号召力甚至超过李特。谁又不想为他报仇雪恨？

所以说，赵廞非但政治能力不足，甚至连智商都需要充值。

李庠死后，"六郡士庶莫不流涕"，无不对赵廞咬牙切齿，恨不得剥其皮抽其筋。在这样的舆情下，李特即便是实力不足，也必须选择为弟复仇。更何况，他亦有非凡的才智。

旋即，李特、李流带着自己的私人武装，果断杀回绵竹（今四川绵竹东南）。赵廞很快就尝到了自作自受的滋味。

得知李特兄弟带兵移屯绵竹，赵廞便让费远去接掌李庠之前的防务，还给他分配了万余兵力。很遗憾，费远根本不是李特的对手，就在绵竹周边宿营时，他便遭遇了猛烈的突袭。一场厮杀下来，费远的兵力被杀得只余十之一二。

随后，李特乘胜而上，剑指成都。

对方来势汹汹，以费远为代表的文武官员跑的跑、逃的逃，赵廞全无抵御之力，无奈之下，只得乘船遁走。哪知就在仓皇出逃的路上，赵廞便被他的随从朱竺谋害了。

另一头，李特昂首挺进成都城，听由兵士掳掠自肥，发泄着自己的不满与怨气；同时又派遣其牙门王角、李基上表朝廷，痛斥赵廞之罪。

那么，一向对西南边区缺乏掌控力的朝廷，又将做出何种反应呢？

第二节　大业未捷身先死

短暂的蜜月期

廷议之后，晋廷派出了罗尚。

这个人挺有意思，起初，时任梁州刺史的罗尚曾在赵廞造反时，上书朝廷说，不是这届蜀人不行，而是领导不行。朝廷表示，你说得对，于是罗尚就成了救火队长，哪里需要去哪里。

去吧！罗尚，平西将军、益州刺史，别客气，赶紧的！

觉得自己很行的罗尚，确实也没客气，当即领了7000兵士入蜀，督牙门将王敦、上庸都尉义歆、蜀郡太守徐俭、广汉太守辛冉等人随行。一行人行速极快。

这也难怪，他本是梁州刺史，而梁州的治所便是汉中（今陕西南、川东、重庆局部）。它和益州的距离，近得不能再近了。也不仅仅是近，它们还是一对"好哥儿们"。后来，元朝将汉中划入了陕西的范围，这才基本斩断了两地的天然联系。

要说这李特也是个人精，眼见罗尚来了，便赶紧派李骧奉礼相迎。正是应了那"礼多人不怪"的理儿，罗尚见李特这般识时务，便立马让李骧做骑督。其后，李特、李流在绵竹置备酒宴，慰劳官军。

永宁元年（301）三月，罗尚风风光光地进了成都，双方进入了一个蜜月期——罗尚稳稳当当地做他的刺史，李特则在绵竹屯兵设营、收容流民。

可惜，罗、李双方阶级不同，双方在利益上不是一个共同体，这个蜜月期注定无法长久。

早在李特、李流为罗尚接风洗尘时，手下的辛冉等人便悄悄劝罗尚除掉李特，他们认为，这家伙惯于作奸为盗，不是一盏省油的灯。罗尚摇摇头，没有答应。也许是因为信任李特，也许是因为信任自己。

出于巩固政权的需要，晋廷勒令蜀地的流民返回原籍，还派出了御史冯该、张昌加以督促。这道命令引发了李特和流民们的恐慌情绪。中国老话说"人离乡贱"，这话搁在李特身上却不奏效。

且不说中原乱糟糟的，人家如今在益州混得好好的，凭什么要回到饿殍满地的地方？并且此时李特的长兄李辅也自略阳老家托言迎接家眷来到蜀地，并告诫李特，中原大乱，不要回去。这也坚定了李特留下来的想法。

对比一下明朝时的一件事。

成化十二年（1476）时，再度发生了荆襄起义，鉴于之前的失败教训，国子监祭酒周洪谟等人都出了增设府县、编户齐民的建议；都察院左御史原杰更是对流民登记造册、任其去留，最后成功解决了流民问题。

反观西晋朝廷，他们不懂得以怀柔的方式来对待百姓。这便是李特仇视罗尚的第一个原因了。随后，第二个原因也接踵而至。

为了笼络人心，晋廷以征讨赵廞有功为由，拜李特、李流为宣威、奋威将军，还给他们封了侯爵，准许他们为底下的流民求官讨赏。哪知，这诏令到了成都，却被辛冉给截住了。李特得知此事后，心里很不痛快。

老实说，这本是辛冉的错，但李特不可能不把这笔账算在罗尚的头上。

总之，在这两种原因的综合作用下，罗、李之间的矛盾一触即发。

官逼民反，进占洛城

一开始还好，李特让手下阎式去求见罗尚，恳请让流民暂留在蜀中，迫至秋日再行遣返。看在厚礼的分儿上，罗尚爽快地答应了，但没几天后他又派人催督流民，给了个最后时限——七月。

这个做法简直是匪夷所思。因为流民们现下都忙得不可开交，梁、益二州的田地里，到处都是他们帮佣耕种的身影。试想，一无积蓄，二无新粮，若是七月动身，还不得把自己饿死？

无奈之下，李特再派阎式去跟罗尚沟通。他们希望长官能为他们考虑考虑，把归期延至冬季。在下属的劝阻下，罗尚拒绝了阎式的请求，并企图暗中偷袭流民大营。阎式看穿了这一切，一回去就提醒李特早做准备。

这下子，李特是真恼了，但造反的时机还不成熟，他还需要等待。

天可怜见，老天爷很快就给了李特这个时机。不久后，遣返之日到来了。作为史上以"奢贪"出名的晋王朝的臣子，罗尚可一点儿没丢朝廷的脸，抓住了一切"发财致富"的机会。罗尚、辛冉预先在流民遣返途中设下了关卡，梓潼太守张演便负责搜刮流民的财物。梓潼在剑阁关的南面，正是出蜀的必经之路。

这一出，简直丢人现眼、不识大体。

李特在得知罗尚竟然想发难民财之后，认为时机已经成熟，于是他故意激怒了辛冉。

一怒之下，辛冉张贴了很多悬赏捉拿李特兄弟的文告。李特见招拆招，将计就计，把文告上的内容改成了"能送六郡酋豪李、任、阎、赵、上官及氏、叟侯、王一首，赏百匹"。

如此一来，无论是巴氏大姓的首领、蜀叟的酋长，还是普通的流民，都非常害怕，纷纷投附于李特的绵竹大营中。也就个把月的时间，李特帐下已激增至两万人，加上李流的几千兵力，他们的实力已不容小觑。

十月间，李特驻军于赤祖（今德阳境内），与李流分镇北营、东营。李特预感到，官军很快便要来偷袭了。史书中称，几日后，辛冉、李芯背着罗尚，派出广汉都尉曾元，牙门张显、刘并等人，前来偷袭流民大营。他们也知李特不好对付，因此捎上了三万人马。只可惜，李特早有准备，对方很快便被他诱进去了。

当增援的兵马进来一半时，伏兵纷起，诱敌之计大功告成。

不多时，田佐、曾元、张显的人头，递呈于罗尚、辛冉跟前。罗尚一脸惶色地对属下抱怨一通，对于辛冉的自作主张，也气恼不已。只是此时李特已然势大，生气又有什么用呢？

当代学者沈起炜认为，"史籍说辛、李二人认为'罗侯不足复问'，是擅自决定动武，这不见得可信。因史籍又说辛、李派兵出发后，罗尚知道了，也派兵前往增援，可见他二人绝不是背着罗尚行事的"。这样的分析也不无道理。

不日后，被流民推举为镇北大将军的李特（兄李辅为骠骑将军，弟李流为镇东将军，李骧为骁骑将军），带着他们高歌直进，一举攻下了洛城（今广汉）。

辛冉输得一败涂地，罗尚派出的李芯、费远等人，也不敢前往增援。困窘之际，辛冉只得突围而去，跑去抱荆州刺史刘弘的大腿了。

李特身死梦破

李特进占洛城后，让李超担任太守。他又安抚当地百姓，与之约法三章，不再行抢掠之事。从"李特尚可，罗尚杀我"这样的民谣中，也可看出百姓对李特还是较为满意的。

且说，辛冉一溜烟儿跑了，罗尚挡不住李特的攻势，只好沿着郫水设置防御工事，与李氏兄弟对峙。另外，他又向梁州和南夷校尉发出救援信号。

太安元年（302），河间王司马颙遣督护衙博、广汉太守张徵（《资治通鉴》写为"张微"）前去征讨李特，驻军于梓潼。与此同时，南夷校尉李毅也对罗尚予以增援。5000兵力，还是很够意思的。至于罗尚他自己，则派出督护张龟屯兵于繁城，兵分三路以待李特。

在李特的部署下，李荡、李雄负责对付晋廷的援军，李特亲自"伺候"张龟，结果可说是无往不胜。李荡击败了衙博，还得到了大批归降的官军、巴西郡丞毛植等人的投附。

全面的胜利，是李特据地自立的底气。他自称益州牧、都督梁益二州诸军事、大将军、大都督，并改年号为建初。这分明是与晋廷分庭抗礼的标志了。

成汉、汉赵政权的立国时间，其实十分接近，但笔者以为，成汉才是十六国中的第一国。这是因为，李特早在太安元年就表明了他的立场。

在之前的战争中，李荡击败了衙博，但张徵却还驻留在梓潼。到了这年八月间，李特打算亲征张徵。因为梓潼易守难攻，李特并没占到什么便宜。此外，李特也没想到张徵会主动攻击他，直到他看见对方的步兵绕山而来。

此处山势险峻逼仄，交战之下，李特情形极为狼狈。

是进还是退？在这危急时刻，其属下罗准、任道都劝他赶紧撤离，而李特却以为李荡必会赶来增援。思量之下，他对司马王辛发下狠话，呼啸而前，竟一口气连杀官军数人，大大地震慑了敌人。

不久后，李荡的援军果然来了。一番血战下来，官军输得一败涂地。

在李荡和王辛的建议下，李特打消了放走张徵的念头，不予宽大处理。张徵虽得以突围而逃，但李荡却对他展开了一场绝杀。水陆两路，张徵都无路可去，最后倒在了李荡的刀下。

只是拿下了张徵，并不意味着官军势力的全面瓦解，因为罗尚还在。

为此，李特派李骧、李攀等人驻守于毗桥。罗尚几度来袭，都被打得满地找牙。罗尚实在无法，便派部将张兴向李骧"投降"。这自然是诈降了，其真实用意不过是借此刺探虚实。

也不知是张兴的演技太好，还是李骧有些麻痹大意，总之张兴很快就将李骧的部队不到 2000 人的消息传给了罗尚。罗尚一听，心里乐开了花，急忙派出一万精兵夜袭李骧。

李骧猝不及防，匆忙应战。激战之中，李攀当场战死，而李骧则逃往驻军于成都之北的李流的营寨。两头合兵之后，罗尚的部队又有些招架不住。此时，梁州刺史许雄虽然赶来增援罗尚，但也无济于事，惨败于李特之手。

李特趁势而进，一气击败了罗尚的水军，进而向成都进发，声威日壮。罗尚很是害怕，一边据城自保，一边派使者向屯军江西的李流求和。

要说罗尚这个人，虽然水平着实一般，但他有两个优点，一是能屈能伸；二是肯听人言。能屈能伸这点，大家都体会到了。打不过了就投降求和嘛，多大点事儿！至于说他肯听人言，这是因为正是他先后听取了益州从事任明、益州兵曹从事任睿的建议，这才转败为胜，立下了斩杀李特的大功。

在任明看来，李特这样的凶顽之人，不可能得到广泛的支持（蜀人相聚为坞堡自守，向李特请命，便是一证）。此外，李特为了安抚百姓，竟将兵马分散到各个坞堡就食，这说明他太过骄傲。因此，官军大可趁他疏于防备之时，秘密通告各个坞堡，给他来一个内外夹击。

任明诈降之后，取得了李特的信任。随后，任明又成功说服了各个坞堡，得到了他们的应诺。

次年正月间，罗尚得到了三万援军。李特派李荡等人抵御宗岱、孙阜，但由于对手势大迫人，坞堡的士兵大多存有首鼠两端之心。

任明又称，李特在这个时候还敢放纵部众散去吃饭，再次表明他毫无戒防之心，所以是时候发动坞堡的士兵，让李特尝尝内外夹攻的滋味了。

想干就干。任明夜缒入城，联络各坞堡，约期于二月十日。完成任务后，任睿又前往李特处诈降，谎称罗尚这方军粮即将告罄。李特不疑有他。

到了约定的日期，罗尚突袭李特的大本营。内外夹击之下，李特苦苦支撑了两天，终因寡不敌众败下阵来。即便他收拾残兵退往新繁（今成都新都区新繁镇），也没能逃出生天。

罗尚当场斩杀李特、李辅、李远，焚其身，传其首。

洛阳那头，得到了一颗颗战利品——首级，不禁欢呼雀跃；而流民这头，却惊惧万端，不知前路何往。李特本为人中豪杰，惜其后期骄躁谋寡，以致身死梦破，令人深叹。

那么，其未竟的事业，又将由谁来继承呢？

第三节　李雄建大成，争做十六国第一国

私自采取行动的二把手

李特败亡后，流民惊惧万端。大家都明白一点，群龙无首之下，他们很可能招致灭顶之灾。幸好，李特之子李雄最终成为他们的新领袖。

为何要强调一个"最终"呢？因为李特的首脑地位，本是由其兄弟李流来继承的。只不过，李流命不久矣，李雄的能力又极为出众，这才有了临终托任之事。

李雄这个人，从外形上来说，绝对是一个型男。《晋书》有载："雄身长八尺三寸，美容貌。少以烈气闻，每周旋乡里，识达之士皆器重之。"八尺三寸是个什么概念，"堂堂七尺男儿"这种表述大家都听过吧？李雄的身高在 1.90 米左右。

当然，外形这种东西，不过是个加分项。李雄之所以令"识达之士皆器重"，靠的还是他的刚烈气概。当时有一个道家术士叫作刘化，他曾预测李雄会成为人主。

现下，还是先说说李流刚接管流民军时的事情。

李流先称大将军、大都督、益州牧，迅速稳定了军心。李雄和他的兄弟李荡，也配合着收拾残部，退守一方，寻机再战。他们都清楚，官军中也不乏能人谋士，先前他们的确低估了对方的实力。

太安二年（303）三月，李荡、李雄协同李流突袭罗尚，战事异常激烈。罗尚本来处于被动状态，但由于流民军中的氐人将校苻成、隗伯临阵倒戈，战场上的形势一度发生了改变。

在这种情形下，李荡的母亲罗氏也表现出了巾帼不让须眉的豪气，亲自披甲上阵。在战争中，罗氏被隗伯刺伤了眼睛，但她依然顽强奋战，屹立不倒。最终，流民军成功击退了官军。

罗尚等人一气逃进了成都城，李流乘胜追击直逼城下，气势如虹。但很遗憾的是，在摘到最后的胜利果实之前，李荡不慎中矛而死。

其实，但凡打仗，伤亡在所难免，这本来不是什么大事。然而，因为李荡是李特的儿子，父子俩先后阵亡，这就必然对流民队伍带来了极大的负面影响。

这种负面影响，首先体现在领导层里。是的，李流的压力很大，都快愁白了头。

朝廷最近派出了荆州军，其前锋由建平郡太守孙阜率领，日前已深入蜀中，攻占了德阳。据可靠消息，随后，荆州刺史宗岱也会前来"拜望"他。

李流心里瘆得慌，跟妹夫李含一合计，竟然脑袋发晕，要跑去向孙阜投降。为了表示自己的诚意，他还打算拿自己的儿子李世和李含的儿子李胡做人质。

得知此事后，李雄、李骧都表示坚决反对。一干人强谏无果，万般无奈。所幸，此时李含的另一个儿子李离，跑来给李雄注入了一剂强心剂。

李离是梓潼太守，本不在李流身边，自然来不及亲自劝谏。这人脑瓜也很好使，他知道李雄是个有魄力的人，便直接与他商量补救办法。

二人凑到一块儿秘密商量。李离的意思很明确，献质请降就是扯淡。李雄点头说，为今之计，只有奇袭荆州援军，强行阻断那个荒谬的计划。他们决定私自采取行动。

说服流民军抛开一把手不理，转而听从二把手的调遣，也是个技术活儿。李雄是怎么办到的呢？这时，他所说的话，主要有两层意思。一是，谋反多时的人，只能一条路走到黑，否则便会任人宰割；二是，只要齐心击溃荆州援军，便能共享富贵。

坐以待毙这种事，没几个人会同意的；而冒险能换来大收益的事，也没几个人会反对。李雄抓住了流民军的心态，自然得到了他们的鼎力支持。

攻下成都，解决吃饭问题

有了破釜沉舟的打算，接下来的事情就好办多了。

李雄、李离突袭荆州援军，声威极壮，杀伤无数。老天也很是眷顾李雄，在大破孙阜之后，宗岱又在垫江（今重庆合川）病死了。荆州兵没了灵魂人物，只能退守不发。

此时，李流才知道，名声大噪的荆州援军，也不过如此。

要说李流也是个敞亮之人，事后不仅没追究李雄自作主张之责，反倒是进行了一番自省，最后得出结论："兴吾家者，必此人也！"

这可不是口是心非的一句话，李流对李雄极为器重，军务一概交其处理。另有一个说法，供读者参考。学者高然、范双双在其所著的《成汉国史》一书中称，李雄实际上已经架空了李流，所谓"李流放权给李雄"，只不过是为李雄的讳饰而已。

六月间，李雄攻克了郫城（今成都郫都区），以之为流民大本营。在这场战争中，之前刺伤李雄母亲的叛徒隗伯被俘了。十分难得的是，李雄对他不予深究。如此一来，那些曾心存二志的人，也知李雄胸襟宽阔，不再轻易动摇变节了。

这一做法的确很高明。

犹记得，在官渡之战结束后，曹操从缴获的文书中得知自己的一些部下曾给袁绍写信示好。当时，有人建议逐一追查惩治，曹操却下令将其尽数焚毁。道理很简单，作战之时双方实力悬殊，连他自己都存了必死之心，又何必责怪臣下求生畏死呢？反观袁绍，大败而归后，因为羞见阻谏南征的田丰，竟然怒而杀人！

谁是真正的王者，不言自明。

李雄也是一个王者。他虽然得到李流的器重，但他却也很尊重李流的儿子李国、李离的感受，并未一人独揽所有事务。正因如此，二人对他自然也是忠心耿耿，堂兄弟间和睦团结，堪称典范。

没多久，李流患了重病，临终前指定李雄为继承人。这个做法，对李雄未来的一个抉择，将会产生无形的影响，此处暂且按下不表。

李流撒手人寰之后，流民们共推李雄为主。李雄也不负众望，很快进入了一把手的状态。他先是定都于郫城，自称大将军、大都督、益州牧；再是率部与罗尚作战，丝毫不敢放松警惕。

即便李雄不找罗尚的麻烦，罗尚也不可能放过敢在他眼皮子底下"定都"的人。这仗都打了这么久了，流民的火焰不但没被灭掉，还烧出了一柄王者之剑。这让罗尚怎么想？

罗尚完全不是李雄的对手。头天还在偷袭郫城，不日就被打得灰头土脸的。李雄不满足于此，转而夜袭成都、攻占犍为（今隶属四川乐山）。这意味着成都的粮道也被他截断了。

供给不足，这仗还能怎么打？成都城下，连番的攻击让罗尚寝食难安。到了闰十二月，罗尚留下牙门罗特固守，弃城夜遁，溜到江阳郡（今四川泸州）去歇脚。

见这领导只顾自讨生路，罗特也没什么所谓信念了。开门迎敌，不过是早晚的事。

嘎吱——

城门开了。李雄入得城来，很快平定了成都。不愿归附的蜀人，有的逃散了出去，向东而往江阳，向南则入七郡。

按理说，李雄拿下成都后，应该尽快将都城迁移过来才是，毕竟，郫城和成都不是一个"咖位"的城市。然而，李雄做的第一件事，却是去解决吃饭问题——可见截断粮道是一个狠招，有点以本伤人的意思。

不日后，李雄率部去郫地就食，连野芋头也没放过。但即便如此，李雄也不许自己的手下抢掠成都城的百姓。

前文说到过，在李特时期，为发泄不满，曾放任流民劫掠。现如今李雄的作风截然不同，这说明了什么呢？不难看出，李雄不扰民、祸民，是因为他想扎根于此。

老少配，配出了新花样

好了！祭完了五脏庙，接下来便要定都封臣了。

一直追随自己的臣子自不必说，而李雄却对一个叫范长生的人青睐有加，非得让他来做自己的丞相。这就有点儿意思了。这人到底什么来头？

据史书记载，范长生生于汉献帝建安二十三年（218），"博学多艺能，年近百岁，蜀人奉之如神"。

这位长寿丞相，起初便不是一个普通人。在蜀后主延熙十一年（248）时，邓芝平定了涪陵郡的叛乱。为免再生事端，朝廷决意将一些危险人物强迁成都。大概是因为范长生家中拥有大量部曲（地方豪强的私人军队），朝廷也盯上了范长生一家子。

没办法，而立之年的范长生，不得不迁居成都。

当时，天师道在成都流行开来，范长生也加入了天师道，长居于青城山。此处"上有没溺池，有甘露、芝草"，颇有洞天福地之象。作为天师道中管理道民的一个治所，它与世俗的官府一样，组织严密。教主与教民之间，本质上也是统治者与被统治者的关系。

是金子，无论到哪里都是要发光的。范长生虽为侨户，但他却因重信守义，又才华出众，故此深得一众天师道教徒的敬服。很自然地，范长生成了天师道的首领。

范长生和李流的交集，是从李流占据郫城开始的。此时，青城山下的范长生，正领着千余户人家一起修炼道术，从事生产。这些人家里，有部曲，也有道民。

特殊时代，特殊情况，在流民军与官军交战期间，不被双方都拉拢的势力，你都不好意思说你是实力派。本来说，范长生的态度是模棱两可的，然而，罗尚傲娇地拒绝了参军徐舆的提议，不愿给范长生汶山太守之职。其后，徐舆出降李流，得封为安西将军。

这个徐舆，原本也是涪陵人。老乡见老乡，不只是两眼泪汪汪，更重要的是，彼此沟通人脉、互通有无。在徐舆的劝说下，范长生便答应给流民军提供实际的帮助——粮食。

由此，困扰李流的军粮问题，得到一定程度的解决。当然，这只是一定程度的。救急不救穷的道理，范长生岂能不懂？

话说至此，李雄延请范长生为丞相，原因不外乎三点。

一是，这位天师道首领，"有名德、为蜀人所重"，而且拥有大量的土地和部曲，实力相当雄厚；二是，此人曾对流民军施以援手，投桃报李也是自然之理；三是李雄等人本就信奉天师道。

学者陈寅恪曾在《天师道与滨海地域之关系》一文中指出："而巴賨为笃信天师道之民族，范长生本为天师道之教主，故其拯李氏于几亡之时，又劝其称帝者，实有宗教之背景。"

总之，李雄"欲迎以为君而臣之"，既能缓和流民与蜀中土著长期以来的矛盾，又能壮大自身的实力，巩固自己的统治。

那么，对于李雄的邀请，范长生又持何种态度呢？

简单来说，他是一个很识时务，也很懂得经营的人。在王者的跟前，他没有必要与之争强，但却很有必要抬高自己的身价。而要抬高自己的身价，首先就得抬高主子的身价。

想想看，区区一个成都王算什么，完全配不上李雄的雄才大略！

当然，要当皇帝也不是那么容易的一件事，然而，只要老百姓肯听范长生的话，这就不是什么难事了。在《十六国春秋》中，便记载了范长生"推步大元五行，大会甲子，独钟于李"这件事。很显然，他是在给对方造势。

有了范长生的鼎力支持，李雄的皇帝之位，也就来得顺理成章了。光熙元年（306）三月，耄耋之年的范长生亲往成都。三个月后，李雄即皇帝位，国号大成，改元晏平。

这下子，本来只有援助之劳的范长生，一跃成为大成国的首席功臣。李雄以之为丞相，加号为"四时八节天地太师"，封西山侯，给予他"复其部曲，军征不预，租赋一入其家"的特权，并尊称他为"范贤"。此外，天师道也成了大成国的国教。这真是一桩双赢的事业。

在未来的日子里，李、范这对老少配，将共同谱写大成国的新篇章。而在相近的时间里，北方的刘氏也不甘寂寞，聚众自立，号为大汉。

终于，长达286年（304—589）的大分裂时代正式启幕！

第四节　南匈奴的那些事儿

身份是个宝，出身很重要

公元304年，西晋改了三个年号，生动地诠释了"瞎折腾"的定义。永安、建武、永兴，听起来都很吉利，但这完全不能阻止割据局面的出现。

就在李雄自立为成都王的同月，身在离石左国城的刘渊，在南郊筑坛设祭，自称为汉王，年号元熙。一听这个"汉"字，再看看刘渊的姓氏，想必不少人都会以为，刘渊莫不是汉室后人？此举莫不是在反晋复汉？

但若我们回到历史现场，保不齐会大跌眼镜，对刘渊说一声"服气"。

那个被刘渊追尊的皇帝，是刘禅。对，就是那个大家很熟悉的"阿斗"。在此，咱先不管他是阿斗还是阿升，这"扶不起"一说，至今也没人能为此彻底翻案。

纵是如此，刘渊也追尊其为孝怀皇帝，并把汉高祖以下三祖五宗都认作了祖先。所谓的三祖五宗，是指汉高祖、世祖、昭烈为三祖，太宗、世宗、中宗、显宗、肃宗为五宗。

大堆神位下，刘渊及其部下拜倒一片，认祖归宗的神情要多虔诚有多虔诚。然而，他们的民族是匈奴，刘氏本姓挛鞮氏或虚连题氏。

这就有点儿意思了。既是匈奴人，又算哪门子的汉室后人？

对此，刘渊本人是这样解释的："汉有天下世长，恩德结于人心，是以昭烈（刘备）崎岖于一州之地，而能抗衡于天下。吾又汉氏之甥，约为兄弟，兄亡弟绍，不亦可乎？且可称汉，追尊后主，以怀人望。"

看到了吗？刘渊说自己是以汉氏外甥的身份，变身为"弟"的。好了，既是汉家的弟弟，那么"兄亡弟绍"，便没什么不妥的了吧？

这个逻辑实在有些牵强，可被视为脑洞大开的一个典范。不过呢，比起后世强行与汉氏攀亲戚的辽太祖来说，刘渊的说法还勉强能让人接受，因为，从理论上说来，他的身上也该有一点儿刘氏的基因。

此事说来话长，必须得从匈奴的起源和西汉的外交政策说起。

约在公元前3世纪时，匈奴兴起于大漠南北。他们以阴山为根据地，以冒顿单于为联盟首领。这位带头大哥确实很有本事，不仅征服了草原各部，还与中原地区的秦、汉政权都有过密切的往来。这些往来，关乎政治、经济、文化等各个方面。

冒顿在位时，曾欺负过刘邦、侮辱过吕后，但冒顿前后迎娶过七位汉朝公主。虽说这些公主大多是宗室之女，但冒顿也笑呵呵地接受了来自汉朝的好意。

可怜！那么多的和亲公主，成为所谓的"和平使者"，成就的不过是政治家们的勃勃野心。汉朝有位无名诗人，便曾为诸多和亲的公主写过一首《离歌》："晨行梓道中，梓叶相切磨。与君别交中，纑如新缲罗。裂之有余丝，吐之无还期。"听来令人鼻酸。

只是，话说回来，刘渊能算是汉室的骨血吗？就算是，也只能算是个转折亲吧。但没办法，自称为冒顿单于后裔的刘渊，要的只是一个身份认证。

融合，融合，融合！

冒顿单于死后，匈奴内部发生了大规模的争斗。汉宣帝甘露三年（前51），呼韩邪单于率部降汉，大量匈奴人迁入内地，与汉民族进行融合。其后，他又北徙至蒙古草原，兴建了王庭，迎娶了王昭君，堪称人生赢家。

到了东汉初年，匈奴内部的斗争，又促使呼韩邪单于的后人与汉朝发生联系。呼韩邪单于的孙子单于比跑来投靠东汉朝廷，沿用祖父的名号；而留在漠北的蒲奴单于，则一人独大，风光无限。

这便是南北匈奴的由来。

不过没几年，南匈奴在与北匈奴的对抗中，损失惨重。光武帝就趁机诏令南单于将王庭迁至位于西河郡的美稷（今内蒙古准格尔旗北）。不久后，出于恢复生产力和对抗北匈奴的双重考虑，光武帝又允许南匈奴迁往沿边八郡。这称得上是匈奴历史上第一次大规模的内徙，也是匈奴史上一件富有里程碑意义的大事。

不久以后，人们便能发现，光武帝的这个办法，不仅为国家带来了"新去兵革，岁仍有年，家给人足"的实际利益，诱附了大量北匈奴部族，而且促进了匈奴人民经济方式的变革——由游牧转为农耕。这标志着汉化过程的加速。

说至此，必须得再次对"徙戎"这个观点再评说一番。

在《楔子》中，笔者曾提过江统的《徙戎论》。实际上，除江统之外，侍御师郭钦早在20年前，就对晋武帝陈说过徙戎的必要性。他在奏疏上称："今虽服从，若百年之后有风尘之警，胡（匈奴）骑自平阳、上党不三日而至孟津，北地、西河、太原、冯翊、安定、上郡尽为狄庭矣。"

他给出的策略是，晋廷必须保证关中北方的控制权，对于那些居住在长安、洛阳周边的少数民族，必须得逐一迁出境外，如此方可"明先王荒服之制"，为"万世之长策"。

相比于郭钦的观点，江统的策略则是，遣回原地更为保险。

作为历史的后知者，我们不得不说他俩都是富有先见之明的人，但有一点值得注意的是，我们不能简单地以为，认识到了问题，便能有效地解决问题。

换句话说，即便晋武帝采纳了他们的意见，就一定能达到徙戎的目的吗？恐未见得。

须知，匈奴的汉化进程，自汉而始从未中断。至于三国西晋，这个进程来得越发的快。须知，强行扭转部众的经济方式，打断汉匈之间的交融趋势，无异于是逆历史潮流而动，算不得是明智之举。

此外，西晋初期的匈奴人，之所以大量迁入内地，也有天灾和人祸的关系。这个人祸，说的是当时兴起的鲜卑势力。地盘就那么大，不想和鲜卑人硬碰硬，也只有远徙这一条路好走了啊！

总之，请神容易送神难，若要强行徙戎，只怕得付出巨大的代价。

现在，咱们还是回到东汉年间，去追溯南匈奴的那些事儿吧。

打从永元六年（94）开始，匈奴时有叛汉之举。为了安全考虑，东汉王朝也曾将部分匈奴人徙于颍川（今河南禹州）以及并州诸郡——离石（今山西离石）、夏阳（今陕西韩城）、五原（今内蒙古包头）等地，但是，匈奴部族的汉化趋势依然还在行进中。

值得注意的是，在永元年间，南单于的王庭也由美稷迁到了左国城。这个位于离石之北的左国城，便是之后刘渊称王的地方。

应该说，匈奴人的势力，之所以能由沿边八郡，蔓延至并州诸郡，与东汉年间匈奴部族的变乱不无关系。而刘渊的势力，正是以并州作为起点的。

统治内迁户，曹公有妙招

东汉末年，是汉匈关系的又一个转折点。此时的东汉朝廷，被黄巾军打得满头是包，无暇顾及南匈奴。不过他们并未趁此机会崛起，究其原因，还是内乱太多。

在内乱之中，南匈奴的一部分留驻于并州诸郡，他们以河东郡的平阳（今山西临汾）为中心；而四散于河东、凉州等地的南匈奴数量，也甚是可观。

在一次内讧中，羌渠单于亡于部下之手，其子于扶罗继为单于，但他并未得到国人的支持。于扶罗很是不甘，他不愿让卜骨都侯上位，便赶紧跑去洛阳求助，幻想着东汉能像以前那样，扶持他上位。

他没想到，洛阳城一片缟素，汉灵帝也驾崩了，朝廷慌作一团，根本没人搭理他。

于扶罗吃了闭门羹不说，连自己原先的领地也回不去了，匈奴人不想接纳他。于扶罗也就打消了回去的念头，他暂时在河东郡的平阳县，密切关注着中原的局势变化。

为求自立，于扶罗先与黄巾军中的白波部合作，再暂驻于平阳，后又投奔了袁绍，依附过袁术。这一路不可谓不艰辛。兴平二年（195）时，于扶罗病死，其弟呼厨泉继立为单于，将王庭置于平阳。

让我们记住于扶罗的名字吧，因为照刘渊的自述，这位一生奔劳的单于，是他的祖父。

呼厨泉上位的第二年，见曹操迁都于许昌，掌握了局面，便顺势降附了他。曹操也很大方，答应他归还平阳。不过，呼厨泉真正臣服于曹操，却是在建安七年（202）。

经过这样一些教训，曹操心知，要想真正掌控河东及并州诸郡的南匈奴部众，须得将此前的统治方略加以升级改造。

之前，汉朝是怎么统治匈奴内迁户的呢？

简言之，遣中郎将等官吏深入监护，留对方侍子入洛，保留其固有的社会组织和行政制度。客观地说，这套办法既具有一定的管控力度，又尊重了对方的基本权利，大体上是没有错的。

然而，时移世易，如今的东汉比不得从前，南匈奴又参加过北方割据势力的混战，谁能保证他们不再起反心呢？基于瓦解南匈奴的势力的目的，曹操对原有的统治方略进行了调整。

他决定，在保留中郎将的建制的基础上，把南匈奴的部众分成"左右前后中"五部，又在每部众设立帅和司马，前者由匈奴中贵者来担职，后者则由汉人来充任。这办法的确很妙。一方面，从法律上将那些危险的归附者一分为五，他们必然会各自为政，不易联合起来与朝廷作对；另一方面，各部的司马深入其间，他们能尽力杜绝种种隐患。

与此同时，曹操又在并州等地采取了"编户"的措施。这是指他打破了其固有的社会组织和行政制度，强行将其统治阶层和所统率的部门分离。

如此一来，那些部众便不再直接归属于匈奴的统治者，而是成为东汉朝廷的百姓。朝廷不仅能向他们征收赋税，还能召其为"义从"，为朝廷保边守塞。在这种情形下，间接统治匈奴部众的单于、左贤王们，几乎不可能召集编户们为他造反卖命。

这一招太厉害了！多年以后，拓跋氏的一位重要人物也如法炮制，同样收到了预期的效果。此事按下不提，且观后文。

总之，经过曹操的整顿，生活在并州等地的南匈奴，老老实实地待了下来，造反作乱的频率，比以往降低了不少。所以啊，说曹公是成熟的政治家，这真不是溢美之言。

第五节　刘渊：金鳞岂是池中物

此五部，非彼五部

东汉延康元年（220），曹丕代汉建魏。

为了有力地管控入居并州等地的南匈奴，曹丕继承了父亲曹操的那套做法。到齐王曹芳时期，匈奴部族的建制才开始有了变化。

嘉平三年（251）八月，司马懿这位老寿星终于驾鹤西游了，其子司马师担任了抚军大将军、录尚书事。前不久，担任匈奴左部帅的刘豹，将五部并为了一部。

不要奇怪他是怎么做到的，因为五部都居住在晋阳的汾水、涧水一带，距离不是太远。故而，空间的接近，为有心人提供了施展才华的空间。

此外，这个刘豹本是于扶罗的儿子，他的部族实力原本就是这五部中最为雄厚的。

城阳太守邓艾即刻产生了焦虑情绪，他连忙上书称："臣听说刘豹的部族，也不是铁板一块，有些少数民族对他产生了叛离之心。咱们要想分散刘豹的势力，可以利用这个契机，将之一分为二。怎么分解呢？可以给去卑的儿子加封显赫的名号，让他入居雁门。如此这般，他们的国家就被我们割裂了，此乃统治边地的长久之计。"

司马师一听，深以为然。

邓艾又进一言："羌胡之人与汉族百姓同居一处，实在危险。咱们应该把他们分离出来，使之居于汉族百姓的编户之外，以便于对他们予以针对性的教育。"这个教育，指的是"廉耻之教"，其目的在于"塞奸宄之路"。

司马师也认为可行，但不知是何缘故，迟而未行。现今，我们把邓艾的意见审视一遍，可以发现割裂匈奴国最核心的一个因素，是给去卑之子加以尊位。

这个去卑是谁呢？

他是匈奴左贤王，是呼厨泉单于之叔、羌渠单于之弟。再后来，他还是十六国中胡夏皇帝赫连勃勃的五世祖。当年，他曾协助汉献帝逃往洛阳，又与李傕、郭汜交战，是前朝的一大功臣。而如今，这个大功臣被晾在一边，什么好处也没捞到，匈奴部族中为其暗抱不平的大有人在。

不得不说，邓艾的认识非常到位，他的办法也具有一定的操作性。奈何司马师这个"拖延症患者"没有及时去做，以致匈奴势力益发壮大。直到十三四年后，曹魏饱受压力，才想方设法将其分为三部。

然而，此时的曹魏政权已走向了末日。

咸熙二年（265），曹魏迁鼎，司马炎立晋。打从西晋初年起，南匈奴部族便因天灾人祸等因素，数次内迁。史载中可见的数据，就有七次之多。仅以太康五年（284）为例，就能见到近三万人跑来抱司马炎大腿的记载。

对此，司马炎持何种态度呢？毫无疑问，自然是敞开胸怀来者不拒了。毕竟那种万民臣服的感觉，真是爽得不能再爽了。

不过，如此一来，内附的匈奴也越来越多。以并州、河东为代表的西北诸郡（今甘肃、宁夏、山西、河北），遍是匈奴人的足迹。除此以外，为匈奴所统治的部族，也一并迁移了过来。据《晋书·北狄匈奴传》等史料所载，屠各、鲜支、寇头等19个部族，都被纳入了匈奴人的范畴。

到了魏晋时期，"屠各"一词用以代指内迁的匈奴人，这便是部分史籍中称刘渊是屠各人的来由。必须说明一点，学术界里也有"屠各取代了南匈奴，刘渊是屠各人"的说法，但笔者未加采信。

内迁的匈奴人如此之多，为了达到管理目的，司马炎决定用曹操的老办法来做。之前，匈奴人不是又被分作三部了嘛，在此基础上，再来个循序渐进吧！泰始初年，增一部；不久后，再增一部。

总体而言，这五部匈奴的分布情况，与曹操所划定的范围大致相当，只不过，我们不能简单地认为，五部的划分和设置跟以往一样。

子承父业，刘渊为左部帅

关于刘渊的来历，我们可以按"于扶罗—刘豹—刘渊"的三代关系予以说明。一些史家对于刘渊的自述，发过一些质疑之声，这种质疑主要来自刘豹和刘渊的年龄差：刘渊大约出生在曹芳嘉平年间（249—254）。如果刘豹是在20

岁当上左贤王，那么刘渊出生的时候，刘豹已经74岁了。刘豹死于秃发树机能反晋之后，《资治通鉴》说是咸宁五年（279）。算下来，刘豹寿命已经超过了100岁。

最有可能的情况是，左贤王刘豹与左部帅刘豹，是两个人。汉赵史书故意混淆，把两个人混成了一个人。右贤王去卑的孙子刘虎，血统反倒是更接近于扶罗。这也是汉赵承认刘虎是宗室，却不给他宗室待遇的原因。

在西晋八王之乱时，刘渊为了提升号召力，博得匈奴贵族的支持，故意将自己说成是单于的后代。

史书中说刘渊的出生是伴随着一些异兆的。

那个时候，刘豹的妻子呼延氏曾在龙门祈福。她的态度十分虔诚，所求的无非是很多女人都想要的——儿子。兴许是，神灵被呼延氏打动了，不多时，一条头生两角的大鱼，便摇头摆尾地来到了她祭神的地方，待了好长一段时间才游走。呼延氏很是惊异，便将这事说给了巫师们听。

巫师们一听，纷纷表示：这是吉兆啊！

呼延氏喜滋滋地睡下了。就在睡梦之中，那条白日所见的大鱼，忽而变成了人。此人左手持有一物，约有半个鸡蛋那么大，他把它交给呼延氏，说那是太阳的精华，吃后便能诞下贵子。

梦醒后，呼延氏把这事讲给她老公听。刘豹听得直乐，忙道："这是个大好的征兆。以前，我便让人给我看过相，她说我刘豹的子孙当中，必有显贵之人，三代之后我刘家必会兴旺发达，显赫非常。"

接下来，沉浸在美好憧憬中的呼延氏，在十三个月之后，生下了宝贝儿子刘渊。

渊者，深水也。刘渊表字元海，也是本于此名。还有一个说法，是来自刘渊的生理特征。他那左手掌心的纹路，像是一个渊字。

无论传说的可信度有几分，刘渊是刘豹寄予厚望的一个儿子，当是无有争议的。因为天赋异禀的刘渊不仅师从于上党崔游（年七十余，犹敦学不倦，撰《丧服图》），喜读《左传》《孙子兵法》《史记》《汉书》等著作；而且还侍母至孝，感人肺腑。

大约在刘渊7岁那年，慈母撒手而去，刘渊伤心至极，日日哀哭，落得个形销骨立的模样。这一次，不必说宗族、部落的人都被他的孝心打动了，就连曹魏的司空王昶也知道了这件事，急忙派人去吊唁。

从刘渊的阅读书目上，不难看出他对于汉文化的重视程度。当然，这也能再次证明，内迁的匈奴人已拥有较高的汉化程度了。后世有人以为，刘渊汉学水平高，是出自史家的虚美之言；但其实，史料中纵有虚美之言，其程度也是很有限的。

不信，请看刘渊建国后所任之官。崔游，是他的老师；朱纪、范隆，是他的同学；崔懿之、公孙彧，是预测过他前途无量的善相之人……

是用，还是忌？

有一次，刘渊观书有感，对他的同学说道："我十分鄙弃那种不能兼习文武的做法。随何、陆贾的做法，武功不行；周勃、灌婴，则文才不够。所以，他们虽有机会遇上汉高祖这样的人，但却没能开创更大的局面。前者，不能封侯；后者，不能开创教化之业。"

文才武略，一样都不能少，这便是刘渊的学习思想。

不得不说，他也是这种思想的执行者。习文之外，刘渊也很重视自己的武学知识和技能。史称，刘渊"姿仪魁伟，身长八尺四寸，须长三尺余，当心有赤毫毛三根，长三尺六寸"，长得就很吸睛。他又"妙绝于众，猿臂善射，臂力过人"，拥有良好的习武资质。

天分加努力，成就的便是一个文武全才。

魏晋易代之交，刘渊曾作为侍子，留居于洛阳——这也是他濡染汉文化必不可少的条件。在那段时间里，刘渊得到了晋王司马昭的尊重。不止于此，在人际交往上，刘渊也是一个十分主动的人。因此，东莱人王弥是他的死党；太原世家王浑也很看重刘渊，他还让儿子王济和刘渊做朋友。

西晋建国之初，急需招揽人才。王浑父子忙向晋武帝推荐了刘渊。一番接触下来，司马炎也认为刘渊是个人才，他本想听取王济的意见，让刘渊负责平定东吴，但大臣孔恂、杨珧却拿出了一套"非我族类，其心必异"的理论，呛得司马炎无话可说。

客观地说，他们的担心也不无道理。若对刘渊授予实权，虽不用担心他平不了东吴，但却必须得提防他再不会北渡回师。届时，一旦刘渊据天险之固而划江自立，谁又有能力来收拾残局？

因为朝臣的反对，刘渊没能如愿以偿。刘渊受到挫折，但并未沮丧，他在静静地等待展现武功的时机。因为，刘渊的文才虽然也很出众，但与大量的西晋才士相比，没有绝对性的优势。

事实上，之后刘渊的确有过这样的机会。这个机会来自另一个部落。

原来，在泰始六年（270）、咸宁五年（279），秃发鲜卑部的首领秃发树机能，曾造过皇帝的反。两度击败晋军后，秃发树机能成了司马炎的心病。

"如何收复失地？"司马炎问。

司马督马隆和刘渊都自请前往。上党人李憙也表示，应该授予刘渊一个将帅的封号，这样他便能带领匈奴五部，去平定秦州、凉州。

孔恂摇摇头，觉得刘渊干不了这事。

李憙显然没明白孔恂的真意，便急忙质问，匈奴人又强悍，刘渊又会带兵，怎么就不行了？

孔恂看李憙是真不明白，才被憋出了实话：如果刘渊能平定凉州，恐怕只会一波既平一波又起。他这样的人，一旦得到机会，必然会应了"蛟龙得云雨，非复池中物"这句古语。

司马炎一听，这话说得没错呀，于是，他打消了任用刘渊的念头，把建功立业的机会交给了马隆。

刘渊心里那叫一个郁闷。不过，马隆的确很有本事，他出征的时候，是在正月间。西行凉州后，久无音讯传来，朝中议论纷纭，甚至有马隆战死的流言传来。实情却是马隆在凉州大搞科技创新，一会儿是依着八阵图制作了偏箱车，一会儿是在道路两旁放置黑武器——磁石。结果也让人极为振奋——大破叛军，打得他们找不着北。

往后说，马隆还留下了《风后握奇经》《八阵总述》等著作。前者，记述一些兵法原理；后者，则记录了自己在排阵用兵方面的心得体会，成为中国古代兵书的经典名作之一。

诚如刘渊所言，文才武略，还真是一样都不能少！

第六节　八王之乱——你方唱罢我登场

继父为帅，迎来人生的转折点

马隆打败秃发树机能的喜讯，传回了晋廷。

司马炎一高兴，就封他为宣武将军。其后不久，马隆不负众望地斩杀了叛首，平定了凉州。刘渊心里是什么滋味，可想而知。

就在马隆酣战凉州的岁月里，刘渊送走了死党王弥。想想看，游侠于洛阳的王弥也摆脱了牢笼，而自己却在洛阳坐冷板凳，这是多么令人难堪的事情。刘渊触景伤情，眼泪扑簌簌往下掉。

他说，王浑、李憙是因为同乡的缘故而了解他、信任他、推荐他，可依然有很多人在皇帝跟前谗害他。只怕不久后，他就会被这些人给害死了。

刘渊越想越难过，忍不住悲呼连连，引得在座之人都为他掬一把同情泪。

可巧，这个送别之地位于九曲，齐王司马攸正好在此处悠游。听闻刘渊自叹生平的事情，司马攸便赶紧对他的皇帝老哥说："陛下快杀了他吧，否则并州恐难安稳。"

在这个危急关头，王浑又来帮刘渊说话了。

依王浑的看法，人家刘渊是长者，哪能有那些乱七八糟的想法？如今大晋是以德服人的，讲究一个诚信，怎么能因为一些子虚乌有的嫌疑就把匈奴的侍子杀了呢？

想想是这个理，司马炎十分担心风评说他恩德不广。

刘渊的命，就这样保下来了，而他人生的转折点，也随后而至了。

就在咸宁五年，刘豹去世了。西晋朝廷便任命刘渊担任左部帅。十年后，即太康十年（289），司马炎又以刘渊为北部都尉。到了晋惠帝司马衷在位时，刘渊再转为离石将军都尉。

在这十余年里，刘渊三迁其职，距离他要登临的权力高峰越来越近。

晋廷看他，是严明刑法、恪守本分的臣子；五部豪杰看他，则是一个乐善好施、露胆披诚的部帅。不仅如此，因为刘渊名声在外，也吸引了幽、冀二州儒士们的注意。

说到离石将军都尉，很有可能是晋廷遣往离石，用以监督匈奴五部的官职。因为离石曾是匈奴的王庭，在内迁匈奴的眼中自有不寻常的意义。再从"将军"二字可见，刘渊的这个职任，较之北部都尉而言，很可能是有一些实权的。

很快地，刘渊又遇上了一个"伯乐"——杨骏。

杨骏是谁？《晋书》说他出身于弘农杨氏，属于名门望族。如今，他的墓志铭在洛阳出土，墓碑上的文字明白无误记载了他是大名鼎鼎的东汉太尉杨震的后人。虽说在唐朝时，墓志伪造世系的情况比较严重，但在魏晋时期的可信度却很高。

杨骏的女儿，便是司马炎的继后杨艳。众所周知，明朝时曾有个"三杨"的说法，其实早在西晋时期，便出现过与之一样的名称，只不过，千年后"三杨"说的是三位内阁大臣，而西晋的"三杨"，则是指因外戚身份而大权在握的杨骏、杨珧、杨济三兄弟。所以，哥仨的能力、水平，还要打个问号。

太熙元年（290），眼见司马炎大限将至，杨骏便将他控制在含章殿内，又在他身边布满自己的侍卫和眼线。由于被杨骏死死地盯着，司马炎想让汝南王司马亮一同辅政的想法，也泡汤了。

而后，趁着司马炎要死不活的时候，杨骏与女儿偷偷篡改了诏书，给自己加上了太尉、太子太傅、都督中外诸军事、侍中、录尚书事等一大堆帽子。

至于司马亮嘛，滚，滚去许昌！

凭什么啊？司马亮满心忧愤。

作为司马懿的第四个儿子，司马亮也不是省油的灯，何况他也有些本事。

其实杨骏也知道自己没什么声望，所以他刚一开始掌权，便急着收买人心。而要收买人心，最简单的办法莫过于给底下的人加官晋爵了。

刘渊也被幸运彩球砸中了脑袋。建威将军、五部大都督、封汉光禄侯……这等待遇还是很不错的。不过，刘渊是否投桃报李不得而知，因为杨骏只得意了一年，就被贾南风给灭了。此时，司马亮入朝担任录尚书事，辅佐朝政，重新回到了权力中心。

神仙打架，"凡人"受伤

好景不长。就在司马亮志得意满之时，贾南风又密令楚王司马玮干掉了他。而后，这位毒女人又一口咬定司马玮矫诏杀人。

于是乎，司马玮这个愣头青，也身首异处了。替罪羔羊的下场，便是如此。

自此，权力场上的大赢家贾南风又下诏给司马亮平反，赐了个谥号，暂时掌控了整个朝廷。

不知道眼看着晋廷中的种种变故，刘渊是什么样的心情呢？

杨骏是前任外戚；贾南风是现任皇后；以司马亮为代表的宗王则是晋廷上层中，最渴望独掌权柄的人。上边的人，是神仙打架，不死不休；下面的人，也只能眼观四路，耳听八方。

不然呢，站错队的结果，基本上就是团灭。谁不害怕呢？

刘渊很沉默，韬晦了再韬晦。

奈何，他的运气有点儿背。元康九年（299），刘渊所辖五部中，有人叛逃出塞了。作为长官，刘渊免不了要承担责任。随后，他被贾南风免职了。

有的学者认为，这件事说明刘渊在五部中的威望还不足。此说姑置不论，更有必要加以讨论的是，刘渊对此事虽负有领导责任，但是不是就严重到免职这个地步。

恐怕不至于。比较符合常理的是，过去杨骏想拉拢刘渊以为羽翼的时候，贾南风就已经把刘渊拉入了黑名单。然而，想要抓刘渊的小辫子，却又不那么容易。眼瞅着现下来了机会，哪能不趁机修理他一番？

就这样，刘渊成了个闲人。

不过他也没闲上几天，便被人看上了。这个人，便是成都王司马颖。

司马颖表示，这人是个人才啊，不能就这么让他成为待业中年。这样吧，当个宁朔将军，监五部军事，也算是安抚。

其时，贾南风虽然是晋廷的一把手，任用张华等人为辅臣，还算得宜。不知辅臣们是否在其间发挥了作用，总之贾南风批准了司马颖的奏表。

司马颖很是高兴，拉着刘渊就往邺城走。

这里有三个细节值得注意。

其一，司马颖既为成都王，为何却出镇邺城？

其二，司马颖为何要保刘渊？

其三，既让刘渊监五部军事，为何又让他去邺城居住？难不成，遥控指挥？

留在邺城，被司马颖委以重任

咱们先从"虚封"这个词说起。

南朝宋裴松之曾为《三国志·魏志·武帝纪》中"冬十月，始置名号侯至五大夫"这一条下了一个注，说这是"虚封"一词的发端。不过，宋朝（此宋非彼宋）王应麟又引颜师古之言——"楚汉之际，权设宠荣，假其位号，或得邑地，或空受爵"，以此证明虚封之事古已有之。

二者说法不一，但无可争议的一点是，虚封是一种特殊的封爵制度。

这说的是，仅有爵位而无实土，或是给予的封地在本国境外的情况。就拿吴国来说吧，南阳王孙和、鲁王孙霸理论上的封地，在曹魏的地盘。

说回到司马颖，他是司马炎的第十六个儿子。太康十年（289）时，司马颖方才11岁。那年，他父亲封他为成都王，将益州之地作为其封国，食邑为十万户。不过，那时他年龄还小，没有就藩。

而后来，他也没法就藩了。因为蜀中大乱。当然，司马颖这种情况也算不得虚封，咱们只是说，他没能就藩的结果，与虚封的情况相差无几。

至于说，为司马颖补封了一个成都国（下辖华容县、州陵县、监利县、丰都县，治所在华容即今湖北监利北），则是后话了。

到了元康九年（299）时，青年司马颖，正值血气方刚的年纪。某一次，他与皇太子司马遹和散骑常侍贾谧（贾南风的外甥）一起下棋。眼见贾谧对太子倨傲无礼，司马颖便出言斥责了贾谧。

贾谧回头就给他二姨告了状。贾南风勃然大怒，立马下诏让司马颖担任平北将军，出镇邺城（今河北临漳西南）。说白了，就是让他卷铺盖走人。

简言之，司马颖之所以要保刘渊，很大程度上是因为他与贾谧结怨，心想拉拢一个是一个。而贾南风此时只想让司马颖滚蛋，只要他肯挪窝，别的事都好商量。

那么，为何司马颖不让刘渊在五部之中监军，为他打理一番呢？这个不难理解，司马颖对刘渊，也不怎么放心。他会担心，万一刘渊不懂得感恩，暗中壮大实力，不能为他所用，势必会遭其反噬。司马颖虽不算绝顶聪明，但还是有一些政治头脑的。

把刘渊带在身边，相当于携了一枚护身符。司马颖的如意算盘打得噼啪响。不过刘渊更不是等闲之辈。深知司马颖的用意，刘渊也抱着一种"既来之，则安之"的心态。

好吧，各怀心思却又表现得光风霁月的两个人凑在一块，倒也很有意思。

就在司马颖与刘渊"相知相守"的时光里，晋廷这头又有了大变故。

永康元年（300），贾南风倒台了。这两三年来，赵王司马伦先是自领相国之位，再是篡位为帝，因此引发了河间王司马颙、齐王司马冏、长沙王司马乂等宗王们的不满情绪。

不用说，怀有参政热情的司马颖，也被卷入了这场纷争之中。

在内，晋廷的王爷们打得头破血流；在外，益州的流民们也闹得声势浩大。没多久，匈奴五部的人不禁开始有了想法。

不说远了，打从曹操将南匈奴划为五部开始，胸腔中充盈狼血的男儿，便成了中原王朝的附庸。为了生存与发展，他们多多少少地丧失了自由与尊严，再不复往日的神勇与潇洒。

现下，西晋的局势已经乱成一锅粥了，他们该何去何从呢？是冷眼旁观，是为人驱策，还是趁势奋起、图谋复国？答案不言自明。

不想与那些自相残杀的王爷一起沉沦，就只能走上一条复兴之路。

在这个关系到民族未来发展道理的关键时刻，原南匈奴北部都尉、右贤王刘宣，与匈奴贵族们密商一番。他说："昔我先人与汉约为兄弟，忧泰同之。自汉亡以来，魏晋代兴，我单于虽有虚号，无复尺土之业，自诸王侯，降同编户。今司马氏骨肉相残，四海鼎沸，兴邦复业，此其时也。"

众人皆以为然。

那么，谁最适合带领大家走上这条"兴邦复业"的道路呢？答案是刘渊。

刘宣认为，"左贤王元海姿器绝人，斡宇超世"，是大单于的不二人选。

从辈分上说，刘宣是刘渊的从祖，但众人皆知，他是举贤不避亲的。多年以来，刘渊的才华有目共睹。于是，匈奴贵族们共推刘渊为大单于。

大事已定，只待东风！

第七节　刘渊称王左国城

想出城？没那么容易

不日后，呼延攸带着匈奴贵族们的期待，悄悄赶去邺城，密告刘渊。

刘渊表现出当仁不让的态度，以回匈奴故地行送葬礼的借口，向司马颖请假归乡。对此，司马颖摇摇头，说如今正是用人之际，他这个请假理由不靠谱，有旷工之嫌。

其实，排除掉戒防的因素，司马颖不准刘渊请假，也很有道理。

永宁元年（301）时，司马颖听从谋士卢志之言，与司马颙、司马冏一同讨伐伪帝司马伦，随即复立司马衷为帝。当时，司马颖本有机会掌握朝政，但见司马冏专擅威权，自己又争不过他，索性托词而去，回镇邺城。

人和人，怕的就是比。和司马冏比起来，司马颖简直是"高风亮节"啊。朝廷对他很是满意，不日后加以九锡殊礼，又晋升为大将军、都督中外诸军事。

在谋士的建议下，司马颖不仅为自己的嫡系人马请功，还上表请求运粮解救饱受战祸的阳翟居民，建造棺木收殓战死的将士。不用说，种种做法，都是想为自己赚一些人气，当然，有追随者就再好不过了。嗯，别说，还真有，这个人，便是后赵皇帝的死党汲桑。

总之，司马冏越是专权跋扈，司马颖就越是为人敬重。

其后，司马颖就有些飘了，他没听从卢志的劝谏，决定与宗王一道攻伐司马冏。短期内看，似乎没什么不对，因为司马颖得到了他想要的战果：司马乂趁机政变，铲除了司马冏。司马乂虽掌握大权，但却极为敬重司马颖，事无巨细都向他请示。

只是，从后事看来，此事导致了司马颖心态的进一步膨胀。到了太安二年（303），司马颖恃功而骄，多有劣举。他先是和司马颙联手攻打司马乂，又跟其后执掌大权的东海王司马越杠上了。

司马越表示不服，于是，不可避免地，司马颙、司马颖又跟司马越打了起来。这些行为使得司马颖的贤王人设迅速崩塌，掉价也是自然而然的事情了。

说回到刘渊请假这件事上，这几年来，司马颖一点都不肯安分，战事一桩接着一桩，他怎么可能给擅长打仗的人放假呢？

刘渊自知时机不到，便让呼延攸先回匈奴，请他们召集部众做好准备工作。为了掩饰真实目的，刘渊还令呼延攸告诉刘宣，一切行动要打上响应司马颖的旗帜。

转目之间，便到了永安元年（304）。

这年三月，司马颖、司马颙击败了司马乂，攻占了洛阳，并如愿以偿地成为皇太弟。司马颖把持朝纲，距离皇位只一步之遥。他提拔刘渊为屯骑校尉，命其继续为自己效劳。

没几日，东海王司马越、陈眕又挟持皇帝攻打邺城。

"挟天子以令诸侯"的事，大家都知道。不过这挟天子以攻宗室，倒是世上少有。成都王以石超为主将，双方在荡阴展开了一场恶战，司马越惨败。抱着好汉不吃眼前亏的想法，司马越拔腿开溜。

这真是个昏招！连手里的王牌都不要了，不知他怎么想的。

那位二愣子皇帝，毫无疑问地落入了司马颖的手中。此处，必须为一个人缓一下讲述的节奏。在荡阴之战中，司马衷脸部带血，身中三箭，十分可怜，但百官及侍卫都自顾自跑了，唯有嵇绍挺身而出，保护皇帝。结局当然是悲惨的，鲜血直喷司马衷的衣襟。

事后，司马衷坚决不让人浣洗他的御衣，说嵇侍中的鲜血不能洗。不得不叹痴傻如司马衷，也感念于忠臣之血。但可惜，嵇绍生前身后的评论，却有些两极分化。

就拿《晋书》和《资治通鉴》来说吧，前者说他是"志烈秋霜，精贯白日，足以激清风于万古，厉薄俗于当年"，后者却认为"苟无荡阴之忠，殆不免于君子之讥"。当代学者余嘉锡更是给出了锐评："忘父之雠，而北面于其子之朝，以邀富贵，是犹禽兽不知有父也。"

这主要是因为嵇绍是嵇康的儿子，而嵇康正是死于司马昭之手。此外，嵇绍先后在齐王、赵王、长沙王、东海王的手下效过力，咋看咋像个投机分子。不过，他拼死保护司马衷这事，倒真不算投机行为。当时情势危急，大家都在逃跑，他要随大溜，倒也没人能有脸来指摘他。

故此，综合嵇绍前后期来看，他的做法是很令人费解的。或许是可怜的司马衷，激起了他的保护欲和责任感？无从得知。

所以说，人性何其复杂！盖棺论定的说法，有时并不成立；盖棺而不论定的现象，倒是更为普遍的存在。

忽悠，继续忽悠

还是说回到刘渊吧。

有关刘渊在此战中的战绩，史书上未加着墨，但从战时刘渊被封为"辅国将军、督北城守事"，战后被封为"冠军将军、封卢奴伯"的待遇看来，他在战中必有不俗的表现。

到了八月，王浚、司马腾调拨了十余万兵众，打算抢回皇帝。此举原因不难明白：司马衷还有利用价值，这张王牌司马越不要，他们可还眼馋着呢。

眼见并州刺史东瀛公司马腾、安北将军王浚来真的了，司马颖也有些慌了。

刘渊察言观色，"真诚"地对他主人说："对方有十多万人，以咱们城中的宿卫和近郡的士众，完全不能抵抗。我想为殿下找帮手。让我返回五部，号召大家同赴国难吧。"

乍一看，这觉悟，这方略，还真不错，可见其忽悠大法已经炼得有些火候了。

不过，司马颖没有立刻答应他。因为司马颖既忧心五部不听刘渊的号令，又担心王浚找来的打手——鲜卑、乌丸的兄弟——太威猛，他认为自己带着皇帝逃奔洛阳才是上上之策。

见没打动司马颖，刘渊便继续忽悠道："殿下你可是武帝之子，又是对王室大有贡献的皇太弟！试问，天下间谁不想为您赴汤蹈火、献出生命呢？不就是征发士兵嘛！您看，您的对手王浚只是个小人，而东瀛公更是个偏远的旁支，算哪根葱哟！殿下您要是离开邺城，岂不是在向这等下人示弱吗？纵然去了洛阳，恐怕威权也不在您的手中。鲜卑、乌丸虽然彪悍，但还能比得过咱们的匈奴五部？殿下，我建议您安抚士众、死守邺城。放心吧！我会为您召来五部的，我将用二部来抵抗司马腾，三部来对付王浚。分工这般明确，拿下他们是指日可待的事情啦！"

听他这么一说，司马颖便相信刘渊不是在开空头支票，一高兴，就拜他为北单于、参丞相军事，然后，放他去招兵买马了。

他哪知道，刘渊这一走，便是"黄鹤一去不复返"了呢？

好了，北单于刘渊，终于能回到故土，开展他的复兴大业了！他的行速，与他急切兴奋的心情形成了正比。离石，更准确地说，是左国城，已经近在咫尺了。

言至此，咱们来说说离石和左国城。

从之前的讲述可以看出，离石是南匈奴的根据地。此地的建置，可远溯至战国时期。至于其名之由来，据唐《元和郡县图志》的记录，是因为"县东北有离石水（今北川河）"。

到了西汉时期，离石为县名，隶属于西河郡。在东汉永和年间，离石曾一度被设置为西河郡治。短暂废弃后，曹魏初又恢复了离石的建制。西晋时，将离石划给了西河国。

顺便说一句，由于时事不利，明人李春芳嫌弃离石这名不吉利，便把它改成了永宁州。

至于左国城，它的历史也要从春秋战国时期算起，历来为少数民族的居所。汉顺帝永和年间，离石突然"发迹"了，南匈奴在这里建立了自己的王庭，号为左国城。

南匈奴入驻之后，可不是随便囤几个穹庐能了事的。他们在这里用心经营，完全把它当成了自己的家。就拿城市规划来说，便分为内城、西城、东城三部分。城套城的设置，无疑是为了增强军事城防力量。

而今，左国城城墙都还有一些遗存，值得人文爱好者去游一游。

迁都左国城，号为汉王

我们今天常说，谁有号召力，开个演唱会就知道了。

同理，谁有政治号召力，上个封号开个会就知道了。

回到左国城后，刘渊便马上验证了自己的实力与魅力。

刘宣等人，马上为刘渊上了"大单于"的称号，这可是匈奴最高首领的称号！

在接下来的二十多天里，大单于刘渊的周围就聚集了五万兵马。这比起初的二万兵马，足足增多了两倍不止。

形势一片大好，刘渊遂决定暂时定都离石。定都的同时，刘渊将儿子刘聪封为鹿蠡王。其后，刘渊派出左于陆王刘宏率领五千精兵去增援司马颖。表面上看来，刘渊还是心念旧恩的，但实际上，允诺的五部人马，缩水成了五千人，其忠义的程度也是可想而知的。

但样子还是要做的，完全毁去信诺，也有损刘渊的形象。

那么，刘宏的作为如何呢？答案是没有作为。不知是刘宏行速太慢，还是司马腾打仗太猛，总之司马颖的主将王粹被打败了。刘宏没有赶上这场战争，无功而返。

其后，王浚的主簿祁弘攻入了邺城。司马颖恐慌万分，赶紧挟持皇帝急奔洛阳。

与此同时，因为不速之客刘宏曾来过，司马腾又担心刘渊还会来搅局，便向居于漠南的拓跋鲜卑求助。首领拓跋猗㐌（一作拓跋猗迤）表示，大晋的事就是他们的事，当即决定与弟弟拓跋猗卢合兵，去西河打刘渊。

有关拓跋鲜卑的起源与传奇，在附章中自有交代，此处按下不表。

在鲜卑人的帮助下，王浚打了个漂亮仗，回头便与司马腾在汾东会合盟誓。

刘渊受挫后，也听说了司马颖逃奔洛阳之事，不由叹息道："不听我的话，向相反方向溃逃，真是蠢得要命！可是，我与他有过承诺，不能不去救他啊！"

这番话，确有一半是实情。刘渊所说的"一发邺宫，示弱于人，洛阳不可得而至；虽至洛阳，威权不复在殿下"，是明智之见。十一月间，好不容易逃出生天的司马颖，又被蹲踞在洛阳的张方控制了。

张方是司马颙的部将，把司马乂烧成渣就是这家伙干的好事。张方挟持了晋惠帝、司马颖，以及豫章王司马炽等人，一起迁往关中长安。长安是司马颙势力的腹地。

下一月，司马颙改立司马炽为皇太弟。

品咂着诏文中"政绩亏损，四海失望，不可承重，其以王还第"的言辞，司马颖垂头丧气地离开了核心权力场。

据此，笔者以为，刘渊的说法是有一些道理的。不过呢，他说自己必须得去救司马颖，发兵攻打鲜卑、乌桓，却只是一些虚言了。

因为，不只他不愿意，底下的人更不愿意，并且即便是去打，也未必能打得过。只是刘渊不想食言而肥，名声受损。

那么，谁来当这个"恶人"，放弃帮助司马颖呢？

但听刘宣等人劝阻道："晋人曾像对待奴隶一般地使唤我们，我们早就气不过了。如今他们骨肉亲人残杀厮斗，说明连老天爷都看不过去了。光复呼韩邪的事业，才是要务。鲜卑、乌桓，说来也是我们的同类，不应该与我们成为仇敌。"

末了，刘宣又劝道："天与不取，反受其咎。"

刘宣的意思，再明白不过了。晋朝的衰亡，便是他们光复匈奴的大好时机，若是以晋为仇敌，或许可以得到北方各族的支持。

刘渊听了这席话，不禁壮怀激烈，道："好！所谓大丈夫，当作汉高祖、魏武帝。"呼韩邪单于，不过是一族领袖而已，刘渊的理想不止于此。建国大业，才是他最高的追求。

刘宣等人佩服不已，此时才知刘渊的抱负，比他们想象得还要远大。

接下来，刘渊便说了"汉有天下世长，恩德结于人心……且可称汉，追尊后主，以怀人望"这番话。

到了此刻，万事俱备，只差一个吉时。

十月，可能真是个吉月。就在李雄称帝当月，刘渊从离石迁都于左国城。因为"四方未定"，刘渊"且称汉王"，于南郊即位。

第二章

石勒横空出世，刘聪蓄势而发

关于西晋永嘉元年（307），史书上将前太子司马遹被害、汉中之民徙蜀、司马睿出镇建业、慕容廆自封鲜卑大单于等事作为要点。其实，此年内还发生了石勒劝服张𪸩督、冯莫突归汉之事。

对于被后人评点为"中国唯一的奴隶皇帝"石勒来说，这是十分重要的人生节点。所谓"树大好乘凉"，自此以后，石勒借助刘渊之势，终于得到鲲鹏振翅的良机！

——引言

第一节　沦为奴隶，是怎样一种遭遇

行贩洛阳，险为王衍所害

时间回到西晋泰始十年（274）里的某一日。

在并州武乡北原山下的一户人家里，正闪烁着一室红光，而在那屋顶之上，则有一道道白光，自天而降，直通庭中。后来，这家人的园子里又长出了很多人形的人参。那模样，只怕比《西游记》里的人参果都要生动。

与此同时，北原山下的树木形状也大得出奇，形状好似骑兵一般。那情形！咦？可不就像是在为他们的将军冲锋陷阵吗？诡异，太诡异了！

古人的脑洞从来就不比今人小，出现这些异象，他们理所当然地认为，这都与一个人的出现有关。这个人，便是数十年后建立后赵政权的石勒。

石勒，小名𪸩勒，表字世龙。之所以改为石勒，是因汲桑（后来的刎颈之交）提出了建议，把中间那个"𪸩"字给他省读了。

改名的事，自古不稀。就拿绝世美男潘安来说，人家本来姓潘名岳字安仁，但因老杜在《花底》一诗中写了"恐是潘安县，堪留卫玠车"两句，大家就这么叫开了。至于老杜省字，主要因为这是一首五言诗。

话说回来，这个"𪸩"字，按照新中国普通话的发音，念作"bèi"，念起来也不是特别拗口，但咱们须明白一点，在中古时代，"𪸩"的读音与今大为不同。所以，咱们很难完全复原当时的读音，就不必纠结此字的读音了。

咱们再说"石"这个姓氏。这与石勒的种族——羯——有关。关于羯族的起源，学界的看法没能完全统一，照《晋书》的说法，是"匈奴别部羌渠"；而以陈寅恪为代表的学者则认为是月氏。另有西域胡、索格底亚那等说法。咱们暂以陈先生的看法为准。

早前，匈奴人挥着上帝的鞭子，把月氏人撵了出去。月氏人在西迁过程中，有一部分停留在了敦煌、祁连山一带。为区别起见，这部分月氏人被称为"小月氏"。

小月氏的后裔，最后还是依附了匈奴人，他们随之迁徙到中亚一带，建立起了石国。石氏就此诞生。以国名为人姓，也是古时常有的事。

石勒降生的这户人家，是一个部落小帅。他的祖父耶奕于、父亲周曷朱，都是当地响当当的人物。作为少数民族小头目的儿子，石勒在少年时期的生活还是比较如意的。至少说，他不用担心温饱问题。这期间，最大的一个波折，大概要算是14岁时在洛阳城的险情。

太康八年（287）时，石勒跟乡亲们跑去洛阳捞金。

彼时的洛阳，是一个繁华与腐朽齐飞、旖旎共奢靡一色的地方。行走在洛阳大道上，王公贵族骄奢淫逸的生活，贫民病夫饥寒交迫的画面，一一映入少年的眼中，带给了他极大的震撼与思考。

某一次，石勒独自在洛阳街头行贩。为了招揽生意，少年的他，决定放飞自我，倚在上东门放声叫卖。嘿！那嗓子，声如洪钟，把尚书左仆射王衍听得心慌不已。

过了一阵子，王衍越想越不对劲，便对左右的人说："那个少数民族小孩儿，不一般啊，那声音里似有一番奇志！赶紧把那娃子抓起来干掉。不然，以后会成为国家的祸患！"手下诺诺连声，策马去追。

读者看到这里，都免不了为石勒捏一把汗。好在，他此时因故离开，才免于这场无妄之灾。

这个故事的可信度有几分呢？若说出生时和出生后的"异象"，是史官们的刻意渲染，那么王衍早就相出了石勒的不凡之处。这种说法，是否可靠呢？

兴许有几分可能性吧。相面之术古已有之，很难说它完全没有道理。王衍这个人，笃好老庄学说，是一代玄学清谈领袖，没准还真怀有一些预知后事的本领。不过，他一定不曾想到，正是这个与他"失之交臂"的少年，在数十年后要了他的老命。

唉！早知如此，当初为何不找匹快马呢？

厌倦佣耕，逃荒雁门

对于石勒来说，行商不是常态，他与普通农家孩子一样，都要从事劳作。他喜好骑射，周身散发着雄武之气，等他成年之后，他的日常工作是代父监管诸胡。

父亲周曷朱，是个暴脾气的人，人缘非常不好。可能他也知道这一点，作为儿子理应帮他排忧解难。石勒也很有心，他从一开始就显示出极强的领导才干。他待人宽容有礼，又善于处理日常事务，因此很得人心。

父亲有权势，儿子得人心，情形倒还不错。可惜，好景不长，父亲不久后便过世了。失去父亲的庇护，石勒很自觉地担负起了家庭的重担。然而，当时时世不利、民生多艰，石勒的处境一日坏过一日。甚至于因为缺少耕种之地，他还与邻家争起了沤麻池。

为了维持生计，石勒只能降低身份，时常给人打短工，每日忙得不可开交。过了一段窘迫的日子，忽有在外地打工的乡亲给石勒捎了一个口信，说是有人请他去打工。

邬（今山西介休）人郭敬、阳曲人（今山西阳曲）宁驱。——石勒心中默念着这两个名字，神祇一般的名字。

也是在和他们接触之后，他才明白对方是因他的"美名"才雇用他的。这个美名，不是指的他待人接物的名声，而是他从出生到成长过程中的那些异象，还有他的奇特相貌。

慑于异象和卜者的言辞，石勒的同乡们大多待他十分和气。这也是石勒人缘好的一个重要原因，除了近在眼前的利益之争——比如邻家，没几个人愿意去和一个被预测为会大富大贵的人作对。

当然也有人对此嗤之以鼻，认为卜者胡说八道。但是，百里之外的郭敬、宁驱对此却深信不疑。因此，在得知石勒家境困难的情况下，他们及时地伸出援手，也不失为一个很好的"投资项目"吧。

石勒对郭、宁二人十分感激，在雇主们家中干活格外卖力。他们不仅优待石勒，还不时赠送衣物给他，予以实际帮助。

就在石勒佣耕期间，一个叫郝散的匈奴人在谷远（今山西沁县南）扯旗造反。由于势单力薄，他最终惨淡收场。想必此事对石勒有所触动，多年后他起义造反时，便很注意扩张自身的势力。

史书上说，石勒在佣耕之时，时常听到一些"兵器格斗之音"，甚至眼前隐约出现了"铁骑之象"。这让他不禁有些害怕。他将这种怪状告诉母亲，母亲便安慰他，说那不过是因为劳累产生了幻听、幻象，不是什么不祥之兆。

这件事该怎么看呢？举个例子。现实生活中有不少人时常会拿起手机查看是否有未接来电，因为他们似乎总是依稀听得手机在响。原因很多，而最重要的一个原因，是我们知道，我们身上携带了手机。

简言之，先要有"有"，才会有"疑"。

笔者以为，石勒的耳中眼前，之所以会产生幻听、幻象，主因倒不在于劳累，而是他在潜意识里向往着征战沙场的伟业。只是，石勒所期盼的时机，来得稍微慢了一点。这个世界上，除了否极泰来的愿景，还有祸不单行的考验。

如前所述，在太安年间（302—303），整个并州灾荒连年，雇主们的收入也逐渐下降。为了节省开支，他们只能选择裁员。

郭、宁二人所需的佃客，也比往年少了很多。当此情形，石勒觉得毫无前途可言，故此他离开了恩主。至于说石勒是被裁员，还是主动离开的，从后事看来，后者的可能性要大一些。因为石勒去了雁门谋生，仍然食不果腹，因此他又向宁驱、郭敬求助。若是石勒先前是被裁走的，他还去请求旧主，岂不是自讨没趣？

在石勒看来，雁门是个地广人稀的地方，谋食应该不是难事。却哪里知道，生活日甚一日地艰难。无奈之下，石勒决定南投宁驱。

是应得的报应，还是不公的待遇？

投靠宁驱之后，石勒遭遇了一次险情。当时并州有个叫作刘监的北泽都尉，想把少数民族逃荒者们拿去卖钱。宁驱得知此事后，赶紧把石勒藏了起来。

躲过一劫后，石勒打算投奔名声在外的都尉李川。经过之前的事情，他不愿再连累宁驱，心想走一步是一步。没承想，石勒还未见到李川，便在途中遇到了外出谋生的郭敬。故人相见，说起近来的苦事，两人不禁悲从心起，抱头痛哭。

眼下，郭敬的状况也很窘迫，但他却决然卖掉所带的货物，给石勒买些食品衣物。

只是他能挨过这些时日，但往后的日子又怎么办呢？大概是从刘监那里得到了启发，石勒也想来一个如法炮制，不过他采用的办法，不是抓捕，而是诱骗。

起初，郭敬觉得石勒说得很有道理，既然少数民族都难免遭遇被卖的命运，那么谁卖不是卖，谁赚不是赚？只是，诱骗之与抓捕，不过是"五十步笑百步"的区别，并不见得高尚多少。

不得不说，干人贩子这行，确实太过缺德了。尽管他们的初衷是填饱肚子，这也不值得提倡。

大概也是出于这种顾虑，到了真要行事的时候，郭敬却不同意了。此外，少数民族文化水平虽不如汉人，但智商未必很低啊，有那么好骗吗？

有的时候，命运总是喜欢开人的玩笑。不久前，石勒还想当人贩子来着，没几日他却被人抓了起来，送去冀州贩卖。有人说，这是石勒的报应，谁让他动那些坏心思呢。这话兴许有些道理，但我们若知道掳走石勒的人是东瀛公司马腾，恐怕会有更多的思考。

没错，就是前文提过的司马腾，他的身份，是西晋的宗室王爷，兼并州刺史。为了达到筹措军粮和个人享受的双重目的，他决定卖掉对待治下的少数民族。为了眼前利益，他听取了建威将军阎粹的馊主意。

管中窥豹，可见一斑。司马家虽想表现出博大的胸怀，但事实上却歧视、欺侮着少数民族。好好的一个人，被当作牲口一般的拖去贩卖，谁的心中不会种下仇恨的种子呢？

尤为可恨的是，因为担心少数民族跑路，司马腾还想出了个"妙招"——两人一枷。在电视剧中，咱们没少见流放之人被施以"一人一枷"的镜头，两人一枷的情形自可想象。简直把人当畜生看了！

是可忍，孰不可忍？

在被押往冀州奴隶市场的途中，石勒吃了很多苦，押运者张隆对他屡加殴打侮辱。幸好郭阳、郭时曾受过郭敬的嘱托，石勒才能得到些许照顾和安慰。

第二节　反晋大业自此始

触底反弹，重获自由

不久之后，石勒被卖给茌平人师欢为奴。

师欢这个人，在茌平是极有排面的。作为一个大土豪——土地多的意思，他家的耕奴数之不尽。在这种情形下，一个普通的耕奴想要得到主人的关注，不是一件容易的事。然而，石勒可不是一个普通的耕奴。他有脑力，有武力，也有能力。

一开始，石勒便与老资格们打成了一片，互相引为知己。这么做有一个好处。一个拥有好人缘的人，就像是一颗有力的磁石，他身上散发出来的磁场会吸引很多人的心魂。于是，他说的话、做的事，都更容易得到他人的认同。

时机成熟之后，石勒便对一众奴隶说，他在田里耕作时，总能听到鼓角之声，这与他在老家听到的声音别无二致。众奴竖着耳朵听了许久，似乎啥也没听见。对此，他们当然十分惊异，忍不住说给了主人听。

师欢琢磨着这件事，又亲自观察了石勒的形貌举止，心想这人只怕会跨凤乘龙，绝非自己所能驾驭的。倒不如卖个人情给他，还他自由之身。至此，奴隶石勒摆脱了奴籍，旋即以自由人的身份，去武安（今河北武安）等地打工谋事。

其实，师欢与郭敬、宁驱一样，都抱着投资的心态。事实证明，他们都投对了人。石勒坐上皇帝宝座后，郭敬、宁驱、师欢都得到了回报。

说到底，石勒产生幻听这事，很可能是他给自己进行的包装。理由不难想到，他需要打造一个"异人"的人设。想想吧，秦末时放出"燕雀安知鸿鹄之志哉"豪言的那个人，他是怎么利用舆论来收服众心的。

谁说"神迹"是天予的，"异人"是天赐的？

与陈涉一样，石勒也不甘于佣耕的生活，为此他只能利用人们的迷信心理。

回溯石勒的经历，可以发现他身上一个很大的优点，他不仅懂得在逆境中寻找脱身之机，还善于利用逆境创造机会。

千方百计搞出一个"异人"的人设，进而被师欢免除奴隶身份，这是他触底反弹的一个表现，而另一个表现，则是他刻意地与汲桑结交。

汲桑何人？那时，师欢的田地挨着西晋的官方牧场不远，其牧场头目便是汲桑。而石勒能成功与其结交，则是靠着他的另一个特别的能力：善相马。

千里马常有，而伯乐不常有。

可我想说，石勒不仅是伯乐，更是驰骋天下的千里马。

从西汉开始，政府建起了多个牧场。延续西汉的做法，西晋大致也有三四十个牧场。除了性情的投契之外，汲桑牧率的身份，也是石勒主动与之深交的原因。

同时，石勒也不只是结交有资历的人，当初他沦为奴隶之时，也结识了不少受苦受难的少数民族兄弟。这些人有时佣耕，有时又因战乱之故得到意外的自由。

有一首老歌唱得好，"朋友多了路好走"。机缘巧合之下，石勒与王阳、支雄、夔安、吴豫、冀保、桃豹、刘膺、逯明这八位朋友攒在了一块儿。迫于生计，他们决定干点事业。

什么事业呢？当强盗。

组建十八骑，展开反晋大业

既然决定当强盗，节操什么的就滚一边去吧。

众所周知，是强盗就免不了要抢劫，要抢劫就需要得力的交通工具。作为石勒的死党，汲桑也不含糊，既然石勒想要苑马，拿去便是，租金啥的提也不提。

约莫在永安元年（304）之前，石勒的团队中又增加了几个"编制"，郭敖、刘宝、刘徵、呼延莫、张曀仆、张越、郭黑略、赵鹿、孔豚、支屈六等人，都慕"名"而来。数一数，刚好十八个。

史书中说石勒是以十八骑起家的，诚然不错，但我们还得关注细节。这十八个来自各个民族的合作伙伴，不是一次性集结组团的。而他们在组团之时，也带来了自己的随众。

组团后，该干点什么呢？抢劫什么的，是不是有点不上档次了？物质上基本得到满足的石勒，决定搞点满足他精神需求的大事情。

什么事情呢？反晋！反那个欺压少数民族的司马腾，反那个腐朽不堪的晋朝！

自古以来，造反这种事，都要有一个好的开始。顺应潮流者，至少在起初就赢面很大。

这话要从司马颖被废说起。这人虽能力不足、晚节不保，但还是有些追随者的，其旧部公师藩眼见主人被欺负，便想为他讨个说法。他自称为将军，于赵魏之地盟誓起兵，将矛头对准司马腾等宗王。没过多久，公师藩便召集了数万兵众。

消息也传到了石勒耳中。此时，他们虽有明确的目标，但却没有足够的号召力。因此，既然公师藩的目标与他们基本一致，那么双方的合作便是水到渠成的了。此外，在大公司入股，总比单干的风险系数低一些。这个道理，古今皆然。

没有一丝犹豫，石勒在年底前投奔了公师藩。汲桑率领着牧民，也加入了义军的行列。很显然，他们都想做这个时代的主人。也就在此时，汲桑提出让石勒改名的建议。石勒欣然受之。

接下来，公师藩以石勒为前队督兵，随他一起去邺城攻杀平昌公司马模。

对方早有准备，主将冯嵩也很有战斗力。刚入战局不久，公师藩便被打得落荒而逃。他本想从白马渡河择路而逃，岂知却落入濮阳太守苟晞的手中。死亡的气息，笼罩在他的身上。

没想到，大股东也靠不住。石勒与汲桑不免有些意外。他们火速逃了出去。

有道是，"开弓没有回头箭"，无论如何他们也不能投降服软。在总结了"公师藩不具帅才"这样的失败教训后，他们立马确定了行动的目标和新的带头大哥。

汲桑其人，天生神力，据说能举起千把斤重的东西。他的嗓门又十分亮，怒吼起来就能吓趴一群人。再加上起义之民多为牧民，故而此时的石勒只能唯汲桑马首是瞻。

汲桑先任命石勒为伏夜牙将，然后命他带着牧人去招兵。对，只是招兵，买马是不必的，这不现成摆着的吗？谁有马匹，谁就有组建骑兵的能力，而骑兵正是那个时代最厉害的兵种。

兵从哪里来呢？一支刚打了败仗的军队，能有多大的说服力？汲桑、石勒都是聪明人，他们将目光投向了囚牢和山泽。

试想，那些关押在郡县里的囚徒，谁不想逃出生天、恢复自由之身呢？那些流亡于山泽中的亡命之徒，谁又不想拥有堂堂正正的身份、干一番轰轰烈烈的事业呢？

石勒解救他们，招纳他们，便是给他们一个重新做人、做英雄的机会。

不得不说，这一招相当厉害，短短数月间，汲桑、石勒便扯起了一支数量可观的队伍。

再战邺城，所向披靡

话说，自从公师藩发动起义以来，当政的司马颙也意识到了司马颖的力量。他便顺水推舟地表奏皇帝，允许司马颖归邺守城。这是发生在永兴二年（305）九月间的事。

哪知，司马颖还没待上几日，又被征去了洛阳。

到了光熙元年（306）初，司马颖被卷入了司马颙和司马越的混战中。这一次，司马越又捎上了司马衷，并拿出了骇人的架势。

眼见司马颙顶不住那架势，司马颖便一溜烟儿跑去关中避难。不过，事实证明这没什么大用，五月间长安也被攻破了。

司马颙、司马颖被吓得躲进了南山中。胜利者司马越吹着口哨，带着惠帝返回了洛阳。司马颖松了一口气，择日回了新野。

接下来的事情，可以用"郭劢欲迎司马颖为新主""刘陶奉诏捉拿司马颖""司马颖携儿回朝歌""司马颖在投奔公师藩途中为冯嵩所擒"等语来简单概括一番。

总之，就在九月里，冯嵩将司马颖和他的两个儿子押回了邺城。同一月，司马腾因讨伐刘渊等功劳，被晋爵为东燕王。过了一个月，司马腾被授予车骑将军、都督邺城诸军事；而范阳王长史刘舆，则矫诏杀死了司马颖和他的儿子们。

镇于邺城，兴于邺城，死于邺城，这就是司马颖的宿命。

其实，他本来有机会做一个贤王，做一个终结宗王之乱的贤王，只可惜，他始终没能跳出骄恣狭隘的场域。也许，自相残杀是司马氏的家族病。

就在司马颖魂归九天之际，汲桑、石勒的军队也组建得差不多了。

那么，军队组建好了，首先找谁开刀呢？自然是东海王司马越和东瀛公司马腾。这两人，一个是无良"商人"，一个是晋朝的皇上，不找这哥俩的麻烦找谁的麻烦。

接下来，汲桑自称为大将军，以石勒为前锋。他们打着替成都王报仇兼铲除国贼的旗号，开始向邺城进发。正应了"从哪里跌倒就从哪里爬起来"的理，石勒发挥超常，如有神助，看得汲桑喜不自胜，又命他担任扫虏将军、忠明亭侯。

在攻城战中，石勒充任了前锋都督一职。冯嵩先前就打败过公师藩，但此时也没有掉以轻心。只不过，把握住战机的石勒，此时变得相当强悍，竟将冯嵩打得一败涂地。

义军长驱直入，攻陷邺城。石勒部下李丰，将仓皇出逃的司马腾斩杀于城外。

令人无语的是，在这一战中，邺城之军没有发挥多大的作用。这是义军取胜的一个重要原因。

说来也好笑，司马腾鼓鼓的腰包和他抠门的秉性，刚好形成了鲜明的对比。平时吝啬也就罢了，到了兵临城下的关键时刻，司马腾竟然只发放了数升米、一丈布。结果可想而知，士兵们干的都是卖命的活儿，谁傻谁卖命。

二字总结，汲桑、石勒胜在"悍勇"，司马腾输于"吝啬"。

第三节　抱住刘渊大腿，做大做强

遭遇挫折，决意投汉

一片混乱之中，汲桑找到了司马颖的棺木。

如果说，生活应该有仪式感，那么汲桑就是一个把造反造出仪式感的人。

棺木要放车上，有事要先启奏死去的司马颖，办完事还是要回禀那个无法再开口的人。这又是何必呢？

从汲桑的角度来说，他的这番做派，也未必是在表现忠义之心，更多的是为了收买民心。可是，汲桑却没搞明白一个问题，这个世界的根本矛盾，到底是司马越、司马腾和司马颖的矛盾，还是司马氏和下层民众的矛盾。

对民心没有一个正确的认识，又如何能将民心凝聚在一起，继而为自己所用呢？

在汲桑的"仪式"里，司马颖是天神一般的存在，这本身就是极为可笑的一个认识。虽然他曾经努力打造过贤王的人设，但实际上，诸位司马的区别，不过是五十步之于一百步。矮个里的高个，有什么值得吹嘘的？

借着百姓对司马颖的同情心，一开始打出他的旗号，可能还稍微有些号召力，但把他奉之如神，却是大错特错了。

除了这个错误，汲桑、石勒还犯了一个大错——杀人焚城。

有些学者认为，石勒他们只是杀了那些吃闲饭的士族，焚了一座他们无力镇守的城池，手段虽然残暴了一些，但客观上却有利于自己的发展，甚至有利于历史的进程。

笔者不这么认为。且不说部分无辜的老百姓遭了殃，咱们只看一件事。如果石勒从未后悔他的所作所为，为何在后来的东征过程中，一再强调军队的纪律性，进而得到"军无私掠，百姓怀之"的广泛好评？

什么叫作"吃一堑，长一智"？看看石勒之后的遭遇就知道了。

司马腾死后，汲桑、石勒找到了另一个复仇的目标——苟晞。他们的理由也很充分，公师藩就是被苟晞杀害的。于是，他们很快退出了这一座冒着呛鼻烟气的荒城，渡过黄河，向兖州进发。

兖州位于今山东中西部、河南东北部，从战略上看，它恰与青、徐二州连成一个铁三角。过去曹操便是在此地发迹的。如果义军拿下了兖州，倒可将此作为据地，扩大义军的规模。

可惜历史没有如果。汲桑、石勒在兖州受阻了。

其后，他们又折向幽州，在乐陵击杀了幽州刺史石鲜。前来增援的乞活军也没讨到便宜，尽管义军付出了极大的代价，但田裡和他的五万兵马都被击溃了。

关于乞活军，还须略提一笔。

它本是指十六国时期，因生计所迫而流亡于黄河一带的汉族武装流民集团。他们的来源，有官方的，也有民间的。但我们这里所说的乞活军，却有着官方背景。之前，司马腾无力养活随他东下的并州将卒，便只留下了少量士族镇守邺城，而让大部分人到冀州去求食。

所以，由田裡等人率领的乞活军，是一支特殊的流民军，与李流等人不同，他们对朝廷有着特殊的情感，或者说是义务。

接下来，义军再度与他们的仇敌苟晞对决于平原、阳平，双方互有胜负。就在此时，朝廷的援军和卷土重来的乞活军，又带给了义军重大的打击。义军战死万余人，尸积如山，汲桑、石勒被迫撤离。

路在何方？《晋书》中说，汲桑、石勒"收余众，将奔刘元海"（《晋书》避讳李渊，把刘渊写作刘元海）。投奔刘渊，就是汲桑、石勒做出的选择。

这个选择当然是明智的。一则，在刘渊的带领下，汉国形势一片大好，他才是他们需要的那棵大树；二则，双方都以反晋作为目标，不至于产生大的分歧；三则，并州一带是石勒的故地，尤其是武乡、榆社等地，积聚着很多羯人，这有利于培养自己的嫡系部队。

汲桑、石勒打定主意后，打算径投目的地。但不幸的是，冀州刺史丁绍又在赤桥对义军展开了攻势。义军大败之后，"汲桑奔马牧，勒奔乐平"。乐平，在今山西昔阳县。

为了性命乃至前程，选择分道保存实力，也不失为一个良策。

智收二军，培养嫡系部队

十八骑中，已经有所牺牲。望着一众残兵败将，石勒陷入了沉思之中。一没钱，二没人，三没声望，想投靠刘渊，怕是痴心妄想。纵使刘渊不嫌他力孤势弱，赏他一口饭吃，这日子只怕也难挨得紧。

带点什么见面礼去呢？深思熟虑后，石勒先来到了屯兵上党的张䖤督、冯莫突营中。石勒以投奔之名，获得了对方的信任与器重。随后，他又开始游说他们与自己一道投汉。张䖤督、冯莫突有些意外。

此时，刘渊树起了反晋大旗，已拥兵十万之众。接收到刘渊释放出的招抚信号，周边的势力团体，大多有了响应。

"既然不能长期支撑下去，何不早谋出路？晚一些投靠就丧失了优势。"石勒道。

见张䖤督还在犹豫，石勒又说："我听说部落里有人准备叛逃投汉了！"

听了这席话，张䖤督别无选择。他本来也不是一个长于谋略之人，因此便听从石勒的安排，与冯莫突带着亲信们秘密投汉。时在永嘉元年（307）九月。

汉王刘渊喜出望外，立马设宴款待诸雄，封张䖤督为亲汉王，冯莫突为都督部大，石勒为辅汉将军、平晋王。至于他们带来的部队，则由石勒统率调度。张、冯所部的其他人马，而后也跟了过来。

据此，我们不难看出，石勒的这套办法，可以说得上是空手套白狼了。其智计之妙、心思之深，鲜有人及。

来到汉国后，当务之急是要巩固自己的地位。刘渊帐下人才济济，石勒须得做出一番成绩来，才能占据自己的山头。

不久之后，石勒发现刘渊为一个乌桓人头疼。这个拥有二千人马的乌桓小头目叫作张伏利度，他屯驻在乐平好些时日了。对于刘渊的招抚，张伏利度表现出一种高傲的姿态。石勒心想，这便是他立功建业的好机会。

他假装与刘渊闹翻脸，火速投奔了张伏利度。张伏利度完全没发现这是一出苦肉计，反倒对才能出众的石勒推心置腹。一过就是数日。石勒打仗十分卖力，无往不利，深得部众之心。

事情按预想的轨迹行进，顺利得超乎想象。某一日，石勒在军中聚会时突然发难，把张伏利度当众捆了起来，又纵声道："如今若起大事，你们以谁为主？"

这是要夺权啊？士卒们回过神来，都高呼石勒之名。

接下来的戏该怎么演？按套路走的话，张伏利度必死无疑。然而，石勒他不想按套路出牌。他选择放过旧主，随后率众返回汉国。

想必大家都知道，隋唐英雄李密在瓦岗寨中夺权的故事。虽说石勒和李密所处的形势不太一样，但李密害死主动让贤的翟让，却是无论如何都抹不去的人生污点。此外，因李密并未妥善安抚翟让的旧部，这也为他日后的个人发展埋下了隐患。

上一回，石勒耍出了一招"空手套白狼"；这一次，石勒又来了一出"以德服人"。不得不说，他独到的手段，彰显的是越发成熟的政治能力。刘渊也很欣赏石勒的能力，遂加封石勒督管山东征讨诸军事，并命他统领原张伏利度的兵马。

"柳暗花明又一村"，一切都在石勒的预料之中，原张督、冯莫突的部队，原张伏利度的兵马悉归一体。他们虽身属汉国，但却心属一人，是石勒最为可靠的嫡系部队。

逆袭的人生，就是这么彪悍！

东征北讨，建"君子营"

刘渊对石勒刮目相看，石勒的地位也越发稳固。只是，此时传来的一个噩耗，让石勒悲痛不已，难以接受。

汲桑回到并州后，在牧场也未能久留。不久汲桑在迁往乐陵的途中，被苟晞和乞活军首领田禋、田兰等人所杀。

报仇的信念在石勒心中灼灼燃烧，他热切地等待着这一天的到来。

接下来的几年，汉国发生了不少大事，比如，在汉元熙二年（305），司马腾请出拓跋猗㐌（详见第一卷附章）攻袭刘渊，不日后，离石又遭遇了饥荒，刘渊一度将百官迁往黎亭。

迁往黎亭之后，刘渊与西晋并州刺史刘琨（详见本章第六节）产生了矛盾。双方相距不远，为了争夺上党之地，双方必有一战。由于壶关（今山西壶关）是一块战略要地，刘琨赶紧占据了它。刘渊一直想夺回此地。

到了汉国永凤元年（308）十月，刘渊称帝于蒲子（今山西隰县）。称帝之后，刘渊加授石勒持节、平东大将军、校尉、都督，又命王弥与他一起攻打邺城。

原来，西晋收复邺城后，委任征北将军和郁镇守此地。和郁早闻石勒的威名与手段，不想步司马腾的后尘，吓得望风而逃。石勒轻松地拿下了邺城，接着马不停蹄地北上攻打赵郡（今河北赵县、临城一带）。

可巧，此时田禋正好在中丘（今河北内丘）屯兵。石勒听说之后，立马整军而往。一番鏖战后，他终于为汲桑报了仇。

次年十二月，刘渊见时机成熟，即遣刘聪、石勒等人奉命征讨壶关，大获全胜。刘渊对石勒十分欣赏，第二年初便授予石勒东征的大任。

石勒欣然领命，他先是越过太行山，再在赵郡、魏郡（今河北磁县、临漳、广平一带）之间来回征战，其过程虽不那么顺利，结果也有胜有负，但他却从中得到了很多实战经验，招抚了不少流民入伍。

石勒的兵力，日甚一日地强大起来，对于这个外来的投靠者，刘渊渐渐生出了戒心，因此，他在称帝之后，一边对石勒加官晋爵，一边命亲信王弥与石勒一起攻打邺城。

对于刘渊的安排，石勒无法拒绝，但他与刘渊的隔阂，也因彼此的疑心病而逐渐加深。不过，话说回来，即便刘渊对石勒倾心相待，又能换得日后的君臣相守吗？也很难。

试想，明明有能力当老板，谁又甘心为别人打一辈子工呢？这个道理再简单不过。

可石勒毕竟是不可多得的骁将，刘渊不能不对石勒加以笼络。在石勒攻破邺城后，刘渊又授予他安东大将军、开府，置左右长史、司马、从事中郎。所谓"开府"，指的是开设府地、设置僚属的特权。西晋的三公（晋封八公，杂糅古制，史所未有，实为滥赏功臣之举）是具有这种特权的，这就是说，石勒拥有了等同于三公一般的待遇。

石勒没闲上几日，又挥师北上，往巨鹿、常山进发。很快地，他攻入了冀州，征服了若干坞堡，其部众的规模也迅速扩张，增至十余万人。

尤为值得一提的是，石勒已经明白一个道理：历来成大事者，都得到过知识分子的翼助。因此，他有意识地招揽落魄才士，将他们编为一营，号为“君子营”。说白了，这就是石勒的智囊团。

那么，在这个智囊团中，谁是最核心的人物呢？张宾算一个。刁膺、夔安、孔苌、支雄、桃豹、逯明等人也都是重要的参谋。

简单说一下张宾。

张宾乃赵郡人士，出身于庶族地主家庭。他自幼喜好读书，胸怀大志。大抵是每个不甘寂寞的才士，都有一个历史上的偶像。譬如，诸葛亮总是以管仲、乐毅自比，而张宾则认为自己就是当代的张子房（张良）。

“吾历观诸将，无如此胡将军者，可与共成大业！”张宾蛰伏良久，道出此语。于是，他提剑来到军营前，疾声呼请求见。

石勒立刻接纳了张宾，但一开始也没觉出他的不俗之处。直到张宾多次献计于前，“已而皆如所言”，石勒才发现自己捡了个宝，赶紧安排他做了个军功曹，凡事都喜欢征求他的意见。

第四节　危机，还是转机

临终改制，落葬永光陵

截至308年（汉国元熙五年、永凤元年），短短五年，汉国的势力已由离石蔓延至平阳、河东、上党（刘琨也在此募兵千余人）、乐平等郡。与此同时，它也吸纳了河北、山东等地的反晋力量，这就是说，汉国的统治范围进一步扩大了。

如此一来，汉国向东囊括了冀、司、青、徐、兖、豫等州，向西则占领了雍州局部。

故而，刘渊选择在元熙五年十月即皇帝位，也是合乎常理的选择。我们不妨对比一下李雄称帝的时间，那是在306年，比刘渊这头要早一些。

刘渊称帝后，改元永凤，大赦境内，以其长子刘和、四子刘聪、族子刘曜为大将军、车骑大将军、龙骧大将军，其他宗室皆封王，异姓功臣也各有封赏，列为郡县公侯。几乎是在刘渊称帝的同时，刘琨又重新得到了上党之地。

到了年底，刘渊又对宗室和功臣封王晋爵，各有赐赏。如前所述，平晋王石勒也得到了一通褒赏。

下一年（309）正月间，太史令于修之提出了迁都的建议。他认为，"蒲子崎岖，非可久安"，而平阳却是"势有紫气，兼陶唐旧都"，十分适合建都。刘渊听取了于修之的建议，又大力营建平阳都城。

两个月后，刘渊在西晋叛将朱诞的带领下，以灭晋大将军刘景为大都督，将目标对准了黎阳。刘景攻克黎阳后，又南下延津，打败了王堪所部。这本来是一件好事，但令人气愤的是，刘景杀人如麻，竟然迁怒于三万无辜百姓。

当刘渊得知刘景沉民于黄河的恶性事件，不由勃然大怒，将他贬黜为平虏将军。不难看出，刘渊的军事行动，只针对西晋统治者。他的理想，本就是成为汉祖魏武，得以统御万方、永垂青史。而要想达到这个目标，不赢得晋人的民心，哪行？

所以刘渊惩治刘景，还真不是作秀。

年老的刘渊，依然雄心勃勃，按他的打算，是想在垂暮之年夺下赵、魏之地，继而攻取洛阳，占据关中。不过，这个进程却比他的预期慢了许多。

汉国河瑞二年（310）七月，刘渊缠绵病榻，命不久矣。想想业已离世的刘宣（出任丞相不久，因病去世），再想想自己称帝后的往事，不免心潮难平。一方面，他曾命刘聪和王弥两度攻洛（细节见下文），但都铩羽而归、狼狈不已。另一方面，石勒凭借所得之战果，羽翼更为丰满，只怕将来不好控制，这是刘渊所不乐见的。

那么，他该在临死之前做些什么呢？这年正月间，他先册封氏酋单征之女为后，又以梁王刘和为太子，可说是后继有人了。但他觉得，这些都还不够。

刘渊思来想去，在内政上做出了很大的改革。一是，完善了中央机构的建制，太宰、太傅、太保、大司徒、尚书令等职一应俱全，理论上他们都将是刘和的左膀右臂；二是，设置了管理"六夷"的单于台，由楚王刘聪担任大单于，负责管理胡、羯、鲜卑、氐、羌、巴蛮等民族。

刘渊的后一个做法，是很有创意而富实效的。因为这些归附的少数民族，有着与汉人和汉化的匈奴人截然不同的生活习惯，他们不可能立即融入汉文化的圈层之中。故而尊重他们原有的社会组织形式，无疑是明智之举。

七月十六日，刘渊召太宰刘欢乐、太傅刘洋入内听宣。次日，刘渊在光极殿去世，刘和顺利继位。两个月后，刘聪葬刘渊于永光陵，上谥号为光文皇帝，庙号高祖。

刘和：帝二代容易犯傻

想必眼尖的读者已经发现一点蹊跷之处。

新任的皇帝是刘和，而主持丧仪的人，却是刘聪。在中国历史上，刘和是为数不多的短命皇帝中的一个。只不过，他的短命不是因为他身体抱恙，而是因为他犯了傻。

从七月到九月，不过短短两个月，发生了什么事情呢？

原来，父亲尸骨未寒，刘和便对他的兄弟们动起了刀子。刘聪不想为人鱼肉，便只能选择反抗突围。俗话说，"你不仁，我不义"，权力场中的后发者，若想得到一线生机，唯有此路可走。

宫变之事，尚有一些细节值得关注。

据史书记载，宗正呼延攸（通知刘渊举事的那位，也是刘和的舅舅）、卫尉刘锐、侍中刘乘，在私下里怂恿刘和除掉"总强兵于内"的"三王"，以及"握十万劲卒居于近郊"的大司马。"三王"，说的是齐王刘裕（与南朝宋的开国皇帝重名）、鲁王刘隆、北海王刘乂（单皇后的儿子）；大司马，则指的是单于台的负责人刘聪。

三位"忠臣"挑唆刘氏兄弟的关系，自有其原因。但这些原因却暴露了他们各自的狭隘心思。呼延攸，主要是因为终身不迁官，越想越委屈；刘锐是因为自己没得到顾命大臣的身份；刘乘是因为看不惯刘聪，才出言诋毁。

看看这些人，因为想得到皇帝的欢心，或是满足个人的好恶，他们便将屎盆子往所谓的"反臣"的身上扣。话说回来，即便这四人真对皇权构成了威胁，要剪除他们的势力，也需要掂量掂量自己的斤两，事先做好周密的准备吧！

此外，其他三人姑置不论，只说重兵在手的刘聪，哪是吃素的人？刘和此举实在太冒失了。当然，刘和可以认为，自己享有先发制人的便利，事实上史上也不乏成功案例，但这个前提却是，先发者有足够清醒的头脑，是个真真正正的聪明人。

只可惜，千年之后，对叔叔下手的朱允炆不是；很多年前，对兄弟动刀子的刘和也不是。

《晋书》中说刘和"好学夙成"，这也许是真的，但他成为储副之后，"内多猜忌，驭下无恩"的做派，却也是真的。不知刘和是否思考过一个问题，刘渊的皇位是怎么挣来的，而他这个帝二代所能凭恃的又是什么？是靠老天的眷顾、权力的威慑，还是人心的凝聚？

且不说别的，仅以刘渊称王当年之事为例，便能看出刘渊是个懂得感恩、顾念旧情的人。将老师崔游封为御史大夫（未赴任），范隆封为大鸿胪，朱纪封为太常……这些措施，都为他赢得了良好的口碑。

谁是天生的皇帝？谁又理所应当地得到天下归心？没有！没有那么多的天生，也没有那么多的理所应当。

总之，刘和这个"没头脑"，被三个"不高兴"撺掇得热血沸腾，他当即唤来刘盛、刘钦、马景等人，密商诛王之事。刘和本以为大家都会为他"防患于未然"的想法点赞，没想到刘盛却当场劝他不要残害兄弟。末了，刘盛当场被斩杀于殿上。

没办法，皇帝都这么个态度，其他人哪敢不从。他们只能苦着一张脸，去做那不仁不义之事。尚书田密、武卫将军刘璿分到的任务，是诛杀北海王刘乂。这孩子是皇太后的亲儿子，与诸王不可等同视之。

田、刘二人心想，这事可干不得，合计一番后，便带着刘乂直奔刘聪处。

就这样，刘聪得知了刘和的阴谋。刘聪当机立断，旋即率军攻克西明门，其前锋即入宫中，斩刘和于光极西室。最终，那三个"不高兴"，一个也没跑掉，刘裕、刘隆却没能躲过这一劫。

风波平息下来，刘聪欲拥立刘乂为帝，但刘乂却百般推辞，刘聪旋即登上了皇帝宝座，改元光兴，史称为昭武帝。随后，刘聪尊单皇后为皇太后，母张氏为帝太后，刘乂为皇太弟，又对儿子刘粲、刘翼、刘悝等人封王加爵。

为了笼络石勒，刘聪又命其担任并州刺史。

较之刘和，战功卓著的刘聪似乎更适合当皇帝，但这是否就表明汉国的危机已然过去？一切还有待时间的检验。

今晋气犹盛，大军不归，必败

刘聪上位以后，将完成父亲的遗志放在第一位，开始积极备战。

只是汉国所要攻夺的洛阳，本是晋朝的国都，哪有那么容易得手的？正因如此，两国之间展开了一次又一次的殊死搏斗。

回溯历史，前两次攻洛，发生在汉国河瑞元年（309）八月、十月，派出的将领有刘聪、王弥、刘曜等人。他们都是刘渊的爱将。那么，他们三人又有何过人之处呢？此处咱们先来侃侃刘聪。

刘聪，表字玄明，为刘渊第四子，母为张夫人。《晋书》称，刘聪天赋异禀，连博士朱纪都对他赞叹不已。此人不仅通晓经史百家之学，还将《孙子兵法》烂熟于心，书法、文章、骑射，无一不精。那些三百斤的弓，对他来说都是小意思。

刘聪成年后，到洛阳去游历，与他父亲一样得到了名士们的欣赏和认可，担任了一些职务。其后，他担心司马颖会对父亲不利，便主动申请为司马颖效力，与父亲同生死共进退。

甭说了，这样的一个才德兼备的孝顺孩子，搁谁家不是个宝贝？如果说闺女是爸妈的小棉袄，那这刘聪简直就是刘渊的军大衣！为了渲染刘聪的伟岸形象，史书里难免有些溢美之词，但刘聪至少不是等闲之辈，这是可以肯定的。

由上所述，刘聪对父亲的复国大计深具谋划之功。所以，刘渊称大单于时，刘聪做了鹿蠡王；刘渊称帝时，刘聪做了楚王；刘渊病逝前，刘聪做了大司马、大单于，并录尚书事（宰相）。

这可不是一般的厉害。刘渊最后的任命，使得刘聪掌管了单于台，掌握了兵权，也掌握了一部分决策权。话说回来，刘和登位后，也没道理不忌惮刘聪。毕竟，作为皇太子，他在政治军事上都毫无建树，心里怎能不慌？

在首次攻洛之前，刘聪最大的战绩，是与王弥、石勒等人，一起攻破了壶关（在长平之战中险些遇难）。刘渊对刘聪很有信心，遂令他和时任东征大将军的王弥领兵进攻洛阳。刘曜、赵固等人为后继。

按计划，汉军的行军路线，是"平阳—弘农（含宜阳）—洛阳"。大概是因为一路高歌猛进，刘聪便以为晋军全是一群饭桶。末了，刘聪被诈降的弘农太守垣延摆了一道，灰溜溜地跑回家去了。

大家一定注意到了，第二次攻洛的时间，与第一次极为接近。这很令人意外。照常理来说，谁会在大败之后马上卷土重来呢？但刘渊玩儿的就是"出其不意"。

两个月后，刘聪、王弥、刘曜、刘景、呼延翼等人照着前次的路线，发兵进攻洛阳。刘聪吸取盲目自大的教训，以雷霆般的速度，杀到了洛水。到了洛水，就意味着洛阳已近在咫尺。

可没承想，就在这紧要关头，刘聪的大将呼延颢、大司空呼延翼先后死在了敌手和自己人的手中，军队一度骚乱崩溃，士气大损，刘渊在后方即刻发出班师的指令。

对此，刘聪的回复是："晋兵微弱，不可以翼、颢死故还师。"很显然，刘聪很不甘心，坚持留下来对敌。

刘渊见儿子这么有志气，哪有不允之理？但却不知，刘聪虽然这么说，心底却没几分把握。为了祈求上苍保佑，刘聪竟然跑去嵩山祭祀。这个做法实在太令人费解了。他就不担心，司马越趁机打他的守将吗？

就在那一日，晋军偷袭得手，阵斩呼延朗。

太惨了，三位呼延氏（匈奴贵族之一）都丢了命，让人如何交代！安阳王刘厉担心刘聪发起火来，到时自己怎么死的都不知道，索性将心一横，跳河自杀。

得知此事后，刘聪顿时像漏气的皮球一般，沮丧到了极点。

王弥看出这一点，琢磨着要给刘聪一个台阶下，便以粮食不继为由劝他撤军，但刘聪实在磨不开面，不敢自行撤军。直到刘渊命他急速撤军，他才抹着眼泪班师还朝。

请问，刘渊为何来了个急令呢？

给孝顺孩子一个台阶下，只是一方面；另一方面，太史令宣于修之（提议迁都的那位）奏道："岁在辛未，乃得洛阳。今晋气犹盛，大军不归，必败。"辛未，就是 311 年。从后事看来，宣于修之似乎是个神算子。

其实，宣于修之的意思，至少可作两种解读。第一，既然老天不给面子，那也只能听他老人家的话，毕竟，"留得青山在，不怕没柴烧"；第二，既然"天时地利人和"的成功要素并不齐备，那么现在的惨败，也不能说是刘聪或者哪位将领的责任！

不得不说，这个人，还挺会来事儿的。

第五节　三攻洛阳，乾坤谁定

清扫外围，包围洛阳

撤回平阳后的刘聪，也没受到什么实质性的惩罚，没多久还担任了大司徒。

在两次攻洛的战争中，石勒没有直接承担相关的任务，但他也没闲着。

八月间，他负责攻打常山，但却被王浚搬来的救兵段务勿尘所败，受挫于飞龙山。三个月后，石勒势力再起，攻陷信都、黎阳，无往不利。

经过两次重创，刘渊暂时停止了对洛阳的围剿工作，主要在内政等方面下功夫。与此同时，石勒攻夺了白马，又向徐、豫、兖等州进发。

他拿下了鄄城、仓垣，又会同刘聪、刘曜攻打武德，擒杀晋将梁巨。如史书所言，"民从之者九万余口""皆请降送任"，石勒每投入一次战争，就壮大一分实力。

刘聪继位之后，想把之前丢的面子找回来，为此他只用了三个月的筹备时间，便对洛阳发起了进攻。刘聪终于得到了他想要的结果，洗刷了之前的耻辱。

如今，我们并不是要依从"结果论"，肯定刘聪英明睿智、当机立断，而是要放眼整个作战过程，去分析汉军益发完善的作战思想，因为这才是他们赢得战果的重要原因。

什么作战思想呢？在总攻之前，先扫清外围。

310年，即西晋永嘉四年，汉国光兴元年十月，刘渊命河内王刘粲、始安王刘曜、王弥联合攻洛，率兵四万人。与此同时，刘渊又命石勒与之会师于大阳（今山西平陆南）。

其后，石勒在渑池（今河南洛宁西北）打败了西晋监军裴邈，直入洛川。而刘粲等人则由大阳、宜阳沿洛水而上，兵出轘辕，转战于梁、陈、汝、颍等地。他们攻陷了西晋百余处壁垒，对洛阳渐成包围之势。

不日后，石勒出成皋关。他本想在仓垣拿下陈留太守王赞，未料出师不利，不得已退至文石津（今河南滑县南）休整。与此同时，赵固在延津（今河南卫辉东）的战事也不顺利。一时之间，战争形势渐缓。

汉国几次三番地进犯，西晋并州刺史刘琨自然也要有所作为。

他拉拢了拓跋猗卢，奏请与之一同出兵，讨伐刘聪、石勒。然而，司马越却担心青州刺史苟晞和豫州刺史冯嵩势力坐大，也没同意刘琨挪窝儿。刘琨只能辞谢拓跋猗卢，任其回国。

此时，洛阳正遭遇着缺粮少食的危机，司马越忙向全国军队发出羽檄，命他们来救援京城。晋怀帝司马炽也对使者强调了一番。只可惜，全国军队就没几人搭理朝廷，只有征南将军山简、荆州刺史王澄有所行动，但王澄听说山简被流民军王如的军队打败了，也没心思再打了。

在那些日子里，战火之虞尚在其次，困守洛阳才令人绝望。物资奇缺之下，生存成了一大难题。不知不觉间，迁都逃难的说法占据了主流。司马越的干将王衍不以为然，为了安抚人心，他卖掉了家中车、牛，以表守城之心。

石勒在文津石休整一段时日，又投入了作战。

这一次，他打算渡过黄河，占领南阳。所遇的敌人并不是晋军，却是王如、侯脱、严嶷这三尊佛。他们本是雍州流民，趁乱自立，很快就聚起了四五万民众。王如本来称藩于汉，但此时担心石勒会吞并他的军队，便与侯、严二人合作起来，屯兵于襄阳城中，阻止石勒南下。

石勒承担着从南面孤立洛阳的任务，岂能甘心为流民所阻？在听取谋士的建议后，他果断地采用分化的策略，先从与侯脱关系不和的王如下手，继而杀侯脱、囚严嶷，解除了眼前的麻烦。

就此，洛阳之南，已无依凭。

如此君臣，如此朝廷

到了这个节骨眼上，西晋朝廷该怎么做呢？

固守城池，或是弃城转移、战略后退，都有一定的可行性。但太傅司马越为自己选择了后者，为年轻的皇帝选择了前者。这真是"别出心裁"啊！

对此，他的解释是，外敌入侵，逼临京师，皇帝要是不坚守都城，则社稷无所依，百姓无所靠。至于他，要亲自去镇守兖、豫二州，为陛下讨伐石勒。

照司马越的解释，他去讨伐石勒，虽说未必能成功，可一旦成功，就可以振奋国威。说得可真够冠冕堂皇的。

其实，明眼人谁不知道，司马越此举，只为摆脱自己的困境。一则，他担心总有刁民想害他；二则，他又害怕汉军攻洛，要他的老命；三则，洛阳彼时已是弹尽粮绝了，《水经注·汳水》中就记载道，苟晞占领汴水旁边的仓垣城后，直接掐断了漕运补给，导致了洛阳城的饥荒。

当然了，司马炽也是个明眼人，但他作为傀儡皇帝，哪有什么话语权。如今唯一能利用的，也只有镇守青、徐等州的苟晞。虽说他也有着自己的小算盘，但他们毕竟有共同的敌人——司马越。

十一月十五日，司马越领着他的心腹（太尉王衍和稍有声望的名将勇吏皆在此间）和十万兵士，一起往许昌进发。其妃裴氏、长子司马毗和龙骧将军李恽、右卫将军何伦等人，则负责守卫洛阳。

在此，笔者不愿说洛阳是都城。因为此时的洛阳，实在没有一丝都城的气象。

是啊，宫中既无高官，又无守卫，这像是都城吗？目之所及处，不是饿殍死尸，便是盗贼恶民。更令人瞠目结舌的是，所余的部将中，竟然还有人敢公然抢掠大臣，逼辱公主！

不要说什么都城了，说这是人间都美化它了。

可以想象，司马炽的心里该有多绝望。绝望的他，很可能是怀着玉石俱焚的心态，密诏苟晞讨伐司马越。苟晞早就流露出声讨司马越的想法，此时自然无有不应。

笔者以为，后世不必对司马炽求全责备。置身于险境中，少年皇帝品咂着被群臣抛弃的滋味，心里难受得要死，他必须得找个情绪的泄口。此外，他也暗暗地想，若是苟晞得利，能为他召回一些臣民，那就再好不过了。

所以说，司马炽虽然挑起了内讧，但我们不能简单地认为他不识大体。

此时，司马越驻军于项县，兼任豫州牧。有一天，他突然知道司马炽派人来打他。司马越很生气，在他的眼中，司马炽不过是一个可以任他揉捏的毛孩子。

可恶！有听说过毛孩子打长辈的吗？司马越心底愤愤不平。

就这样，西晋统治阶级内部产生了矛盾，这对于汉国来说，是一个利好消息。

汉国光兴二年（311）初，石勒先后谋攻江夏、汝南、新蔡、许昌。早就被司马炽气得吐血的司马越，倏然间忧愤交加，三月间一命呜呼。

众人都傻眼了，往后他们该听谁的话呢？

本来，司马越将后事托付给了王衍。这意思自然是，"我这位子也可以是你的"。大臣们心领神会，共举王衍为元帅，可王衍死活不肯接受，要把这位子辞让给襄阳王司马范（楚王司马玮的儿子）。可司马范一听这话，脑袋摇得跟拨浪鼓似的。

于是，双方把这皮球踢来踢去，充分发扬"谦虚礼让"的优良传统。

眼见无法达成共识，王衍等人只能暂且搁下此事，先将司马越的灵柩送往封国东海郡安葬。在朝中，还有司马越派系的人，他们得知此事后，忙侍奉着裴妃和司马毗驰出洛阳。城中的士人百姓，预感天下大变，不少人随之而去，以免困死愁城。

消息也传到了司马炽的耳中。他立刻追贬司马越为县王，提拔苟晞担任大将军、大都督及督青、徐、兖、豫、荆、扬六州诸军事。

铜驼荆棘，天下离乱

四月里，石勒在苦县宁平城追上了司马越的灵车，十万晋朝官军无一幸免，只太尉王衍、襄阳王司马范等宗室、诸王、百官，没有立刻被处死。

石勒让他们坐在帐幕之中，询问晋朝衰乱的根由。以清谈闻名于世的王衍，此刻再无超然物外的气度，他不仅陈说了晋朝的衰乱之由，还为自己脸上贴金，说他并无从政的愿望。末了，王衍又劝石勒自立为帝。

如果说，为求自保，说自己无心于仕途，这倒可以理解，但王衍竟然对敌人说出"称帝"的建议，未免太过无耻。

石勒不置可否，心底却对他颇为鄙视。

大抵是受到王衍的感染，其他人等也纷纷自陈苦情，好像当初做官都是为人所迫似的，唯独襄阳王司马范一脸正色，令石勒颇为动容。

但这动容，也只是片刻之间。最终，石勒还是听取了谋士孔苌的意见，决心除去这些王公大臣。

当晚，石勒派人推倒围墙，把王衍、司马范等人都压死了。石勒又劈开司马越的灵柩，焚尸以告慰天下之灵。照理说，石勒痛恨司马越，并不令人意外。要知道，当初贩卖他的司马腾，便是司马越的弟弟。

裴妃一行人，不幸与石勒狭路相逢，战败后诸人被杀，只裴妃被人抢掠而走，当作奴隶一般卖掉，情况甚是可怜。不过，这不是裴妃最后的结局，此处且按下不表。

到了五月间，苟晞上表奏请皇帝迁都于仓垣，并请从事中郎刘会前来迎驾。司马炽心内暗喜，奈何公卿大臣们不肯轻弃家产，不愿随行。时机稍纵即逝，反而给了汉军可乘之机。

得到总攻令后，汉前军大将军呼延晏领两万七千人，自宜阳而出；另一头，刘曜、王弥和石勒则负责与呼延晏会合，一同攻洛。

但凡作战，都讲究一个配合，然而，也许是因呼延晏想独占功劳，便不再等待三路兵马，自河南杀进了洛阳城。至于辎重什么的，先留在张方（司马颙部将）用过的旧营垒中。

这个呼延晏，秉持一种打砸抢烧的理念，走到哪儿破坏到哪儿。平昌门、东阳门、宣阳诸门及诸府寺，都遭了殃。华丽的御座上，司马炽坐立不安，急忙遣人去抵御。河南尹刘默硬着头皮率军应战，不幸败于税门。

其后，因后续部队没有赶到，呼延晏只俘掠了一些人马财物，便又从东阳门撤去，转而去洛水焚毁对方用以逃难的船只。

四五日后，呼延晏方才等到了刘曜、王弥，三队人马一起攻入洛阳城。

进攻！从宣阳门到太极殿，一路烧杀抢掠，晋宫中残留的宫人、珍宝，尽为入侵者所有。司马炽惊慌失措，连忙从华林园门出逃。他打算逃奔到长安去。但是，一个文弱的皇帝，怎么跑得过健壮的汉兵呢？这些努力，注定是徒劳的。

刘曜自西明门进城，驻扎于武库之中。

不日后，刘曜屠杀了包括太子司马诠、河南尹刘默等在内的公卿大臣、士人百姓，数量计有三万多人。接下来，他又挖掘皇室陵墓，把宫庙、官府都烧得一干二净。

掠夺还在进行中。在所有的战利品中，刘曜最为看重的，一是皇帝本人及其专用的六方玉玺；二是美丽依旧的羊皇后。前者，自是要呈给皇帝刘聪的；而后者，那肯定是先到先得才够意思。

不知因何故，石勒姗姗来迟，他见洛阳已然陷落，遂带兵出了轘辕，驻军于许昌。

司马炽被擒获之后，先是被囚禁在端门，再是被押上了驶往平阳的路上。想必，他泪眼婆娑地回望洛阳时，会想起近日里的一件事。

彼时，他出行无车，很是不便，遂一边让臣子傅祗去置办船只，一边步行出西掖门，一直走到了铜驼街。可笑的是，还没走上几步，他被逼回了宫中。这是因为他遇到了一拨蛮不讲理的强盗。

这似乎是个预言。不久后，司马炽遇到了一拨更不讲理的"强盗"。他们毁了他的都城，杀了他的子民，囚了他的肉体和灵魂……

只是，他能怎样呢？打从司马氏窝里斗的那日开始，国毁人亡的结局，便已经被写进了命册之中。尽管，司马炽本人也是一个无辜的受害者。

《晋书·索靖传》中曾载："靖有先识远量，知天下将乱，指洛阳宫门铜驼，叹曰：'会见汝在荆棘中耳？'"

铜驼街，因铜驼而得名，笔者曾亲自去洛阳走访过其所在的位置——白马寺东边的汉魏洛阳城遗址。当然，昔日的繁华早已不在，如今我们能看到的，不过是一块杂草丛生的荒地。这不禁令人想起《洛阳伽蓝记》中所感慨的"麦秀之感，非独殷墟，黍离之悲，信哉周室"。

汉魏洛阳城遗址

早先，索靖在发现争相竞富、政治腐败的时弊时，便做出了一番沉痛的预测。后来，他虽无力改变这些现状，但却仍然承担起了他自己的责任。太安二年（303），索靖在洛阳保卫战中牺牲，时年65岁。

山河几残破？人事又衰颓。宫门口的铜驼，终究卧伏在荆棘之中，呜咽着不绝的哀曲。

第六节　发迹河朔，席卷兖豫

从闻鸡起舞，到经营并州

洛阳已经陷落，怀帝司马炽也成了阶下囚，晋朝的统治却并未宣告终结。

永嘉之乱后，司马炽的侄儿司马邺跑到荥阳密县避难，其后南走许颍，旋又在臣子的谋划下，辗转来到长安。到了永嘉六年（312），司马邺被拥为皇太子。

就在西晋垂死挣扎的这些年里，一个驻扎在地方的将领发挥了重大的作用。他便是汉国的劲敌刘琨。

刘琨，表字越石，中山魏昌（今河北无极）人。据史书记载，他是西汉中山靖王刘胜的后裔，其祖父为相国参军、散骑常侍刘迈，父为光禄大夫刘蕃。众所周知，刘备时常自称中山靖王之后，不知刘琨是如何看待刘备这位先人的。

此外，由于刘渊的刻意攀附，刘琨和刘渊父子也"有幸"成为"家门"。但有趣的是，刘琨一生中最辉煌的时候，却是和他的"家门"顽抗的那段岁月。

出身于文人家庭，年轻时的刘琨，便已是一个才华横溢的青年了。唐朝时流行的边塞题材诗，也是刘琨的拿手好戏。"左手弯繁弱，右手挥龙渊。顾瞻望宫阙，俯仰御飞轩"这类句子，一看就很有气魄。

太康十年（289）之后，祖逖、刘琨一同担任司州主簿。宋人松洲在《念奴娇·题钟山楼》中写道："击楫誓清，闻鸡起舞，毕竟英雄得。"其句便是在描述祖、刘二人习文论武的情形。

在贾南风得势期间，刘琨与一批写得锦绣文章的才俊，团簇于贾谧身边，号为"二十四友"。名传千古的潘岳、左思、陆机、陆云等人，皆在其中。

八王之乱时，刘琨也需要重新站队。他先后听命于赵王司马伦、齐王司马冏。太安元年（302），司马冏兵败，范阳王司马虓奉旨镇守许昌，刘琨被他举为司马。

两年后，张方挟持晋惠帝司马衷来到长安。

第二年，王浚、司马虓等人共推司马越为盟主，欲迎惠帝还都于洛阳。左将军刘乔本来有心支持，随后却因不满司马越的任命，而将矛头对准了司马虓。说穿了还是因为权力之争。司马越让刘乔改任冀州刺史，司马虓则领了豫州刺史一职。

许昌很快迎来了一场混战。司马虓打不过刘乔，赶紧北逃求援。刘琨援救不及，他的父母也遭受了池鱼之祸，双双受俘。

转机随后而至。光熙元年（306），刘琨向幽州刺史王浚借得了八百骑兵，而后救出了父母。不仅如此，刘琨还趁势而起，斩杀了司马颖麾下的大将石超。

不日后，司马越将惠帝救回洛阳，随后以刘琨为广武侯，食邑二千户。

司马越，是八王之乱的终结者，为了巩固势力，他在当年九月委任刘琨为并州刺史、加振威将军、领护匈奴中郎将。这些职衔和封号，听着确实很风光，但此时的并州几乎成了荒地，所余之户不过二万；同时匈奴还是晋廷最大的敌人。

刘琨肩头的担子，委实不轻。

同月里，原并州刺史司马腾转镇邺城。这等于是把烫手的山芋丢给了刘琨。

刘琨没有拒绝的理由。此时，他的兵力不过一千余人。

就在他们离开洛阳后的两个月里，司马越毒死了司马衷，扶持皇太弟司马炽即位。

你走你的阳关道，我过我的独木桥

永嘉元年（307）春，刘琨一行人终于抵达了晋阳（今山西太原）。

在路途之中，并州的残破景象，看得刘琨悲从心起，他急忙上表提及他与石勒交战之事，又道出了"鬻卖妻子，生相捐弃，死亡委危，白骨横野，哀呼之声，感伤和气"的凄苦之象。

晋阳的情况，并没好到哪里去。饱受兵火的晋阳，早已沦为凋敝荒凉的空城。借用宋诗来形容，可说是"狼烟乘惨势，鬼磷带愁吟。庐舍人无几，还家何处寻"。

这还不算，城外虎视眈眈的强敌——汉国和坞堡强盗，才是刘琨经营晋阳的真正障碍。毕竟，此处距离左国城，仅仅三百里许，而那些坞堡强盗，也不会对他们客气。

但就是在这样的情形下，一年之后的晋阳，却重新焕发了生机。这不能不说是一种奇迹。

到后来，晋阳之军，成了西晋在中原地区为数不多的抵抗势力之一。这自然与刘琨先"剪除荆棘，收葬枯骸，选府朝，建市狱"，后"抚循劳徕，甚得物情"的做法有莫大的关系。

除此以外，刘琨十分重视培养将卒的作战素质，"恒以城门为战场"。汉国永凤元年（308），刘渊将都城迁往蒲子，也是因为他对刘琨及其侄儿温峤心存忌惮。

绝地反击，刘琨干得太漂亮了！

安顿下来后，必要谋求发展。刘琨分析了当前的形势：晋阳以南，是匈奴人所建的汉国；晋阳以北，是后起之秀拓跋鲜卑部；晋阳以东，是幽州刺史王浚，他们和段部鲜卑走得很近，是为盟友。

刘琨也需要盟友，但这个人肯定不是王浚。王浚出身于太原王氏，因为长驻北疆，王浚与边族往来频密，且逐渐产生了不臣之心。于是，刘琨选择与拓跋鲜卑结为盟友，至于石勒，则设法拉拢。

怎么拉拢呢？

早年，石勒被贩卖之后，与母亲王氏和侄儿石虎失散了。大概是在石勒屯驻葛陂的那段时间里，刘琨偶然间找到了王氏和石虎。

抱着示好石勒的想法，刘琨急遣张儒送还至亲于他，并写了一封言辞考究的信。在信中，刘琨先夸石勒是"发迹河朔，席卷兖豫，饮马江淮，折冲汉沔，虽自古名将，未足为谕"，再劝他叛汉归晋。

石勒虽然心存感激，但秉着"道不同不相为谋"的观点，回道："事功殊途，非腐儒所闻。君当逞节本朝，吾自夷，难为效。"而后，赠送刘琨名马珍宝，还他一份人情。

既然拉拢不了，那么该打的仗还是要打，这也是没办法的事。

攻打蒙城，活捉屠伯

再说回到洛阳陷落的事情上来。

因为朝中没有首脑人物，一方面，司马邺为臣子所拥戴保护，艰难地往长安迁徙；另一方面，散落在各地的大臣分别建立起数个行台（临时机构），用以延续晋祚。

比较具有代表性的有三个，一是司空荀藩在密县建立的行台，他以远在江南的琅邪王司马睿为盟主；二是王浚在幽州建立的行台，王浚本人兵力充足，且善于笼络鲜卑、乌桓，因此是三大行台中实力最强的一个；三是荀晞在仓垣建立的行台，他以豫章王司马端为世子，不日后，荀晞又将行台迁至蒙城（今河南商丘东北），与石勒所驻守的许昌相距不远。

至于原司徒傅祗（先前负责造船的那位）在河阴建立的行台，虽然建得最早，但却因无兵无财，徒具躯壳，没有资格成为汉国君臣的眼中钉。

出于地理位置和实力差距的考虑，石勒将目标瞄准了苟晞。

此人是晋末名将之一，因执法严苛（斩杀了有过错的侄儿）、屡破强敌（汲桑、吕朗、刘根、公师藩、石勒等）、镇压百姓（在青州任上残酷镇压义军）之故，人送"屠伯"之号，时人把他视作韩信、白起一般的武将。

八王之乱兴起时，苟晞先后投靠诸王，扬名于战场之上。他与东海王司马越本是结拜兄弟，但却因利益之争反目成仇。司马越病逝之后，晋怀帝司马炽任苟晞为大将军、大都督，督青、徐、兖、豫、荆、扬六州诸军事。

在苟晞的风云往事中，最值得一提的是苟晞击杀公师藩以及他与汲桑、石勒对峙的战事。

永兴二年（305），公师藩逼近邺城，苟晞先是击退了公师藩，再在次年一举斩杀了准备渡河的公师藩。又一年后，苟晞与汲桑、石勒相持于阳平、平原二郡，最终挫败了他俩。

因此，石勒将目标瞄准苟晞，除因地理位置和实力差距的考虑，也是因为苟晞与他有宿怨，让他丢过脸面。

只是，苟晞并不好对付，要施展怎样的谋略，才能拿下这个"屠伯"呢？机会就在眼前。

原来，苟晞虽然骁勇善战，但却逐渐暴露出了他的缺点。

关于这个缺点，《晋书》中评价他是"释位之功未立，贪暴之衅已彰""领虐有闻，忠勤未取"，清人王夫之也认为他不过是"挟私争权而内相攻夺"之辈。从中不难看出，苟晞是个骄纵贪虐之人。

苟晞为他的骄纵贪虐付出了惨重的代价。

早在洛阳危孤之际，苟晞就表奏迁都仓垣。待到洛阳陷落之后，豫章王司马瑞前来投奔。此时司马炽早已是汉国的囚徒，苟晞便以司马瑞为皇太子，得到了太子太傅、都督中外诸军、录尚书事的职衔。

也就是从那时起，苟晞的心态变了。他本一介寒士，突然间成为社稷之臣，位高权重，便不可自抑地生出了暴发户心态。没多久，在他的身边，便簇拥了数十侍妾、上千婢女。怎么说呢？幸好苟晞不是皇帝，否则司马炎那万人后宫的纪录，只怕是有希望被人打破了。

要说这纵情享乐吧，它也只是招人妒，而苟晞最惹人恨的一点，是他酷虐的执政态度。所谓的人心，自他杀害了上书谏止的阎亨起，就完全丧失了。

石勒深知苟晞不得人心，遂抓住时机攻打蒙城。

石勒先打败了苟晞的盟友王赞，再以闪电般的速度，袭击蒙城，当即捕获苟晞。直至此时，苟晞才知道，不得人心的将领，是多么脆弱，哪怕他曾是威名素著的"屠伯"。

这件事，发生在汉国光兴二年（311）九月，也就是晋怀帝司马炽被俘虏的同一年。

蒙城这个行台，就此成为一片空墟。

第七节　计杀二王，立足襄国

王弥算老几？骗的就是你

三大行台，如今只余两处，石勒此时无暇也无力去啃王浚这块硬骨头，他的心腹之患，是王弥。

王弥这个人，在咱们聊起青年刘渊的时候，就说到过了。他本是汝南太守王颀之孙，年轻时曾游侠于洛阳，与刘渊结为至交。凭着这份交情，多年后，王弥放心地投奔了建立汉国的刘渊。

其实，王弥从来就不是什么老实分子，在此之前他已挑起了反旗。

先前，王弥曾被苟晞的弟弟苟纯打得灰头土脸，躲到长广山中当了一段时间的盗贼。后来，王弥又跟鞠羡、苟晞打过仗，并攻入许昌、进逼洛阳，吓得司马越紧闭城门，严防死守。

受挫之后，王弥转而投汉。刘渊非常高兴，忙遣人在黎亭城郊相迎。这之后，被刘渊比作诸葛亮的王弥，在汉国过得很是滋润，如鱼得水。

王弥时常参与汉国的军事行动，与刘曜、石勒等人都有过合作关系，但他非但没和战友们建立起友谊，反倒与对方摩擦不断。所以说，王弥的仇家着实不少。

先来说说王弥和刘曜的矛盾。

在攻陷洛阳之时，王弥的部队纵马抢掠，太不像样子。对于刘曜的阻止，王弥置若罔闻，刘曜一怒之下，便杀了王弥的牙门王延。矛盾再度升级，二人之间互不相让，发生了对殴事件，死者多达千余人。

稍后，二人虽然勉强修好，但却因洛阳的存留问题发生了分歧。眼见刘曜焚毁了洛阳宫殿，王弥气得直骂道："屠各子，岂有帝王之意乎！汝奈天下何！"

接下来，王弥东走项关，听从任司隶校尉刘暾的建议，打算占据青州以自保。

再来说说王弥和石勒的矛盾。

两人产生矛盾的主因，是石勒的势力在兖、豫等州逐渐壮大。兖、豫二州与青、徐二州相邻，王弥完全有理由怀疑，石勒正对他的地盘垂涎三尺。

与和刘曜的相处方式不同，王弥和石勒之间玩儿的是"暗斗"。这两人表面上是"哥俩好"，实际上是"怕你好"。为了麻痹石勒，王弥给他送了一些美女、珍宝——从洛阳抢来的。

此时，王弥派刘暾召旧部曹嶷至东阿（今山东东阿西南）。依信中所言，曹嶷应率兵会合王弥，邀请石勒同往青州，然后神不知鬼不觉地杀死他。不巧的是，这封信被石勒手下的游骑截获了。石勒当即杀死了刘暾，但王弥却毫不知情，不日后给石勒去了一封贺信。

贺他什么呢？如前所述，石勒在屯兵许昌之后，又攻占了阳夏、蒙城，擒获了"屠伯"苟晞。然而，石勒不仅没有杀苟晞，反倒引之为左长史（月余后，苟晞、王赞叛变受诛）。

王弥在贺信中称，自己愿意当他的右长史，帮他打天下。

每当读到这段，都让人不由发噱。王弥这口吻，就跟吃了柠檬似的，酸气呛人。谁会信他？石勒和张宾都认为，王弥必有所图，应该趁着他兵力减弱的当头，设法消灭他。

说王弥兵力减弱，一是因为刘暾带走了一些人；二是因为王弥正与乞活军刘瑞相持。

很可能是为了试探石勒，王弥向他发出了求救信号。石勒此时也正与乞活军陈午作战，无暇抽身，但张宾却劝他全力襄助王弥，以赚取对方的信任，便于日后重拳出击。

石勒深以为然，出手相助。王弥果然对石勒消除了戒心。

到了十月间，石勒主动宴请王弥，说是要联络联络感情。王弥不疑有他，认为长史张嵩想得太多，好哥们石勒才不会搞什么鸿门宴。岂知，被张嵩不幸言中——酒酣耳热之际，便是王弥人头落地之时。

玩心术，王弥还真不是石勒及其智囊团的对手。

如学者朱大渭所言，石勒起用张宾等人后，其政治斗争的目标越发明显，在军事上的策略也更加成熟。用人不疑，这是石勒走向成功的关键。

杀死王弥之后，他的部众也都被石勒吞并了。

在皇帝的眼皮子底下，竟然发生了内讧，刘聪势必不能忍。石勒也料到了这一点，他选择"坦白从宽"，立马捏造了王弥谋反之事。照他的说法，他是为汉国除掉了一害，不仅无罪，还有一番大功劳！

刘聪又不是傻子，他当然知道石勒是在黑吃黑，一时间震怒不已，谴责他"专害公辅，有无君之心"。这话刚说出口，他却又害怕石勒扯旗造反，无奈地为他加封了一堆头衔。

小结一下，这些事，还是发生在汉国光兴二年（311）。石勒接连拿下了苟晞、王弥这两个集团，实力大增。

进据襄国，实现战略转变

此时的石勒，已是镇东大将军了，身为幽、并二州军事，他想搞点大事情——涉江打击琅邪王司马睿。

如前所述，司马睿为苟藩所奉的盟主，对方虽暂未表现出自立的想法，但却是各个行台之中极具势力的一支。至于说，这个建立东晋的司马睿，为何会发迹于江南，咱们到第三章再聊。

打从石勒反晋以来，截至汉国嘉平二年（312），算来已有 8 年之久。石勒取得的成功，有目共睹。可是，至为遗憾的是，他从未建立起一块真正属于自己的根据地。

在击破王如等流民军后，石勒猛然间意识到了这个问题的严重性。以人观己，他也感觉有些心惊。那个时候，石勒打算"雄踞汉江"，但张宾以为不妥。他的理由十分充分，生活在汉江，军士们必将水土不服，骑兵也无法发挥优势。想想是这个理儿，石勒遂绝此念。

二月间，石勒屯兵于葛陂（今河南新蔡北），一边准备战略物资，一边大造船只、训练士兵，准备攻打屯驻江南的司马睿。所谓战略物资，锋锐的兵器只是一方面，充足的粮食更是至关重要的因素。

因为没有根据地提供粮草，本来就不谙水战的骑兵，遭遇了惨败。祸不单行，偏偏此时又下起了大雨，连着仨月没停，突发的瘟疫，又侵害着石勒的将卒，总共死亡了一多半人。听闻驻扎在寿春的晋军将发起总攻，石勒头大如斗，连夜召开军事会议。

右长史刁雍的意见，是先投降再图谋；中坚将军夔安的想法，是移兵高处以避害；孔苌等人的观点，是攻占寿春，先夺粮再攻破江南。

石勒比较赞许孔苌的观点，但当他得知张宾的策略后，又改变了他的选择。

人比人，就是气死人。张宾的意思，总结起来虽只有两点，但却极具操作性。一是，投降是一条死路，走不得，大军应往黄河之北行军，以邺城作为据点；二是，驻守于寿春的晋军只想以守为攻，他们不会追击而上，若实在不放心，可以先佯攻寿春，再回师北上。

张宾的话，拨去了石勒心头的霾云。邺城，是一个水源众多、粮食充足、在战略上进退皆宜的城市，确实是建立根据地的上上之选。（细节详见第五章。）

所以，张宾的策略，不仅能化解眼前的危机，还考虑到了后续发展，简直是妙不可言！

石勒狠狠地批评了刁雍，令张宾来担任右长史。

右长史是什么概念？在十六国时期，右长史相当于是一个割据势力里的最高国务长官。倘若这个势力建立了自己的国家，右长史便成了最有资格执行丞相职能的人选。

按照既定的计划，石勒的部队将移军的目标定为邺城，途中的千难万险自不必说，但他们到了邺城之后，却暂时没能遂心如愿。眼下，刘琨的侄儿刘演驻守在这里，要打败刘演颇费周章。

张宾摇摇头，认为现在暂且将建立根据地的目标，定为邯郸或是襄国。其理由是，它们既是战国时期赵国的旧都，又是形胜之地。所谓形胜之地，必水源充沛，有利于农业发展。后世《顺德府志》中便有"环邢皆泉"的记载。

对于张宾的意见，石勒毫无异议，旋即率军撤离邺城，北上襄国（今河北邢台）。此处守军力量薄弱，一听石勒的名号，不禁望风披靡，弃城而走。就此，石勒不费吹灰之力，就得到了襄国。

与此同时，王浚的势力范围，也辐射到了襄国。这就意味着，石勒要想从王浚那里分一杯羹。两强相争，一场襄国保卫战，必不可免。好在，石勒群策群力，击退了王浚的打手——以善战著称的鲜卑段部。

到了此时，石勒才坐稳了襄国，得到了这个战略根据地，这也标志着石勒走上了独立发展的道路。没有走出这一步，他始终只是汉国的一个将军，难以成为一代雄主。张宾其人，值得石勒的所有称誉。

话说回来，石勒、张宾最终没有选择立足邯郸，也有另外一番考量。

第一个原因，是他们发现邯郸城的破坏比较严重；第二个原因则更为关键，他们抵达邯郸那日，下起了瓢泼大雨。这似是不吉之兆。石勒、张宾遂不再青睐邯郸。

奇袭幽州，消灭王浚

咱们先前说过，起初石勒无暇也无力去啃王浚这块硬骨头，但当石勒除去了王弥，建立了根据地之后，情况可就大不相同了。

在石勒的经营下，襄国以极快的速度发展起来，短时间内就拥有了套城——外城内建小城——的格局、专门的牧场。针对襄国地狭人少的缺点，石勒采取了从周边地区调拨粮食和接纳幽州乌桓军的策略。

要知道，充足的粮草是作战的经济基础，优质的兵源是作战的成功要素。

更为重要的是，这些向石勒投降的乌桓军，过去大多是王浚的打手，他们暗地里背叛了旧主，便意味着王浚的势力被削弱了许多。

那么问题来了，作为职业兵的乌桓军，为何会纷纷弃王浚而去呢？

这自然与石勒接纳乌桓军的态度有关，但究其根本，则是源自王浚本人的性格缺陷。

话说，当年王浚击败了司马颖，因功升任为骠骑大将军，兼领幽州刺史等职。有个细节值得一说，此人在攻陷邺城之时，曾纵容士卒和鲜卑士兵烧杀抢掠，其残忍程度，不亚于王弥之流。

等到司马炽即位后，王浚又被擢升为司空，领乌丸校尉。

永嘉初年，王浚先后在常山郡、飞龙山、襄国等地，数次击败石勒。那时，王浚手中持有的王牌，便是乌桓和段部鲜卑。

等到洛阳陷落之后，投奔王浚的士民越来越多。这让王浚的心理极度膨胀，走起路来都鼻孔朝天。其实，他不明白，士民之所以投奔他，不是因为他盛名在外，有强大的磁场，而只是因为并州刺史刘琨毗邻汉国，大家觉得王浚这里更加安全。

却哪里知道，王浚会自以为是，生出了不臣之心呢？

再者，王浚一厢情愿地认为，汉末以来流行的预言"当涂高"，现今是指向了自己，所以他便益发肯定，自己会成为这个乱世的终结者。

于是，自我膨胀、不知天高地厚的王浚，终于打算称帝了。什么假立太子啊，备置百官啊，列署征镇啊，自领尚书令啊……花样应有尽有。

对此，劝谏者有之，阻拦者有之，但他们几乎都受到了严厉的惩治，不是外调就是受诛。偏生天公不作美，就在王浚丧失民心的时候，旱灾和蝗祸又接连不断地发生。

王浚的颓势，就此慢慢显露出来。

在此期间，王浚和刘琨、石勒双方都展开了规模不小的战争。前者，是因为争夺冀州；后者，自然是因为抢占襄国。

两线作战，不是一件容易的事。为了对付刘琨，王浚甚至撤回了一部分进攻石勒的军队。但他却不知道，石勒在他对付刘琨的时候，一直在挖他的墙脚——笼络段部鲜卑和乌桓军士。比如说，生擒段末波而不杀（详见第三章），厚资贿赂段疾陆眷，无不是石勒的精心设计。

待到王浚拿下冀州，回头来对付石勒的时候，他所面临的局面，已是内外离心、兵卒疲弱的情形了。此时，王浚虽然一向自大，也觉出了一些不对劲。

为求一击即中、不生枝节，张宾为石勒定下一个"立大事者必先为之卑"的基调。换言之，就是要对王浚采取"捧杀"的战略。石勒先以弱示敌，再向王浚诈降，送上一大堆奉承语和专属厚礼。

想想看，失去鲜卑、乌桓支持的王浚，竟然得到了石勒的臣服，能不再度自我膨胀吗？

汉国嘉平四年（314），石勒屯兵易水，声称要投奔王浚。王浚不疑有他，非但骂走了劝谏他的臣下，还命人好生迎接石勒。

这一次，石勒耍出了一个富有创意的计谋：送牛羊，数千头的牛羊。

这是玩的哪一出呢？

历史上，便有以送牛的名义，干成大事的先例。

战国时期，郑国的牛贩子弦高，偶然得知秦军要去突袭郑国的消息。弦高急中生智，一边使人告知郑国，一边挑选了二十头肥牛，跑去秦军跟前，说是奉郑君的口谕，前来劳军。

所谓"实则虚之，虚则实之"，秦军主帅孟明以为郑国早有防备，谎称自己并不是来攻打郑国的，一切不过是一场误会。

就这样，弦高以一人之力、二十头肥牛之礼，拯救了自己的家邦。

眼下，石勒驱遣如此多的牛羊，是要图谋什么呢？原来，这些牛羊表面上是一份厚礼，实则是为了堵塞蓟城（幽州的州治）的街巷。

王浚也觉出了一些问题，但他不肯相信自己遭了骗，直到石勒登上他的中庭，擒获他和妻子的时候，才恍然大悟。王浚气得破口大骂，但为时已晚，悔断肠子也于事无补。

石勒当庭数落王浚不忠不仁之罪，将其押解至襄国，再将他的项上人头送给刘聪以邀功。由于石勒事先说服了刘琨，故而，在整个奇袭幽州的过程中，刘琨坐视不理，乐见其成。

当然，刘琨所获的利益，不过是少了一个对大晋不忠不仁的讨厌鬼，而石勒却得到了幽州这一块肥地。至此，石勒羽翼丰满，已然具备了与汉国分庭抗礼的实力。

第八节　西晋的丧钟，终于敲响了

长安沦陷日，丧钟敲响时

刚攻陷了洛阳，刘聪便将夺取长安之事，提上了议事日程。

汉国嘉平元年（311，由光兴改元而来）七月，晋将赵染向驻守长安的南阳王司马模（光熙元年，即306年，晋封南阳王）求取冯翊太守一职。遭到拒绝后，赵染怒而降汉。刘聪心里乐开了花，立马封他做了个平西将军。

赵染降汉，无疑是西取长安的有利条件。下一月，赵染便打败了司马模，把他送给了太子刘粲。此间，张轨（有关前凉政权的事件详见第七章）派来的将军北宫纯也降了汉。

随后，出于逞威风的想法，刘粲擅杀了司马模父子。这件事惹得刘聪大动肝火，毕竟，按照一般的看法，杀降是不道德的，至少说在人家投降当时是不该这么做的。可是，刘聪也拿这个臭小子没办法。

接下来，刘聪命刘曜担任车骑大将军、雍州牧，改封为中山王，让他镇守长安。差不多同一时间，石勒也攻下了阳夏、蒙城，生擒了王瓒、苟晞，转而与王弥斗智斗勇。

按理说，连长安也被拿下了，晋朝还有什么好活的，但此时仍不能被视为它的灭亡之日。

汉国虽然攻取了关中，刘曜也镇守着长安，但阎鼎所拥的秦王司马邺，已辗转行至蓝田。与此同时，晋将贾疋也来到了雍城（今陕西凤翔），响应者众。

相比之下，自己这头则呈现出孤守之势，刘曜也没信心能镇住长安。

果然，就在汉国嘉平二年（312）初，刘曜便因势孤力单而退还平阳了。

随后，司马邺入据长安，号为皇太子。

到了六月，刘聪为了加强都城平阳的防御力量，以诸子分典兵马。

且说司马邺所立的临时政府，仍以"永嘉"为年号，因为阶下囚司马炽还活着。直至永嘉七年（313）四月得闻丧讯时，群臣方才将司马邺送上皇位，改年号为建兴，他便是西晋最后一个皇帝，晋愍帝。

此时，有两点值得注意。

其一，这个政权囿于一城之地，没有多大的号召力，此前西晋的皇室、世族早已迁往江南投奔了司马睿，而司马睿并不接受小皇帝的节制。这就是说，西晋的家底已经掏空，中原王朝至此名存实亡。

其二，如同明朝灭亡后的南明小政权一般，这个小政权内部也并不团结。本来，司马邺的生活来源，主要依靠长安以西的地区，但因臣属不再进奉朝廷，城内的文武百官都承受着"饿其体肤，空乏其身"的"锻炼"，只能靠野生的谷子为生。但可惜，上天未曾降大任于是人。

饥饿之余，司马邺君臣还面临着更严峻的挑战，刘聪分别在当年夏冬、建兴二年（汉嘉平四年，314）春夏、建兴三年（汉嘉平五年，315）夏秋数度来袭。

建兴四年（汉建元二年，316）八月，刘曜再次围攻长安，断绝了长安城内外的联系。

两个月后，城内饥荒日渐严重，米价贵逾黄金，城中甚至出现了百姓相食的惨况。即便是皇帝司马邺，一样是食不果腹。大都督麴允将太仓中的曲饼砸碎熬粥，方才能勉强撑上数日。

拖延数日后，为了拯救全城将士吏民，司马邺决定向汉国投降。

到了农历十一月十一日，司马邺派侍中宋敞送上降书，自己则按投降的规则——羊车祖身、口衔玉璧、一口棺材，无比悲戚地出城投降。

在晋臣的哭号声中，刘曜代表皇帝刘聪，表现出宽容的一面，烧棺材、受玉璧自不在话下，旋即，他让宋敞侍奉司马邺回宫。六天后，司马邺及其臣工，皆被送往平阳。

这一次，长安彻底沦陷了，西晋在中原的统治宣告终结。

辱杀二帝，西晋彻底沦亡

晋怀帝司马炽、晋愍帝司马邺，分别在永嘉五年（311）六月、建兴四年（316）十一月为汉军所俘，时间相隔仅五年。

皇帝沦为阶下囚，洛阳、长安又都落入了汉国之手，这似乎已意味着晋朝政权的终结。

不过，刘聪还不敢这么大意。一方面，晋朝的残余势力还在，尤其是远在建康的琅邪王司马睿，是值得他忌防的一股势力；另一方面，司马炽、司马邺都还活在世上，他们都曾是名正言顺的皇帝。

是的，刘聪没有忘记。出于政治考虑，一开始，刘聪对这个来到平阳"做客"的司马炽还算客气，先封他做了平阿公，旋即改封为会稽郡公，仪同三司。

两人在过去是有些交情的，现在偶尔也会谈及早年的旧事。

有一次，刘聪说起司马炽曾为豫章王时，赠给自己柘木良弓和银砚台的事。司马炽一听这话，吓出一身汗来，忙自称为臣，说他没有早识龙颜，是一大遗憾。

因为司马炽的逊让，彼此间的气氛似乎很是融洽。

紧接着，刘聪却抛出了一个很尖锐的问题："你家的亲骨肉为何要互相残杀？"这是在耀武扬威，兼揭人疮疤了。

对此，司马炽应如何应对呢？

虽为亡国俘虏，但司马炽还不想找死，便以一种卑下的姿态，说出了一番能把人恶心到吐的话："这是因为，大汉国是天意所属的，为了应顺天意，我司马家族才自相攻杀，这是在为陛下扫清道路啊！"

眼见这个俘虏如此识时务，刘聪十分满意，慷慨地把小刘贵人赏给司马炽做妻子，并封为会稽国夫人。估计司马炽口中谢着恩，心里还得犯嘀咕：这不是放了个间谍在我身边？

接下来的日子，这对"君臣"之间倒也相安无事，但到了汉国嘉平三年（313）正月时，突然发生了变化。

原来，刘聪为了羞辱司马炽，竟然突发奇想，让他身穿青衣在朝宴上为大臣们斟酒。要知道，青衣乃贱人的服色，斟酒更是仆人的活计，这一招实在是太损了。

在座之人，也有不少晋朝老臣，当此情形，他们不禁暗自悲愤、食不甘味，庾珉、王隽等人甚至泪下沾襟。这一切都落入了刘聪的眼中，他明白，司马炽在晋臣的心中还有分量。

不日后，趁着有人告发庾珉等人私通晋阳刘琨（很可能是刘聪安排的）的机会，刘聪便以造反为由，把为司马炽流泪的晋臣，合着他们效忠的过气皇帝一块儿杀了。至于那个妖娆的会稽国夫人，则恢复了之前的身份，宠爱如故。

饮下毒酒之日，是二月初一。司马炽死的时候，不过30岁。

时人荀崧叹道："怀帝天姿清劭，少著英猷。若遭承平，足为守文令主。而继惠帝扰乱之后，东海专政，无幽厉之衅，而有流亡之祸。"确实，司马炽的遭遇实在太惨了，不禁令人为之掬一把同情泪。

再来说说司马邺。

自他降汉之后，活得比他的前任还惨。其主因，自然是他与刘聪素无交情。起先，刘聪封司马邺为怀安侯，司马邺诚惶诚恐地接受了。他的臣子麴允、索琳却因忠于晋室而选择自杀，或是被杀。

此时，司马邺不过十七八岁。为了羞辱司马邺，刘聪先是让他穿上戎装，执戟为前导；再是拷贝了前次的创意，让司马邺当众侑酒。

头一次，有些老人认出了司马邺，不觉流下感时伤世的泪来；后一次，晋臣都不忍多看，堕泪不止，尚书郎辛宾还冲上前去抱住司马邺大哭。

刘聪心知，司马邺也是留不得的，当场便命人将辛宾拖去处死。

不日后，司马邺也被杀害了。时为汉国麟嘉三年（318）十二月。

至此，怀、愍二帝在饱受折磨之后，双双被杀。

历史往往是相似的，八百年之后，北宋徽、钦二宗也重复了类似的命运。悲剧不断发生，"后人哀之而不鉴之，亦使后人而复哀后人"的训言，又有几人能牢记在心呢？

大汉基业自此坏

在史书中，刘聪的出生与他父亲刘渊一样，都被神化了。太阳入肚的梦兆、出生之日的白光、左耳上长长的白毛……似乎都在告诉我们，这个人是天子，是被天命选中的男人。

若果真如此，那上天一定是给汉国开了个大玩笑。因为，这个看似英睿果决的男人，又有糊涂放纵的一面，自他而始，刘渊苦心打下的基业，就开始逐渐败坏了。

诚然，刘聪攻陷了洛阳、长安，消灭了西晋，从这个意义上来说，他是汉国五帝中成就最大的一位；但他的昏暴指数，在诸帝中也是排位靠前的。

不客气地说，后来刘粲的做派，实则是对他老子的做派进行了复制粘贴，但更为遗憾的是，为刘粲所复制粘贴的，只是刘聪的缺点，甚至说是劣习。

那么，刘聪的优点是什么呢？不可否认，在治国方面也有一些可圈可点之处。

比如，刘聪任用的陈元达、刘曜等人，分别是文武方面的顶梁柱。

比如，刘聪对势力急剧扩张的石勒，保持着羁縻拉拢又不失戒防的态度，任其为州牧。不管怎么说，二人之间貌合神离的状态，总好过正面冲突。

再比如，刘聪即位以后，便试图完善政治制度。由于政治制度中的核心是官制，所以此处我们只说说他的总体规划。

在汉国嘉平四年（314）正月里，刘聪大定百官，以平阳为中心，其西为左司隶，其东为右司隶。在左、右司隶之下，又有每万户中置一内史的建制。当时，司隶共40多万户。加上统治六夷部落的单于台，汉国总户数不少于60万。

即便如此，刘聪所做的昏暴之事也掩去了他的优点和贡献。

原来，刘聪的皇后呼延氏，本是呼延太后同族的妹妹。因为后家一族的地位极高，所以刘聪表面上还不敢太过放肆。但据史料所载，刘聪刚即位没多久，便与单皇后打得火热，连带着皇太弟刘义也深受宠幸。

时至汉国嘉平二年（312），呼延皇后早逝，刘聪的荒淫本性就完全释放出来了。

但见他大手一挥，便将高官的女儿召入后宫之中。短短数日内，刘聪封尚书令任颙的两个女儿为左、右昭仪，中军大将军王彰、中书监范隆的女儿、左仆射马景的女儿为夫人，右仆射朱纪的女儿为贵妃。

乍一看，这也没什么。作为皇帝，想平衡朝中势力；作为大臣，则想固宠守位，这些做法不都很常见吗？是的，如果刘聪只是大封后宫，问题还不大，但真正的问题是，这个中央空调一般的男人，竟然给她们都佩戴上本只有皇后才可有资格拥有的金印紫绶。

不知道，这是因为汉国法度不周，还是刘聪刻意要打先皇后的脸。

不日后，刘聪又想把太保刘殷的女儿刘英、刘娥纳入宫中。对此，刘义等皇室诸人都表示反对，理由是"同姓不可通婚"。但太宰刘延年、太傅刘景却认为，刘殷是周代的刘康公之后，与皇帝不是同源。

刘聪闻之大喜，忙派人把那两位美女封为左、右贵嫔。

没几天，刘聪又看上了刘殷的四个孙女，为示公平，他把她们全接进宫来封为贵人（贵嫔、贵人的位分高于昭仪）。从此以后，六位刘妃宠眷不断，号为"六刘"。

且说刘聪整日沉浸在温柔乡中，很少打理政事，诸事皆由中黄门（处理政事的宦官机构）奏决。张太后不禁犯起了嘀咕，遂强迫刘聪把他舅舅张寔的两个女儿封为贵人。

由于张太后持续施加压力，刘聪心不甘情不愿地立了张徽光为后。

估计刘聪命中克妻，次岁刚开年不久，张皇后又跟随张太后的身影仙去了。到了三月里，刘聪终能册封刘娥为后，一偿凤愿。出于爱妻之心，他打算给皇后建造一座鸎仪殿。

廷尉陈元达听了这事，忙以"大兴土木败国""外敌环伺"等为由，跑来劝谏刘聪。刘聪此时正在逍遥园里逍遥快乐，哪容得老臣来叨叨，当场表示要斩杀陈元达及其家属。

这一幕并不陌生。刘聪即位以来，曾斩杀过没有按时进贡鱼蟹的左都水使者王摅，未能如期建成"温明""徽光"二殿的将作大匠靳陵。因为阻谏刘聪观鱼不归之事，刘聪又差点砍了大将军王彰的脑袋，好在张夫人绝食相逼、刘乂和刘粲加以死谏，他才收回了成命。

有了前车之鉴，陈元达把自己锁在树上，又大声进行死谏。

这个做法很大胆，但却无形中拖延了遭受刑罚的时间。卫兵拉不动他，也就无法行刑。紧接着，刘皇后听说此事，忙手写奏疏进行劝谏。

爱妻的面子，刘聪还是要买的。他很快消了怒气。冷静下来后，不仅对陈元达道了歉，还将逍遥园改名为纳贤园、理中堂改名为愧贤堂。

有趣的是，刘聪虽然荒淫无道，但皇后刘娥却是一个通晓政事、知情达理的女子，这封手疏写得既有诚意，又有文采。

《晋书·列女传》中记载道："四海未一，祸难犹繁，动须人力资财，尤宜慎之。廷尉之言，国家大政。夫忠臣之谏，岂为身哉？帝王距之，亦非顾身也。……自古败国丧家，未始不由妇人者也。妾每览古事，忿之忘食，何意今日妾自为之！后人之观妾，亦犹妾之视前人也，复何面目仰侍巾栉，请归死此堂，以塞陛下误惑之过。"

看看这行文的逻辑、飞扬的文采，也难怪刘聪会感慨道："外辅如公，内辅如此后，朕无忧矣。"

对刘娥爱意浓厚的刘聪，看起来似乎是个重视情感的大暖男，但他对待兄弟则是另外一副面孔了。汉国麟嘉二年（317），皇太弟刘乂先被降为北海王，旋即被杀。其间，刘粲、靳准"出力"不少。

实话说，贬刘乂为北海王尚可理解，刘聪想铲除传位于子的障碍也是人之常情。这就跟千年后朱祁钰想让自己亲儿子当太子，是一样的心思。

只是因为这种人之常情，而杀掉亲弟弟刘乂，怎能不为后世所诟病？这是刘聪所做的又一件错事。

第三章

前赵、后赵决一雌雄

生活在社会底层，成长于战乱年代，石勒与生俱来的领导素养和卓越眼光，引导着他不断攀登人生高峰。如果说，靳准之乱是石勒晋升赵公的台阶；那么，前赵皇帝刘曜的冲动之举，则是为石勒自立提供了一个难得的契机。

在团队的通力合作下，石勒陆续占有幽、冀、并、司、豫、兖、徐、青州之地，拥有了与东晋、前赵抗衡的实力。加之内政建设与文化事业的蓬勃发展，石勒所建立的后赵，已具备了压制前赵的硬件条件。

——引言

第一节　东晋、成国、汉国并立的大势

东晋：王与马，共天下

建武元年（317）二月间，司马邺的讣告传至江东，司马睿在群臣的推举下，即晋王位，次年又即皇帝位，改元太兴，定都建康（避讳司马邺，易建邺为建康）。史称司马睿为晋元帝。

为区别于建都洛阳的那个晋朝，史家将前者称为西晋，后者称为东晋。

此时，东晋据有之地，不过长江中下游和淮河、珠江一带，其人口结构较为复杂，除本土吴人之外，还有大量侨民。在此，我们可用"过江之鲫""新亭对泣"两个典故，来形象地呈现当时的情况。

前者，说的是永嘉之乱前后，北方的士民们纷纷南渡之事。清人魏子安便在《花月痕》中写道："过江名士多于鲫，却有王敦是可儿。此客必然能作贼，石家粗婢相非皮。"

后者，说的是过江诸人对故土的深切怀念，他们痛心于国难，但却又无可奈何，唯有相对而泣。《世说新语·言语》中说："过江诸人，每至美日，辄相邀新亭，藉卉饮宴。周侯中坐而叹曰：'风景不殊，正自有山河之异！'皆相视流泪。唯王丞相愀然变色曰：'当共戮力王室，克复神州，何至作楚囚相对？'"

新亭，位于南京西南方向，有着隔江凭山的景色，可说是"江南佳丽地"，但一眼望去，昔时江山已然面目全非。中原残破、百姓离散，怎一个惨字了得！士人们念及此事，不禁潸然泪下。

但此时，与周侯（周颛，字伯仁）的"坐而叹曰"不同的是，王导却在激励诸君振作有为，襄辅王室，恢复旧土。

这个王导，是东晋的主要缔造者之一。

所谓"旧时王谢堂前燕"，王谢二族在东晋时达到了鼎盛时期，照史家田余

庆的看法，门阀政治是东晋政权的主要特点，它是指士族与皇权的共治，是一种在特定条件下出现的皇权政治的变态。在这个门阀政治的体系中，一开始居于核心地位的，正是琅邪王氏。

琅邪王氏在西晋时期便已赫赫有名。在地缘关系和结纳名门传统的影响下，司马睿与王导（世袭祖父王览的爵位）关系极为亲密。

彼时，天下乱象丛生，王导一心辅佐司马睿，期冀能再复朝纲。永嘉元年（307），在王衍（王导的族兄）、王导、司马越王妃裴氏等人的建议下，司马越委派司马睿出镇建康，王导也随之一并南渡。

依司马越的意见，他们须承担起筹措军粮的重任。当然，司马越无法预料后来的永嘉南渡，更无法预料东晋的继立。故此，司马越委任司马睿一事，可说是"无心插柳柳成荫"了。

然而，想要在江南建立自己的根据地，也绝非易事。这主要是因为西晋灭吴以后，南方士族的仕途不再像以前那样畅通无阻，朝廷虽然也下发了优待南人的政策，可南人终究还是受到北人的歧视。故而，司马睿来到建康一个多月，根本没有人前来归附。

所以，王导的主要任务，便是拉拢南方士族。

如何才能成功拉拢他们？王导与其兄王敦商量后认为，司马睿初来乍到，没有树立威仪。

这事也好办。不久，他们组织了一场"阅兵仪式"，司马睿占据主位，吸引眼球，王导等人跟随其后，助其阵势。江南望姓，莫不惊惧，纷纷拜服于路旁。

既然这一招已经发挥了效果，那就趁热打铁。王导亲自去拜访当地最有名气的两个人：顾荣、贺循。因为搞定了他俩，就不怕其他人不来归附了。

自此以后，江南民心逐渐顺附，连担心国势衰颓的士族桓彝、周颛也增强了信心。司马睿和王导的根据地，自然也就越建越牢固了。

想当初，永嘉南渡成为风潮，渡江之人不唯士族，到此避难的普通百姓，也超过了半数。说实话，有了这样的政治班底和人口数量，司马睿不可能没有再进一步的打算。所以，招揽才俊的做法，无非是为了图谋大事。

只不过，司马邺一息尚存，他们唯能面北称臣，不敢逾矩。

到了第二年，囚徒司马邺到底还是死了，至此司马睿这个远支，才有了登上御座的机会。

终于，在王导和族兄王敦的协助下，这个偏居一隅的小朝廷，勉强建起来了。在接受百官朝贺时，司马睿一再请王导与他同坐御床，接受百官朝贺。王导摇摇头。他是个明白人，不愿上去显摆招摇。

一套说辞相当漂亮。"如果太阳也和地下万物处于同样的位置，那么老百姓又该到哪里去沐浴圣光呢？"这是说，太阳有太阳的地位，万物有万物的身份，大家要有这个自觉。

王导确实是个很自觉的人，但可惜的是，如他这般自觉的人，纵是在琅邪王氏里也没有几个。更令人嗟叹的是，"王与马，共天下"的政治格局就此成型，它将影响东晋的百年基业。

王氏家族墓出土的玻璃杯，赵培摄于南京市博物馆

大成国：丞相也有世袭制？

公元 318 年，按大成的纪年，为玉衡八年。

这年四月间，范长生仙逝于成都，李雄任命其子范贲为丞相，此人之前担任着侍中一职。

从西晋开始，以侍中作为三公的加衔，拥有参政的权力。东晋建立之后，温峤在晋明帝时期便官拜侍中，"机密大谋皆所参综"。由此可见，两晋的侍中已是事实上的宰相。

一般来说，"宰相"指的是一种制度，"丞相"才是官名。

在官制方面，李雄基本袭用了西晋的那一套做法。这就是说，范贲在其父过世之前，已是下任丞相的不二人选了。看至此，这不禁使人产生一个疑问，难道大成国的丞相一职，还是世袭的不成？

这个话题，还得从大成建国以来的大事说起。

公元 304 年十月，李雄自立为成都王，旋即改元建兴。

李雄废除晋制，自立法度，史载有七章之多，细节不详。为保证权力的集中，李雄以李骧、李始、李离、李云、李国为太傅、太保、太尉、司空、太宰，又任命阎式为尚书令，杨褒为仆射。

两年后，李雄尊范长生为丞相，以"范贤"相称。六月间，李雄登上帝位，改元晏平，定国号为大成。李雄追尊亡父李特为景帝，庙号始祖；又尊其母罗氏为皇太后。范长生也获得了"天地太师"的称号，得到了"复部曲、免税"的优待。

同年年底，以司马炽即位、司马越专权为标志，动摇西晋国本的"八王之乱"总算宣告终结。

回顾先前所述的内容，可以看出，李雄所建的大成国，虽源自一个流民组织，但却有着很清晰的发展目标和明确的用人意识。其政权的建制，亦是顺势而为，加之地理位置易守难攻，这才保障了国祚的绵延。

只是，在起初的草创阶段，李雄遇到了一个令人尴尬的难题。

当时，朝廷内外法纪不明，礼仪混乱，那些自以为有着"从龙之功"的将军，时常争夺班次位置，他们虽无反心，但却不讲究君臣之别。这情形，与西汉初立时的景象有得一比。

李雄刚开始不以为意，但尚书令阎式却上疏称，法纪就是拿来遵守的，而今国家基业始建，百事待兴，诸公大将便时常争抢位次，这与典章旧制相违，实在不妥。

阎式直陈其弊，李雄深以为然，逐渐立起了规矩。

与此同时，李雄又坚持唯才是用的标准，在之后数年里，李雄夺回了梓潼郡（李离和阎式为部下所害，曾丢过梓潼），攻陷了涪城（趁着罗尚去世），取得了汉嘉郡（今四川雅安）、涪陵郡（今重庆彭水），并招抚了归附的士民，对他们予以宽免税役的待遇。

《汉书》中说："受禄之家，食禄而已，不与民争业，然后利可均布，而民可家足。此上天之理，而亦太古之道。"李雄在治国方面深谙此道。且不说官府"无事不扰民"的作风，就拿"不与民争业"这一点来说，他的做法都很值得世人为他点赞。

如王仲荦等史家所言，大成国的赋税非常低。成年男子每年只需交三斛谷（女子减半），至于户调，每户只需交几丈绸，数两丝绵。

没有对比就不知道差距，此时西晋的赋税是什么标准呢？在田租方面，每五十亩收租四斛，户出绢三匹、绵三斤，其他的苛捐杂税更不必说。

因此，大成所辖的益州、梁州，自然成为乱世中的一片乐土。以至于出现"事少役稀，百姓富实，至乃闾门不闭，路无拾遗，狱无滞囚，邢不滥及"太平景象。《晋书》中也不吝赞美之词，对其评价道："薄赋而绥弊俗，约法而悦新邦。"

那么，李雄为何会致力于打造一个这样的平民化政权呢？因为，丞相范长生的执政宗旨便是"清心寡欲，敬天爱民"，故此，多年以来，李雄并不穷兵黩武，而是以"休养生息，薄赋兴教"的理念来治理国家，方才赢得了政役宽和、恩威远播的"开门红"。

可以说，马上打天下的李雄，没有陷入"马上治天下"的窠臼，靠的主要是范长生那简单而又深刻的执政宗旨。作为范长生的长子，范贲基本上继承了父亲的思想和号召力。

因而，范贲成为新一任丞相，也是理所当然的事情，这不能完全被视为"世袭"。

汉国：一代不如一代

公元 318 年，按汉国的纪年，为麟嘉三年、汉昌元年、光初元年。

看看这年号，套用一下琼瑶的台词，"那真是忙碌、紧张、慌乱的一年"。

三月里，太子刘粲得到了晋军渡河偷袭的消息，但他并不相信对方敢来，没有惊动将士。结果，耿稚等人分十路围攻刘粲所部，以致汉军大溃，死伤过半。一片慌乱中，刘粲逃了出去，保得了小命一条。

得知对方兵力不足，刘粲这才策军进行反攻，但可惜的是，即便在刘聪派人增援的情况下，他们也没能在短时间内战胜晋军。最终，耿稚突围而出，奔向虎牢。

不日后，汉国的螽斯则百堂突发火灾，在火灾中丧生的竟有 21 人之多，其中包括了会稽王刘康。"则百"一词，出自《诗经·大雅·思齐》中"大姒嗣徽音，则百斯男"一句，《毛传》释之曰："大姒十子，众妾则宜百子也。"在后世，"则百"便用来代指多子，"螽斯"的意思与此相同。

史载，刘聪闻知噩耗后，"自投于床，哀塞气绝，良久乃苏"。这真是人间惨剧。

自此以后，刘聪行事益发奇诡，不久后册封了中常侍王沈的养女为左皇后。尚书令王鉴、中书监崔懿之等人以为不妥，纷纷上前阻谏，被触痛逆鳞的刘聪大发雷霆，下旨将他们送上了刑场。

临刑之前，王鉴痛斥王沈、靳准（负责监斩），又怒骂靳准之心残忍如畜，终有报应。今人说"天道好轮回，苍天绕过谁"，靳准的报应来得确实很快，咱们下一节就来说这个事。

大概是觉得自己未曾让后宫美女"雨露均沾"吧，刘聪刚册封左皇后不久，又立太监宣怀的养女为中皇后。有了左皇后，又有了右皇后，刘聪这才稍微满意了些。

写至此，咱们来给刘聪算个账，他一共拥有 10 位有名号的皇后，前期诸后是呼延氏、张徽光、刘娥、刘英（追谥）；后期诸后则是上皇后靳月光（靳准女）、樊皇后（张徽光的侍婢），左皇后刘氏、王氏（王沈养女），右皇后靳月华（靳准女），中皇后宣氏。

再来算一个账，后宫中无皇后名号而佩皇后玺绶者，还有 7 人。

终于，后宫的法度尽数乱了，刘聪的阳寿也到了彻底耗尽的时候。

六月间，刘聪卧病不起，预感到自己命不久矣，他便委任大司马刘曜担任丞相兼雍州牧，石勒担任大将军兼领幽州、冀州牧。对此，石勒辞而不受。

其后，刘聪又命上洛王刘景、济南王刘骥、昌国公刘颢、朱纪、呼延晏分别担任太宰、大司马、太师、太傅、太保。这些人，都同领尚书之事。

至于范隆，仍为尚书令、仪同三司；而外戚靳准，则拜为大司空、领司隶校尉。他们两个人，负责轮流决断尚书的奏议。

安排好职任后，刘聪于此月十九日驾崩。隔日，太子刘粲即位，尊皇后靳氏为皇太后，立妻子靳氏为皇后，嫡子刘元公为太子。随后，刘粲改年号为汉昌，大赦天下。

刘粲继位之后，做出了一件令人发指的事情。明面里，他将大行皇帝刘聪葬在宣光陵，上谥号为昭武皇帝，庙号为烈宗；暗地里，他却以自己的方式"关怀"着他的庶母们，靡乱无度。

此外，刘粲在政治上毫无作为，可说是十足的败家子。

众所周知，打天下难，坐天下更难。可咱们把刘渊、刘和、刘聪、刘粲这一串名字数下来，却也只能慨叹一句，"眨巴眼养个瞎儿子——一代不如一代"了。

第二节　刘石靖难，两赵对立

靳准之乱，何其速也

纵观历史，我们不难发现，在一个败家的小皇帝身边，必然会有那么几个对他脾胃的佞臣宵小。如今，在汉国刘粲的身边，也有这么一个非常独特的"搭档"——靳准。

为什么说他独特呢？因为，无论其人是宦官还是权臣，大多也只是想在皇帝身边谋取更大的利益，或者享受控制皇帝的快感，但靳准则不然。他的理想可大得多，那就是谋朝篡位。

一开始，靳准便怀有逆心，他私下向刘粲进谗，说公卿们的坏话。刘粲并不全信，但当他听得皇太后靳氏和皇后靳氏的说辞后，便真的以为太宰刘景、大司马刘骥、车骑大将军吴王刘逞（刘骥的同母弟）、大司徒齐王刘劢存有反志，遂将他们全部处斩。

太傅朱纪和太尉范隆火速逃奔长安。那是刘曜的驻地。

八月里，刘粲练兵于上林，准备征讨跟汉国貌合神离的石勒。与此同时，刘粲以丞相刘曜为相国，总督内外军事，继续镇守长安。他又拜靳准为大将军，领尚书事。

一武一文，都有了交代。刘粲十分满意，非常放心，旋即投身于温柔乡中，每日只知在后宫游宴取乐。此时，他哪里还有处理政事的心思，汉国的军政大权，悉数落入靳准之手。

该说什么好呢？如果说刘和死于冒进，刘粲则必将死于无知。军政大权，是一个皇帝的命根，他也舍得给人，古往今来多少皇权、相权、东宫之权的争端，都是因此而展开的。失去军政大权的刘粲，命运可想而知。

没几日，靳准便假称诏令，令堂弟靳明担任车骑将军、靳康担任卫将军。为了顺利开展宫变计划，靳准还打算进一步拉帮结派。

说到这个拉帮结派，靳准也懂得"敌人的敌人就是朋友"这个道理，据他观察，国境内的汉人还是一心思晋的，如果能团结他们，铲除刘氏，定能以此向东晋邀好，方便自己割据一方。

这事说来也很滑稽，因为靳准也是一个匈奴人，最多算是一个汉化的匈奴人。他的这个做法，真的能让汉人心服口服、东晋喜逐颜开吗？

金紫光禄大夫王延，是汉人中最德高望重的长者。靳准在宫变前，向老先生透露了他的想法，但可惜，忠于汉国的王延抵死不从。驰马而出的时候，王延不幸被靳康逮了回来。

靳准担心事变败露，索性提前采取行动，他领兵登上光极殿，指着被甲士死死按住的刘粲，痛斥他的罪名。到了这一步，刘粲必死无疑。从继位到被弑杀，刘粲在位仅一月有余。

为了表现自己的附晋之心，靳准将刘氏宗族一一屠戮于东市，连妇孺都不放过。活人死得凄惨，死人也不好过。靳准又发掘永光、宣光两座陵墓。靳准不好对刘渊的遗体下手，但却把刘聪的尸身斩成两截，又命士兵纵火焚烧刘氏宗庙。

接下来，靳准自称为大将军、汉天王。一方面，他遣使传话于司州刺史李矩，说是要归还怀、愍帝的遗骸，以表附晋之心；另一方面，他又开始行使皇帝权力，设置百官，镇压了尚书北宫纯等人的反军，屠杀了不臣服于他的王延。

你挖墙脚我截和

靳准作乱，汉国上下惊乱非常，但有两人迅速反应过来，领兵驰奔平阳靖难。

他们便是刘曜、石勒。我们知道，此时的刘曜是汉之相国，他从长安赶来奔赴国难，是出于本分。

但是，早想谋求自立的石勒，为何对此事如此积极呢？汉国大乱，靳准、刘曜免不得火并一场，他只消隔岸观火，便能坐收渔利，这不是很好吗？

不然。石勒的高明之处，便在于他的气度和眼光——当然也有谋士之功。

想想看吧！一则，靳准是弑君乱国之人，打他是符合道义的；二则，靳准侮辱二位先皇，石勒不为他们讨回公道，实在说不过去；三则，靳准在附晋的同时，必然优待汉人，冷待氐、羌等少数民族，这些人都能为其所用。

因此，为了争取舆论、增强兵力，石勒必须出兵靖难。

这一次，石勒先以张敬所领的五万精兵为前锋，再亲率五万将士出征，他们迅速占据了襄陵（今山西临汾东南）以北的平原。对手靳准执掌着军政大权，兵力自然不容小觑，但他本人并不懂得指挥调度，于是，在石勒坚壁不出的战略之下，官军的锐气与耐性逐渐丧失。

这年十月，刘曜的军队抵达了赤壁（今山西河津）。太保呼延晏等从平阳赶来归附，大有恍如隔世之感。太傅朱纪先前就在刘曜军中，此时他与呼延晏等人进行了一番商议，一致认为应尊奉刘曜为帝。

刘曜态度也很积极，颇有当仁不让的态度。即位之后，刘曜宣称天下皆可赦，唯靳准一族罪不容诛。

紧接着，刘曜改年号为光初，以朱纪、呼延晏为司徒、司空，太尉范隆等人皆官复原职。为了拉拢石勒，刘曜任命石勒为大司马、大将军，加九锡（皇帝赐给诸侯、大臣的九种礼器，非有殊勋者不可得，分别是车马、衣服、乐县、朱户、纳陛、虎贲、斧钺、弓矢、秬鬯），并增封十郡为其私邑，晋爵为赵公。

请注意这个爵号，因为它很快将出现在两个不同的阵营里。

石勒向平阳挺进，首先攻打平阳小城。如他所料，少数民族们对于靳准极为不满，因此石勒并没有遇到像样的抵抗力量。他顺势招降了那些巴人、羌人和羯族人，把他们都迁徙到自己的辖区内。人数约有十万之多。

由此看来，这一次靖难之役，当上皇帝的刘曜是赚大了，身为赵公的石勒也收获满满。得知此事后，刘曜气得够呛，但他心里再不爽又能怎样，战事还没平定呢！

刘曜强颜欢笑，着手部署自己的兵力，他以征北将军刘雅、镇北将军刘策为主将，命他们屯兵于汾阴（今山西万荣西），与石勒成掎角之势。

靳准见势不妙，便派侍中卜泰备上厚礼，向石勒请和。

此事石勒可做不得主，他将卜泰囚禁起来，命人押解至刘曜处。按理说，刘曜的母亲、兄长都被靳准杀害了，他本人实在没必要接受靳准的求和书，但为了达到兵不血刃的战果，刘曜按下胸中的仇恨，对卜泰盛赞靳准的高勋大德。

来听听！什么刘粲违背人伦啦，什么大司空靳准好比是伊尹、霍光啦，什么靳准使得他登上皇帝宝座功劳很大啦……卜泰都要听晕了。

就这样，卜泰被刘曜成功洗脑了。卜泰旋即返回平阳转告靳准。眼见靳准就要上钩了，可到了关键时刻，他又不敢轻易下注了，脑里一直回旋着一句话，"我可是刘曜的杀母仇人啊"。

靳准犹豫不决，但有人却等不及了。他们不想成为刘曜的刀下亡魂，便想借靳准的人头一用。这些人是谁呢？正是被刘曜洗脑的卜泰，还有靳准十分信任的左、右车骑将军乔泰、王腾，卫将军靳康等人。

对，还有靳康，靳准的堂弟。呵！在利益的面前，亲情又是个什么玩意儿呢？置身于权力旋涡中，很多人都是这么想的。

靳准死于当年十二月。众人随后推举尚书令靳明为主。

靳明上位后，立马派卜泰奉上传国六玺，去向刘曜投降。传国六玺，指的是皇帝行玺、皇帝之玺、皇帝信玺、天子行玺、天子之玺、天子信玺。

这一次，轮到石勒不爽了。主要的几场仗是他打的，靳准怕的也是他，凭什么刘曜来截这个胡。就因为你是皇帝吗？

野心与雄心的碰撞

石勒不便和刘曜翻脸，便将火气撒到了靳明头上。

靳明大败之后，选择婴城固守。石勒随即派石虎率军攻打平阳小城。无奈之下，靳明只能厚着脸皮向刘曜请援。

刘曜不想开罪石勒，有些为难，但还是派出了一小股兵力。这一小股兵力，自然被打得落花流水。刘曜叹了口气，又派人去把靳明和万余士民接过来。

看看！当时的情形有多诡异。

靳明降刘曜，抗石勒；石勒打靳明，抗刘曜；刘曜打石勒，迎靳明。

——这都什么跟什么啊？

要破这个怪局，没人让步是铁定不行的。刘曜再三思虑，做出了让步，他主动率军退守粟邑（今陕西白水）。这举动无疑是告诉石勒，朕就成全你这个忠臣吧！

不管石勒的作秀成分有多少，总之，石勒顺利攻下平阳后，就修复了二帝之陵，尽了自己的职分。只不过，石勒也长了个心眼，他先把平阳宫室烧了个一干二净，再把浑天仪、乐器打包运走，而后才派戍守之军，动身回大本营去。

我们都知道，战争中焚烧宫室的做法，除了有发泄愤怒情绪、宣示胜利、彰显勇力的作用之外，还有谨防他人占城自立、图谋发展的目的。当日，刘曜焚毁洛阳宫室，表面上是莽夫之举，实际上不是意气用事，他还得防着司马氏再以洛阳为据点，延续国祚呢！

说回到眼下，石勒焚烧平阳宫室，所为何事？

就笔者看来，主要还是为了拖刘曜的后腿。试想，一旦平阳宫室尽毁，刘曜只能另造都城，如此一来，对手的经济发展，乃至军事布局，都会被拖慢好些年。

石勒的野心的确不小。他的野心，还体现在他打包浑天仪、乐器这件事情上。

众所周知，浑天仪是天文学的必备仪具，没有它便建不起像样的天文机构，而古代的天文学、皇家的天文机构，都有着十分浓郁的政治、文化含义，在当时人看来是与国运兴衰密切相关的重要知识。

石勒、石虎对此十分重视，石虎的儿子石韬就以"素解天文"著称。《晋书·石勒载记》说石勒死前有"荧惑入昴，星陨于邺东北"的天文现象（在当时的天文学系统里，"昴星"为"胡星"，代指北方胡族，胡王；"太微""南斗"代指具有正统地位的天子），学者胡鸿在《能夏则大与渐慕华风》一书中判断，这条记载的史源应为《赵书》，即后赵朝廷自身的记录。

再说这个乐器。正所谓"乐主和同，则远近皆合；礼主恭敬，则贵贱有序"，古代帝王时常以礼乐的手段规束百姓，以达到尊卑有序、远近和合的目的，你说它重要不重要？

所以说，石勒到底有什么图谋，难道还不明显吗？

刘曜对此心知肚明，但他能把石勒拉过来训斥打骂吗？显然不能。他深知，要在废墟上造一个新城，何其难也。当务之急，是要另外物色一个都城。刘曜的首选，是长安。

应该说，刘曜做这个选择，是毫无悬念的。长安历史悠久，是第一座被称为"京"的都城，西周、秦、西汉、东汉（献帝）、新，和后来的西晋（愍帝），都在此建都。其建都时间之长、影响力之大，非一般城市可比。在长安建都，颇有天下之正统的意味。

此外，刘曜近年驻守在长安，他的大本营也在此处。所以，刘曜只倾心于长安。

刘曜决定迁都长安，但他现在还不能马上走，他必须先处置靳明。

就在石勒"置守宰而归还"的时候，刘曜从靳明手中接过了传国六玺。不日后，刘曜将靳明灭族。不知，靳明此时是否后悔，当初他没有向石勒投降。说来，石勒与他没有杀亲之仇，兴许还能放他一马。当然，这只是一种可能性罢了。

不过，刘曜最终还是留下了靳明的一个儿子。

其后，刘曜将亡母胡氏迎至粟邑，为她另起陵墓，号曰阳陵。修筑长安的事务，也被纳入了计划之中，光世殿、紫光殿，都是刘曜未来的宫室。

刘曜迁都长安，石勒建立后赵

回想数年来的经历，刘曜心中百味杂陈。

他年幼丧父，由伯父刘渊抚养成人。这些年来，刘家出了不少文武全才，刘曜也是其中一个。一般来说，草书、隶书难不倒他；舞文弄墨那是小菜一碟；箭术马技更是不在话下，寸余厚的铁板一箭就能射穿。

刘曜时常自比为乐毅、萧何和曹参，但慧眼识英的人却不多。到了弱冠之年，刘曜因避罪而远遁朝鲜，直至晋廷大赦才跑回来。其后，他在管涔山隐居了一段时间。

再后来，刘渊建起了汉国。因为刘曜先后攻下了洛阳、长安，战功卓著，故此累迁为车骑大将军、开府仪同三司、雍州牧，又得封中山王，镇守长安……

刘曜的人生，从落寞到腾飞，来得很不容易。所以说，如今攥在手中的，不仅仅是先辈的基业，还有自己的幸福。

这样的人，往往很看重得失。尽管刘曜告诫过自己，现在要对石勒多加忍让，但在受到别人挑唆时，他便有些动摇了。

事情是这样的——

前赵光初二年（319）二月，石勒派左长史王脩，去把平定靳准之乱的捷报献给刘曜。

论功行赏，刘曜没法子当吝啬鬼。刘曜当即拜石勒为太宰、领大将军，又晋爵赵王，加以殊礼。这待遇，犹如过去曹操辅汉一般。

不过，刘曜不是汉献帝，石勒也不是曹操。曹操的理念是，可以夺政但不能篡位；而石勒却不想等后人来完成这个理想，他一直在等待自立门户的机会。

这不，机会来了，由于刘曜没能沉住气，便给了石勒自立的机会。

话说，王脩在得到刘曜的反馈后，起身返回襄国。

这时，石勒的舍人曹平乐（欲改换门庭，刻意讨好刘曜）却提醒刘曜，不能放走王脩。他的理由十分充分，说王脩此行是为了探知刘曜的虚实。

末了，曹平乐断言，王脩返回之后，石勒就会攻袭刘曜。

刘曜忧心忡忡，他赶紧追回王脩，并杀害了他。本来答应授予石勒的赐赏，自然全都化为泡影。惊惧之中，王脩的副手刘茂侥幸逃脱，赶回襄国如实奏报。

石勒怒不可遏，说他多年来侍奉刘氏，恪尽职守、战功赫赫，哪知对方忘恩负义，竟然想来谋害他。既如此，石勒又何须守那所谓的臣子之义？

至此，石勒宣布脱离汉国，与刘曜分道扬镳，各谋发展。

刘曜无话可说，权当没这个臣子。他的目光，放在了建都一事上。

都城的营建速度很快。到了夏初，刘曜便从粟邑迁至长安，正式定都长安。为了确立名分、巩固统治，刘曜追尊刘渊等历代祖先为帝。

此后，被载入史册的，被奉在宗庙的，便是高祖、光文皇帝刘渊，烈宗、昭武皇帝刘聪，隐皇帝刘粲（靳准上的谥号帝）；还有刘曜这一脉的祖宗——景皇帝刘亮、献皇帝刘广、懿皇帝刘防、宣成皇帝刘绿。

刘曜又立羊献容（原晋惠帝司马衷的皇后，很得刘曜欢心）为后，儿子刘熙为储君，册封诸子与宗室为王。紧接着，刘曜又赶紧立起标志着皇权的设施——宗庙、社稷、南北郊。

有关国家的年号，刘曜认为，为了体现匈奴的族属性，不能再名为"汉"。太保呼延晏等商议之后，提议改国号为"赵"。他们说，刘渊曾被封卢奴伯，刘曜之前为中山王，中山又是战国时赵国之故地。所以，没有比"赵"更合适的年号了。

刘曜深以为然，改国号为赵，又以冒顿配天、刘渊配上帝，并奉水德、尚黑。

学者罗新在《王化与山险》中的《从依傍汉室到自立门户——刘氏汉赵历史的两个阶段》一文中指出，刘曜称赵皇帝，"其根本原因是为了对付石勒，为了在政治上表明自己对于天下的统治权，同时不承认石勒在河北的势力范围"。

这个分析是很到位的。

由于刘曜曾改易国号，史家们便把匈奴刘氏所建的政权，称为汉赵，或者直接称为前赵。

既有前赵，当然就有后赵。七个月后，石勒称大将军、大单于，自领冀州牧、赵王。他在襄国定都，并自封为赵王。说无须谁来赐予，就自立为王，石勒果然霸气！

第三节　后赵的资产，越来越多

撵走刘琨，进占并州

公元 319 年十月，石勒的左长史张敬、右长史张宾、左司马张屈六、右司马程遐等人向石勒劝进称帝，石勒未许。时隔一月，石虎以及诸臣 129 人联名上书，再三劝进。石勒见时机成熟，便答应先即赵王位，定都于襄国。

值得注意的是，石勒所建的政权，也叫作"赵"。

此赵非彼赵，其得名之由来，也是十分遵循古制的。刘邦、司马炎取国号为"汉""晋"，主要还是因为他们之前的爵位是汉王、晋王。

后来，杨坚篡国，取国号为"随"，也是因为他之前袭了父亲随国公的爵。只不过，杨坚觉得随字不太吉利，便改其为同音字"隋"。此事招致了后世文人无尽的嘲讽。南唐徐锴在《说文解字系传》中指出，"隋"是"裂肉"的意思，非常不吉利；而"随"是"安步"的意思，更为吉利。妄自去掉"辶"，岂非不学无术？学者胡阿祥在其著作《吾国与吾名》指出，宋、元、明、清时期许多文人认同这一看法，并在这一基础上有进一步发挥。

话说回来，石勒定国号为赵，是很有意义的一件事。它既遵循了古制，又表明了自己与汉赵势不两立的立场。一山容不下二虎，一个世界也容不下二赵。两国之间不死不休的命运，就此启幕。

现在，我们来盘点一下后赵的资产中最重要的一个方面：领土。

建立后赵之初（319年前），石勒拥有冀州、并州。

先前说过，在建兴二年（314），石勒计除王弥，拿下了幽州，但遗憾的是，幽州很快又易主了。这事儿还得怪他自己。原来，石勒让熟悉幽州局势的刘翰做幽州刺史，但此人又尿又滑，担心自己无法立足，便投靠了临近的鲜卑段部首领段匹磾。

石勒刚回到襄国不久，便发生了这种糟心事，心情可想而知，不过他没精力立刻夺回失地。二取幽州的事，发生在击败刘琨、占据并州之后的几年里，而此时石勒已是一国之主了。

建兴三年（315），刘琨被任命为都督并、冀、幽三州诸军事。闻说昭命，刘琨哭笑不得。此时，冀州已是石勒的地盘，幽州也落入了段匹磾之手，只有并州还在自己的掌控中，但他又能支撑多久呢？如无鲜卑拓跋氏为后援，他断无把握。

果然，刘琨担心的事情很快就发生了。

次年三月，拓跋猗卢死于内乱之中（详见附章），刘琨顿时失去了强大的后盾。在呈给晋愍帝司马邺的表奏中，刘琨透露出颇为无奈的情绪。在他看来，石勒灭掉王浚之后，定会越过太行山来消灭他。

刘琨日防夜防，精神高度紧张，但此时好歹长安的政权还在。可就在这年十一月，司马邺投降了，西晋也亡国了，刘琨成了真正意义上的亡国孤臣。

刘琨心里那叫一个苦啊！

更苦的是，此时石勒的雄兵也逼来了。这真是屋漏更遭连夜雨！

其实，刘琨猜得没错，石勒早就想对他下手了，只不过，这一天比想象中来得晚一些。

这是因为，在灭杀王弥之后，石勒花了两年左右的时间来囤粮练兵。毕竟，辉煌的战绩背后，也有赖于人力、物力、财力的投入。襄国的饥荒、兵员的折损，都制约着石勒的军事行动。

要解决饥荒问题，就需要有足够的劳动力。为了达成目的，石勒从并州招纳流民二十万户，把他们安置在襄国附近，为自己种粮屯田。这分明是在人家眼皮子底下抢人，刘聪的面子里子都挂不住了，急忙勒令石勒归还人口。

石勒拿到诏令后，翻翻白眼，权当自己耳聋听不见。

此事不了了之。

在发展农业的同时，石勒又把山东一带的乌桓人迁入襄国，以增强自己的兵力。

建兴四年（316）十一月，也就是司马邺投降的那一月，石勒先攻乐平太守韩据。韩据情势危急，向他上司刘琨告急，刘琨遂派姬澹领数万步骑兵增援。姬澹屯兵于广牧（今山西寿阳西北），与韩据互为掎角之势。

相信大家已经知道这一战的结果了。看看名字就能猜到：姬澹打石勒，好比拿鸡蛋往石头上撞，焉有不败的道理？

石勒斩杀了扰乱军心的人，命前锋都督孔苌领兵冲杀，自己则在要地设置伏兵，主动向姬澹挑衅。此人有勇无谋，中了石勒的疑兵之计，大败之后率余部逃奔代郡。

这一逃，就引起了一系列连锁反应——韩据弃城而逃、长史李弘也降了。李弘的投降几乎宣告了刘琨败亡的命运。李弘把并州都捧给了石勒，刘琨又拿什么来和石勒斗呢？

刘琨长叹一声，带着内侄温峤等人，领着群僚、部民一起投奔驻守幽州的段匹磾。

截至建兴四年（316），石勒占据了并州，他当然不满足于此，他开始计划再度攻占幽州。

收容刘琨将佐，再夺幽州之地

刘琨投奔的段匹磾，有着一长串头衔——幽州刺史、辽西鲜卑左贤王、假抚军大将军。刘琨投奔幽州以后，与之结为兄弟。同样的拥晋之心，使得二人之间的关系极为密切。

但这种关系并没有维持太久，刘琨最后死于段部鲜卑的内斗中。

太兴元年（318）八月，在王敦的唆使下，段匹磾矫诏缢杀刘琨。刘琨在临终前写有一诗，名为《重赠卢谌》。"何意百炼刚，化为绕指柔"，这是刘琨壮志未酬身先死的悲情写照。

刘琨遇害时，年仅48岁。因为畏惧段匹磾的势力，东晋政府不能有所表示，直到两年后，刘琨的从事中郎卢谌、崔悦等为其鸣冤，太子中庶子温峤也上表附议，司马睿才对刘琨予以追赠。

两年的时间并不短，足以发生许多改变大局的事。

段匹磾擅杀刘琨，东晋对此又没有任何表示，这只会让刘琨的僚属、部民寒心。他们大多做出了一个曾经不会做出的选择——投奔石勒。石勒算是得到了一个额外的大红包。

对此，段匹磾是有些懊悔的，但他也无暇去后悔。他与堂弟段末波（刘琨的世子刘群、姨甥卢谌、内侄崔悦等投奔了他）的斗争越来越激烈。段匹磾知道他不是段末波的对手，便打算率众投奔邵续。

邵续此人，曾是王浚的手下，他被任命为乐陵太守。王浚死后，邵续迫于形势，依附于石勒，并将儿子邵义送到石勒身边为官，相当于人质。按理说，邵义是邵续的软肋，谁承想，后来邵续竟在段匹磾等人的劝说下，转而拥戴琅邪王司马睿呢？

由于邵续背叛了石勒，石勒打算给他点颜色看看，杀死人质只是一个开头。

当石勒得知段匹磾打算投奔邵续之事后，立即派出石越去截击段匹磾。迫不得已，段匹磾又退守到了蓟城——幽州的州治。石勒旋即派孔苌攻打幽州。在强大的攻势下，段匹磾无法立足，再次弃城投奔了邵续所据的厌次。段末波趁机占领了蓟城。

到了太兴三年（320），段末波再度攻击段匹磾与邵续的联军，不料却被对手所败。

段匹磾为此大受鼓舞，又想与弟弟段文鸯一道夺回蓟城。眼瞅着段、邵联军兵力分散，石勒立遣石虎进攻厌次。末了，石虎虽没拿下厌次城（邵续子邵缉等人固守），但却生擒邵续，也算大功一件。

另一头，段匹磾听说邵续受围，决定放弃北攻蓟城，转而回军相援。尚未抵达厌次，段匹磾便听说了邵续受俘的消息。众人斗志受挫，恰好又遇上石虎的军队，一时间极为慌乱，好在段文鸯领着数百亲兵一力死战，这才冲进了厌次城中，与邵缉等人固守。

段文鸯暂时挽回了颓势，石虎悻悻而归。

段、邵二部苦苦支撑着脆弱的厌次城，本该精诚合作，奈何双方在战略上产生了重大的分歧。不仅如此，即便只是在段部内部，段匹磾、段文鸯两兄弟的看法也不尽相同。

太兴四年（321）二月，段末波遣人奉皇帝信玺给司马睿。次月，石勒再度增兵。

石虎和孔苌进攻厌次，段文鸯力尽受俘，无力回天。得知此事后，段匹磾绝望透顶，想要南奔东晋，却不承想，持投降主义的邵洎（邵续之弟）截住了他。

邵洎将段匹磾捆了起来，与邵缉、邵竺等人抬着棺材出城投降。段匹磾心里不服，石虎考虑到他曾与对方拜过把子，便起身向他行礼，用以收买人心。

段匹磾受俘一事，意味着幽州完全为石勒所据。故此，即位两年后，赵王石勒终于得到了冀、并、幽三地。换句话说，此时的后赵已占据了之前西晋在河北所设的全部藩镇。

这里必须补充一个细节。

在石虎、孔苌进攻厌次时，段文鸯本可死守不出，但却因为不忍见石虎、孔苌在幽州残害百姓，而选择主动出战。段文鸯素以勇悍闻名，他杀掉了很多后赵兵士，可惜他的战马不太给力，令他落了下风。

石虎趁机对段文鸯打起了感情牌，孰料他不买这一套，反而痛骂了石虎一顿。之后，段文鸯下马苦战，最终因寡不敌众而为人所擒。

石勒也是个惜才之主，他见段匹磾、段文鸯可用，便将他们册封为冠军将军、左中郎将，并分配给他们三万多户流民。客观地说，石勒对段氏也算不错，但段匹磾始终不服石勒，他不仅时常穿晋服、持晋节，还鼓动周边的豪强和投降的段氏一起反抗后赵。

段匹磾反心已现，石勒自然没有容他的道理。随后，段匹磾、段文鸯都被处死了。《晋书》中，对此评价道："匹磾劲烈，陨身全节。"段匹磾也自语道："未死之日，心不忘本。"

至于段末波，后来附从了石勒，与之情同父子。太宁三年（325）三月，段末波去世后，他的弟弟段牙继位，后为其堂兄弟段辽（段日陆眷之孙）所杀。

祖逖中流击楫，所为何事

得到河北三州之后，石勒将作战目标转为东晋祖逖所在的豫州。

祖逖这个人，在中国历史上也算是个名人了，"闻鸡起舞""中流击楫"这两个典故，说的都是他。闻鸡起舞已见前述，祖逖中流击楫一事，说的是祖逖在建兴元年（313）时率领南下的宗族部曲，从京口渡江北上，拍击船楫立誓扫清中原、收复失土一事。

祖逖比挚友刘琨小4岁，他出身北方大族，世有高官。祖逖年少时潇洒任情、不拘小节，为乡党宗族所敬。长大后，祖逖博闻强识、才高于世，颇为时人所重。

祖逖先被举为孝廉、秀才，但都没有应命，直至他与刘琨一同出任司州主簿，方才寻到人生知己，立下称雄中原的宏愿。

八王之乱爆发后，祖逖先后在齐王、长沙王、豫章王的手下效力，也参与了东海王讨伐成都王的战役。战败之后，祖逖退回洛阳，数年内无意于仕途。

到了永嘉五年（311）洛阳失陷之时，祖逖率众南下避祸。由于祖逖慷慨仗义，且富于领导能力，便被同行诸人推为"行主"。

琅邪王司马睿听说祖逖一行人到了泗口（今江苏徐州一带），便封他做了徐州刺史。不久之后，祖逖被征为军谘祭酒，驻守于京口（今江苏镇江一带）。

两年后，晋愍帝司马邺即位于长安，命司马睿率兵勤王，但一心开拓江南的司马睿志不在此，情况变得有些微妙。祖逖也看出司马睿无意北伐，便主动请缨前去勤王。

既然祖逖都这么说了，司马睿也没有理由反对，但他北伐的态度是很消极的，虽给了祖逖奋威将军、豫州刺史的身份，但所给予的作战物资，不过是千人的粮饷、三千匹布帛而已，至于兵将武器什么的，一概欠奉。

这固然是因为司马睿没钱，但更是因为他不想给。这一点，大家都心知肚明。

难能可贵的是，祖逖的决心，并未受到一丝影响。在他看来，没有兵将，就先培养自己的兵士，再行招募；没有武器，也可以再起炉冶铁，淮阴就是一个不错的地方。这都不是问题。

真正困扰他的问题，实际上只有一个，那就是没钱没势。

为了达到北伐目的，祖逖想尽了办法，有时甚至纵容手下去劫掠富户。

《世说新语》中记载了一件有意思的事情：王导、庾亮在祖逖家里看见很多裘袍珍玩，祖逖也不加隐瞒，直接承认昨晚他去了一回南塘。看来，他自己的手脚也不干净。

说这些，倒不是批评祖逖。所谓"大行不顾细谨，大礼不辞小让"，这些缺点无碍于祖逖的英雄形象。

建武元年（317），祖逖进驻芦洲（今安徽亳县一带），在他的苦心经营下，占据谯城的坞主樊雅终于投降了。自此以后，祖逖在豫州站稳了脚跟，继而打通了北伐通道。

祖逖和石勒的较量，便是从这之后开始的。

示好祖逖，据有司、豫大部

就在祖逖打通北伐通道的当年，司马睿传檄于天下，命他的儿子琅邪王司马裒率军抵挡石虎，并受祖逖节制。照这个情况看来，祖逖已然得到了中央政府的支持和信任。

那么，祖逖与石勒这一方，是否马上展开了恶战呢？并没有。

因为石勒此时正忙于北线的战争，他让石虎渡河袭击祖逖，不过是在执行"南守北攻"的战略计划。有时候，战也是一种守。

时间推移到大兴二年（319）四月，石勒已经除掉了王浚、撵走了刘琨，并从平定靳准之乱中捞到了一大笔好处，他已有了较为充裕的时间，组织兵力与祖逖打硬仗。

双方在浚仪（今河南开封一带）展开了一场战争，祖逖遭遇重创。（《晋书》中言石虎大败，不实）

战败之后，祖逖退守淮南，于次年发动反攻，击败了后赵将领桃豹，并收服了不少留戍于当地的坞主。祖逖善于笼络人心，一些本属石勒辖地的坞主，也流露出亲近祖逖的迹象。

到了这个时候，石勒在北线的战争，又进入了一个新的阶段，在没有拿下段匹磾、邵续之前，他没有强攻祖逖的把握。祖逖也看出了这一点，遂将大本营设于雍丘（今河南杞县）。

没办法，石勒只能再度施行"南守北攻"的战略，他刻意与祖逖修好，请求互市通商。

打了这么久的仗，祖逖深知自己也需要准备军需物资、补充兵源。他虽没有回信，但却默许双方的商贸往来。凭借税款的收入，祖逖得到了远胜于田赋数倍的利钱。这些利钱，几乎都用在了豫州的军事布防之上。

几年之间，石勒一直忙于北方的战事，祖逖准备有所作为，但可惜司马睿不信任他，派出不会打仗的戴渊为征西将军，处处制约祖逖。祖逖忧愤成疾，于大兴四年（321）病死于雍丘，北伐事业终成憾事。

祖逖一死，石勒还有何惧？眼下他已拥有幽、冀、并州，实力也非昔日可比。永昌元年（322），石勒袭扰豫州，继任的祖约（祖逖之弟）抵挡不住，只能退守寿春。

至此，石勒占据了豫州，与之临近的司州大部也被纳入了后赵的版图之中。与此同时，石勒也派兵向东进击徐、兖二州，东晋军队尽数南退，无法抵拒。

第二年，石勒生擒了徐龛、曹嶷，占领了兖、徐、青州。

现在，我们再来盘点一下后赵的资产。自北而南，从西往东，幽、冀、并、司、豫、兖、徐、青州，几乎都在石勒的掌控之中。早前，西晋共有十九个州，其中八州已为石勒所有，而今后赵已具有了与东晋、前赵叫板的实力。

二者的竞争，即将进入白热化阶段。

第四节　激战！一山不容二虎

刘曜治国，得失相兼

前赵光初六年（323），石勒占据了八州之地，这对他的仇家刘曜来说，可不是一个好消息，但他没有精力也没有能力去与石勒一较高低。

迁都长安之后，刘曜的当务之急，是解除关中、陇右一带的少数族人带来的威胁。这也是没办法的事。早在刘曜镇守关中之时，以氐、羌为主的少数民族就不认可刘曜的统治地位，他们时常与西晋残余势力一起对付刘曜。

这让刘曜觉得很闹心。

哪知，就在刘曜闹心之时，平阳又发生了靳准之乱。靖难是必需的，何况自己还能从中得益，但问题也随之而来，刘曜的心中始终悬着一件事——那些人会不会又跳出来作妖？

果然，就在前赵光初三年（320）六月间，刘曜遭遇了一场变乱。

这场变乱由前赵解虎及长水校尉尹车所发起，他们与势力顽固的巴酋句除、库彭相勾结，声势不容小觑。刘曜很快镇压了变乱。为了震慑巴民，刘曜打算将始作俑者的尸体羞辱一番。光禄大夫游子远极力劝阻，并再三叩请，对此刘曜置之不理。

先是曝尸十日，再是投于水中，别提有多凄惨了。巴民悲恸欲绝，双方的仇怨几乎无法化解。估计，此时每个巴民的心中都叫嚣着一句话：老子弄死你！

矛盾一触即发，巴民全都反了。

他们推举巴酋句渠知为主，定国号为秦，改了个特有寓意特别吉祥的年号——平赵。还别说，这个政权还有些号召力。数日之间，四境之内，氐、羌、巴、羯族共有近四十万人云集响应，挑起反旗。

一时之间，关中好似变了天，百姓恐惧殊甚，前赵的城门也紧紧关闭，不敢轻启。

怎么办好呢？此时，游子远又提出了安抚巴民，以使其自相招引的建议，至于那些拒不臣服之人，他愿意领军征服他们。

事到如今，也没更好的办法。被反民蜇得满头是包的刘曜，采纳了游子远的建议，命他为车骑大将军、都督雍秦征讨诸军事。游子远也没辜负刘曜的期望，在短时间里就收降了十余万众。

事实证明，游子远的看法很有见地，当时包括巴族在内的少数民族，并非铁板一块。毕竟，"堡垒往往最先从内部攻破"，人心往往是因利益而剥离。

不过，这里边有个例外。由于前怨难解，句氏宗党五千家选择与刘曜顽抗到底。

游子远花费了很大的精力，才攻灭了这股势力，慑服了其他少数民族势力。刘曜采取羁縻的手段，以虚除权渠（曾自号秦王）为征西将军、西戎公，又将其子虚除伊余几人及二十万部众徙入长安。

这样一来，长安的人口大为增长。

因为战功卓著，游子远升任为大司徒、录尚书事。录尚书事是一种加官，虽无品级但却有着不同一般的意义。简单来说，它位同宰相。

关中已平，但刘曜为了征服陇右、扩张势力，又对前仇池（详见第二卷《前秦风云》）主杨难敌、陈安、凉州张茂等势力都采取了军事行动。在这三四年间，刘曜东征西讨，御驾亲征，虽获得了阶段性的胜利，却始终不能将这些势力斩草除根。

刘曜大军挺进西河一事，值得略提一笔。史书中称刘曜遣将卒二十万人，声势浩大，"自古军旅之盛，未有斯比"。张茂当然十分害怕，遂决定称藩于赵，朝贡无数。

写至此，刘曜治国的优缺点已现出端倪了。

在开国的前几年内，他的主要精力用在了武功方面。成就的确很大，但他在人力、物力、财力上的损耗也是极为惊人的。这种损耗，一定程度上拖慢了前赵的发展速度。

这主要是因为刘曜不懂外交。周围那么多势力，完全可以拉拢一个，打压一个；或者离间两方，为自己争取盟友。但刘曜似乎从来没往这方面去想，也没有见有过谋臣给他提醒，以致二赵之间的国力逐渐拉开距离。

当然，刘曜在内政建设和人文教育方面也有一定的投入。

比如说，在平定陇右当年六月，刘曜就下令设置太学，以儒臣来教导1500位臣民。重视教育是一件好事，但刘曜在这方面的作为却赶不上石勒。此事后文再论。

刘曜这人还有一个缺点，他十分喜好享受。

为了满足个人的欲望，他在开国不久就想修筑酆明观、西宫、陵霄台和寿陵。这事暂时没办成，因为此时他尚能采纳贤言，旋即罢去营建诸役，又将寿陵减制数分。可惜好景不长，刘曜后来武功赫赫，就不太听得进去话了。

几年后，刘曜大搞建筑工事，无人能阻。以永垣陵、显平陵为例，刘曜为尽孝道，特意为父母修筑了陵墓。此举耗资甚巨，游子远一度谏阻停建，但刘曜连他的话也不听。

瑕不掩瑜，石勒狠抓内政

刘曜即位之后，是有一定作为的，但较为遗憾的是，他没能在内政的建设上走得太远。换句话说，他的手段和用心，及不上石勒。

否则，以石勒的文化水平，他怎可与汉化程度较高的前赵政权平分秋色？若说是军事水平高，想想被石勒除去的王浚、王弥等人，哪个不是一时豪杰、人中龙凤？

乱世之中，智勇俱济才是王道。

纵观历史，诸如刘邦、朱元璋都是从草根跃升为皇帝的代表，其间艰辛历程自不待言，而石勒从小沦为奴隶，则是出身于社会底层的小人物，他更加明白"取长补短"的道理。

没念几天书，问题也不大，君子营里多的是智囊。那些失意士人，是制度的牺牲品，但他们并不甘心沉郁下僚，满腹才华终需一个用武之地。而石勒所建的君子营，正是为他们提供了这样一个平台。此一举，利人，亦是利己。

《世说新语·识鉴》中记载了这样一件事。

原来，石勒连大字都不认得几个，无法独立阅读，有段时间他特别喜欢听人给他念《汉书》。有一次，文士给他讲道，刘邦打算听从郦食其的意见，把六国的遗脉立为王侯。石勒听了这话大惊失色，道："此法当失，云何得遂有天下！"

石勒以为，这个做法是不可取的。

但听到留侯张良劝阻刘邦之时，石勒才松了一口气，说："赖有此耳！"

北宋神宗曾言，学习历史的意义在于"鉴于往事，有资于治道"。很显然，石勒爱"看"史书，也无非是想从中吸取经验教训。在这一点上，这位文盲帝王，做得并不比别人差。

石勒十分重视人才。称王（319）之后，石勒加封张宾为大执法，总管朝政，称为右侯。张宾在后赵本应有更大的作为，可惜他在永昌元年（322，公元 328年时，后赵始有纪年，此处从东晋年号）时就去世了。

张宾英年早逝，石勒十分悲痛，追赠他为散骑常侍、右光禄大夫、仪同三司，又谥之为"景"。及至张宾落葬时，石勒亲自送葬，情不能已，悲泣道："天欲不成吾事邪，何夺吾右侯之早也！"

悲痛归悲痛，而国家的建设还是要搞，可惜程遐、徐光等人的能力不及张宾，石勒此时更为后悔，再一次叹息命运待他残酷，竟然"令我与此辈共事"。

石勒和张宾的君臣情谊，确实是很动人的，以至明人酉阳野史，在构思《续三国演义》的时候，脑洞大开，虚构了张宾（张飞之孙）、刘渊（刘备之孙）、石勒（赵云之孙）等为祖复仇的故事。

不过，我们必须得认识到一点，石勒和张宾之间也是有芥蒂的。

由于张宾权重，招致太子石弘舅父程遐的嫉妒，程遐遂让程皇后离间石、张的君臣关系。石勒虽不全信，但却除掉了张宾的一个心腹以为警告。随即，石勒令程遐代为右长史。所以说，张宾之死，与他遭受排挤不无关系。这是石勒称王之后做的一件错事。

张宾死后，石勒虽然也会对某些臣工摆出嫌弃脸，但总的来说，他还是保持着求贤纳谏的优良作风。

史载石勒曾打算到襄国近郊打猎，当时主簿程琅便力劝他不要涉险。石勒本为武人出身，自然不信这个邪，哪怕对方以孙策遇刺为前车之鉴，他也不采纳意见。不过，石勒很快便被自己打了脸。打猎时，他的坐骑不幸触木而毙，而他自己也遭遇了险情。

石勒悔之不迭，立封程琅为关内侯，并赐以财帛，此后"朝臣谒见，忠言竞进"，时弊得以匡正，国势也得以增强。

难能可贵的是，肯于纳谏的刘曜逐渐听不进人言，而石勒却始终能坚持如一。这在他与前赵的对决中，无疑是占据着优势的。

石勒的优势还在于，他懂得吸收别人的成功经验。前文提过，刘渊施行胡汉分治的办法管理国家，而今石勒也把这套经验搬了过来，另又有所革新。

他将300家士族迁至襄国，将他们都集中在崇仁里，以德高望重的公族大夫来管理他们。

至于少数民族，则被划归到国人之列，其地位在理论上虽高于汉人，但却不允许他们欺侮汉人。当然了，不允许归不允许，现实生活中，少数民族欺汉的事情也时有发生。但这也不难理解，民族间的矛盾，岂是一两道法令所能化解的呢？

说到法令这个层面，也颇有值得称道的地方。石勒所定的法令虽严，但却又富有弹性。有一次，守门人无意中犯了不得言"胡"字的忌讳，石勒虽然很生气，但也不做深究，不与他一般见识。

劝课农桑，走上教育兴国之路

建国前后，石勒也屡屡为粮食问题而苦恼。为此，他曾核定户籍、劝课农桑，颁下禁止酿酒的命令（祭祀所用之酒，也只能用发酵一晚的甜酒）又重新考订了度量衡。

众所周知，秦始皇统一六国后，便有此措置。石勒考订度量衡的影响力，当然没有秦始皇那么大，但他有这样的措置，不正表现出他先进的治国理念吗？

往往，重视农桑、节俭务实的帝王，也十分看重吏治。

石勒曾微服私访，贿赂守门者，但对方是个正直廉洁之士，不仅不接纳贿赂，还要把他抓住惩办。次日，石勒亮明身份后，便对此人予以鼓励奖赏。客观地说，石勒的做法也有些"钓鱼执法"之嫌，但他惩贪崇廉的初衷是没有错的。

为了笼络人心，石勒对于一众乡亲极为优待，他甚至原谅了当年与他争抢沤麻地的邻居，与之欢饮取笑，道："孤往日厌卿老拳，卿亦饱孤毒手。"事后，石勒封其为参军都尉。毫无疑问，石勒的气量是很大的。

以上种种，皆是一代帝王的不凡作为，但我们知道，真正决定一个国家未来的，还是教育。很难相信，一个文盲帝王，会把文化教育放在那么高的位置上。因为他们往往认识受限，认识不到教育的重要性。

建国之前，石勒就开始设立太学，他精心挑选了数名有真才实学的文学掾，其所部子弟 300 人都接受了教育。后来，石勒又在襄国增设了 10 余所小学，置数名大小学博士，并时常亲临考核。

小学是个什么样的概念呢？自然不是义务教育九年制的那个小学了。早在商周时期，小学便已存在，大致的学习内容是文字学。这与韩愈《师说》中说的"童子之师，授之书而习其句读"差不多。不过，小学虽早已有之，但其性质却是在石勒时期才得以确立的。

在那期间，石勒又设立了若干个地方学校，令各郡以学官（中有博士祭酒二人）来担任教育工作。在这种体制之下，每郡招收的 150 人，要经过三次考试才能顺利毕业，"显升台府"。

严格的考试制度，带来的是优秀的后备干部。后来即位的石虎，暴则暴矣，但他却明白发展教育事业是至关重要的，为此又设置了国子博士、助教。故而，石虎命吏部选举人才，也多有所得。

将教育、考试、选拔人才结合起来，是后赵教育制度的特点。对比早已朽烂的九品中正制，这种做法无疑是具有进步性的。我们甚至说，它在一定程度上启发了后世的科举制度。可以肯定的是，后来石虎施行暴政而不遭灭，也有赖于这种先进的教育制度。

常言道，"十年树木，百年树人"，对人才的培养，不是朝夕之间可得的。石勒也深谙此理，遂在建国之初制定了一些选拔人才的办法。他命张宾执掌选举法，先定五品，再改为九品，又诏令公卿及州郡承担其举荐人才的职责，每年荐举一位秀才、至孝、贤良、廉清、直言、武勇之士。

在教育兴国的理念之外，石勒对修史工作也很上心，《上党国记》《大将军起居注》《大单于志》都一一被列入撰写范围。称帝之后，石勒又令五个太学生担任佐著作郎，命其记录时事。

此处不得不多说几句。不仅仅是石勒，慕容皝、符坚、姚兴、慕容德等北方的统治者，都非常重视教育事业。前赵、后赵、前秦、前燕、南燕等政权都有学校，慕名来后秦的学生，甚至成千上万。

反观以正统标榜的东晋，学校不过百余人，三天打鱼两天晒网，时开时关，甚至还发生了学生放火烧校舍这样的事情。以此看来，当时中国的希望还是在北方。

史家田余庆在《东晋门阀政治》指出："从宏观来看东晋南朝和十六国北朝全部历史运动的总体，其主流毕竟在北而不在南。"阎步克更是在此基础上提出了"北朝出口论"："汉唐盛世之间，魏晋南北朝是个帝国的低谷，北朝则构成了走出低谷，通向隋唐大帝国的历史出口。"

生擒刘曜，横扫北方

公元319年后的几年内，中原一带的一帝一王，各展其能，既抓内政又抓军事，两国都逐渐强大起来。谁都知道，刘曜、石勒之间终有一战。就在刘曜解决了陇右的问题之后，他准备向后赵开战。

前赵光初八年（325），刘曜遣中山王刘岳等挥师东进。此时，洛阳由后赵将领石生把守。石生是石勒的从子，深受石勒信任。之前一年里，石生击杀了前赵河南太守尹平，掠走了新安县五千多户人口，至此两国间的河东、弘农两郡是战火不绝。

作战要讲战术，刘曜、刘岳的想法是与东晋原司州刺史李矩、颍川太守郭默一起合攻石生。先前，这两人已向他们打起了降旗。对于郭默来说，投降前赵是唯一的选择，因为石生攻打河南郡，把他打得已无立锥之地了。

郭默向刘曜求援，所以这次刘岳出兵，也带有一定的援救性质。刘岳和郭默合作无间，将石生围困于洛阳金墉城里。金墉城位在洛阳西北。随后，后赵的中山公石虎赶来增援了。两位中山公在洛西打得闹热非常，最终刘岳力有不逮，负伤退保石梁。

刘曜闻讯后，急忙御驾亲征，战胜后赵宗室石聪后，刘曜驻屯在金谷休整兵马，不想入夜后军中惊动，闹得士卒溃散四窜。其后，刘曜退至渑池，夜里军中再次无故惊动。刘曜以为不吉，也无心再战，就此回师。

结果，石虎趁机攻陷了石梁，并俘虏刘岳等80多名将佐。另有三千氐、羌民受俘，近万士卒被坑杀。战争的损失很大，带来了一连串蝴蝶效应。经此一战，李矩南奔东晋，其长史崔宣降于后赵，一向"乖顺"的凉主张骏也不听话了，开始挑衅前赵（见第七章）。此外，双方的势力差距更大，前赵退守新安、渑池以西，而后赵却全面占据了司、豫、徐、兖四州。

这件事带给刘曜很大的打击。

站在刘曜的角度，回想这次战争，最大的一个败笔就是夜惊之事。笔者以为，如果一次夜惊，或为偶然；而接连两次夜惊，也只能归罪于前赵的军纪——即便有其他原因。

当时，刘曜听闻噩耗，亲自在渑池迎接残军，痛哭于郊外。

痛定思痛，刘曜心有不甘，遂于前赵光初十一年（328，即后赵太和元年）八月向后赵宣战，石虎被刘曜击破，宗室石瞻也被阵斩。刘曜心下得意，高歌猛进，取道大阳（今山西平陆西南）渡河，水灌金墉城。这个时候，石生仍然镇守于此，情形实为狼狈。

同时，刘曜又遣诸将攻打汲郡和河内郡。

战讯传至后赵，造成了地震一般的效应。石勒却不着急，在三个月后，也就是冬十一月，他才准备亲自去救援。此时天气情况较为恶劣，程遐等人劝谏石勒不要亲征，但石勒心意已决，跨马绝尘而去。

石勒的想法很简单——前赵连续攻城三个月，锐气早已丧失殆尽。此时出兵，己方士气正盛，没有不取胜的道理。

心存此念，石勒力排众议。他命桃豹、石聪、石堪等人在荥阳合兵，石虎进占石门，自己则领步骑兵四万径直杀向洛阳。

下一月，石勒在成皋集结部队，见此处并无守兵，不禁额手称庆。原来，战前石勒和中书令徐光分析过战争形势。

石勒分析道："曜盛兵成皋关，上策也；阻洛水，其次也；坐守洛阳，此成擒耳。"要想拒敌，前赵的上中下策，是在成皋、洛水、洛阳布兵。如今看来，对方至少没选择上策。

石勒轻兵潜行，只觉幸运无比，因为刘曜也未在洛水布防。

那么，刘曜是在什么时候准备防御工事的呢？是在石勒渡过黄河后。这之前他与宠臣下棋饮酒，玩得甚是畅快。想来，刘曜先发制人，生出了骄恣之心。得知石勒大军压境，刘曜一边打着酒嗝，一边做出了部署——解围金墉而列阵于洛西。

可这样有用吗？没用。不过是死马当活马医罢了。

因在成皋、洛水不设军防，刘曜的失误，是误在了根子上。随后，石勒、石虎及石堪、石聪兵分三路夹击刘曜。刘曜撤兵时，因为头昏脑涨失足于石渠，最终坠落冰上，被后赵所擒。

此战中，后赵斩前赵将卒五万余人。

第五节　好一个"居摄赵天王"

落难皇帝，杀是不杀？

在第二次洛阳之战中，后赵获得了颠覆性的胜利。战争尤为酷烈，前赵逃兵无算。对此，石勒说，放士兵一条生路，他的目标只是刘曜。

根据后事看来，这话只是托词。后赵赢得战争，是有一定偶然因素的。当然，这不是说后赵拿不下前赵，而是说，如果刘曜不是昏醉误事（刘曜杀了谏阻他喝酒下棋的臣子）、掉以轻心，石勒也没这么容易攻破敌营。

但是，无论从一国之主的军事素养，还是从两国的现状及发展态势来看，前赵都不是后赵的对手，鹿死谁手几为定局。

那么，石勒为何不追击逃兵，将其一网打尽呢？一则，穷寇莫追，是用兵的一大讲究；二则，前赵太子刘熙尚在长安坐镇，他们控制着繁庶的关中地区，短时间内不易被攻陷。

见好就收，有利于保存实力。

且说刘曜被押解入见石勒时，心里很不服气，对石勒说："石王，颇忆重门之盟否？"有关重门之盟的具体内容，史无明载，大概是两人曾经并肩作战时，所立下的盟誓。

到了这个当头，刘曜说这话倒也不是为了打石勒的脸，而是保住自己的性命。对此，石勒无以为应，只命徐光回复说结局自有天定，无复多言。

但不管怎么说，石勒不打算立刻杀掉刘曜。年底之前，石勒班师回朝。重伤在身的刘曜得到了很好的照顾和"看管"，又在永丰小城（襄国内城）里见到了先前被俘虏的刘岳等人。

刘曜本以为他们早已被杀，此时见了故臣，倒十分感动，不禁感慨道："石王仁厚。"刘曜曾攻杀石他（325年，石勒派石他攻打依附前赵的北羌王盆句除，刘曜令刘岳追杀石他），两相对照，刘曜心里竟有些惭愧，认为自己"负盟之甚"。

其实，石勒之所以留着刘岳等人的性命，为的就是有朝一日能利用他们打出感情牌。与刘曜不同，石勒所杀之人，往往不看他有辜无辜，只分他有用无用。克制力，是石勒成事的一个关键。

所以，留着刘曜的性命，也绝不是看重什么重门之盟。趁着刘曜感动的劲头还没过去，石勒便让他修书一封，劝太子刘熙投降。"一言而丧邦"的道理，刘曜是懂的。反省自身，他已经做错了不少事情，但前赵这个国家还是有希望的。落到今日这个田地，他不甘心。

于是，在刘曜写给太子的信中，赫然出现了"与大臣匡维社稷，勿以吾易意也"。简单来说，就是——别管老子的死活，社稷要紧。

这买卖没法谈了。不日后，刘曜为石勒所杀。

不知道，临死前刘曜是否想起他的亲人们……

"此吾家千里驹也，从兄为不亡矣。"叔父刘渊如是说，带着赞赏的口吻。

"陛下开基之圣主。"皇后羊献容也曾这般评价他。

他相信，经历了五废六立的美丽女子，是真的钦慕他的英姿雄魄。因着宠爱，他在她死（322）之后也没有废黜她的亲生儿子刘熙，尽管刘熙的能力十分有限。

公允地说，刘曜虽有过失，但他最后的选择却是正确的。只可惜，太子刘熙和他的哥哥刘胤，却只能让泉下的刘曜失望了。

称霸北方，石勒正式称帝

得知父皇受俘，刘熙惊慌失措，和南阳王刘胤（兼大单于。原配卜氏所生，曾因靳准之乱而躲匿多时，后长得风骨俊茂、骁勇善战，刘曜一度想立他为太子）商议一番后，竟然做出了一个糊涂的决定——西退秦州。

对此，尚书胡勋表示反对。他认为，当下疆土无损、将士可用，不能逃也不必逃。

因为深受父皇宠爱，刘胤很难正确认识自己，对自己抱有一种迷之自信。旋即，刘胤以扰乱人心之由杀害了胡勋。"杀一儆百"，谁也不敢多言，刘熙得以成功撤退，带着百官来到上邽（今甘肃天水西）。

本以为退守是上上之策，但残酷的事实却赏了刘熙、刘胤一记大大的耳光。镇守一方的将帅们看见太子跑了，压根不会以为他有什么高深的筹谋，只会觉得上位者逃难去了，这么一想，自己也难免心慌。

于是乎，朝夕之间，逃跑的队伍里便多了一队又一队的人马。见此情形，刘熙也没法抱怨责难，人家将帅士卒是在追随你，又不是叛国！

殊不知，跑的人越多，国内的气氛便越是慌乱。接下来的事情自可想象：关中大乱，留守长安的将军纷纷放下兵刃、立地投降。

石勒何曾想到，自己竟遇到了这样的糊涂蛋。

他们竟然不知，放弃国家的都城等于剜掉自己的心脏。

当此时，石勒急遣石生进占长安。

见状，刘熙、刘胤悔之莫及，意图夺回长安、一雪前耻。次年八月，刘胤率军而出，先前小有成绩，但在围攻长安之时，为石虎所败。

刘胤被逼得无法可想，再度退守上邽。石虎乘胜而去，最终攻陷了上邽，斩杀了刘熙、刘胤和前赵的三千名王公大臣。

随后，石虎先迁走前赵的官员、关东流民，和秦、雍二州的大族，再在洛阳坑杀五千多匈奴人。他的目的，是不让匈奴人有"春风吹又生"的机会。之前依附于刘曜的氐王蒲洪、羌族首领姚弋仲，都在此时投降于石虎。

至此，前赵彻底灭亡，若从汉国建立算起，不过26年（304—329）。

司马光评价道："刘曜以疏属屡建大功，专制关中，遭靳准之乱，兴师讨贼，遂承汉业。及扬戈陇阪，则陈安授首；按甲西河，则张茂称藩，亦一时之雄俊也。然始与靳氏约降，则非义；终灭其家，则非信；使石勒因而自绝，则非智。乃知二三其德而能成功者鲜矣。及乘高堠之捷，以围金墉一战而跌，生为禽虏，虽其轻易以取祸亦不幸而天亡也。"

字里行间，司马光先扬后抑，亦不乏叹息之伤。不过，纵观汉赵廿载岁月，弊病实多，之所以招致灭国之祸，还是应了一个"咎由自取"的理。

比较发人深思的是，堪为大将之才的刘胤为何会在关键时刻掉链子？关于这一点，胡三省点评道："盖曜既被擒，胤胆破矣。"

所以，在前赵、后赵的争霸赛中，石勒必胜无疑。不妨来看看石勒在这几年里的成就。

早在咸和二年（327），石虎就打败了代王拓跋纥那（桓王拓跋猗㐌之子，后被追为"炀皇帝"），逼得对方徙居大宁。此次攻灭前赵，就意味着后赵占据了除凉（张氏）、辽西（段部鲜卑）、辽东（慕容鲜卑）以外的中国北方。

文治武功齐备，石勒登上帝位，已是水到渠成之事。后赵太和三年（330）二月，石勒先称大赵天王，设百官封宗室，七个月后正式称帝，改元建平，并立次子石弘（字大雅，世子石兴已逝世）为皇太子。

石勒晚年，曾大摆筵席，款待群臣。

酒过三巡，石勒问身旁的徐光："我可以和古代哪一个帝王相比？"自满的神情溢于言表。徐光是个文人，参与过编撰《上党国志》《起居注》《赵书》，面对石勒的提问，连忙拍马屁道："陛下的功业已经超过了汉高帝刘邦，远超魏武帝曹操。"

石勒摆摆手笑了，说："人岂不自知，卿言亦以太过。朕若逢高皇，当北面而事之，与韩彭竞鞭而争先耳。脱遇光武，当并驱于中原，未知鹿死谁手。大丈夫行事当礌礌落落，如日月皎然，终不能如曹孟德、司马仲达父子，欺他孤儿寡妇，狐媚以取天下也。朕当在二刘之间耳，轩辕岂所拟乎！"群臣叩头顿首。

"鹿死谁手"这个成语，就是来源于石勒。

石勒的这番话，说得挺豪迈。他这一生，从社会的最底层，最终成为一介开国帝王，靠的是自己努力与拼搏。对于蝇营狗苟、不择手段的篡位者，石勒打心底是瞧不起的。当然，石勒本事虽大，但是否有实力和光武帝一决高下，还是值得商榷的。

其实这番话蛮通用的，历朝历代都可以拿过来用。

比如，陈后主陈叔宝，他可以说，朕若遇周武（宇文邕），当北面而事之，若遇高纬（北齐后主），当并驱于中原，未知鹿死谁手。大丈夫行事当礌礌落落，如日月皎然，终不能如杨坚，欺他孤儿寡妇，狐媚以取天下也。

于是，百官山呼万岁，朝堂高奏《玉树后庭花》……

营造邺宫，扶持太子

石勒称帝同年，益发注意缓和社会矛盾，轻徭薄役自不在话下，对于三五岁刑下的犯人，也予以赦免。在得知州郡里有不少骸骨暴露于野的惨况，他又严令州郡长官加以掩覆。

曹操在《蒿里行》中曾写道："白骨露于野，千里无鸡鸣。生民百遗一，念之断人肠。"一直以来，割据时代既是大英雄的炼炉，又是平凡人的熔炉，大面积的伤亡是在所难免的，所以才有了"宁为太平犬，莫作离乱人"的说法。

不管是出于统治需要，还是恻隐之心，抑或是安全考虑（容易引发疫病），石勒这个做法都是可圈可点的。

转眼间，便到了建平二年（331）。三月里，石勒提出迁都之议。他看上了邺城（邺城的城市沿革及建制，详见第五章）。起初，张宾便说过，邺城是建都的首选，后来他也提过迁都的议案。

对此，廷尉续咸以为不可，便上书劝谏一通，所言无非是劳民伤财等语。

先前，中山郡的洪水冲来的巨木被他视为天意，这更坚定了石勒的决心。所以，石勒听了续咸这话气不打一处来，当即就想杀了他。徐光见皇帝动了怒，急忙赶来扑火。好说歹说，石勒才平息了怒火。他也知续咸忠诚，便叹道："为人君，不得自专如是！岂不识此言之忠乎，向戏之耳！"

其后，他暂停了修筑邺宫的计划，对敢于直言的续咸赐以绢谷之赏。在这个基础上，石勒继续打造自己求贤纳谏的形象，他的作为已见前述，不再赘言。

石勒生于公元274年，到他称帝的第二年，他已经是一个接近耳顺之龄的老人了。称帝当时，石勒便已立下了储君，但他对于石弘的能力，还是有些担忧的。

这不是说石弘的智商情商有什么问题，这孩子既孝顺谦虚，又长于诗赋律令，绝对是个可造之材。但石勒认为他过于亲近儒士，没有强悍的武力，无法在乱世中立身为君，又增派刘征、任播教授他兵书，王阳传授他刺杀之术。那个时候，石弘还是世子，石勒命他镇守邺城。

石勒的看法和安排是明智的，但石弘生就一副文人皇帝的根底，这不是人力所能改变的。石勒也看出了这一点，他对徐光说他很担忧，徐光却用汉高祖、汉文帝作比，告诉他武力取天下而无为守天下的道理。石勒这才转忧为喜。

趁着这个机会，徐光又将酝酿已久的话道了出来。

这些年来，徐光和右仆射程遐等人都认为，中山王石虎（同时担任太尉、尚书令）日后必然不会买石弘的账，为太子计应渐渐夺去石虎的职权，并让太子早日参政。

这番话，石勒听取了后一半，但他没有动石虎一分一毫。石勒是个重感情的人，石虎于国有功，他也不忍心加以伤害。石勒心知，侄儿石虎是对他有些不满，但那是因为石虎曾担任大单于，后来这个位置又给了石弘。

为了补偿石虎，石勒择日到他的府邸里，向他承诺，筑好皇宫后也便为他造一新府邸。

哪壶不开提哪壶。听了这话，石虎心里的不满程度益发重了。原来，石弘镇守邺城时，曾修筑过邺城三台，为此石虎不得不搬走，他的心里早就牢骚满腹了。

程遐见石勒无意削弱石虎的势力，不由心急如焚，他甚至哭请石勒一定要除掉石虎，为太子断绝祸患。石勒表面上没有听取程遐的意见，但却明显加大了太子的职权。他命太子省批核上书奏事，只征伐杀人之大事交由他来裁决。因为担心太子经验不足，石勒又让中常侍严震从旁协助。

不难看出，石勒只想震慑中山王，而不想除掉亲侄儿。只是，这一招真的管用吗？

废杀"黄吻小儿"，石虎掌握实权

很多时候，人们都认为一个意气纵横的英雄，应该葆有"老骥伏枥，志在千里"的状态，但事实上，就连道出这番豪语的曹孟德，也不能真能做到这一点。可令人嗟吁的是，他们往往不是志不能往，而是力不能及。

石勒显然也是这样的一个有志无力的英雄人物。在他称帝以后，他便没有亲自参加过征战了。石勒心中所图，绝非只是半个中国，但他确实没那气力了。

至于国事，石勒已将重任交托给太子，自己则乐得退居二线、颐养天年。

锐气渐失、魄力渐小，也是石勒不想除去石虎的一大原因。毕竟，维持现状总要比可能发生的一场火并来得稳妥啊！然而，天不遂人愿，他的谨小慎微并没为他换来应有的回报。

建平四年（333）六月间，石勒卧病不起，石虎凭借入侍之机假传诏令，因此宗族、朝臣皆不得入内。他们无法及时察知老皇帝的病情。

石虎一计得逞，再施一计。他又矫诏令秦王石宏（在中古时代，宏、弘二字的发音不同）、彭城王石堪（石勒的养子，本姓田）返回襄国。二子本是石勒刻意安排在外藩，用以防备石虎的虎将，一旦离开自己的驻地，也就失去了与石虎抗衡的能力。

纸包不住火，石勒得知此事后，连忙下诏命他二人回到驻地，可惜为时已晚，石虎又摆出了阳奉阴违的姿态，骗住了石勒。石勒以为石宏、石堪已经在返途中了，这才缓了一口气。

当然，这只是假象，而真相却是两位宗室还在赶路，而石勒自己的病情日益加重。

终于，石勒只堪堪挨过了一个月，即告病危。临崩前，石勒颁下遗诏，特意叮嘱儿辈们要相亲相扶，以司马氏为前车之鉴。他又对石虎说，希望他做新时代的周公、霍光，万不可留下口实，为后世所笑。

石勒的愿望何其美好，但现实却残酷得无以复加。

后来，明太祖朱元璋将石勒与苻坚做了一番对比，他先点评他们的风云霸业，再评价了他们的优缺点。他说："然勒聪察有余而果断不足，故驯致石季龙（指石虎）之祸；坚聪敏不足而宽厚有余，故养成慕容氏父子之乱。俱未再世而族类夷灭，所谓匹夫之勇，妇人之仁也。"

说到底，石勒和苻坚，一个不够果断，一个太过宽厚。

笔者以为，老朱说到了点子上。

石勒卒年六十，倒也算得完美，可他的儿子就惨喽！这一秒，石勒才刚咽气，下一秒，石虎就挟持太子石弘到殿前去收捕右光禄大夫和中书令。

他们，正是在石勒面前说石虎"坏话"的程遐、徐光。

石虎坚持要让廷尉治程遐、徐光的罪，他又调儿子石邃带兵入宫，以把持宿卫之军。文武官员皆知大乱将至，一个个逃得比兔子还快。

石弘一副文人脾气，当即被吓得三魂丢了七魄，颤声说要传位给石虎。石虎心知时机不成熟，此时不仅不急着篡位，反倒逼迫石弘按制继位，大赦天下。

毫无悬念，石虎杀死程遐、徐光，狠狠地为自己出了一口恶气。

到了夜里，石虎将大行皇帝的遗体秘葬于山谷中，无人得知具体地点，但却对外宣称将他葬在高平陵。后来，石勒谥为明帝，庙号高祖。

大将石聪（汉人，石勒义子）、谯郡太守彭彪眼见情势迫人，皆遣使降晋，但石虎却很快诛灭了他们，坐稳了后赵第一权臣的交椅。

在石虎的把持下，石弘担惊受怕地当着傀儡皇帝。到了次年九月底，石弘主动禅位于石虎。石虎拒不接纳，只说石弘昏昧，合该被废黜，全无禅让的资格。

两个月后，石虎派心腹郭殷入宫废黜石弘。一夕之间，石弘被废为海阳王。面对群臣的劝进，石虎不欲马上称帝，只说："皇帝者盛德之号，非所敢当，且可称居摄赵天王。"

不久之后，石弘与被软禁在崇训宫的太后程氏、秦王石宏、南阳王石恢同时遇害。石勒的直系子孙，尽数灭亡。

第四章

成汉兴亡启示录

在大成建国后的三十年内，李雄对外开疆拓土，对内则休养生息。一种无为而治的理念，在蜀地施展开来。于乱世之中，大成可以说是百姓的一块乐土。

可惜，因为一个错误的决定，大成的宗室们围绕着皇位，展开了激烈的竞逐赛。当李寿得到皇位之后，他将国号改易为"汉"。史家们以成汉并称。

李寿尚有一定作为，但皇位到了李势手中时，成汉颓势已现。终于，成汉成为十六国时期第二个消亡的国家。

——引言

第一节　虽云天道，抑亦人谋

开土拓疆，奠定大成版图

上次咱们说到，大成玉衡九年（319），范长生过世，其子范贲成为新任宰相。

回溯大成开国 10 余年的创业史，不难看出，李雄在军事和外交上投入了大量的精力。否则，大成的版图，不会由起初的三蜀、梓潼、巴西数郡，逐渐至汉中、宁州等地。

当然，李雄要想从西晋统治者那里抢地盘，也要付出一些代价，而将士们打下的地盘也并非稳固如磐。

在这里，我们主要来说说有关宁州的争夺战。

宁州位于中国南方，大致相当于今天的四川局部和云贵高原一带，与蜀中毗邻。大成晏平五年（310）时，西晋任命王逊为宁州刺史。

之前，宁州的管理非常混乱，又长期饱受战祸，王逊身体力行，节衣缩食，诛杀豪族大户，安抚流离百姓。不出数年，宁州恢复了安定。

公允地说，王逊还是有一定政绩的，但他为人酷虐，招致了手下一些人的对抗情绪。

就在大成玉衡十二年（322）的十一月，东晋开国皇帝司马睿病亡，大将军王敦愈加跋扈，东晋上下都蒙上了一层阴影。

机会难得。经过一番准备，两个月后（323 年正月），大成太傅李骧奉旨出兵，奋战后杀死将军司马玖，俘获了越巂（今西昌）太守李钊和汉嘉（今四川芦山）太守王载。这个李钊，曾经被李雄抓到过，不知道他是利用李雄的信任，还是趁李雄看管不严，又悄咪咪逃回了宁州。只不过，这一次他又败给了李骧，只能投降于大成。

宁州眼见就要为大成所据了，但东晋朝廷正忙着给晋元帝司马睿办丧事，他们也没心思顾及宁州的存亡。

这年五月间，李骧与王逊的将军姚崇（一作姚岳）等人在堂螂（今巧家县老店镇一带）会战，李骧作战失利，节节败退，宁州的大部土地仍归东晋所有。

宁州刺史王逊脾气火暴，他因为姚崇没敢穷追猛打，气死了。不妨来看看这段记载："（姚）崇以道远不敢渡水，（王）逊以崇不穷追也，怒囚群帅，执崇，鞭之，怒甚，发上冲冠，冠为之裂，夜中卒。"

这可是真正发生过的"怒发冲冠"。

双方之间的争夺战，到了大成玉衡二十二年（332）时为之一变。

约莫在玉衡二十年（330）之前，大将军李骧去世，李雄谥其为汉献王，命其子李寿继为大将军、西夷校尉。在李特时期，李骧担任骁骑将军；在李雄称帝之后，又被封为太傅。多年来，李骧夺下梓潼、巴西，功劳很大。

玉衡二十二年，大将军李寿接管南征事宜，他决定兵分两路，他自己和征东将军费黑为前锋；曾经参与过宁州之战的将军任回负责回击越嶲。

两路夹攻，对宁州的晋军构成了很大的压力。十月间，李、费二人围攻朱提（今云南昭通一带），新任宁州刺史尹奉派建宁太守霍彪等人予以支援。眼见敌方援军将至，李寿便与费黑商量起对策来。

李寿以为，应将援军堵截于城外；费黑却认为，城中守兵不多，存粮不丰，不如放援军进城消耗粮食。他的意思很清楚了，以逸待劳远比劳神费力地进攻要好得多。

一听这话，李寿豁然开朗，大成军便有意纵敌入城。

但是围城日久，李寿还是沉不住气，准备大举进攻。费黑仍然劝说，最好消耗敌方的锐气。李寿不听，进攻果然失利。从此以后，他把一切军事事务都委托给费黑。

百日之后，已至玉衡二十三年（333）正月，朱提太守董炳和建宁太守霍彪双双出城投降。时日一长，如今他们已是弹尽粮绝，无力回天了，再不投降只能是自取灭亡。

尹奉得知此事，颇为绝望，遂以全州归服。

当时，宁州的辖境内，共有建宁、建都、晋宁、兴古、西平、梁水、云南、兴宁、永昌、西河阳、东河阳、朱提、南广、牂柯、越嶲、平夷、夜郎这17个郡，尽数归入大成版图。

李雄又赦免国内罪犯，任太子李班为抚军，命其平定宁州的夷人。

因李寿战功瞩目，李雄将他册封为建宁王，又以南中为其封地，号为建宁国。

在外交方面，李雄和前凉、前仇池国往来较为密切，此中细节待本章第七节和本书第二卷详述。

亲情，是李雄的软肋

大成建国之前，李雄的母亲罗氏也经常参加战争，还曾被苻成、隗伯伤过。

建国之后，罗氏也没享上几年清福便去世了。李雄向来孝顺，伤心得无以复加，他甚至相信巫师所言，不想立刻为太后殓葬。好在司空赵肃谏阻一番，李雄才打消了这个念头。

旋即，李雄又想为母守丧 3 年。

我们知道，守居丧之礼是古人的孝举，本无不妥之处，但这套办法并不适合皇帝。因为，皇帝不是一家之子，而是一国之主。细事姑置不论，但国之重务有赖于皇帝的决策，倘若皇帝因尽孝而缺位，却是置天下生民于何地？

群臣自然不允，纷纷上奏劝谏。这一次，李雄却不听了。

李骧忙问计于司空上官惇，上官惇想了想，回道："古来上至天子，下至庶人，皆须守丧居之礼，孔子便曾论述过。但是，汉魏之后，国邦多难，宗庙不可长期无人治理，因此皇帝只需尽哀，而不必行缞绖一类的礼。"

二人意见一致，李骧便说，他想等到任回抵达之后，一起去奏请皇帝。任回这个人，处事颇有决断力，李雄一向乐于听他的话。

等到任回抵京后，李骧偕同任回一起去谒见李雄。李骧去冠而泣，反复陈情，李雄不愿除去丧服，只大哭不应。

见到这种情形，任回便跪着趋前，殷殷道："现下王业初兴，一切尚在草创阶段，主上若不理政，势必会造成天下人心惶惶的局面。过去，周武王曾披着素甲检阅部队，晋襄公也曾系着墨绖征战，难道我们能说他们不孝顺吗？他们之所以委屈自己，是为了天下人啊！臣请陛下暂舍亲情、顺从权宜，以保我大成国运昌隆。"

说至此，李雄垂泪无言，任回便上前扶起他来，为他脱去丧服。

打这以后，李雄强打精神，再次投入政事中去。今人常说，"父母在，人生尚有来处；父母去，人生只剩归途"，于李雄而言，人生的来处已然漫漶不清，而他的归途又是什么呢？首先说，他是一个皇帝，到了合适的时候，必须给自己立下一个合适的接班人。

玉衡十四年（324）时，李雄准备立太子，人选是李班（最初想立李班的大哥李尧，但他在与仇池的作战中阵亡）。此言一出，众皆哗然。因为，李班不是他的儿子，而是李雄的哥哥李荡的儿子。要知道，李雄自己有10多个儿子，难道就没有可选之人吗？

对此，李雄解释道："当初起兵实属无奈，这就像是人们举手护脑一般，我从来就没想追求帝王的基业。可是，彼时天下丧乱、晋室流离，大家这才揭竿起义，志在苍生。因缘际会，我才拥有了如今的地位。然而，这份基业本为先帝（李雄追谥李特为景皇帝，庙号始祖）所肇，我不敢抢他的功劳。哥哥李荡是嫡亲血统，大祚本应归他继承，可惜他大事将成，而死于疆场。如今，其子李班仁孝好学，必成大器，是最佳的太子人选。"

李雄所言似乎很有道理，但在封建社会里，"立嫡、立长、立贤"这三个标准的适用性是逐级递减的，他怎么能绕得开这个标准呢？

李骧和司徒王达进谏道："先王立储，为的是扼杀篡位夺权的萌芽。吴子舍子而立其弟，故有专诸行刺之祸；宋宣公不立与夷而立穆公，终致华督之事变。这儿子啊，还是要自己的儿子，才算得上真儿子。臣等恳请陛下深思。"

这里说的"华督之事变"，说的是宋宣公因册立储君不当，而导致的灾祸。当年，宋宣公立与夷为储，史称宋殇公。后来，太宰华督弑杀宋殇公，迎立宋宣公的儿子公子冯为君，史称宋庄公。

以史为鉴，李骧、王达已经说得很明白了，奈何李雄铁了心，坚持要立李班。

李雄何以如此呢？他并不是一个听不进人言的人。笔者以为，一则李雄过于重视亲情；二则李雄对长辈心存感激之情，把"立贤"作为了第一参照标准。

在第一章中，笔者曾言，李流临终前指定李雄为继承人的做法，"对李雄未来的一个抉择，将会产生无形的影响"。

现在，我们可以明确一点了，李氏一把手的顺序是李特（李辅、李特、李庠、李流、李骧是五兄弟）—李流—李雄（李始、李荡、李雄是三兄弟）。李流的逊让，使得最高决策权再度回归李特一脉，故此李雄潜意识里认为，李氏家族的每一个人都该是豁达明理的，至少他自己要成为这样的一个人。当然，我们也可以说李雄有些沽名钓誉。

事后，李骧流泪不止，自语道："祸乱怕要从此开始了！"

旁观者清，不久之后，大成国便会因为李雄的一厢情愿付出惨重的代价。

白璧微瑕，功过两分

李雄立储10年后，即玉衡二十四年（334），突然卧病不起。

这个病，缘起于他头上所生的毒疮。病情恶化得很快，究其原因，与他年轻时打仗所受的伤不无关系。李雄心知自己凶多吉少，对人世的眷恋也就越深，可惜的是，他的儿子们一见那化脓溃烂的伤口，就纷纷掩鼻而走。唯有太子李班夜以继日地侍疾在旁，甚至为他吸吮脓汁。

为了安抚李雄，李班神色如常，唯有在尝药之时才会心酸流泪，心疼他叔父所受的苦楚。当然，这些情形落在李雄儿子的眼中，却变成了造作。在他们看来，李班为了得到这个储位，可说是煞费苦心，如今还要继续演戏。

六月二十五日，李雄不治身亡，卒年 61 岁。他在位 31 年，不管是在本国还是在十六国时期，都是执政时间最长的君王之一。李雄谥号为武皇帝，庙号为太宗，葬在安都陵。

李雄是十六国中第一国的建国者，历代史家对他的评价总体上还是比较高的。

《晋书》中说他"天挺英姿，见称奇伟"，在他的努力之下，终能"蹈玄德之前基，掩子阳之故地"，成就一番霸业。称帝之后，李雄"薄赋而绥弊俗，约法而悦新邦"，他的作为堪称是"孙权之亚"。

张大龄在《晋五胡指掌》中也议论道："夫特、雄皆不御之才，乘机际会，凭恃天险，且难永世。不知谯纵何所能为，而敢效井蛙之鸣，奋螳臂之勇，以抗衡于中国也。"

诚然，张大龄此言的重点，在于批评建立谯蜀政权的狂妄之徒，但反过来看，他对于李特、李雄的才干，是持肯定态度的。

此外，从"且难永世"的评语中，我们可以看到，成汉国祚并不久长，对此，《晋书》中还对李雄的失误予以了评判："若夫立子以嫡，往哲通训，继体承基，前修茂范。而雄暗经国之远图，蹈匹夫之小节，传大统于犹子，托强兵于厥胤。遗骸莫敛，寻戈之衅已深；星纪未周，倾巢之衅便及。虽云天道，抑亦人谋。"

简言之，李雄在挑选继承人上的失误，导致了国政的淆乱。

回看李雄一生，一直都善于听取谏言，因此他能在臣子的劝谏下纠正自己卖官鬻爵的做法，改变自己酗酒打人的缺点；但很遗憾，李雄最终没能协调好家族的关系，这是他一生中最大的败笔。

第二节　班以宽爱罹灾，期以暴戾速祸

都是宽仁惹的祸

大成玉衡二十四年（334）六月，太子李班继位为帝。

《晋书》中，对李班的评价还不错，从"谦虚博纳，敬爱儒贤""为性泛爱，动修轨度"的评语中，不难看出，李班是一个斯文仁爱的儒士。早在他担任平南将军的时候，就表现出了这些特质。

成为储君之后，李班把朝臣何点、李剑等人都视为老师，虚心向他们学习；同时，他又有强大的亲和力，把王嘏、董融、文夔等文士都当作自己的宾客朋友。

对于这些宾朋，李班推心置腹，对他们说，他把自己与周景王的太子晋、曹魏的太子曹丕、东吴的太子孙登相比，就发现他们审辨文章的能力出类拔萃，自己难以望其项背。

这种谦逊的态度，使得李班性情博爱，举手投足之间充满贵气。这种贵气，与李氏子弟崇好奢侈截然不同，它既是一种恬然自得，又是一种超然出群。

册立储君之后，李雄为了锻炼李班的执政能力，总是让他亲自参与朝廷的重要讨论。

有一次，李班提出了"均田"的看法。他认为，古时平均分配田地，无论贫富贵贱，这是可取的，而今大成出现了贵者占田、贫者无田的现象，不符合"王者使天下均等"的大义。

流民出身的李雄，当然能体会到贫者无田可种的痛苦，遂采纳了李班的建议。当然，均田也只是一定程度的均田，比如范贲等家族的田产，是不可能交给中央加以分配的。

但不管怎么说，李班心存百姓，肯定是大成万民的福音，若他继位之后能稳定政治局面，也不失为一守成之君。可前提是，他要能稳定国内的政治局面，最起码的，他要能慑服李雄那十几个儿子。

李班继位后，以堂叔建宁王李寿为录尚书事。录尚书事，是非常重要的一个辅臣。因为李班要依礼服丧，所以他将政事都交托给李寿、司徒何点和尚书令王瑰等人。

这三人当然是值得信任的，但李班却不知，就在他守丧期间，已经有人在酝酿着宫变了。

向李班投来利刃的，是李雄的儿子李越、李期。这年九月，镇守在江阳的李越赶回成都奔丧。入京之后，李越和时任安东将军的弟弟李期密谋一番，决定发动政变。

有可能是，李班的兄弟李玝听到了一些风声，便劝说李班遣走李越，并以李期为梁州刺史、镇守葭萌。如此，便能有效地排除隐患。然而，李班却不以为意，他认为大行皇帝尚未下葬，如不让他的亲生儿子服丧，未免太不厚道。对此，李玝颇为无奈。

其实不只是李玝，在这几日间，太史令韩豹也曾密奏道："宫中弥漫着一股阴鸷的杀气，陛下您应该对亲戚多加戒备。"韩豹之所以如此说，是因为他发现了天空中的两道白气。

可惜的是，无论是李玝还是韩豹，都没能说动李班。他有他自己的看法，那就是推诚待人、以德服人。

这种思想不是不好，但一定要分情况、分场合。俗语都说"害人之心不可有，防人之心不可无"，身怀"防人之术"并不妨碍一个人的君子之德。如果一个人连自身都没办法保全，空有一身君子之风，又有何益？

十月的某一夜，在殡宫哭灵的李班毫不设防，终为李越所杀，时年不过 47岁。李班的哥哥李都和儿子李颙也被杀死了。李班在位不足一年，被谥为哀皇帝。

从好舍纳才，到倒行逆施

自古以来，弑君这种有悖伦理的事，基本上会遭到质疑，但这事搁在李氏家族，情形却不太一样。毕竟除掉现任皇帝的，是前任皇帝的儿子，你叫大臣怎么好向他算账？

但是，不算账不代表不作为，李越想要取李班而代之，也过不了臣子们那一关。再加上，李期本来是嫡子（正妻任氏所生），其才能又超出李越许多，李越也没必要与他争个高低。

于是，李越和群臣都奉立李期为君。

照以往的情况来看，李期倒也当得起这份职。《晋书》中记载道，李期为人"聪慧好学，弱冠能属文"，是个好苗子。他与李班一样，好"虚心招纳"，但他还有一种轻财好施的个性，这为他赢得了不错的人缘。

这一点，从李期初任建威将军之时便能看出。当时，李雄诏令诸子及宗室子弟以恩信招抚徒众，别人都只能招来几百人，但李期却招得了千余人的队伍。李雄对李期的才干也很欣赏，因此李期但有所荐，李雄也每加纳之。如此一来，朝中不少长史列署都出自李期的门下。

按理说，照这个势头发展下去，李期应该是太子一位的首选，哪承想李雄一意孤行，非要立侄儿李班为太子。

想必大家都记得，曹操晚年，曾说过"是儿（指孙权）欲使吾居炉火上耶"

这么一句话。借用这句话来说明大成帝位之争的缘起，便是——李雄好心办了坏事，把李班放在了炉火之上。

想想看，李期有那么多的门生故吏都在朝中，李班的帝位哪有那么容易坐稳。除非他足够狠辣，把李期的派系连根拔起，来一次大换血。但是，如果如此，李班还是那个斯文仁厚的儒士吗？

他是何其坦荡，而又何其孱弱啊！这样的人，确实不适合做皇帝。

反过来说，李期就适合做皇帝吗？现在咱们来看看李期登基后的作为。

他先是大赦境内罪犯，改年号玉衡（李班尚未改元）为玉恒。为了稳定政局，李期开始着手对付他的敌人，他的态度比秋风扫落叶还要无情。

那么，哪些人是他要清算的对象呢？李班的弟弟李玝自然是跑不掉的，即便他没向李班提建议，他那征北将军、梁州刺史的身份，重兵在握的实力，也让李期颇为忌惮。

李期遂让新任的堂叔李寿对镇守涪陵的李玝发起进攻。李寿不想背负残害宗室的名声，便偷偷对李玝陈以利害，放他顺流东下降晋。此事被记录在《华阳国志》当中。

很可能此事做得较为隐蔽，起初李期也不知道李寿的小动作，所以尽管李寿没取回李玝的人头，李期也没计较什么。除掉心腹大患之后，李期一边立妻子阎氏为后，一边对朝中人事来了一次大调整。

他将李寿封为汉王，李越封为建宁王，二人同为录尚书事；又把尹奉、王瓌（瑰）、景骞封为右丞相、司徒、尚书令。至于缺出的梁州刺史一职，则由李寿担任。

这些人都被李期视为左膀右臂，但李期也不敢掉以轻心。就在第二年五月间，仆射罗演便与汉王相上官澹一同策划谋反，他们打算把李班的儿子李幽推上前台。不幸的是，因为有人走漏了风声，罗演、上官澹等人全被李期杀害了。

其实，罗演反李期，并不出人意料，因为他是李班的舅舅，且不说为李班报仇这一茬，一旦李幽继位，罗演必成为第一权臣，他又如何不心动呢？何况李期已暴露出阴狠的一面，指不定哪天刀就架到脖子上了。

好了，如今李期身边再无强有力的敌人了，骨子里的骄矜散漫，再也抑制不住了。不久后，李期就对支持过他的旧臣，表现出轻傲的姿态。在外，他信任尚书令景骞、尚书姚华、田褒等人；在内，他宠信宦官许涪等人，平日里耽溺享受、懒于政务，但凡国之刑狱政事，皆决于宠臣之手。

想当甩手掌柜，哪有那么容易。这么搞下去，朝纲焉能不乱？

不堪幽禁，自缢而死

朝纲紊乱只是一个方面，真正让李期丧失民心的，是他的真实性格：多忌。

曾几何时，他是一个"虚心招纳"的皇子。然后，在不甘与愤懑的情绪之下，他的性格渐渐阴鸷起来，他开始铲除异己，唯权是图。现下政局虽然稳定了，但他仍然对臣子们诸多猜忌。

尚书仆射武陵公李载才艺出众，可能是因为他得罪了宠臣，便被诬为谋反，终死于牢狱之中。至于李期的兄弟李霸、李保，也无缘无故暴毙了，一时之间，皇帝鸩杀之说不胫而走。

李期倒行逆施，臣子们整日恐惧不安，愿意为他效劳的人越来越少。

李期对这一切都似乎浑然不觉。他不仅对朝臣严苛，也对百姓不存善意。在短短数年的统治时期内，李期夷灭了许多人家，为的只是抄没其妇女和财物来充实后宫。

做皇帝做到了这个份儿上，李雄、李班积累起来的好评，都快被李期败光了。当时的民情，用"人心惶惶""道路以目"这样的词语来形容也不为过。

同样遭到李期忌惮的还有李寿。为了对付李寿，李期毒杀了李寿的义弟安北将军李攸，又和李越、景骞等宠臣暗中对付李寿。这一次，他们却没能如愿。一则李攸死后，李寿既畏且戒，一直防备着李期对他动手；二则李寿实力不凡，具有反抗能力。

正是，苟且偷生，人何以生？思来想去，李寿决定先发制人。

大成玉恒四年（338），李寿领兵万余，以靖难为名，自涪城出发入京，发起攻势。李寿行军速度极快，李期、李越猝不及防。

兵临城下、半城烟沙，李寿的世子李势破开城门，李寿长驱直入，驻军于宫廷之外。到了这种你死我亡的节骨眼儿上，李期也只能稍稍服软。他派侍中前去慰劳李寿，对于李寿所提出的要求，李期无有不应。

既然是来靖难的，朝中必有"国贼"。在李寿给出的死亡名单上，赫然出现了李越、景骞、田褒、姚华、许涪、李遐、李西等名字。其罪"怀奸乱政，谋倾社稷，大逆不道"，其罪之大，上干天怒，应受"夷灭"。

从后事看来，李寿是以除贼之名，在进行政治大清洗。

随后，李寿以太后任氏的名义下了一道懿旨，把李期废为邛都县公，幽禁起来。这相当于把李期扔到了冷宫里。日子一天天挨过去，李期越来越郁闷，某一日，叹息自己的遭际实惨，生不如死。

落差太大，是李期不能承受之痛。不日后，李期自缢赴死，时年不过 25 岁，其谥为幽。

说到底，李期还是一个自尊心过强的人。只是既然皇位是自己好不容易挣来的，为何他又不多加珍惜呢？有道是，"早知今日，何必当初"！

《晋书》中对于李班、李期的速亡原因，有这样的评语："班以宽爱罹灾，期以暴戾速祸，殊涂并失，异术同亡。"这样的评语，也是十分精当的了。

第三节　李寿：石虎的拥趸

靖难前后，不可不提的小细节

李期自缢而死，李寿自立为帝。

客观地说，李寿还是具备成为帝王的素质的。我们可以来看看他的履历。

李寿自小就很聪慧，他那谨守法度、谦虚向学的表现，在一众宗室子弟中尤为突出。作为李寿的堂兄，李雄也十分欣赏他，认为他能担起兴国大业，故此在他十八九岁时，就对其委以重任，拜为前将军、督巴西军事，又升任征东将军。

在都督巴西军事期间，李寿以处士谯秀为宾客，屡屡采纳贤言，得到了很高的口碑。至于父亲李骧过世之后，李寿又升任为大将军、大都督、侍中，又封爵为扶风公，录尚书事。在宁州之战中，李寿的作为已见前述，他因平宁之功被封为建宁王。

李寿得封为王，很有一番风范，他好学而爱士，每读到良将贤相的掌故，便勤加诵读，想要仿效其征伐四方、辟土开壤。李寿的优秀表现，是李雄临终前托政的重要原因。

大成玉衡二十四年（334）六月，李班继位后，录尚书事李寿奉旨与司徒何点、尚书王瑰一同决断要务。李雄既在上位非常虚心，李寿也在下位极尽忠诚，被称为贤相。

四个月后，李期登上帝位，遂以李寿为汉王，兼任梁州刺史，屯守于涪城——之前李玝的势力所在地。

李寿的食邑为梁州五郡，不可谓不丰。但李寿深知，李期一直在提防着他。因此，李寿心中警铃大作，一再以边疆军情吃紧等原因，委婉地拒绝朝觐。另外，李寿为求自保，不惜纡尊降贵，想要礼聘巴西隐士龚壮（字子伟，有才德，其父、叔为李特所杀，无力复仇）为其参谋。龚壮虽未应聘，但亦多次私见李寿，为他排忧解难。

有一次，李寿见岷山山体崩塌、江水渐竭，认为这个是不祥之兆，遂问龚壮保全之法。龚壮本苦无复仇之机，此时难免心怀借刀杀人之想，遂劝李寿弃小节而从大业，履险如夷，为一开国割据之诸侯，届时其声名可超迈齐桓公、晋文公。

照龚壮的本意，是先夺取成都，再面晋而称藩。李寿起初也是这么想的，他与长史略阳人罗恒、巴西人解思明密议之后，准备择时采取行动。

在上一节里，笔者讲到，李期杀害了李寿的义弟李攸，这成为李期、李寿矛盾的导火索，而此处需要补充的是，李期固然多疑，但李寿反心渐炽，也是矛盾激化的一大原因。

不难看出，李期并非谙熟政治之人。他本想着剪除对手的羽翼，但无形中却打草惊蛇，加快了李寿的"靖难"步伐。在这一点上，明朝建文帝又重蹈了李期的覆辙。

为了达成"靖难"的目标，李寿使出了不少花招。

先是假造妹夫任调的来信，称李期、李越兄弟要废黜李寿。请注意，这里特别提到了李越。何以如此呢？因为按照"君君臣臣"的理论，皇帝本有生杀予夺之权，所以他要褫夺李寿的封号，也是无可厚非之事，但李越却不是。

想想看，一个弑君之贼，一个奸佞之臣，凭什么废黜一代贤王？

李寿的群下首先就不同意。

没错！首先就是勾起这群人的反心。

眼见舆情汹汹、士气可用，李寿这才宣誓文武，准备袭取成都。他的第二步是对那数千人说，只要能进入成都，城中一应资财悉听掠取。

李寿许之以利，将士们无不鼓噪振奋。攻陷成都之后，他们也没客气，抢掠百姓不说，他们甚至还奸害了李雄的女儿和一些李氏妇女。这就太过分了！

李期固然可恨，但李雄何辜？李氏女子们又何辜？

从上述的细节中，我们可以对李寿这位一代贤王，得出一些新的认识：为达目的，不择手段。

改"成"为"汉"，大造宫室

除了李寿之外，此时最感慨的人，应该是龚壮了。大仇得报，龚壮心内五味杂陈。

只不过，接下来的剧本，并未按照龚壮编剧的设想去演。

攻陷成都之后，李寿的心腹罗恒和解思明，及李奕、王利等人都认为李寿可自称为益州牧、成都王，并向东晋称臣；但李寿的妹夫任调和司马蔡兴、侍中李艳等人，却劝李寿称帝。

众意拳拳，不知取舍。李寿便打算听取占筮者的说法。当卜者说李寿可为数年天子时，任调立马欢喜不已，倒是一旁的解思明嗤之以鼻，道："数年的天子，如何比得上百世的诸侯！"

李寿置若罔闻，听取了卜者和妹夫的意见。不久之后，李期绝望而死，也是因为他知道自己复辟无望吧。

李寿即位之后，除了大赦天下、划定名分（追父李骧为献帝，母昝氏为太后，立妻阎氏为后，世子李势为储）之外，还有一个大动作，他将大成的国号改为了"汉"，又改元为汉兴。改元自是应该，那么他为何要改国号呢？

一则，李氏建政于蜀地，称蜀为汉，乃是刘备玩过的套路，照着套路走，是不错的选择；二则，李寿是李骧的儿子，不是李特这一脉的，李寿是想借改立宗庙之机，彻底把自己与李特、李雄撇开来；三则，李寿改了国号，便能重新制定制度、培植势力，这从他下书否定自己与李期是一族的做法上可以看出。

由于李寿改国号，史家们习惯将"成汉"二字合并，作为李氏政权的称谓。

李寿为帝，任命了一批大臣：相国董皎，股肱罗恒、马当，爪牙李奕、任调、李闳，谋主解思明。至于为李寿定计的龚壮，李寿尤为感激，遂用安车和束帛来聘请他担任太师。岂料龚壮拒绝了李寿的好意，李寿便特许龚壮缟巾素带，与之亦师亦友。

有了这样的特权，龚壮时常上书为百姓进言，可说是不居庙堂仍心系百姓。不过，数年之后，龚壮却一反常态，托病返家，晚年时阅读经史，写成《迈德论》一书。

这样的举动，与李寿为政的方式有关。

起初，李寿尚能施行仁政。

比如说，在汉兴元年（338）当年，广汉太守李乾和部分大臣企图废掉李寿，李寿没有采取军事行动，他只命其子李广与臣子盟誓于前殿，将李乾调为汉嘉太守了事。突然间风雨雷霆大作，李寿犹归咎于己，下诏群臣向他进言。

比如说，当年秋日，成汉国内阴雨霏霏、遍地饥馑、疫病无孔不入，李寿也下令广开言路，让群臣陈述朝政之得。

再比如，考虑到国内仍有一些人才明珠蒙尘，李寿又给予了足够的重视。

总之，在执政之初，李寿表现得很有气度，他只是对仆射任颜和李雄的子嗣下了重手。这也不难理解，因为任颜是任太后（李雄之妻）的兄弟，他不甘心政权为李寿所夺。故此，任颜造反牵连了李雄所有的子嗣。

不过，一两次杀戮，并不影响李寿的形象。他有意模仿李雄宽和简朴的作风，努力克制自己的欲望，想要做一个仁主，可惜好景不长，李寿的心志并不坚定。

玉恒年间的成汉陶俑，笔者摄于成都博物馆

向"偶像"致敬！

一个人，要成为一个怎样的人？一个皇帝，又要成为一个怎样的皇帝？

这是李寿一直在思考的问题。

曾经，李寿为自己打造过贤王的人设，现在他又想做一个仁德的皇帝，但是，只要是仁主，就能驾驭臣民、坐稳江山吗？李寿很困惑。

就在李寿思索的期间，后赵皇帝石虎给李寿递了信。在信中，石虎表露了合作入侵东晋、瓜分天下的想法。李寿被石虎的言辞打动了，旋即准备作战物资和工事。不久后，李寿登上城楼，指导阅兵仪式，神情颇为得意。

然而，群臣们却表示担忧，他们都认为国家实力不足，不能打东晋的主意。因为解思明的极力劝阻，李寿又命群臣讨论此事。事实证明，此时龚壮的影响力还是很大的，一席"假道灭虢"的言论，令群臣纷纷流泪谏阻，李寿也不得不就此作罢。

可是，李寿心有不甘。对于治国之理的思考，仍然令他困惑，他不明白，为何后赵的实力如此强大。他觉得，他需要学习学习。

汉兴三年（340），李寿派散骑常侍王嘏、中常侍王广出使后赵，与石虎通好。二人刚从邺城返回，便为李寿带来了答案。

在他俩的描述中，后赵的宫殿极尽壮丽、京师的百姓十分富裕。这已然打动了李寿的心，他也想拥有这样的宫殿、这样的气象。当然，为李寿所不知的，是石勒在位期间费心构建的政治体制。

与此同时，"二王"所说的另一件事也引起了李寿的效仿之心。

原来，后赵君主石虎从不施行仁政，他个性强势、威严素著，甚至于还经常滥施刑罚，但百姓反而不敢抗争，听话得就跟绵羊一般。

这使得李寿对他读过的书、信过的理都产生了怀疑。毕竟，李班的前车之鉴还在那里！

蓦然间，他告诉自己，要想让百姓膺服，唯有法度。

于是乎，短短数月内，李寿好似变了一个人，他的眼里揉不进一粒沙，常常因为小事而杀人立威。

就拿修筑宫城来说吧，李寿不考虑种种现实条件，他只要华丽的宫室、奢侈的享受，而不管能工巧匠花费多少心力，百姓又被驱使得多么疲惫。

在大筑宫室之外，李寿也想扩建太学。这个倒可理解，但百姓的承受能力是有限的，没完没了的盘剥与役使，终致民怨沸腾、人人思反的局面。

这么折腾下去，成汉危矣！

左仆射蔡兴、右仆射李嶷等人纷纷抗颜直谏，李寿深为不满，诛杀了他们。

汉兴晚期时，李寿生了一场大病。

解思明等人旧话重提，希望李寿能尊奉晋室，李寿没有答应。不日后，宗室李演又从驻地越巂上书，立劝李寿去帝号而称王，李寿心知解思明、龚壮都心存此念，便杀了李演给他们看。

龚壮还想再劝，但又害怕遭祸，便假托曹魏文学家应璩之口，写了七首诗来讽劝李寿。

对此，李寿一笑了之，道："此诗若为今人作，那是贤哲之言；若为古人作，不过是死鬼的套话而已！"

听了这话，龚壮心灰意冷，遂还家从文，不复入成都一步。

自此以后，群臣无不缄默自保，李寿也成为一个闭目塞听的孤家寡人。

汉兴六年（343）七月，李寿过世，时年44岁，比他的"偶像"石虎还早死

6 年。但他毕竟还是正常死亡的，这在五胡十六国时期显得较为难得。无怪《晋书》以慨叹的语气评道："武考（李寿的表字）凭藉世资，穷兵窃位，罪百周带，毒甚楚围，获保归全，何其幸也！"

第四节　李势咎由自取

开创年号钱的先河

李寿执政 6 年，谥号昭文皇帝，庙号为中宗，葬于安昌陵。

他在位时间不长，但弊政却很多，但若我们将目光转向经济方面，就会发现他也对古代经济史做过一定的贡献。具体说来，这个贡献指的就是李寿开创了年号钱的先河。

众所周知，中国古代是从汉武帝时期开始使用年号的，但我国的第一枚年号钱却出现得比较晚。汉朝一直是实施的五铢钱制度。到了魏晋时期，因为战争频仍，币制相当混乱。

混乱只是一方面。经过三国时期的混战，全国范围内经济都出现了严重的衰退现象，很难再造出足量的五铢钱。

正因如此，诸葛亮曾在蜀国进行过币制改革，他造出了 2 克重的直百钱。这种制度持续了一段时间，但因为姜维出战频繁，导致政府开支剧增，直百钱便开始减重，最后竟减少到了 0.4 克。

这么做有什么坏处呢？显而易见的，货币贬值，是另一种形式的剥削，因此蜀汉时期的货币制度，在史书中留下了"虚用其众，刻剥众羌，劳役无已，民不堪命"的记录。

几十年后，李氏入主巴蜀，同样面对着经济困难的情况。李寿改革货币制度的初衷，是为了改变成汉的经济状况。因此，李寿称帝之后，便以他的年号"汉兴"为铜钱的标识。

按照钱文排列的方式，汉兴钱有两种形式，其一是上下排列式；其二是左右排列式。前者被称为"竖汉兴"或"直汉兴"，后者被称为"横汉兴"。

就出土的汉兴钱来看，它使用的范围主要在四川一带。不过，1976 年，在湖北长阳东晋窖藏中，也出土了汉兴钱。这说明汉兴钱的流通范围出了成汉国，不过，咱们也必须注意到一点，东晋灭掉成汉之后，很可能把钱币拿过去使用了。

总之，李寿废除旧钱制、推行汉兴钱，一方面，有利于巩固政权——用今天的话来说就是刷存在感；再一方面，又将货币与纪年统一起来，一改过去以重量记名的方式，成为钱币史上的转折点；另一方面，还增强了辖区内货币的流通管理，促进了经济的发展。

当然，如果我们把这个创举置于更广阔的历史空间去看，还可以认为它是民族交融的物证。如今，青岛市博物馆、上海博物馆都设有"中国历代钱币馆"，其中就收藏了成汉的汉兴铜钱，供游客们参观。

汉兴铜钱，笔者摄于青岛市博物馆

顺便说一句，年号钱产生之后，并不意味着此后所有的铜钱都是以年号来作为标识的。

举个例子，我们都知道，唐朝有一种著名的铜钱叫开元通宝。但必须注意的是，它并不是以唐玄宗的年号来命名的年号钱，所谓的"开元"是开纪元的意思。实际上，唐朝建国不久之后，就开始发行开元通宝了。

疑心病，会害死人的

李寿过世之后，太子李势继位。按一般的看法，他是成汉国最后一位君王。

李势，表字子仁，是李寿的长子，但他的生母李氏却不是李寿的嫡妻。原来，因为阎皇后没有男嗣，李骧便为儿子李寿纳了一个小妾，这个小妾生的儿子，便被阎氏抱养了过去。

大概是因为李势姿貌雄奇，又长得异常魁梧——七尺九寸，李期对这个孩子十分看重。他虽然提防着李寿，但却对李势青睐有加，拜他为翊军将军、汉王世子。

不过，李期却想不到，恰恰是他欣赏的李势，打开了逼死他的那道大门。当然，这也没什么好指责的，大难当前，有几个人不向着自己的爹！

咱们往后看，也能看到一些"大义灭亲"的情况。比如说，明建文帝开始削藩之时，想从燕王朱棣的同母弟周王朱橚身上下手，此时刚好朱橚的次子朱有燫告发父亲谋反，于是建文帝师出有名，立马派曹国公李景隆去执行任务。

咱们先不论对错，因为这世上很少有绝对的是非黑白，笔者在此处以朱有燫来对比，也只是想说明遇事时向着自己的父亲，乃是人之常情。

李寿做了皇帝，李势也跟着荣升太子之位。

李势登位之后，改元太和。说起这个太和，可是历史年号中的"网红"，诸如魏明帝曹叡、后赵明帝石勒、归义侯李势（李势投降后去帝号）、晋废帝司马奕、北魏孝文帝元宏、唐文宗李昂等皇帝，都用过这个年号。

这里边，元宏使用太和年号的时间最长——他也最有作为；反过来，李势使用年号的时间较短。在位四年后，李势改元嘉宁，不过一载而亡国。

全须全尾地算来，李势在位也就五年的光景。

说起历朝历代的末帝，大多以荒暴"著称"，李势也不例外。不客气地说，他之所以落得亡国的田地，完全是咎由自取。

不妨来看李势在太和二年（345）的一桩事。

这年九月，身在涪城的汉王李广，请求哥哥李势让他做皇太弟。这话听着有些唐突，但按照实际情况看来，尚能理解，因为李势年纪不小但没有儿子，对于一个国家来说，储君是一国之本。

结果，李势非但不同意，还生出了废黜汉王的想法。随后，马当、解思明提出了异议。理由是李势的兄弟本来就不多，不应该再随便罢黜宗室。他们说得很有道理，在那个群雄竞逐的年代里，宗室兴盛无疑能巩固国本、强壮枝叶。从后事看来，这两人可谓是有远见之名，后来李势投降于晋，国中也没有一个宗王，能领起抗衡东晋的势力。

可是，李势并不认为他的臣子忠心耿耿，反倒是觉得他们与李广勾结，想要谋夺他的皇位。于是，李势旋即命董皎捕杀马当、解思明，并夷灭三族。马当一向深得人心，解思明更是魏徵一般的人物，他俩毙命于李势之手，士民们哀泣不已，对皇帝颇为怨恨。

李广自然也难以幸免，李势又令太保李奕攻打李广，将他贬为临邛侯。李广深感失望，索性自决于地。

有多少"爱"可以重来

因为疑心病重，短短几年内，李势除掉了不少"危险人物"。

除此以外，李势还具备很多亡国之君的通病，什么骄奢吝啬啦，喜听谗言媚语啦，滥施刑罚啦，夺人妻女啦，不理朝政啦……没一样不沾边的。

沉醉于自己世界里的李势，也没太在意一件动摇国政的大事：蜀地出现了獠族人。

这些人，在他继位后走出山中，以星火燎原之势建立起了自己的势力网。不过三四年的时间，十多万部落遍布巴西、犍为、梓潼间的山谷。他们经常骚扰百姓，成为成汉社会里的危险分子。

屋漏更遭连夜雨，那几年又遇上了灾年，百姓的生活苦不堪言。

无论朝野还是民间，都充溢着一片反声。一时间，成汉国内人人离心，大家都厌极了他们的皇帝。见此情形，经过一段时间的酝酿，李奕最终决定在晋寿起兵。由于李势不得民心，愿意跟随李奕起事的蜀人，竟然多达数万。

不幸的是，李奕没能成功，单人匹马冲向城门的他，被守卫射杀了。李奕死后，他的兵众也都纷纷作鸟兽散。轰轰烈烈的反汉运动，就此告终。

李奕也是李氏家族的一员，他挑起反汉准确说是反李势的大旗，是很值得人深思的。二百年后，在反隋的大军中，也有贵族杨素的儿子杨玄感。不过，比起隋炀帝杨广而言，李势尚能进行反思，他在诛杀李奕后，又在境内施行大赦，以此来笼络人心。

同时，李势改年号为嘉宁。

李奕造反这事，带给李势很大的打击。不知道，他会不会想起两年前，他妥善处理矛盾的一件往事。那是在太和元年（344）时的秋日。

偶然间，太史令韩皓发现荧惑守心的天象，遂上书称："这是对不修缮宗庙行为的谴责。"李势听了这话，便命群臣进行一番廷议。相国董皎、侍中王嘏的看法是，应当为景皇帝李特、武皇帝李雄祭祀，因为他们创立了大成国的基业，又与秉承国政的献皇帝李骧、文皇帝李寿还是至亲。

李势接受了他俩的意见，下令重新祭祀李特、李雄，只不过称其为汉王。

全面地看，李势还是懂得一些为君之道的，只是，他醒悟得未免太迟了。到如今，成汉国内有獠人之忧，外有东晋桓温之患，他们还会给李势收拾残局、重新来过的机会吗？

对于李势的统治，《资治通鉴》这样总结道："（李）势骄淫，不恤国事，多居禁中，罕接公卿，疏忌旧臣，信任左右，谗谄并进，刑罚苛滥，由是中外离心。蜀土先无獠，至是始从山出，自巴西至犍为、梓潼，布满山谷十余万落，不可禁制，大为民患；加以饥馑，四境之内，遂至萧条。"

成汉国，已陷入了前所未有的险境中！

第五节　桓温灭汉

从一个小八卦说起

古来，形容女子美貌动人、楚楚可怜的词语，首推"我见犹怜"。

说到这成语的出处，还与成汉皇帝和一位东晋权臣有关。

《世说新语·贤媛》载道："温平蜀，以李势女为妾。郡主凶妒，不即知之，后知，乃拔刀往李所，因欲斫之。见李在窗梳头，姿貌端丽，徐徐结发，敛手向主，神色闲正，辞甚凄婉。主于是掷刀前抱之，曰：'阿子，我见汝亦怜，何况老奴！'遂善之。"

这故事，说的是桓温灭掉成汉之后，将李势之妹（一作李寿之女）为妾，他的正妻南康长公主醋意横生，本想杀人泄愤，不料却见李家妹子美貌可人、言辞凄婉，骤然间生出了怜惜之意。

在那一瞬，南康公主似都明白了她家老公的心意。

现在，让我们转移目光，由这个八卦说到男主人公桓温的身上。

东晋立国之后，遭遇了一次重大的变故，史称"王敦之乱"。平定王敦一年后，晋明帝司马绍旋即逝世。（细节详见第七章）

其后，庾亮专政，又引发了"苏峻之乱"。建康城又一次被轻松攻破。经过一年多的艰苦鏖战，东晋政府才平定了这场叛乱。于桓温而言，其父桓彝在平叛时阵亡，是他幼时巨大的创痛。

这时，桓温只有 15 岁，他发誓要为父报仇。

由于杀害桓彝的凶手韩晃已被剿灭，而泾县县令江播是韩晃的帮凶，桓温就将复仇目标锁定在了江播身上。经过三年的磨砺，桓温终能实施复仇计划，可没承想，这人居然在他动手前死掉了。

第二号仇人也死了，就这样结束了吗？

不！被仇恨吞噬的桓温，绝不肯咽下这口恶气，他把目标转移到了江播的三个儿子身上。

道理多简单，父债子还呗！

灵堂里，哥仨都有刀防身，但身手不凡的桓温，上去一刀一个，如砍瓜切菜般干净利落。由此，他的"英雄事迹"被广为传颂。不久，桓温迎娶南康公主，官拜驸马都尉，开始了他戎马一生的宦海生涯。

或许大家会有疑问：桓温持刀故意杀人，不仅是拎不清的做法（父债子还并不合理），更是不尊重王法，怎就没人管管他？非但如此，还迎娶公主，走向人生巅峰？这也太匪夷所思了吧！对此，我只能说，不要用现代人的思维眼光和标准去评价古人的思想和行为，否则会得出荒谬的结论。

从春秋开始，江南一带就兴盛一种血族复仇观念。《国语·越语下》记载："子而思报父母之仇，臣而思报君之仇，其有不敢尽力乎？"在他们看来，弃仇不杀是愚蠢的表现，也是一种丑恶的犯罪行径。到了两汉魏晋时期，依然存在着这种尚武复仇的民风。孙权的哥哥孙策被仇人所杀，也是由于这种风气所致。

正是在这种风气的影响下，桓温复仇的行为，才会被时人所称赞。

桓温真的是平步青云。此时颍川庾氏已取代琅邪王氏，成为东晋最大的士族势力。桓温迎娶的南康公主可是庾皇后所生，算是庾氏家族的外甥。加上他本身出类拔萃，受到了庾翼的大力举荐。与此同时，朝廷也想极力拉拢桓温，想借此对抗庾氏家族。

桓温真的不是一般人。

庾翼死后，荆州刺史空缺。经过一番权力的博弈，朝廷最终以桓温为荆州刺史、安西将军、都督荆梁四州诸军事、领护南蛮校尉、假节。在他出任荆州后，东晋又一次上演"荆扬之争"。

桓温虽然得到了推荐，却也有人提出了异议。丹阳尹刘惔认为，桓温才略无双，但野心也不可小觑。朝廷似乎没有更合适的人选，最终维持原意。

后事证明，桓温伐蜀之意，至少有二，其一是为提高自己的威望；其二是因为李势已经把国家搞得不成样子，这是不可多得的战机，益州沃野之地，东晋也想收回啊！

降服李势，斩杀范贲

桓温瞅准机会，认为消灭成汉的时机已经成熟，便和朝廷打了声招呼，不等皇帝批准，就直接出兵了。时在永和二年（346）年十一月。

至于东晋朝廷，看到桓温要去扩张国土，不去给桓温提供人力物力财力的支持，反倒关起门来悄悄开会。会议的最终结果令人哑口无言：蜀道难，桓温此行令人担忧。

然后呢？没有然后了。

总之，桓温，你自求多福，朝廷实在是爱莫能助啊！

这大概就是桓温打声招呼就走的原因。打从一开始，他就没指望着朝廷能"实干兴邦"——空谈误国倒是常有的事儿。不仅如此，他以后的军事行动始终都得不到朝廷的支持，甚至处处受到掣肘。

那么，桓温仅凭自己的力量，有把握拿下吗？

答案是肯定的。

整个朝廷中，只有了解桓温的刘惔发表了独到的见解：桓温根本不需要援助！从他赌博中可以看出来，没有把握的事情他不会去做。他此行势在必得。

不过，刘惔话锋一转，忧思渐深：等桓温消灭了成汉，恐怕就会在朝廷专权了。

桓温，一个耐心的潜伏者，等着猎物进入自己的伏击范围，然后给予对方致命一击。

取蜀绝非易事，不仅朝廷不看好，就连桓温的手下也多数不赞同。只有袁乔赞同出兵，劝说桓温不要改变主意。

一路上，桓温没有遇到多少抵抗，偏偏李势的主力部队又走错了路，阴差阳错地避开了桓温，这才使得桓温畅通无阻，直取成都。桓温的运气，也是好到爆了。

看到桓温一步步逼近，李势急了，忙派出李福和李权去抵挡。但桓温三战三捷，击退李权，势如破竹，成都已危在旦夕。到了这种危急时刻，成汉兵将仍旧毫无士气可言，他们早已对这个皇帝离心离德，才不愿意给他卖命呢！

成汉嘉宁二年（347）春，李势把所有的家底调往成都的笮桥迎战，去做最后的抵抗。

他很无奈，这是他最信任的亲信，战斗力最强的禁卫部队。若再不能抵抗桓温，也无他法可想。

决战伊始，成汉气势汹汹，桓温的参军龚护不幸阵亡，桓温的战马头部中箭。晋军乍然受挫，有些意外，本打算后退保存实力，哪知负责击鼓的官吏却误击了前进的鼓声。

鼓声隆隆，战意如沸。成汉部队渐渐体力不支，向后败退。桓温乘胜追击，放火烧了城门。李势大惊失色，立刻放弃成都连夜逃跑，不久后投降桓温。

成汉灭亡后，益州正式纳入了东晋的版图。

若从301年李特起兵算起，到347年李势投降，成汉国祚总共46年。

东晋若想真正治理好益州，只降服一个李势是远远不够的。因为桓温前脚刚进入成都，后面的成汉残余势力已经开始蠢蠢欲动了。

首先，成汉旧将邓定、隗文起兵造反。桓温不得不亲自前去平叛，将其赶走。

然后，月余后桓温离开成都，回到江陵。邓定、隗文等反叛势力再度死灰复燃，并成功攻占成都。益州再次陷入混乱的局面。为了增加号召力与影响力，他们索性把当年的"范贤"——范长生的儿子范贲——立为皇帝。果然，加入他们的民众越来越多，反晋势头越闹越大。此次叛乱长达两年，在公元349年4月，东晋才将叛乱镇压下去，叛乱首领范贲被斩杀。

既然桓温明白益州并未真正平定，成汉"余孽"有造反的苗头，他为何仅仅停留了30天，就匆匆返回江陵？

对于这个问题，学者李文才在《南北朝时期益梁政区研究》中提出了一个观点："其中一个主因即在于桓温伐蜀的目的，是为了'专制朝廷'。因此，对于巴蜀平定之后，如何'治蜀'等问题，桓温考虑得并不多，甚至可以说他本来就没有顾念及此。"

想要治蜀绝非易事，四川盆地在地理上比较封闭，加上巴蜀本土势力严重排斥外来统治势力。范贲被杀后，又有萧敬文叛乱。二十多年后（370），又有李金银、李弘宣称自己是李势的儿子，陇西人李高自称是李雄的儿子，聚众叛乱……总之，巴蜀地区一直没能真正平静过。

正如刘惔所料，桓温取蜀后，"功高盖主"，有了足够的资本可以与朝廷叫板，他们却拿桓温一点办法都没有。这一年，桓温实岁不过三十五。话说回来，南康公主说桓温是"老奴"，倒也有些逗趣。

至于李势，被封为了归义侯，长住于建康，13年后寿终正寝。这或许与他女儿（或妹）受桓温之宠有关。

瑕不掩瑜，瑜不掩瑕

关于成汉这个国家，还有一个人不得不提。他便是著名的地方志《华阳国志》的作者常璩。

限于史料的疏漏散佚，我们无法详知成汉的历代文化人物，而今在历史上留下一笔的杰出文士常璩，已是其中的佼佼者。

常璩，表字道将，是蜀郡江原县（治今崇州市境）人。常氏家族以儒学传家，累世为官，对古时的经史之书研究颇深。常璩承袭祖业，也以学识渊博著称。在成汉王朝里，常璩官至散骑常侍。

散骑常侍这个官职可不一般，他是皇帝跟前的近臣，须由皇帝信任之人，或是门第较高的人才来充任。常璩为人可能较为低调，有关他的私事不甚明了，但根据"蜀史常璩"的史载，可以得知他曾担任过史官。

在成汉未遭覆灭之前，常璩著有《汉之书》十卷。迨至入晋为官之后，《汉之书》被易名为《蜀李志》。由于此书流传不广，后来北魏崔鸿在撰述《十六国春秋》时，花费了很大的力气，才买来了这份珍贵的参考资料。

入晋之后，常璩在秘阁为官，对乡土史的研究兴趣和强烈的写作愿望，支撑着他写完了一部地方志专著，这便是以记载梁、益、宁三州历史、地理为内容的《华阳国志》。

关于这本书的创作，常璩在《序志》中自述道："博考行故，总厥旧闻。班序州部，区别山川。宪章成败，族昭仁贤。抑绌虚妄，纠正缪言。显善惩恶，以杜未然。"

从中，不难想见他的苦心孤诣和自信不疑。

这本著作写于永和四年至永和十年（348—354），其内容的起讫时间，"肇自（成汉）开辟，终乎永和三年"，以成汉的史事为主，带有一定的回忆性质——常璩的怀旧之心隐约可见。除此以外，其中还包含了蜀汉、晋代的一些掌故，甚至于汉朝的故事，也有所涉及。

比如说，里面有一条写道："张骞，成固人也。为人强力有谋，能涉远，为武帝开西域五十三国，穷河源，南至绝远之国。拜校尉，从讨匈奴有功，迁卫尉、博望侯。于是广汉缘边之地，通西南之塞，丰绝远之货，令帝无求不得，无思不服。至今方外开通，骞之功也。"

当然，写张骞这类人物的故事，也是为写今日之风土人情做铺垫。

在常璩的笔下，有时也会出现一些不实之语，诸如"李氏据蜀，兵连战结，三州倾坠，生民歼尽""三州近为荒裔，桑梓之城旷为长野"。但我们有理由相信，这类语句是出于保身立命之需。

若是对成汉流露出颂赞怀念之意，这部书不仅难以流传于世，还有可能成为一道夺命符。

但不管怎么说，《华阳国志》最终成为我国西南地区历史地理的一部经典名作，它的价值不容否定：范晔的《后汉书》、裴松之的《三国志注》、郦道元的《水经注》、贾思勰的《齐民要术》、唐初修的《晋书》以及司马光的《资治通鉴》等，都大量取材于《华阳国志》。

所以，我们用"瑕不掩瑜，瑜不掩瑕"来评价《华阳国志》，应该是很恰切的吧。

第五章

燕赵构恶，枭雄辈出

后赵石虎篡位后，大肆营造宫殿，集全国之力营建邺城，使邺城一度成为中国最繁华的都市，它也为后来的前燕、东魏、北齐的营建打下了良好的基础。但同时，石虎滥用民力，激化社会矛盾，给后赵的统治带来了危机。

几乎是在同一历史时期，北方的鲜卑人慕容氏经过不懈的成长与拼搏，终在石虎晚年统一了辽东地区，成为中国北方又一股新兴的势力。

——引言

第一节　暴君石虎

石虎其人其事

现在，我们把目光重新投向中国北方，来追溯一下"居摄赵天王"石虎的成长轨迹。

石虎，字季龙。因其名犯了李虎的庙讳，故此《晋书》中录为"石季龙"。

之前说过，石虎是石勒的侄儿，永兴年间，他与石勒走散。到了永嘉五年（311），刘琨寻获了石勒之母王氏和石虎，并把他们送还给石勒，想要讨个人情。彼时，石勒在葛陂驻军。这一年，石虎方才十七岁。

因为天性好斗，加上多年来缺乏管束，少年石虎的性情相当残忍。史载石虎好猎耽游，特别喜欢以弹袭人，石勒的军士看见石虎便皱紧了眉头，以之为毒患。

石勒也觉得这孩子大有问题，便对母亲说，他想亲手解决这个毒患。王氏念及旧情，自然不允。为了说服石勒，她还搬出一条貌似很有道理的话来。

"快牛为犊子时，多能破车，汝当小忍之。"这话说得石虎像个懵懂的小牛犊子似的，其实这个比喻并不恰当，说石虎是一头兽性初萌的老虎，反而更为恰切。

要说石勒的杀心还是不够坚定，否则母亲的这番话也未必奏效。究其根本，是因为石勒也是个念旧情的人。他的父亲石周曷朱以前十分疼爱石虎，把他当成自己的儿子。所以，石虎既是石勒的侄儿，又像是石勒的弟弟。不到万不得已的时候，石勒不可能对石虎下手。

此外，早有善相之人，为时年七岁的石虎看过相。相士说，石虎"貌奇有壮骨，贵不可言"。试问，石勒如何舍得伤害这个贵人？

总之，石勒留下了这个"虎孩子"的命。从之后的一段时间看来，石勒对自己的抉择还是比较满意的。因为，石虎长到十八岁的时候，性子也收敛了不少。一方面，他弓马娴熟、勇冠三军；另一方面，他也给自己设定了"检慑恭谨，严重爱士"的人设，看起来还像那么回事。

于是，石虎深得石勒的信任，被拜为征虏将军，又迎娶了将军郭荣的妹妹。

可是，郭氏婚后并不幸福，很快地，石虎因为宠爱优僮郑樱桃，而对她下了毒手。没多久，这个郑樱桃又谮杀了石虎的第二任妻子崔氏。这位崔氏来自清河崔氏，虽史载不详，但可以想知是位世家女。

即便是这样的来头，石虎也没有多加珍惜。真不知他是怎么想的，估计是不想再树立人设了。

不仅是在治家方面存在问题，石虎在待人接物上，也再度暴露出残忍酷虐的本性。平时，他妒贤嫉能，铲除了不少富有文武之才。到了作战之时，石虎更像是一头出笼的猛虎，他时常坑杀士女、屠戮城民。他的体内，似乎一直沸腾着兽血。

石虎的这些做法，于石勒的形象有损，可无论石勒如何规劝责备，石虎也依然我行我素，毫无悔改之心。石勒对此并非毫无怨意，但他也明白一点，他这个侄儿几乎参与了每一次重要的对外作战，他那彪悍的战斗力、辉煌的战绩，在众将中是首屈一指的。尚处于肇基阶段的石勒，怎好向石虎问罪呢？

可是，为石勒所不知的是，石虎早已居功自傲，萌生了反心。当石勒自称大赵天王，封赏百官之时，石虎本以为他会成为大单于，但没想到石勒却把这个封赏给了自己的儿子石宏。

按理说，中山公、太尉、尚书令这样的安置也没亏了石虎——何况石虎之子石邃也做了冀州刺史并被封为齐王，但石虎却气得寒毛直竖，私下对石邃抱怨道："自建都以来，主上毫无作为，他是靠我不畏弓矢之勇，才能端身拱手、坐拥一方的。这二十多年来，为夫南擒刘岳，北逐索头，东平齐鲁，西定秦雍州，这才成就了大赵的功业。大单于的称号，本应授予我，但主上却把这个称号给了那个奴婢所生的黄吻小儿！待主上驾崩之后，我必会让他绝嗣！"

说到做到，后来石虎果然杀掉了石勒的后人。泉下有知，想必石勒也会追悔不已，怪自己没能早点铲除这个毒患吧！

大造邺城，是功是过？

石虎夺权之后，便制订了迁都邺城的计划，大肆营造宫室。

无论是石勒还是石虎，都对邺城生出了挥之不去的情愫。这个古城的魅力到底在哪里呢？我们可以从杜牧的《赤壁》说起。诗曰："折戟沉沙铁未销，自将磨洗认前朝。东风不与周郎便，铜雀春深锁二乔。"

且抛去诗中主旨不谈，只说邺城的标志性建筑铜雀台。一提到铜雀台，想必不少人会露出暧昧的一笑，其实事实并非如此，为了"立意必奇辟"，诗人不仅设想了"锁二乔"的事（铜雀台筑成于赤壁之战后，两个事件分别在建安十三、十五年），还渲染了铜雀台的声色气质。

当然，铜雀台中并非不曾蓄养过姬妾歌伎，只不过，它与金凤台、冰井台（合称为"邺城三台"）的主要功能，是利用那些窖穴来储存粮食、食盐、燃料，简言之，即是军事功能。

诚如西晋左思在《魏都赋》中所言，邺城三台之间，有互为呼应连通的阁道。邺城三台的军事功能毋庸置疑。

也不只是邺城三台，整个邺城，都具有非同一般的战略意义。顾祖禹在《读史方舆纪要》中指出，邺城"唇齿泽潞，臂指邢洺，联络河阳，襟带澶魏"，如果要用邺城来制衡洛阳非常容易，反之则很难。

除此以外，占领了这个"天下腰膂"，便可从河北向中原地区进发，这样的一块战略要地，理当引起军事家们的重视。

张宾也很早就意识到了这一点，起初他建言定都邺城，便说道："邺有三台之固，而接平阳，四塞山河，有喉衿之势。"

石勒深以为然，只是碍于形势，退而求其次，选择了襄国。再后来，苻坚在邺城流连忘返，甚至一度不理朝政，拓跋珪、拓跋嗣也有过定都邺城的想法，足见其魅力所在。

这种魅力，还在于其物候之美与交通之利。以邺城为中心，肥沃的土地、充沛的水源、便利的漕运，使得这个产粮区具有得天独厚的优势。

因为上述原因，石勒、石虎都对邺城生出了无可言状的情愫。石勒晚年时，对邺城也有所经营，到了石虎掌权的时代，迁都邺城已是不可遏抑的趋势。

史家们对于石虎迁都一事莫衷一是，笔者也认为，对此应该一分为二地看待。

首先，迁都有利于后赵的发展，石虎此举自有其道理。况且，邺城的城市布局，带来了新的城市营建模式。有了曹魏、后赵时期宫坊分筑格局的铺垫，北齐才能将新修的邺南城置放于北部正中，从而彻底地将汉代的城市布局（宫坊混杂或是里坊包围宫城）转为影响了后代的"中轴线对称"。

其次，后赵时期还创造了一种折叠伸缩式的活动浮桥，用以连接邺城三台。《邺中记》中说："上作阁道如浮桥，连以金屈戌，画以云气龙虎之势。施则三台相通，废则中央悬绝也。"（也有说此桥未成）想想看，铜雀台孤耸入云的状貌，是多么令人目眩神驰。

但是，石虎营造邺宫，之所以饱受诟病，主要是因为他在邺城的过度营建，恰是他暴政刑民的一个主要表现。

要说石虎他是个粗人吧，也是，但他对建筑的要求，也未免太高了！

咸康二年（336）十一月，石虎在襄国建造太武殿，又在邺城建东、西二宫。

建成后的太武殿，台基高达二丈八尺，规模甚巨，极尽珠饰宝装之能事。邺宫的奢华程度也丝毫不逊色。

有一次，左校令成公段造出了一个特别的装置，他在杠竿末端装上了庭燎照明的设备。这个装置高逾十丈，上盘、下盘各置烛燎与人。

石虎被这奇思妙想惊住了，一段时日内满意得不得了，可就在咸康三年（337）正月里，他却愤怒地腰斩了成公段。

这是因为，这个新奇的设备出了安全事故。那一日，后赵太保夔安等五百余位文武官员，一起向石虎进上皇帝尊号，岂知上盘庭燎的油燃得太旺，浇到了下盘，当场便有二十多人死于非命。

后赵亡后，前燕也把都城迁往邺城，并对邺城有了进一步的建设。此后后燕、北魏虽未定都邺城，但邺城仍然有着非常重要的战略地位。

北魏分裂后，东魏、北齐又再一次在此定都，丞相高欢从洛阳迁徙四十万户充实邺城。北齐全盛时期，城里以及郊外常住的僧尼就有八万人，佛寺四千所（属高齐之盛，佛教中兴，都下大寺，略计四千，见住僧尼，仅将八万……《续高僧传·释靖僧传》）。可见，邺城人口之多。

就在邺城已然成为北方第一大都市的时候，一场灾难毁灭了所有。

那是在公元580年，此刻北周已经消灭了北齐，统一了中国北方。北周相州总管尉迟迥已经觉察到杨坚有谋逆篡位的野心，遂在邺城起兵，反抗杨坚。尽管尉迟迥最终还是失败了，但他却成了后世忠臣的代名词。颜真卿为他所撰写的《尉迟迥庙碑》，极力赞颂他"纯臣""死节""怨愤"的形象。

而留下来的邺城，就没有那么幸运了。

杨坚下令让韦孝宽等人，对邺城实行惨无人道的屠杀。近百万军民惨遭屠戮，尸体甚至把漳水堵住，水为之不流，剩下的居民全部迁走……

《集神州三宝感通录》记载道："吴国公尉迟迥周之柱臣镇守河北作牧旧都。闻杨氏御图，心所未允。即日聚结举兵抗诏。官军一临，大阵摧收。拥俘虏将百万人总集寺。北游豫园中。明旦斩决。园墙有孔。出者纵之。至晓便断。犹有六十万人。并于漳河岸斩之。流尸水中水为不流。血河一月夜夜鬼哭。"

这场浩劫远没有结束，《旧唐书·地理志二》记载杨坚"焚烧邺城"，《资治通鉴第一百七十四卷》说杨坚"毁邺城及其邑居"。名震三国两晋南北朝的邺城，完全被夷为平地，就此从世间消失，后世再也没能发展起来。

从莫高窟的《闻铃断事》说起

在著名古迹莫高窟中，有几组连环画式的作品，描绘了后赵的一些神异事迹，其中"闻铃断事"（第323窟北壁东侧中部上层）、"幽州灭火"（第323窟北壁东侧中部）这两个故事，在《高僧传》《晋书》中是能寻到踪迹的。这两组故事，皆与后赵的高僧佛图澄有关。

所谓"闻铃断事"，说的是后赵太和元年（328），石勒欲亲征刘曜之事。当时臣工反声一片，佛图澄却认为，根据佛塔相轮上的铃声看来，此战必捷。

他用羯语道："秀支（军队）替戾冈（出征），仆谷（刘曜胡位）劬秃当（擒捉）。"吃了佛图澄给的定心丸，石勒这才有了必胜的信念。

更玄乎的是，当石堪活捉刘曜，把他押至石勒帐前时，彼方的佛图澄已从涂了麻油胭脂的掌心里，看到一人被绑缚的图景。佛图澄便对负责监国的太子石弘报称"刘曜已擒"。

石勒登位以后，对佛图澄更为尊敬。

至于"幽州灭火"这件事，说的是佛图澄与石虎在谈论经法之时脸色大变，预测幽州发生火灾之事。佛图澄立马取酒往幽州方向喷洒，久之，才笑说幽州之火已灭。

石虎遣使前去验证，使者称当日城门起火，幸好南方飘来的黑云，及时降下大雨。最神奇的是，雨中还能闻到一丝酒气。

听了这话，石虎不由对佛图澄佩服得五体投地。

从以上两件事中，皆可看出佛图澄在后赵二帝心目中的分量。这也难怪，在时人看来，佛图澄实在是不可多得的人间智慧之神。不过，我们今天大可不必对之深信不疑，因为当年佛图澄的种种神预测，多半还是审时度势的结果，此外，他也应该懂得心理暗示的操作手法。

不过，我们不能说佛图澄是个神棍，因为他是在用他的办法来襄辅统治者。为何这么说呢？我们可以来看看佛图澄的简历。

按学界里的一般看法，佛图澄是西龟兹人，他在九岁时出家于乌苌国，其后两度至罽宾学法，西域人都认为他已是大德高僧。到了晋怀帝永嘉四年（310）

时，七十九岁高龄的佛图澄辗转来到洛阳，他的渊博学识令诸多名僧为之顶礼膜拜。《高僧传》中记载道，其门下弟子有一万之众。

传说，佛图澄重视戒学、长于医术，但他的这些本事并不为世人所重，人们更在意的是他役使鬼神、预知吉凶的独特本领。

洛阳失陷之后，佛图澄因石勒大将郭黑略的引见，会见了石勒。佛图澄苦口婆心地劝说石勒少行杀戮，果然奏效。后来，石虎也对佛图澄敬奉有加，甚至还在朝会之日请他升殿。

其时，佛图澄年事已高，石虎为了体现对高僧的敬意，令常侍以下官员都为他举舆，太子诸公都要去扶他上殿。平日里，石虎又令司空李农每日问候起居，太子诸公五日朝谒一次。

佛图澄曾力劝石虎要励行慈济，不要妄动杀心，石虎也一定程度地听取了他的意见。要知道，让石虎止住杀心，不是一件容易的事，十六国南北朝时期暴君比比皆是，但石虎仍然可以坐上头把交椅，可想而知他到底有多暴虐。

总之，在佛图澄的教导下，石虎的暴虐指数降低了不少，而佛图澄也得到了在后赵境内弘扬佛教的回报，所立之佛寺，竟有八百九十余所之多。

用时下的话来说，后赵二帝与佛图澄，是携手创造了双赢的局面。不过，石虎也并非对佛图澄言听计从，比如说，他没有停止建筑工事，反倒听信了一个叫吴进的假和尚之言，苦役晋人以压制对方的气数。其后，石虎强征邺城周边的百姓在邺东修筑华林苑。前后计有十六万多人服役。所以说，佛图澄对石虎的影响，还是比较有限的。

后赵建武十四年（348）十二月，佛图澄圆寂，享年一百一十七岁。

第二节　传说中的鲜卑山

我们是一家人

在后赵后期，最强有力的敌人是鲜卑人，准确地说是鲜卑慕容氏。

我们先来说说鲜卑族。

鲜卑一词，出自大兴安岭山脉的鲜卑山。由于祖先们起初居住在此山，故此他们便以山名为其族名。至于鲜卑人的族属，学界基本认为他们出自东胡。

为何有这样的判断呢？

一则，他们同属于阿尔泰语系蒙古语族，分布在北方，生活习俗极为接近；二则，追溯至秦汉之际，我们可以看到一个历史事实：东胡被匈奴冒顿单于打败后四分五裂，其中的一部分退保乌桓山，一部分占据了鲜卑山，所以鲜卑、乌桓的渊源颇深，他们都是东胡的一支。

最先，鲜卑人的知名度是很低的，但因他们有时也被匈奴裹挟一同侵边，所以也渐渐地在中原王朝刷了一点存在感。此时的鲜卑，是匈奴人的附庸。这种情形，直到东汉初年匈奴势力衰弱开始，才有了一些改变。

约在东汉永元年间（89—104），鲜卑人已经摆脱了匈奴的控制，随同乌桓人南下，趁机占据了蒙古草原。

这是鲜卑史上的一个大事件，标志着他们由渔猎文明迈入了游牧文明。

在第二章中咱们说到，匈奴分为了南北二部，在东汉与南匈奴联军的攻势下，北匈奴渐趋溃散，逐渐瓦解成一个个小的部落，继而消失在人们的视野里。

关于北匈奴的去向，成为一个历史之谜。有种说法是北匈奴西迁，最终辗转到了东欧，是4世纪入侵东欧的"匈人"先祖，他们在东欧战无不胜，一度横扫东罗马帝国。不过，这个说法缺乏有力的证据，很难站住脚，不为学界所接受。

总之，无论北匈奴去了哪里，可以肯定的是，在这之后乌桓人和鲜卑人分别进入漠南、漠北地区，各自图谋发展。但是，值得注意的是，约有十万落的匈奴人没有离散，他们可被视为匈奴遗民。

这里所说的"落"，是帐篷的意思。学者王仲荦解释说，一落就是一个帐篷，大概可容纳十人。这么算下来，鲜卑族所能接触到的匈奴遗民大概有一百万的人。（对这个数字学术界仍未达成共识）

怎么安置这些匈奴人呢？

鲜卑人还没想出办法，匈奴人已经决定"改换门庭"了。他们纷纷自誓道：我们自愿加入鲜卑大家庭！从此以后大家都是鲜卑人，都是一家人！

吸收了新鲜的血液，鲜卑的群体得到进一步扩大，他们所占领的地盘也在逐渐增加。其游牧化进程再次加速。

横空出世的檀石槐

很多人说，时势造英雄。

其实，不只是英雄，一个民族的崛起也往往和时势有关。

就拿鲜卑族来说吧，就在他们摆脱了匈奴的控制、得以自由发展之后的数年里，外部环境又出现了有利于他们发展的因素。这个因素，指的就是政治军事不再强盛的东汉政府。

由于东汉政府自顾不暇，他们对北方的掌控力也逐渐疲弱。鲜卑人看出了这一点，他们对东汉的态度，也从一开始的殷勤进贡，甘当守边苦力，变成了不愿居于人下，反噬东汉的又一股新势力。其中，辽东鲜卑多次骚扰东北边境，烧杀抢掠都成了家常便饭，东汉政府对此头痛不已。

民族崛起后，一代代英雄也横空出世。

到了汉桓帝时，檀石槐被推举为部落大人，成为新一代的鲜卑领袖。

关于檀石槐的出身，有这么一个传说。

相传，檀石槐的"父亲"投鹿侯曾经在匈奴从军，三年后，才得以返家。这情形，用《诗经》里的话来说，可以说是"昔我往矣，杨柳依依；今我来思，雨雪霏霏"了。但是，万万没想到，当投鹿侯迫不及待走进家门时，却得到一个令他无法接受的事实：妻子居然抱着一个吃奶的孩子！

这事，信息量可太大了！

投鹿侯不由分说，立马就要动手杀这个孩子。

妻子忙解释说，她从没做过对不起丈夫的事。那么这个孩子是怎么得来的呢？说来也很传奇。

话说，有一次，她在走路时突然听到雷声，便连忙抬头望天。就在这时，一块冰雹好巧不巧，正好掉进了她的嘴里。她觉得这可能是一件神物，便直接将其吞下，不承想就此有了身孕，十个月后生下了这个孩子。

所以，妻子认为，这个孩子来得蹊跷，必有不同于常人之处，应该把他养大。

对此，投鹿侯表示仍然不能接受，到底还是把孩子遗弃了。

妻子当然舍不得孩子，她偷偷地把孩子找回来，送到了娘家抚养，取名为檀石槐。就这样，有父有母，也似无父无母，檀石槐只能孤单地长大，但他从小就显露出不凡的素质，长大后更长成一个勇健有智略的人。由于檀石槐智勇盖世，东西部的大人们都归附了他。

据《后汉书·乌桓鲜卑传》记载，在檀石槐的带领下，鲜卑人"南抄缘边，北拒丁零，东却扶余，西击乌孙，尽拒匈奴故地，东西万四千余里，南北七千余里，网罗山川水泽，盐池"。

数十年间，鲜卑的发展势力达到了鼎盛。

面对这么一个对手，东汉政府毫无办法，只能埋着头当鸵鸟。

一定要北伐鲜卑！

可是，一直当鸵鸟也不行啊，堂堂大汉，威仪何在？

可怎么办好呢？汉桓帝眉头紧皱。

有人开始支着儿：我们可以学习当年太祖皇帝刘邦对付匈奴人的策略，和亲！用最小的代价换取最大的利益。桓帝听了这话，还是有些犹豫，心说：这办法不是不行，只是太不爷们了，万一给后世的人留下把柄，可就大事不妙了！

其实，桓帝确实多虑了。就算是后世有人写了"汉家青史上，拙计是和亲。社稷依明主，安危托妇人"，那又如何？难道唐人就没和过亲吗？

回到历史现场。

经过考虑后，桓帝终于释然了：好，就按你说的去做，和亲檀石槐，赐他金印，封他为王。

哪里知道，檀石槐这家伙，完全不吃这套！可把汉桓帝气得哟！

不和亲也就算了，但人家汉朝都主动示好了，你檀石槐是不是可以稍微消停下？事实是，没有。

檀石槐依然我行我素，不断抢掠骚扰东汉边境，并将鲜卑族民众做了进一步整合。他把部落联盟分为三部：东部、中部、西部，分别让不同的大人担任大帅。

值得注意的是，咱们一位主人公——慕容氏——的先祖，就是这里面的一位中部大人。

学界普遍认为，这位慕容老先生在史籍上留下了他们这个姓氏的第一笔。胡三省在为《资治通鉴》作注时，就写道："是则慕容部之始也。"学者马长寿在《乌桓与鲜卑》一书中，也对此展开了讨论。

值得注意的另一点，恰是这三部鲜卑，确立了以后不同的鲜卑建国的雏形。

这一头，檀石槐忙着他的千秋大业；那一厢，他骚扰边境的消息再次传到了东汉朝廷，惹得朝廷一干大臣气怒难当。

给你脸你还不要脸！东汉政府虽然恨得咬牙切齿，却又只能忍气吞声。约莫十年之后，汉灵帝终于不想受这窝囊气了，他决定征伐檀石槐，彻底解决掉北方这个心腹大患。

注意喽！这可是东汉历史上唯一一次北伐鲜卑！

当是时，东汉兵分三路，每路一万骑兵，出塞两千余里。

听闻消息，檀石槐心想，我这儿不是有三部大人嘛，正好一对一。

此战檀石槐大获全胜，东汉军队被打得溃不成军，甚至连符节都丢了，每路只跑回来几十个人。至于三路军队的将军们，则被投入大牢里，最后落了个用钱赎身的结局。

那么，为何东汉军队会输得这么惨呢？

因为如今的东汉已经腐败不堪，军事实力大打折扣，朝廷反对出兵北方的声音也非常大。况且，出兵北伐的时间也不是最佳的季节。奈何灵帝不听，一意孤行，最后失败也在情理之中。

按理说，鲜卑能把东汉按在地上摩擦，往后的发展会越来越好。可谁知，好景不长，檀石槐在四十多岁时就撒手而去了，令人遗憾的是，他的儿子能力远不如他；再到了他孙子继位时，又发生了内讧。

对于檀石槐来说，虽"子子孙孙无穷匮"但也无济于事，子孙们不具备盟主的势力。也不只是他们不具备这种实力，别的人也是如此。原本就不太牢固的鲜卑军事大联盟，从此彻底瓦解。鲜卑各部又回到以往的分裂状态，彼此之间互相吞并、混战不已。

正是"几家欢喜几家愁"啊，数年间，东汉的北部边境压力小了很多，汉帝不由得额手称庆。

那么，问题来了！为何东汉不组织"第二次"北伐呢？

此时灵帝驾崩，东汉爆发了著名的"黄巾起义"，中原乱得跟一锅粥似的。军阀们都各自为战，争抢地盘，谁有空去收拾那乱七八糟的塞外？

而鲜卑各部，再也没能形成檀石槐时期强大的统治力度。在中原王朝的干预下，鲜卑部落"强者远遁，弱者请服"。这些请服的"弱者"，被安置到边郡附近，最终形成了陇西鲜卑（以乞伏部为首，含斯引、出连、叱卢等）、漠北鲜卑（代国拓跋）、东部鲜卑（慕容、段氏、宇文等）的分布格局。

到了3世纪前叶，杰出领袖轲比能一定范围内统一了鲜卑，但他过世之后，鲜卑联盟又陷入了分裂之中。

第三节　东部鲜卑分三部

步摇？慕容？

说起鲜卑慕容部，很多人都会想起金庸小说当中的慕容复。

在这里，我们先来侃侃慕容家族的姓氏来源。

有一种说法，称莫护跋看到当地居民戴着步摇冠，觉得很美观，造型很时尚，就生出了向往之意。要知道鲜卑人平时是披散着头发，不戴头冠的（拓跋部扎辫子）。于是，他也开始束起头发戴起了步摇冠。对镜自视，那叫一个帅气！

莫护跋部落里的人干脆直接称呼他本人为步摇，后来因为口音问题，加上传的人太多了，就被传成了"慕容"。对此，莫护跋倒也不介意，索性把慕容当作了自己的姓氏。

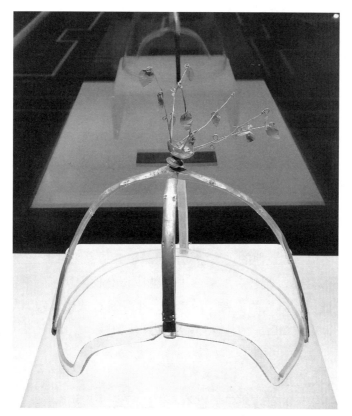

北燕冯素弗墓金步摇冠，笔者摄于辽宁省博物馆特展
"龙城春秋——三燕文化考古展"

这个"步摇音讹"之说，一直饱受学界质疑。

前文说过，学界更认可的说法是：在檀石槐大联盟时期，慕容是作为一个大人的姓氏，而流传下去。彼时，他们就已经开始实行了世袭制度，后来又以"大人健者名字为姓"，形成慕容部。

不过，先不管"步摇音讹"的说法是否属实，莫护跋开始改变鲜卑习俗，戴起步摇冠的做法，的确是给他的后人们开启了汉化的先河。

莫护跋死后，继承人慕容木延再次参加了曹魏的军事活动，跟随毌丘俭东征高句丽，并再次受到嘉奖，被封为"左贤王"。木延死后，儿子慕容涉归继位。

学者高然认为，慕容涉归在位期间，生存空间受到了挤压。同为东部鲜卑的段部鲜卑和宇文鲜卑先后也迁徙到了辽西，尤其是宇文部，多次与涉归发生冲突。双方在柳城的争夺上发生了激烈的冲突。

涉归力战不敌，不得已率部离开辽西，进入辽东。

所谓"祸兮福之所倚"，在迁都之后，慕容部开始全面学习汉族文化，"渐慕诸夏之风"。不得不说，这是慕容部早期的一个转折点，深深影响到了慕容氏的后代们。

不久以后，军事上不甘失败的涉归再次挑起战争，但不幸的是，宇文部联合晋军将其击败（此时西晋已统一三国），涉归身心俱伤，不治而亡，之后的问题有些麻烦。

本来，涉归的继承人应是其子慕容廆，不想，弟弟慕容耐却篡夺了侄儿的权位。为了斩草除根，慕容耐无所不为，甚至四处追杀慕容廆。见势不妙，慕容廆不得不出逃避祸。

打这以后，从"家族内讧"到"离家出走"再到"伺机返回"的流程，似乎成了慕容家族的内讧三部曲。

慕容廆自然想不到，他的这一举动，深深影响到了他的儿子与孙子。

照慕容耐的打算，他赶走了慕容廆，就应该高枕无忧了，然而他却因为缺乏号召力，没能得到部族的支持。两年后，也就是晋武帝太康六年（285），慕容耐被杀，慕容廆重归后成为慕容鲜卑的新一代领袖。

挑柿子找软的捏

此时，经历坎坷的慕容廆年龄也不大，还不到二十岁——生于269年。

这年轻人嘛，没几个不是血气方刚、年轻气盛的，何况，慕容廆还亟须树立自己的威信。那些日子里，他的脑子里只想着一件事：为父报仇。

于是，慕容廆上表晋武帝，请求讨伐宇文鲜卑。和事佬司马炎摇摇头，没有同意。

为了发泄不满，慕容廆随即入寇辽西烧杀抢掠，但他的部队很快就被晋军击溃了。这次失败对慕容部的打击很大，他们在辽东连脚都站不住，不得不迁出辽东。

可是慕容廆不服，心想：既然反叛了西晋，那就一反到底！

此后慕容廆多次入侵辽东，又回归了游牧式的抢掠模式：抢钱、抢粮食、抢人口。但辽东毕竟处于边鄙之地，资源有限，慕容廆也只敢小规模骚扰，真要把西晋惹急了，也不会有他好果子吃。

那该怎么办呢？怎样才能大逞威风，抢掠更多的物资呢？

就在这时，东边的扶余国成功引起了慕容廆的注意。

俗话说，"挑柿子找软的捏"，慕容廆打的就是这个主意。一场恶战来了，扶余抵挡不住，国王忧虑绝望自杀。慕容廆掠夺万余人口，可谓是满载而归，捞了一票大的不说，还找到了长期饭票。

慕容廆可算是睡了一个舒心觉。不过，好运似乎没有光顾他太久。

原因很简单。对于慕容廆的所作所为，司马炎非常不满：不是我处处要和你慕容廆作对，人家扶余国每年给我进贡，算是我大晋的附属国，你打狗好歹也要看一下主人吧？我可是数十年内最靠谱的皇帝啊，你这点面子都不给？

念及此，武帝亲自下诏要派兵帮助扶余复国。慕容廆在半道突袭晋军，反被晋军击败，扶余成功复国。

慕容廆不敢再跟老大硬杠，便只能通过小规模骚扰抢掠的方式，来维持生计。

就在这时，慕容部又遭到一个打击，它将迫使慕容廆改变"国策"。

催人泪下的《阿干之歌》

导致慕容部遭受沉重打击的一件事，发生在内部。

原来，慕容廆的哥哥吐谷浑，带领七百户民，脱离了慕容部的统治，他们准备远走他乡，独立发展。

吐谷浑出走的起因，说来也令人发噱——自己的马群与慕容廆的马群发生了冲撞。本来只是畜生间的"矛盾"，却点燃了慕容兄弟间的战火。

慕容廆火冒三丈，责怪吐谷浑道："你为何不去远点的地方放牧？竟让马匹发生冲撞！"

这句话确实很伤人，很伤自尊。

此处必须补充一点：涉归只有两个儿子，也就是说，吐谷浑是慕容廆唯一的兄弟。

听了慕容廆这番话，吐谷浑不愿受委屈，心道：你要我离你远点？好，我这就往西走，走到离你万里之外的地方！

其实，当时慕容部生存空间不断被挤压，经济和资源条件不断恶化，兄弟间产生一些冲突在所难免，但双方发生马斗，本来只该在争夺马场方面，哪知道经历叔父夺位事变后的慕容廆，会如此敏感，以至于出口伤人呢？

由于吐谷浑只有七百户民，他的实力自然无法与慕容廆相抗衡，因此毅然而走。

几天后，慕容廆后悔了。我认为他是真后悔了。

《资治通鉴》说吐谷浑 317 年去世，享年七十二岁。这样算下来，吐谷浑要比慕容廆大二十四岁！从这个年龄差来看，吐谷浑完全可以当慕容廆的爹！

我们无法得知慕容廆小时候与兄长关系如何，但毕竟吐谷浑是他唯一的大哥。那么，对于一个可以当他爹的大哥，一个不与他争夺领袖权的大哥，在小事情上忍让一下又如何？

即便能追回吐谷浑，他俩之间的隔阂仍然无法完全消除，甚至以后还会有其他的冲突与矛盾。但这都是可以调和的，毕竟是兄弟啊。

只是，慕容廆心里也很憋屈，对外战争一直失败，他经常肝火旺盛，想找个情绪的宣泄口。所以，之前他所说的，不过是几句气话而已。就这样把大哥逼走，不仅不值得，而且还让部落的其他人看了自己的笑话！

他忙派出乙那楼（又作七那楼、他娄屯）以及有资历的长辈去追回吐谷浑。

弄清楚来意后，吐谷浑也不多说什么，他让乙那楼把自己部的马匹牵回去，如果马愿意回东方，吐谷浑的人也跟着回去。毕竟这事是马引起的。

令人意想不到的是，乙那楼牵着吐谷浑的马走了不到三百步，意外发生了：马悲鸣不已，掉头西返。无论乙那楼如何用力拉拽，都阻止不了马儿返回的步伐。乙那楼仍不甘心，反复牵引马东走，但每次都得到相同的结果。

连马儿都不想回去，这大概就是天意吧！

吐谷浑去意已决，他从中国东北一度迁徙到甘肃，可见他有多想与弟弟断绝来往！

后来慕容廆追忆吐谷浑，作一首《阿干之歌》，来表达对长兄的思念。不知道千里之外的吐谷浑听到后，有没有激起心中那份对远方兄弟的惦挂？

吐谷浑率部迁徙到枹罕，后来在青海、甘肃地区建立了自己的国家。他的后人为了纪念吐谷浑，就以他的名字作为国名。有意思的是，当时并不起眼的一支队伍，后来竟然建立了一个十分长命的国家，这个国家直至唐朝才为吐蕃所灭。

且说，吐谷浑走后，慕容廆的实力进一步削弱。

穷则思变，慕容廆不得不为部族考虑下未来了。祖辈们一直归附中原王朝，现在天天打打杀杀，与晋朝抗衡，又能讨到什么好果子吃？思前想后，慕容廆终在太康十年（289）向西晋投降。

眼见从前的倔驴居然向自己下跪了，司马炎高兴得不得了，暗道：这东北小子终于识时务了。随后，他加封慕容廆为鲜卑都督，隶属东夷校尉何龛管辖。

慕容廆听了后半句，不由皱皱眉，但是，他也明白，自己不能不去拜会那个东夷校尉。

何龛位高权重，之前又对慕容廆的印象很差，到了这个时候，便想用严整的部队来接待慕容廆，给他来一个下马威。慕容廆敛容正色，本想以士大夫的礼节去拜见上司，可一看这光景，才知道对方根本不欢迎他。

慕容廆的应对方式很有趣，以一身戎装来表达自己的不满，并声称："主人不以礼，宾复何为哉！"

见此情形，何龛略显惭愧，开始对这个年轻人另眼相看。

仔细分析一下，我们会明白，何龛一开始不待见慕容廆也很正常。

一个天天在自己辖区内捣乱的小毛贼，又会有哪个长官对他产生好印象呢？倒是慕容廆的表现机智又硬气，以不卑不亢的态度，博得了对方的尊重。

搞定了晋朝，接下来就是两个老对手宇文鲜卑和段氏鲜卑了。

对待宇文鲜卑的策略就是送钱，顺便说点奉承他们的话，人嘛，谁不愿意听点好听的话。至于段氏鲜卑，慕容廆与之结为儿女亲家，娶了人家的闺女，正式成为段氏的女婿。

你别说，慕容廆这招还真有用。他给慕容部带来了十余年的和平岁月。这段时间内，慕容廆休养生息，赢取了充足的喘息时间，干成了不少大事。

其一，慕容廆从荒僻的辽东北部迁到了辽西徒河，再迁到大棘城。生活环境和条件有了极大的改善。

其二，生产方式也随之转变了。从游牧变为农耕生产，可以自给自足，无须再去抢掠，久而久之，他们还有了富余的粮食，永宁年间（301—302）突发洪灾，慕容廆开仓赈灾，还受到晋惠帝的褒奖。

其三，礼贤士大夫，招揽流民，挖掘人才，从他们身上学习中原王朝的典章制度和律令。

不难看出，慕容部在此期间发生了根本性的转折，它与宇文、段氏二部的差距也在逐步缩小。

第四节　慕容部的崛起

走自己的路，让别人无路可走

自从与宇文、段氏交好以后，东部鲜卑三部似乎成为好朋友，但其实他们自己很清楚，他们之间的短暂性和平只是表象，平静的湖面之下始终深潜着一股暴风雨。终有一天，他们会因为利益的冲突大打出手。

永宁二年（302），慕容、宇文部之间因为一点小摩擦，而彻底翻脸。宇文部素怒延率领十万人进攻棘城。

黑云压城城欲摧，霎时间，十万军队如群蚁排衙，把棘城围得水泄不通。大家不由倒吸一口凉气，愁容满面。毕竟，这种阵势都是头一次见啊！

恐惧的心理，霎时间拉低了大家的斗志。但就在这种生死存亡的关键时刻，慕容廆也没有慌乱，他看出了对手军容不整、号令不一的弱点，亲自上阵，最终俘斩万余人。

但凡作战，智术与勇气皆不可缺。毫无疑问，慕容廆已经渐渐成熟了。

此战过后，慕容廆的实力进一步提升。为了继续增加号召力，他自称为鲜卑大单于。这个举动可了不得。须知，在崇尚武力的民族中，没有成熟的时机、强大的实力，没几个人敢自称单于的。

不过，慕容廆也很主动文武兼修。适逢永嘉之乱、西晋灭亡，大量流民前来依附慕容廆。慕容廆也是毫不含糊，不仅照单全收，还侨置郡县、对其妥善安置，并在其中选拔人才，为己所用。

之所以说慕容氏的汉化程度很高，其主因便是他接纳了汉人，吸纳了汉人的文化因素。

蒸蒸日上的慕容部，很快遭到了别人的嫉妒。平州刺史、东夷校尉崔毖对慕容廆恨之入骨，心想：我可是清河崔氏出身，名门望姓，怎么没人投奔我，都跑去慕容廆那边了？一定是那厮对流民实施了扣留拘禁，不让他们往我这里走！这种事绝不可容忍！

这么一想，崔毖的心情好多了，随即联络段部、宇文部、高句丽，一起围剿慕容部，正好，这三部（国）也对慕容部的发展势头颇为忌惮，当即答应一同出兵。

三国来势汹汹，慕容廆紧闭城门。这一次，可比上一回面临的挑战更为严峻，城民们慌作一团。

怎么办？先去打谁？慕容廆也陷入了沉思中。

首先排除段氏。战斗力最强的无疑是段氏。他们的正面作战能力非常强，连石勒、张宾也没能慑服他们，只能跟对方打感情牌。所以，慕容廆不可能跟他们硬碰硬。再者，慕容廆早就是段氏的女婿了，段氏的战意远不如其他两部（国）。

慕容廆认为，既然段氏不能打，也不该打，那就只能想办法去劝退他。

他打开了城门，派人用酒宴去犒劳对方。

不过他走的方向不是段氏的军营，而是宇文悉独官那边，并且还故意把嗓门提得很高："崔毖的人昨天来了。"

慕容廆真是不按套路出牌。借用今人谚语说，这叫作"走自己的路，让别人无路可走"。

见到这个情景，段氏、高句丽马上起了疑心：莫非崔毖是在串通慕容氏、宇文氏，想引我出兵，想在这里消灭我？呀，越想越不对，越想越害怕。疑心病重的段氏、高句丽干脆撤兵了。

巧破联军后，单挑宇文

好了，又要和宇文单挑了，和上次的情形没两样。

为了保证战果，慕容廆特意召回屯驻在徒河的大儿子慕容翰。慕容翰是个孝子，更是个具有独立思维的人，他认为棘城的兵足够守城，与其回去消耗粮食，倒不如驻守在外，以奇兵的姿态，随时袭击宇文悉独官。

宇文悉独官也意识到了徒河的慕容翰是一个潜在的威胁，他连忙派出数千骑兵去攻击慕容翰。慕容翰将计就计，派一个人假扮成段氏的使者，在半路上忽悠宇文的军队："我们早就看慕容翰那小子不顺眼了，之前的退兵只是迷惑对手，你们赶紧往前走，我们就在前方等你们。"宇文的军队大为高兴，眼里只顾着前方。

只是，等待他们的不是"友军"，而是慕容翰的埋伏圈。进入埋伏圈的宇文氏的军队全军覆没，一个个束手就擒，沦为俘虏。

好！乘胜进军！

慕容翰当机立断、直奔棘城，并派人传达给父亲慕容廆一个信息：此时赶紧出城与宇文悉独官决战！因为慕容翰本人马上就能赶到。

机不可失！慕容廆马上大开城门，摆开了阵势。

宇文悉独官大感意外：想我宇文部数十万人的军队，连营四十多里，你不老老实实守城，还敢主动出击？意外归意外，仗还是要打的，总不能认尿吧？

岂知，两军刚一交战，慕容翰的援军便杀到了，一把火把宇文悉独官的军营给烧得一干二净。

宇文悉独官慌了，他不知道该如何决策。他深知，虽然自己人多势众，但如今后方失火，士气遭到打击，他哪是慕容氏的对手。念想之间，宇文悉独官节节败退。

忽然，慕容翰掉转马头，与慕容廆一起形成夹击之势，宇文悉独官大败，仅以身免。慕容廆尽俘其众，实力迅速膨胀。

就此，三国联军带来的危机尽数化解。

懂政治、识时务

此时，最郁闷的人莫过于崔毖了。毕竟，始作俑者是他，他也担心慕容廆跑来报复他。

思前想后，崔毖赶忙让侄子崔焘假意去祝贺慕容廆，装出一副没事人的样子。好巧不巧，三国的使者恰好都在慕容廆这里请求和解。于是，就出现了十分滑稽的一幕——

崔焘：真的，一切都是误会！

宇文、段氏、高句丽：要脸不？明明是你家叔叔挑拨是非！

崔焘：不是我，我没有，别瞎说……

宇文、段氏、高句丽：呸！

总之，大家异口同声，把矛头指向一处：崔毖才是幕后主使！

虽说《晋书》《资治通鉴》都是这么记载的，但笔者觉得这更像是慕容廆刻意去安排的场景。首先，慕容廆早就知道是崔毖干的好事，前文还以"崔毖的人昨天来了"的话来离间三国；其次，三国的使者不可能这么巧，同聚一室，很可能是前后都被慕容廆留下来了，为的就是崔毖的一个解释，让他没法装样子。

果然，崔焘无话可说了。慕容廆也直接挑明："汝叔父教三国灭我，何以诈来贺我乎？"崔焘低首臣服。处境尴尬不说，脑袋随时都有可能搬家啊！

估计崔焘心里除了在暗骂崔毖，已经没有了其他的想法：这种破活儿你让我来干？

见崔焘无言以对，慕容廆放话了：你回去吧，告诉崔毖，投降是上策，逃跑是下策。

崔焘有点不相信自己的耳朵，这就可以回去了？是啊，当然可以。但是，你先别急，你一个人回去有些不安全，万一路上出了意外怎么办，需要配些兵"护送"一下。

一路上，崔焘瑟瑟发抖，不知骂了他叔多少遍。

崔毖知道了事情的严重性，匆忙带着几十骑飞奔高句丽，连自己的家都不要了。十九年后，慕容皝借花献佛，把崔毖的宝贝女儿嫁给了后赵降将鲜于亮，换取了后者的忠心。这可真是崔毖始料未及的，不过当年他抛弃了家人，就该想到往后的种种可能。

言至此，不妨来点评一下这场战争，它的本质，是因流民的争夺与归属而引起的。

我们必须明确的是，慕容廆能吸引大量流民的原因，不仅仅是他具有招纳安抚、礼贤下士的作风，同时，他的政治立场也十分鲜明，为广大流民所仰慕。

原来，慕容廆自始至终尊奉晋室，王浚曾经对其封官，而慕容廆拒不接受，回应说："我是大晋的臣子，你一个幽州刺史，凭什么能任命我这么多官衔？"

西晋灭亡后，慕容廆也积极地劝司马睿称帝。此战过后，慕容廆又派人去建康告捷，东晋政府遂任命慕容廆为平州刺史，这相当于把崔毖的职位给了慕容廆。

简要归纳为一句：慕容廆懂政治、识时务。

反观崔毖，他既有得天独厚的"清河崔氏"的招牌，又有吸引流民的资源，可是他不知道该怎样扬长避短，去和慕容廆竞争。为了达成目的，一代名门之后竟做出如此卑劣的行径，岂不贻笑天下？

如果崔毖能稍稍耐住寂寞，情形可能会好得多。就在战后不久，青州的鞠彭带着千余流民，从山东半岛渡过渤海，投奔崔毖。可到达辽西后，他们就傻眼了——人呢？

得知崔毖已经跑路了，他们只能归附了慕容廆。

看看，要是崔毖不搞那些幺蛾子，现在是不是该大笑三声、坐享其成了？

余生两件事，件件都遗憾

就在慕容部势力崛起之时，石勒也基本上在关东站稳了脚跟，他打算与之建交。慕容廆继续秉持"一个晋国"的原则，拒绝了石勒的请求。为了表达自己对东晋的"忠诚"，他还把石勒的使者给绑了，送到了建康。

喂，这就有点过分了啊，连石勒也敢得罪？

石勒果然怒了，奴隶出身的他，最恨被别人瞧不起。他恨不得立刻杀到棘城城下，砍下慕容廆的脑袋！奈何分身乏术，此时他正积攒力量，准备与前赵刘曜决战，至于东北，是真的心有余而力不足了。

但是，石勒也很想出口恶气，他不甘让慕容廆"逍遥法外"。考虑一番，石勒找到了慕容部的死敌宇文部，对宇文乞得归授以官爵，并暗示他道：这次我石勒给你撑腰，在你身后站着的是整个大赵帝国！你快去灭了该死的慕容廆吧！

腰杆挺直的宇文乞得归很干脆地答应了石勒。他再次挑起了两部之间的战争。

经验老到的慕容廆早已经摸清了宇文乞得归的作战思路，这一次也毫无悬念地赢了战争。不仅是完胜，而且还令对手全军覆没、国城沦陷。最终，慕容部掠夺了宇文部数万人口，至于资产和牲畜更是不计其数。

行至暮年，慕容廆可说是老骥伏枥、志得意满，在他的领导下，慕容部俨然成了平州最强大的势力。他只需要再做好两件事情，就可以死而瞑目了。

第一件事，是让东晋政府加封自己为"燕王"。慕容廆早就垂涎"王"这一爵位，为此他多次和东晋朝廷沟通，东晋内部争论纷纷，始终拿不定主意，最后活生生把慕容廆"拖"死了，燕王一事也就这么不了了之了。

第二件事，也是最为重要的事，那就是继承人的问题。这继承人啊，要是选得好，部族就会繁荣昌盛；要是选得不好，部族难免江河日下。所以，选继承人须慎之又慎。

苦思冥想之后，慕容廆以嫡子慕容皝为继承人。从诸多事例可以看出，慕容皝的能力也不算差，但他的继位还是引发了慕容部的再一次内乱。

第五节　慕容家族的症结——继承人问题

立长，还是立嫡？

选择继承人，确实是一个很令人头疼的问题。

绝大多数古代帝王以及部落首领，都在这个问题上犹豫不决，出过问题。这个问题不在于帝王自身的素质如何。很多优秀的帝王，选择了错误的继承人，这在历史上也是屡见不鲜的。

倘是太平盛世还相对好一些，即使选错，也只是对国家的发展相对走向衰落，不至于很快玩儿完——隋朝是个例外。而生逢乱世，一着棋错，则很有可能满盘皆输。

有两个选项摆在慕容廆面前：一个是庶长子慕容翰，一个是嫡子慕容皝。

史称慕容翰"性雄豪，多权略"，"善抚接，爱儒学"，从这12个字，就能隐隐感到慕容翰这个人的大体形象：豪爽大度、敬贤礼士、富于谋略。

总之，他既有一定的文化水平，还很得人心，无论是士大夫还是兵将都喜欢和他在一起。

慕容廆非常器重这个"骁武有雄才"大儿子，几乎所有的征伐，都是以慕容翰作为先锋大将，辽东各个势力没有人不知道慕容翰的大名，他的弟弟慕容仁耳濡目染，一直模仿着他，也多次立下军功。

还不止这些，慕容翰极具政治眼光，其见识总是高人一等。比如，很早之前，他就提出尊奉晋朝的战略方针；再比如，他又以奇兵偷袭宇文悉独官。

而慕容皝呢，对比之下就要逊色很多，并没有特别出彩的表现。那为何慕容廆要放弃文武双全的慕容翰，却选择稍逊一筹的慕容皝当继承人呢？

主要还是因为他妈姓段。

在击败崔毖挑唆三国联军的第二年，慕容廆就选定了慕容皝。在慕容廆看来，慕容皝既有段氏的血脉，便能起到融合两家关系的作用。在这个弱肉强食的乱世里，多一个外援，就能多一点生存的机会。

然而慕容廆还是想多了，他的舅家，是真的靠不住！

除此以外，慕容廆还从自身经历中，总结出了嫡子继承制的经验。不过他似乎忘记了自己年轻时的教训，忘记了有人企图篡夺他的统治权。

也许，他希望慕容翰可以甘心辅佐慕容皝。毕竟慕容翰识大体、有远见、能容人。但是，就算慕容翰甘心臣服于人，慕容皝又能容得下他这个功高盖主的老大哥吗？《阿干之歌》时常被他们家族唱起，想要不重蹈覆辙，得看实际情况。

还有同样是段氏所生的慕容仁。在所有兄弟里面，除了慕容翰，慕容仁谁都不服，他平时就瞧不起慕容皝，兄弟之间矛盾重重。

一场由内忧导致的外患

咸和八年（333），慕容廆寿终正寝，终年65岁。同年，后赵石勒去世，石虎一门心思篡权，慕容皝暂时没有遭受到外部的威胁。

慕容部虽无外患，却有内忧，统治集团内部的危机逐渐浮出水面。

原来，慕容皝狭小的心胸与肚量早已为人所知，慕容翰知道自己终不能为弟所容，又不想陷入手足相残的绝地，于是走上了他父亲的老路——带着自己的儿子投奔了段氏。

同样受到猜忌的慕容仁却没考虑这么多，他与兄弟慕容绍一心想着取代慕容皝的事。

得知慕容仁的阴谋后，慕容皝当然不能容忍。他先是赐死了当作内应的慕容绍，再发兵讨伐驻守辽东的慕容仁。只是他派出的兵将并不是慕容仁的对手，最终落得个惨败收场的结局。

事后，慕容仁割据辽东，慕容氏的版图被一分为二。宇文、段氏唯恐天下不乱，也纷纷倒向慕容仁这边。

慕容皝心里一肚子火——舅家的人不帮自己也就罢了，还明目张胆支持自己的死对头！非得给段氏一点教训不可！

第二年，慕容皝多次进攻段氏的势力范围，挤压段氏的生存空间，意图斩断段氏与慕容仁的联系。段氏本就想挑起战争，这下可算有了借口，再也按捺不住了。

段辽这次是铁了心想要除掉慕容皝。首当其冲的是二部边界的徒河。但令人意外的是，段辽派重兵攻打，却连连碰壁。段辽马上调整战略，派弟弟段兰和慕容翰去打柳城。

短短数日，四面围攻，昼夜不息，柳城告急！

段兰气势如虎，辽东的慕容仁也不得不防。无奈之下，慕容皝只能坐镇棘城，派自己的弟弟慕容汗去支援西线的柳城。

临行前，慕容皝告诫他，对方士气正盛，不要与之决战。这个慕容汗就是上次去打慕容仁的主，他的不少兄弟都被俘虏了，只有他脚底抹油，跑了回来。无语，在这么危急时刻，竟让慕容汗去支援，可见慕容皝手底下是真的无人可用了。

唉，如果慕容翰还在身边，何至于如此穷于应付？

更为讽刺的是，慕容翰此时就在段兰的军营里，理论上，他是慕容部的敌人。

身在曹营心在汉

前文说过，段氏鲜卑最大的长处就是作战勇猛。在野战方面，他们还从没怕过谁，而这也正是慕容皝所担心的。

其实，慕容皝更应该担忧的，是慕容汗的能力。临出发之前的千叮万嘱，出了门就成了耳旁风，慕容汗晕头晕脑地杀向了段兰，这无异于羊入虎口！对于段兰来说，攻城拔寨尚有难度，但是玩硬碰硬却是他求之不得的事情。

末了，慕容汗死伤大半，灰溜溜地跑回去了。这真是，干啥啥不行，逃跑第一名。

到了这个份上，段兰也不执着于柳城了，他决心乘胜追击，直取棘城。

慕容皝不由得呐喊一声：我太难了！

要知道，家底都被慕容汗败光了，他上位也不过一年，根基浅薄，难以服众。更糟糕的是，慕容翰、慕容仁还直接出走，棘城压根儿没有强大的凝聚力！

此时不取，更待何时？段兰也知道这一点，他不禁露出胜券在握的微笑。

正当段兰踌躇满志时，慕容翰却"好心"提醒段兰：我们虽然赢了偏师，但是未能屈其大势，切不可贪功冒进、孤军深入，一旦中了埋伏，可就得不偿失了啊。

嘿嘿！你确定是只赢了偏师？你确定是未能屈其大势？敌我双方的力量已经很明显了。哪个地方能埋伏人马，你慕容翰从小在这儿长大的，还不知道吗？

慕容翰理由看似充分，实则不值一驳。究其原因，还是因为慕容翰"身在曹营心在汉"，说到底，他怨的也只是慕容皝而已。

段兰也并非不想给慕容翰面子，但他却是个心直口快之人，遂一针见血地把慕容翰的小心思戳了出来："你啊，是怕你们慕容氏被灭国吧！放心，灭了慕容皝，立崇拜你的慕容仁为国君，终究不会亏待你的，更不会让你们慕容氏绝嗣。"

慕容翰盯着段兰，脸色有些泛红，甚至感觉空气都凝固了。

太尴尬了！慕容翰不免恼羞成怒："慕容皝是否亡国，与我有什么关系？我这都是为你们好，爱信不信，不信拉倒！"说完就带着自己的部队回去了。

突然来了这么一出，段兰也蒙了，他甚至怀疑自己是不是太多心了。因为兵力锐减，段兰也只能无功返回。这一次拯救慕容氏的人，又是慕容翰。

慕容皝就这么稀里糊涂地躲过一场灭顶之灾。他甚至不清楚段兰为何半路退兵。

说到这里我们不禁要问，东边的慕容仁在干什么？答案是，什么也没干。

表面上，慕容仁和段氏鲜卑达成了联盟，但双方貌合神离，缺乏默契与沟通，都是彼此各自作战，从不曾联手出兵。这也注定了慕容仁会失败。

对峙了两年，双方相持不下，或许以后会这样长期拉锯下去。

直到突然有一天，那个他以前瞧不起的慕容皝，亲自带领着大部队，从渤海的冰面上奔跑三百里，如同神兵天降一般出现在慕容仁面前时，慕容仁方才明白，到底谁更适合去当领袖。

慕容仁兵败如山倒。擒杀弟弟之后，慕容皝终于站稳了脚跟。

但他不会就此满足，持续地对段氏和宇文作战的胜利，使他的威望进一步增强。不过，他仍旧无法征服二部，他清醒地认识到，自己的实力依然不够，需要借助外援。

于是，他迈出了危险而又大胆的一步——联合石虎。

第六节　石虎北伐，危机四伏

黑吃黑，强盗碰着贼老爷

倚坐在邺宫的御座上，石虎收到了慕容皝的来信。

在信中，慕容皝请求石虎共同出兵，消灭段氏鲜卑。为了表达诚意，慕容皝特意向后赵称藩，并且还要把他那个没用的弟弟慕容汗派去当人质。嗯，左右是个废物，不用白不用。

石虎骤然得到慕容皝的示好信号，兴奋不已，旋即满口答应。双方约定明年同时举兵，进攻段辽。石虎为何这么好说话呢？当年石勒都没拿下慕容廆，如今慕容皝主动称藩，这不是能证明自己比老皇帝优秀吗？被人巴结的感觉，真美妙！

石虎只需要慕容皝的巴结，至于慕容汗这个饭桶，就不要过来浪费后赵的粮食了。石虎露出一张嫌弃脸，表示不缺这么一个可有可无的人质。

是不是感觉有些不对劲？

想当年，慕容廆痛定思痛，一直都尊奉着晋朝，而今慕容皝刚接受了晋朝的官爵，怎么突然来了个180度的转弯，开始向后赵称臣了？难道只有这一条路走吗？再说了，慕容皝怎能确定，石虎会放下双方的宿怨，乐于接受他的称藩呢？

还是一句老话，没有永远的盟友，也没有永远的敌人，只有永远的利益。此理古今皆然。利益，便是给石虎、慕容皝"结姻"的红娘。

这个时候，后赵在西线、南线战场上始终无法打开局面，而它在东北地区一直被段辽骚扰。石虎心里很窝火，但却无暇顾及。若是跟慕容皝合作，借此机会染指辽西，怎么看都是一笔合算的买卖。

甚至说……

石虎阴恻恻地笑了：可以来一个黑吃黑，顺手把慕容皝也灭了，吞并辽东。

到那个时候，后赵的地盘、人口、马匹，以及各种资源，岂不是要多少有多少？

想着想着，石虎连做梦都会笑醒。

第二年，石虎集结了近二十万军队北伐段辽。

对于这场战争，石虎十分重视，他亲自出马，率军北上。与此同时，慕容皝趁机攻掠段部国都令支以北的城池。倏然间，南北两个方向都遭遇了袭击，段辽打算防守北边的慕容皝。

当下进入了备战状态，气氛紧张到了极点，可头次闹脾气撤兵的慕容翰，又劝段辽不要同时防御，应全力抵抗南面后赵的入侵。这个建议，甭管有理无理，都被段兰断然否决了。段兰怒容满面，斥道："都怪你当年赌气撤退，才造成今天这个局面！"

这一次，慕容翰是真的为段辽好。

一切如慕容翰所料，段兰果真中了埋伏，打不赢慕容皝不说，段部的南线已来不及去部署了，石虎势如破竹，如入无人之境。不得已，段氏兄弟放弃国都令支，去密云山避难，临走前，段辽还对慕容翰说了一句抱歉，让他自谋生路。

怎么办好呢？既不能跟段辽，又不能回慕容部，慕容翰则投奔了宇文部。

几天后，后赵轻松进入了令支城，令支以南的版图全为后赵所有。石虎并不满足，因为令支以北的地盘还在"盟友"慕容皝的手中，是时候该伸手抢过来了。

石虎借口慕容皝没有主动过来合兵，直接掉转枪头，开始攻击慕容皝。

兵临城下，防守反击

这个结果，慕容皝之前想到过吗？

笔者认为没有。或者说，他低估了邀请石虎所要承受的风险。

你看，面对后赵几十万大军压境，慕容皝的第一反应居然是逃跑！完全没有意料之中、成竹在胸的样子。

本以为抱住了一条大腿，没想到这条大腿竟然把自己给踹飞了。什么叫开门揖盗？什么叫引狼入室？这不是搬起石头砸了自己的脚吗！

后赵的战斗力绝非宇文部能比。石虎沿路招降，有三十六城先后投降。棘城，很快出现在石虎的视野里。

兵临城下，慕容皝这次是真害怕了，直到这三人发话——

慕舆根："稳固防守，伺机进攻，形势恶化，跑也不迟。"

刘佩："激励士气，消除恐惧，亲自出击，缓解压力。"

封奕："攻守异体，防守有余，假以时日，敌方自乱。"

如果说，慕舆根的话，让慕容皝将信将疑地中止了逃跑的想法；如果说，刘佩率领敢死队杀出城门颇有斩获的战果，让慕容皝稍微心安；那么，封奕的话则让慕容皝吃下了定心丸。

看过足球比赛吗？全场摆大巴，守住 0 比 0，就算我们赢了。

守，那就守吧……这边在"守"，那边却不停地强攻。

有道是，"一鼓作气，再而衰，三而竭"，后赵全力攻城十多天，始终无法找到突破口。疲惫之师，补给方面又不能跟上，后赵士气有所动摇。

这下子，慕容皝可高兴了，他忙遣出第四子慕容恪率领两千人突袭赵军，赵军不敌而退。慕容恪乘胜追击，斩首三万人。石虎长叹一声，被迫班师回邺。

此战中，作为先锋的慕容恪只有十五岁，可谓少年英雄，一战成名。往后，他还有更为精彩的表现。

彼时，后赵各路军队都弃甲而溃，只有冉闵的一支部队有序撤退，没有受到大的创伤。

这是冉闵与慕容恪的第一次交锋，但不是最后一次。在不久的将来，两人会再次在战场上相遇，上演惊心动魄的终极对抗。

这一次战败过后，后赵再也没有力量发动如此规模的北伐战争，它基本上丧失了对慕容皝的束缚力。换句话说，慕容皝反败为胜后，双方陷入长期的拉锯战。

击败石虎，慕容皝自然志得意满。他要携胜者之豪气，去完成先父未竟的心愿：走起！找东晋讨要大晋燕王的封号去！

与以往一样，东晋政府又一次陷入了长时间的讨论中，直到咸康七年（341），东晋才正式加封慕容皝为燕王。

归来吧，英雄！

慕容皝荣誉加身，自是满面春风。

只是有个问题，一直萦绕在他的心口，始终无法确认答案。

当年……当年段兰击败慕容汗，为何无故退兵了？完全不合常理。难道是？难道是慕容翰说了什么吗？那他呢？他现在在哪儿呢？他还愿意回来吗？

经过打探，慕容皝终于得知，慕容翰现在已经投奔了宇文部。可是，纵然他肯接回大哥，对方又能认得他吗？据探子所说，他的大哥慕容翰已经"疯"了。

慕容皝不甘心，他派出商人王车再去打探，要求他务必见到慕容翰本人。

于是，就出现了"战争剧"一般的画面：打扮成商人样子的王车，一边叫卖，一边走近了慕容翰，向他"推荐"自己的商品，并暗中观察着他的行为举止。而"疯疯癫癫"的慕容翰也意识到这是自己国的人。

他没有说话，只对王车做了一个动作：点头抚胸。

这是一个极其明显的信号：慕容翰想回来，他想回家！

所谓的"疯"，只是装出来的样子罢了，因为宇文逸豆归妒忌他的才能，不仅不任用他，还处处刁难他。

得知实情后，他再次派出王车，去迎接慕容翰回归。为了他能顺利回归，慕容皝还给他配备了一把弓，一把只有慕容翰才能使用的弓：三石弓。

根据天津市博物馆馆藏的"太康铜升"可推算，晋制每斤约合 347 克，算下来，三石大约为 124.92 千克，相当于我们现在的 250 斤！

单单拉开这把弓就需要 250 斤的力量，然后还要瞄准、发射。这样的力道，世间罕有。慕容翰果非一般人物。

慕容翰寻机偷走了宇文逸豆归的名马（给后辈们留下了"光荣传统"，后文还会提及），带着儿子找到了王车事先藏好的弓箭，一路南奔。

流浪的日子终于熬了过去，苦命的娃终于可以回家。那是怎样的心情啊！

漂泊在外，备受欺凌，一身的才华与抱负，却得不到施展。只有那漫长与无尽的黑夜，愿意去聆听他那无处可诉的苦衷……

狂奔！狂奔！狂奔！

飞奔的马儿扬起漫天的黄沙，有如他的心里涌起的翻天巨浪。是的，好久好久，没有这种急切与躁动了。他心潮澎湃，恨不得下一秒立刻到达棘城，立刻拥抱他的弟弟，立刻吃上一顿故乡的饭菜……

自古好事多磨，宇文逸豆归岂能让慕容翰轻易如愿？

他立马派了百余人去追击慕容翰。眼见就要追上，慕容翰突然停了下来，掉转了马头。

追兵都流露出了笑意：他们觉得慕容翰会投降，乖乖跟着自己回去。

"我长久在外，现在可以回乡，就不会再回到你们那里了。之前我只是装疯卖傻，身上的功夫可没丢，你们不要来送死！"慕容翰如是说。

追兵呵呵一笑，不以为然，心道：你就是再厉害，一个人能敌过我们一百多人？

他们再次逼近慕容翰。

见此情形，慕容翰便横出了那把三石弓，再次警告对方："我在你们的国家居住了很久，心有余念，我不想杀你们！"

他和对方打一个赌：让对方在地上插下一把刀，他自己在百步之外发弓射箭。若能射中刀，就不要来追了；若射不中，随便来追。

追兵满口答应，把刀插在了地上。慕容翰一箭正中刀环。这与"正中靶心""百步穿杨"的手法一样厉害，令人叹为观止。

所有人都愣住了，他们相信了慕容翰之前说过的话：因为宇文氏曾对慕容翰有恩，所以慕容翰不想杀死他们。他本质上是个内心柔软的男人。刚刚他只是把箭对准了刀环，而不是引向无辜的兵卒。

眼见慕容翰拿出了真功夫，识趣的追骑只能四散而去。随之散去的，还有长久以来萦绕在慕容翰心头的尘霾。在仰头的那一瞬，他似乎触到了温暖如春的阳光。

这个内心柔软的男人，拥有着永不生疏的作战技能，永不褪色的故国之思。他等这一天，到底等了多久了啊？

家，就在前方，无人能够阻挡他回家的脚步！

第六章

后赵、前燕、冉魏之间的混战

石虎晚年，围绕着继承人的问题，后赵内部争斗不断。各方势力明争暗夺，伺机在石虎死后占得政治先机。梁犊起义则彻底拉开了后赵末年动乱的序幕。

随着内斗加剧，石虎诸子逐一消亡，冉闵、刘显等人的粉墨登场，使这个乱世中的乱世变得毫无希望：杀伐、屠戮、人吃人……路在何方？

北方的慕容鲜卑一族趁势入主中原，成为这场混战的最终胜利者。

——引言

第一节　一统辽东——传奇的开始，繁华的落幕

破高丽，灭宇文

慕容翰的回归，使慕容皝如虎添翼。不久，他迁都龙城，开始了南下中原的准备。

但是先别急，后赵虽然江河日下，但毕竟瘦死的骆驼比马大，不是说灭就能灭的。当务之急，是要解决掉后顾之忧。如今，段氏已被消灭了，但宇文氏和高句丽仍然健在。只有消灭它俩，稳定好后方，才可保障南下中原时，身后不被捅娄子。

先打谁？当然是高句丽。

慕容翰毫无保留地献策："高句丽强，宇文氏弱。要是我们先打宇文，肯定能打下来，但高句丽必然会来救场，到时我们的守军就会陷入两难中，少则无以御，多则无所出。反过来，要是我们先打高句丽，宇文却不会出援兵，相当于我们只有一个敌人。所以，等灭了高句丽，再来打宇文，就易如反掌了！"

紧接着，慕容翰给慕容皝展望了未来："二国既平，利尽东海。国富兵强，无返顾之忧，然后中原可图也。"慕容皝欣然允之。

通往高句丽有南、北两条路可走，前者宽阔，后者狭窄。因此，大家都想走北路，但慕容翰却提出了不同的看法：偏师走北路，吸引敌方主力；精锐走南路，出其不意，直取其国都。

战事的发展和慕容翰料想的一样，高句丽人只有小股部队驻守南路。慕容皝以慕容翰、慕容霸（慕容皝第五子）作为先锋大将，承担着摧城拔寨的任务。

又一次穿上了熟悉的军服，指挥着自己的军队，来到阔别已久的战场，这种兴奋感溢于言表。慕容翰戎马一生，却从未如现在这般斗志昂扬、意气风发。

至于他的小搭档慕容霸，不仅让他也让我们后世的所有人啧啧称奇。

这个人，年仅 13 岁的时候就已"勇冠三军"！从年龄上看，这分明就是一

173

个六七年级的学生。但是，此时他却已拿起了尖刀，锋芒毕露。而这，只是他叱咤风云的开始，传奇人生的起航，英雄悲歌的前奏。

顺便说一句，虽然慕容霸（后改为慕容垂）是慕容皝的儿子。但数遍慕容家族，最像慕容翰的人就是慕容霸了。是真的像，无论其勇武、谋略、威望、号召力，还是对亲情的珍视（宁受委屈也不愿搞内讧），乃至冰清玉洁的人品、坎坷的人生经历，都极为相似。

甚至于慕容垂的儿子偷马的金蝉脱壳之计，有可能就是从慕容翰的故事中得到了启发。不难明白，慕容翰正潜移默化地影响着他最有才华的外甥。

说回到战场上。

由于高句丽人的布防重心都在北路，南路的人马明显抵挡不住燕军的主力，被突破也是情理之中，何况对方阵中还有老而弥坚的慕容翰和一生从无败绩的慕容霸。

就这样，北路的厮杀还没结束，南路的慕容翰便已攻破了高句丽的都城……

由于高句丽偏远，不宜戍守，慕容皝把国库的财宝全都拿走，又把他们华丽的宫殿一把火烧了，劫掠五万多人口回龙城。至于说，那位躲进深山的高句丽王高钊，没关系，把他父母抓走当人质不就行了。

可是问题来了，人家的爹早就死了，只剩下了一个母亲。那也不打紧，把他爹坟头挖了，尸骨带走。把事做绝，还怕他不来投降？慕容皝的毒辣可见一斑。

果然，第二年，高钊派人来称臣了。贡献无数珍宝，只为乞回父母，但是，慕容皝只给了他父亲的尸骨，没有归还他的母亲。很显然，活人是可以继续当人质的。

高钊恨得咬牙切齿："总有一天，你们会遭报应的！"

摆平了高句丽，下一个就是宇文逸豆归了，但不少人都不抱信心。就拿大将高翊来说吧，他在出征前曾预言道："伐之必克；然不利于将。"并坦言，这次出征自己恐怕是回不来了。

慕容皝以慕容翰为先锋大将，刘佩为副将。这么安排是有道理的。慕容翰在装疯卖傻之时，早已把山川地形了记于胸，让他去当主将，再适合不过。

宇文逸豆归对此格外重视，他尽遣精锐，派出第一猛将涉夜干前去迎敌。

慕容皝一听这事儿，心里也有些打鼓，不由得提醒慕容翰避其锋芒。慕容翰自有考虑——只要拿下涉夜干，对方自会不战而溃。

且说，慕容翰亲自出马冲锋陷阵，涉夜干毫不示弱，正面迎接慕容翰的挑战。就在两军交战正酣之时，慕容霸忽从斜刺里杀出，直斩涉夜干。

好了，主将阵亡，没了主心骨，军队果然溃败了。燕军乘胜追击，攻克宇文氏的都城。宇文逸豆归趁乱而逃，最终死于漠北。燕国拓地千里，尽收其物资。

史书轻描淡写慕容皝大获全胜的背后，掩盖了此战的惨烈程度。其实，若非及时斩杀了涉夜干，燕军也未必能取胜。对比两场战争，前者是以巧取胜，后者则是以正面硬刚的姿态展开，损失在所难免。

此战中，高翊"不利于将"的预言得到了验证：高翊、副将刘佩都中箭阵亡，慕容翰也中箭受伤，长期卧床养病。

所以说，此役燕军也只是惨胜而已，但这之后，辽东再也没有能威胁到慕容皝的势力了。

没有余恨，命也奈何！

论功行赏，慕容翰必是第一功臣。无论是策略还是战斗力，慕容翰都无可挑剔。

捍卫着国家的"慕容捍"，震撼着敌国的"慕容撼"，无偿地奉献着自己的才智，为慕容氏走向辉煌铺平了道路，带给国家所有人无比的安全感。

而唯一没有安全感的人，大概只有慕容皝吧。

"狡兔死，走狗烹；飞鸟尽，良弓藏；敌国破，谋臣亡。"这是很多帝王都过不了的关。当所有人仰慕慕容翰时，慕容皝的心里只剩下无限的猜忌与恐惧。

他还是一如既往地有号召力，有着动人的人格魅力、出众的才华、独到的眼光、勇健的身躯，几乎趋近于完美。这么优秀的人，会甘心久居人下吗？每每想到这一点，慕容皝就觉得自惭形秽。

有道是，"欲加之罪，何患无辞"，慕容翰大伤初愈，试着练习骑马，旋即被慕容皝以试图造反的罪名赐死。

慕容翰临终说道："翰怀疑外奔，罪不容诛，不能以骸骨委贼庭，故归罪有司。天慈曲愍，不肆之市朝，今日之死，翰之生也。但逆胡跨据神州，中原未靖，翰常克心自誓，志吞丑虏，上成先王遗旨，下谢山海之责。不图此心不遂，没有余恨，命也奈何！"

无须翻译成白话。简短的遗言中，没有抗争与抱怨，有的只是万般的无奈与不甘、悲情与遗憾。这就是命，慕容翰终归成了"慕容憾"。

即便死去，他的品质，他的作风，依然潜移默化地影响着家族。

二十多年后，燕国迎来生死存亡的枋头之战，当慕容垂击败一世枭雄桓温后，却被当权者猜忌，他不愿"骨肉相残，首乱于国"，只好投奔前秦。在苻坚淝水之战失利，所有人都劝慕容垂趁机除掉苻坚时，慕容垂却绝不去恩将仇报，杀死曾经的恩主。

也许，这种高风亮节的人品在那个人心不古的时代不仅得不到理解，甚至还会产生副作用。当历史褪去尔虞我诈的博弈与争斗，笔者窥见的是那金子般的品质与人性的光辉。

"真龙天子" 慕容皝

在消灭宇文逸豆归的第二年（345），慕容皝开始制造舆论。

不日后，民间有"传言"说，在龙山出现了一条黑龙与一条白龙，二龙互相交缠、飞舞戏游，最后丢下龙角离开……

龙，是什么概念？大家心领神会。龙城附近的龙山出现了二龙，又是什么概念？这自然是真龙天子诞生的瑞兆了。

一传十，十传百。这事很快上了"热搜"，加上"官方"炒作，就连那半信半疑的人，也认为慕容皝称帝是天命所归了。

见时机成熟，慕容皝遂于当年十二月，以古代诸侯的方式即位，不再使用东晋年号，称为元年。他在进一步向"真龙天子"的位置靠近。可惜的是，尽管他很努力，但这个"真龙天子"却不是他。

两年后，慕容皝打猎时，受惊堕马受伤，不久病亡，终年五十二岁，在位十五年。他的儿子慕容儁即位。

如何去评价慕容皝的一生？

其一，他是一名优秀的军事家。他在位期间，化解了慕容氏的生存危机。走冰面跨海奇袭慕容仁；击退石虎数十万大军，并多次骚扰石赵北境，破坏储备的粮食，使之无力北伐；消灭段氏、宇文，迫使高句丽、扶余国臣服，使慕容燕不再有外患。

其二，他是一名优秀的政治家。慕容皝先是向石虎称藩，而后公然称王，又通过外交手腕，让东晋正式册封燕王，可谓灵活多变，智计过人。再者，他迁都龙城（咸康七年，即341）、制龙舆论、抛弃东晋年号等措施，为儿子慕容儁称帝做足了准备。

其三，他是一名优秀的君王。虽然战功赫赫，但他并非穷兵黩武。慕容皝时期几乎完全摆脱了游牧民族的生活方式。他大力屯田，发展农业，"躬巡郡县，劝课农桑"，体恤民情，在旱灾之时，罢免百姓田租。对远道而来的流民，进行合理的安置，并通过侨置郡县，进行直接的管理与控制，在充实人口的前提下，消除了大族对其政权可能构成的威胁。慕容皝还很重视教育事业与人才的选拔，他经常亲自去学校考查学生，进行选拔提任。须知，一个乱世的小政权在急需扩张地盘的时候，能做到这些，是难能可贵的。

然而，对兄弟的残忍与猜忌，也导致他走向了歧路。个人德行不够，也是其执政的一个污点，并对他的接班人造成了一定的影响。

说来也巧，慕容廆和石勒同时死于公元333年。慕容皝死于348年，而石虎在慕容皝死后的第二年，也就是公元349年，也跟着离开了人世。

在石虎统治的末期，后赵已是"山雨欲来风满楼"。在他死后，这个国家便在内忧外患中土崩瓦解了。现在，让我们转移视角，去看看中原地区的动荡与纷争。

第二节　是谁，打开了潘多拉魔盒

天伦之乐？你想多了

古希腊神话中，有一个叫作"潘多拉魔盒"的故事，说的是宙斯创造的女神潘多拉报复人类的故事。

这个潘多拉，拥有颠倒众生的魅力，她打开了众神赠她的魔盒，把这盒子里收藏的贪婪、虚伪、诽谤、嫉妒等人间邪恶，全都释放了出来。不过，这盒子里还有希望这样的美好事物。只可惜，潘多拉还没有释放出希望，便关掉了魔盒。

这个潘多拉魔盒，被喻指为"灾祸之源"。

我们现在要说的后赵君主石虎，俨如打开了潘多拉魔盒的"女神"。后赵后期的贪婪、虚伪、诽谤、嫉妒，乃至于暴戾、虐杀，都是他释放出来的。

时间一天天过去，石虎也渐渐老去。

晚年的石虎登上陵霄观的最高处，看着太子石宣乘坐大车、高举天子旗帜，率领着十六路军队（十八万士兵）浩浩荡荡，鱼鱼雅雅地拥出邺城，不无得意地说："我家父子如此，除非天崩地陷，还有什么可忧愁的呢？我只管抱着孙子，每天享受天伦之乐就行了。"

是的，你没听错，对于一个年过半百的老人来说，这样的愿望再正常不过，即使是残暴的石虎也不例外。

无论是帝王将相，还是寻常百姓，年老之后，都会期冀着儿孙欢聚一堂、其乐融融的场景。

只是这个愿望对于石虎一家来说，显得太过奢侈。就拿石虎的第二任太子石宣来说吧，自他继为储君之后，便与兄弟石韬展开了一番恶斗，而这恶斗一点点耗去了石虎的心力。

在描述这哥俩的恩怨情仇之前，容笔者先介绍一下石宣的"前任"，即石虎的第一任太子石邃。

且说，石虎篡位后，立他的长子石邃为太子，并给予他使持节、侍中、都督中外诸军事、大将军、录尚书事这些握有实权的职位。很显然，石虎起初对石邃是寄予厚望的。

因为信任，石虎将权力下放，让石邃总览百揆，审阅批奏尚书省所呈报的事情。只有祭祀天地、任命州牧、征伐刑杀等重大的事情，才由石虎亲自处理。

看上去，颇有北魏前期"太子监国"制度的味道。但石虎真有这么长远的眼光？

答案是否定的。他只是不想因处理政务而耽误他享乐的时间。什么打猎啊，修建宫殿啊，四处巡游啊，都需要大把的时间，那些繁芜的政务自然就扔给太子了。

对于这种运作模式，石虎最初还是比较满意。他经常对大臣说："晋朝司马氏父子兄弟互相残杀，朕才得以有了今天。朕岂能有去杀害石邃的道理？"

真是一语成谶。

想当冒顿的男人

他不知道，权势滔天的石邃颇为得意，私生活越发不检点，其荒淫与残忍的程度甚至超过其父。如果只是打猎游玩，倒也罢了。可怕的是，他还把宫臣的家当作自己的家，把宫臣的妻妾当成了自己的妻妾……这画面太乱，不敢想象。

更可怕的是，看见美貌的宫女，他便命人家打扮起来，然后砍下头颅、洗干净血，放在盘子上，给宾客"欣赏"……

这也不算最重口味的。有时，他甚至连尼姑都不放过，侮辱之后还要把尼姑杀死切片，与牛肉羊肉一起煮着吃。不仅自己吃，还要"赏赐"他身边的人，让他们"分甘同味"。

想必大家对石邃的性格有个基本的判断了：狠毒、残忍、嗜杀、暴躁……

是的，在他眼中，不存在什么良知，不把任何人放在眼里，包括他的父亲和他的兄弟。

石虎对太子石邃的行为颇有耳闻。虽然表面不说他什么，但始终还是有些硌硬。因此，石宣、石韬逐渐受到了石虎的宠爱。石邃对此非常不满，对两个弟弟恨之入骨。

最令他捉摸不透，乃至于万般恐惧的，是石虎那喜怒无常的态度。

往往，当石邃把政事向石虎上报时，石虎把眉头一皱："这种小事还需要告诉我？你自己不会决断？"被父亲训斥一顿后，石邃唯唯而退。

吃一堑长一智，石邃不想再被骂得灰头土脸，便不再将政事上报给石虎。哪知这又触了石虎的雷区。石虎得知太子竟然自断政务，不禁疑怒交加，亲自质问石邃："为何还没告诉我，就擅自做主？"

这次，可不是口头的责骂了，石虎拿着棍棒教训儿子，打得吭哧吭哧。石邃饱受皮肉之苦，浓重的血腥味洇入他的鼻息，撩起他内心深处的恨意。这样的事，一个月内发生了好几次。

言及此，不难看出石虎的教育方式大有问题，"上梁不正下梁歪"是一方面——石虎本就残暴不仁，典型的双重标准则更是不可取。然而，依石虎的性格，根本不会躬身自省。

石邃太难了啊，心里无数次吐槽：我就不要面子吗？

如果他不奏政事，石虎就认为这是在蔑视他，一顿责打难受得要命；当石邃如实上报时，"惩罚"的力度就会小很多。由此可见，石虎担心的，就是自己被"蒙蔽"。是的，在石虎的价值体系里，他不容许任何人无视他的存在，挑战他的权威。

面对父亲的"双标"，石邃痛恨不已，气怒之时他甚至对手下说，他想做冒顿做过的事情！冒顿曾做过什么大事？众所周知，他亲手杀死了自己的父亲。

不过，石邃想要发动宫变，有可能实现吗？答案无疑是否定的。石邃有这个心，也有这个胆，但独独没有这种执行能力，换句话说，他就不是一个富有政治头脑的人。

脑子锈了，会有怎样的操作？

不信，咱们来看看石邃的后续动作。

他先是称病请假，不再参与朝政，又秘密带领着五百多名文武官员到李颜家喝酒。酒过三巡，他当众说："我想去冀州杀死石宣，在场的各位都要跟着我去，不服从的就斩首。"

那一刻，酒席上所有人都蒙了，千年之后的笔者也蒙了。

这位太子爷，你不是要当冒顿吗？怎么又要改杀石宣了？你的目标到底是谁？说实在的，你都是太子了，有什么可急的？

韬光养晦，熬死石虎。当上皇帝后，处死石宣也不是什么难事！你还担心个啥，你眼皮子底下又没有杨广（杨坚太子本为杨勇）这样的人物！再说了，就算你迫不及待地想干掉石宣，大可搞"暗杀"啊！

跟着一个"想一出是一出"的主，大家也是很无奈的，但因受到生命的威胁，一伙人也只能勉强跟着石邃上路了。可笑的是，这还没走几里地呢，一大半的人都跑掉了。

这刺杀队伍好看极了，只有醉醺醺的石邃还兀自哼着小曲继续往前走。李颜眼见不能再这么继续荒唐下去了，好说歹说，才把石邃劝回去。

就说吧，这么大的阵仗，能瞒得住谁？一夕之间，很多人都知道了石邃的"阴谋"，其中就包括石邃的母亲郑樱桃。郑樱桃被吓了一跳，她这一生虽害了不少人，但还是觉得自己宝贝儿子的做法太过荒谬。她立刻派人代她批评石邃。石邃正在火头上，拒不接受批评。

不接受批评倒也罢了，还一刀杀死了来人。

冤，真是太冤了！

那一头，石虎本不愿相信外间的流言，他还准备去探望一下石邃的"病情"。在得到左右的提醒之后，才放弃这一计划，长叹一声："父子之间难道都不能相互信任吗？"石虎旋即派了一个信任的女尚书去探望石邃。

此时，石邃眼中喷火，胸中嗜血，竟又一次把人给杀了。此时的他，估计已经完全自闭了。他的举动，完全断绝了父子和解的可能性。

石虎暴怒不已，立刻拘捕李颜，亲自审问。李颜吓得魂飞九天，把石邃的言行举止全都抖了出来。听了这话，石虎怒不可遏，痛恨不肖子之余，更悔恨自己竟把这样的人当作继承人来培养。

过了一会儿，石虎又不甘心地想，石邃能有今日，一定是被那些坏人教唆的，只要杀了他们，儿子就还是好儿子。随后，李颜等三十多个"坏人"尽数被杀，至于石邃，只得到了软禁的处分。很显然，石虎不想杀石邃，他只想让儿子好好反省一下自己。

果然，没几天，石邃就被放了出来。

石虎让他去太极东堂朝见，但重获自由的石邃脑子彻底锈了，并不认为自己有什么过错。到了东堂也没有对父亲谢罪的意思，很快就离开了。石虎郁闷了，他又派人告诉石邃："太子入朝，不应该去见见皇后吗？"石邃头也不回地径直出了宫。

笔者只能说，这哥们真是任性。没有悔过之意也就罢了，连做做戏都不可以吗？赤裸裸地挑衅石虎的威严，会有什么样的后果，你到底知道不知道？

这一次，石虎没有再原谅他，他冷着脸，给出了他的判决。

石邃被废为庶人，当晚获死，陪葬的还有他一家二十六口。所有的尸体，都被丢在一口棺材里。除此以外，石邃所谓的同党二百多人，一个不留，全部被杀。

至于石邃的母亲郑樱桃，她仅仅当了八个月的皇后，连屁股都还没坐热，就被废为东海王妃。

其实，除了石邃是罪有应得之外，绝大部分人都很无辜，包括之前的李颜等人。因为他们并不支持石邃谋刺兄弟的行动啊。

唉，石虎暴怒起来，真是完全没有理智。石邃与他，不过是半斤八两，彼此彼此。

杀死石邃后，石宣被立为太子。那么，这个新太子上位之后，是否能令石虎放心呢？

第三节　太子被诛，石虎病危

"雨露均沾"，是治国之道吗？

新太子石宣就位后，石虎最开始还是比较放心的。他让石宣和石韬轮流处理尚书省的奏事，也赋予了他们独自决定赏罚的权力，并且不必向他汇报。

这权力较之石邃时期，似乎还有了升级，只是二石轮流理政，不致让权力集中在一个人手中罢了。但这就真的能提防种种变乱吗？不见得。不知石虎是怎么想的，石邃的教训过去了也没几日。可能吧，对于石虎来说，再大的教训都不足为诫，无论什么都不能耽误他玩的时间。

此时，石虎打猎越来越上瘾，越来越没有节制。他经常是天还没亮就精神矍铄地出去，入夜才神采奕奕地回来。在他收到臣子谏言的时候，石虎也只表示"你说得对，当赏"，回头依旧我行我素，继续嬉游玩乐。

看看，连一国之主都不思进取，后赵怎能不江河日下、日与剧衰呢？

至于石宣和石韬（包括之前的石邃），则完全继承了他父亲的基因，一样的骄奢嗜酒，一样的无心理政。"二石"解决问题的方式也如出一辙：交给宠臣令申扁去处理。

好了，既然父子三人都没时间关心国家大事，中谒者令申扁就"责无旁贷"

地担起了大任——准确说是大权独揽。自此，九卿以下的官员都对他望尘而拜，唯有郑系、崔约等十余人不愿屈从。

这很危险。后赵国内，谁不知与令申扁过不去，就等于跟他的后台石宣过不去，郑、崔等人就不怕吗？自然是有些怕的，但要在深恶痛绝的人跟前伏低做小，这也太难了。

崔约决定从心所欲，但不久后他就倒了大霉。

原来，太子詹事孙珍眼睛一直疼痛，就问崔约如何治疗。崔约开玩笑说："向眼里灌尿就能痊愈。"孙珍不解。崔约解释说："你的眼窝凹陷得深，正适合灌尿。"眼窝凹陷，正是羯人的特征之一，在石虎诸子中石宣的这个特征最为明显。

孙珍也是个唯恐天下不乱的人，转首就向石宣告了状。石宣盛怒之下，诛杀了崔约父子，崔约可说是上演了现实版的"祸从口出"，但咱们要搞清楚一点，戏谑之错罪不至死。更何况崔约贵为侍中，是门下省的长官，又怎么能说杀就杀呢？

打这以后，孙珍也成了大家不敢得罪的人。

看样子，石宣也是个残暴之人，他不仅是残暴，奢靡的作风完全不亚其父，带队出巡的事最能体现这一点：石虎命令石宣到各地山川祈福，顺便巡行打猎。

于是，就有了笔者本章开头所描绘的那一幕：石虎看到石宣带领着威风凛凛的十八万的军队，笑着说出儿孙绕膝尽享天伦的晚年愿景。

先不说这愿景能否实现，只看石宣祈福、打猎的阵仗，就知他不是个让人放心的人。

他每到一个地方停留，就令人围出一个类似矩形的猎场，这个猎场四边都有一百多里，排场相当大。他打猎方式也是异常的"清新脱俗"：先是把附近的禽兽汇作一处，再让人在外围围成很大的一个圈。到了晚上，火炬把周围照得如同白昼，石宣这才命令骑兵向中间的禽兽射箭，他自己则与姬妾们在车上一起"欣赏"猎物们的挣扎与嘶吼。

这期间，若有猎物冲出了包围圈，那么是从谁的方位跑出去的，谁就免不了被没收马匹、徒步走一天、抽一百鞭子等惩罚。石宣连日折腾下来，一万多名士兵被冻死，所经之处三个州十五个郡，资产都被挥霍一空。

等等，是不是有哪里不对劲？是的，石宣此行的主要任务，是祈福。他现在的所作所为，算是什么呢？但石虎不认为儿子耽误了正事，相反，他见石宣玩得流连忘返、不亦乐乎，认为他亏了儿子石韬，便出言让石韬也去巡游一把。

呵呵，傻眼了吧。傻眼的不只是我们，石宣早就傻眼了，不只傻眼，还十分不满。分权理政也就是了，只有太子才能享受的巡游之乐，他石韬也想沾沾？

兄弟阋墙，人伦悲剧

其实，石宣和石韬，这哥俩的矛盾早已生成，并非因这次巡游而引发。

虽说石宣是太子，但石虎更喜爱石韬。立了石宣之后，石虎有些后悔，他甚至曾经一度想废掉石宣，改立石韬。只因为历史上废长立幼的教训比比皆是，石虎才拿捏不定主意。

有一次，石宣违背了石虎的旨意，石虎怒不可遏地说："悔不立石韬！"

优秀的政治家显然不会把这种话说出口。废立太子，无论你是否决定执行，或者只是有这个想法，烂在肚子里是最佳的选择，至多也只是和少数几个近臣商议。这虽然是简简单单的一句话，它的政治意义非同一般。

巡游之后，石宣越来越忌恨石韬；石韬也越来越肆无忌惮，他开始无视石宣的存在。

比如说，石韬在太尉府修建了一所殿堂，起名叫"宣光殿"，横梁长达九丈。这明显就是在挑衅石宣。石宣是储君，在取名上面避讳一下是起码的尊重。可石韬偏说不，我就要叫宣光殿，不满意你就来咬我呀。

这不是挑事吗？果然，被激怒的石宣当即残杀了工匠，砍断了横梁。事后，石韬又把横梁加长到十丈，丝毫没有妥协的意思。

看来，双方的矛盾已无法调和，失态严重到了这个地步，石虎至少有一半的"功劳"。

遭受挑衅的石宣杀意徒增，他开始与亲信秘密谋划：第一步，暗杀石韬；第二步，趁着石虎哀悼的时候，发动宫变夺权。

嗯，有没有发现，这个剧情似曾相识？对，前面说的石邃就有过这个想法。只是石邃过于愚蠢，第一步都没完成，就被石虎给灭了。

很显然，石宣要比石邃精明许多，可以说他是个加强版的石邃。

机会说来就来。石韬和他的手下在东明观夜宴，晚上直接住在了佛精舍，没回自己的住处。石宣的刺客爬着梯子进入佛精舍，轻易地杀死了石韬。

第二天，石虎得知噩耗昏死了过去，许久才苏醒过来。当他准备去吊唁时，司空李农劝他不要出行，因为凶手未明。石虎这才抑住悲伤闷在宫中，又命士兵加强戒备。

石宣倒是去了现场吊唁。常言道，"猫哭耗子假慈悲"，但石宣可能是太得意了，又或者是演技太差，总之他不仅没哭，还一直都流露出笑意。在掀开被子看到尸体后，石宣大笑而去，看得周遭的人浮想联翩。

痛定思痛，石虎心知，石韬死后石宣的获益最大，此事中他的嫌疑是最大的。于是，石虎谎称石宣之母病危，急召石宣入宫。石宣没有戒心，刚一入朝就被扣押住了。

没几日，石虎就调查清楚了事情的原委，他把所有的悲痛都发泄到了石宣身上。

铁环穿透了石宣的下巴后，被上了锁。石韬的亲信揪着石宣的头发，拽着石宣的舌头，把他拉上刑场。这个刑场专门为石宣设计，四围堆满了柴草，中间的木杆上有个辘轳——类似于井中取水的装置。

不亲睹石宣受死，石虎愤怒难平。他把绳索套在石宣的脖子上，先摇动辘轳把他吊起来，再断其手脚、挖其眼珠、刺其肠道，末了，再点燃柴草烧死石宣。

石虎全程观看，直至大火熄灭……

石宣的妻儿共九人，亦无一幸免。此时，他最小的儿子只有几岁大，平时深得石虎喜爱。孩子抱着石虎惊哭不止，希望他爷爷能给他一条生路。

在那一瞬，石虎动了恻隐之心，但大臣不同意，硬生生地把小孩抢过来杀掉了。石宣的四率共三百多人，宦官五十多人，全部车裂弃尸。至于东宫那十多万卫士，则发配守卫凉州。

在这次杀子事件中，石虎用无尽的仇恨湮没了石宣，但也反噬了自己。受到沉重打击的石虎，很快就病倒了。眼见身体每况愈下，石虎匆忙称帝（之前是称天王）。但称帝能解决所有的问题吗？显然不能。继承人问题，是摆在石虎身体之外的顽疾。

现今，石邃、石宣、石韬皆死，成年的儿子只有燕公石斌和彭城公石遵看上去比较靠谱。要不要在他们之中挑选一个呢？没有。因为石虎受到了佞臣张豺的蛊惑，立了年仅十岁的石世为太子。

原来，石世的母亲原本是前赵皇帝刘曜的女儿，她被张豺擒获后进献了上去。日后，一旦石世上位，张豺就可凭这层关系入朝辅政，大权独揽。这就是张豺不遗余力推荐石世的原因。

只是，后赵手握军权的大人物们，会愿意听你张豺的指挥吗？

动摇统治基础的梁犊起义

就在石虎称帝后不久，后赵爆发了一起席卷中国半个北方的农民起义。

起因在于石虎的鲁莽决定。在石宣一案中，被发配边疆的那批东宫卫士，其中有一万多人，都快走到西北边疆了，却突然宣布造反。其实，此举也不在意料之外，毕竟，他们在石宣一案中太过无辜。

这批人在之前被称为"高力"，无不以一敌十，都是石宣手下精英中的精英。他们的带头大哥叫梁犊，自称为东晋征东大将军。他是想凭此来加强号召力。

号召力有了，要解决的主要问题，就是武器。流放之人，当然没有兵器，但这个问题不难解决，抢来老百姓的斧头，再装上长柄，不也能凑凑吗！至于铠甲、战马以及其他装备，没有就没有吧。

瞧瞧，这装备，别提有多落后了，能打赢仗吗？可就是这么一批人，掉头东返后一路过关斩将，从雍城（今陕西凤翔）杀到了长安。这不能不说是一个奇迹。

由于梁犊号召力强，参加起义的队伍增加到了十万人，后赵的军队根本抵挡不住。到了梁犊东出潼关、直扑洛阳的时候，石虎派李农领十万人马前去镇压。

几番交战下来，李农一败再败，只能放弃洛阳、退守成皋关，不再轻言出战，梁犊则继续东进，攻陷荥阳、陈留等郡县。

眼见起义的队伍影响越来越大，石虎开始慌了，他任命燕王石斌为大都督，全权掌管军事；又派姚弋仲、蒲洪前去平叛。

姚弋仲脾气暴躁，为人刚正不阿，属于那种硬汉作风的人。在石虎篡位后，姚弋仲就称病不上朝、不祝贺，以此来表达不满。后来，石虎催促再三，他才黑着一张脸去朝见石虎。石虎也知他性格忠直，加上他又是羌人的领袖，不仅不加责怪，平日里也礼让他三分。

姚弋仲得到命令后，并没有直接去平叛，而是带了部队进入邺城，请求面见石虎。卧病中的石虎似乎并没有兴趣见他，只吩咐手下赐给他皇家御食。姚弋仲听后破口大骂："我又不是吃货，给我好吃的就想把我打发了？陛下召我来平叛，理应对我面授机宜！另外，你们不让我见陛下，我怎知他是不是还活着！"

没办法，遇到这么一个主儿，石虎只能召见他。

姚弋仲需要石虎告诉他破敌的良策？根本不需要！他来见石虎的目的，只是想教训石虎。

君臣见面，姚弋仲毫不客气地讽刺："儿子死了，很愁苦吧？要不然怎么会病了呢？小时候不找贤德的人教育他们，长大后才会做出叛逆的事情。好了，既然逆子已经被你杀了，你又愁什么呢？"呵呵，论教育儿子的水平，姚弋仲确实有资格在这里批评石虎。

紧接着，姚弋仲又给石虎点出了当务之急："现在你啊，已经病了很久了，又立了小儿子当太子。如果你病情不能好转，天下必然大乱，这才是现在你要首先考虑的问题！至于梁犊那几个小毛贼，只是因为走投无路，才成了强盗。一路上他们只会烧杀抢掠，能成什么气候？老羌为你一举消灭他们！"

姚弋仲本是羌人，平日里自称"老羌"，他说话从来没有约束，无论对方身份贵贱，一律用第二人称"汝"。比如刚刚他就说了，"老羌为汝一举了之"。

嘿，还讲不讲君君臣臣了？可石虎已没有了年轻时候的精气神儿了，他也懒得和姚弋仲计较这种细枝末节的东西了，况且他还要用他去平叛。

石虎当即任命姚弋仲为使持节、征西大将军，并赏赐给他铠甲、战马。

这就对了嘛！这才是老羌喜欢的东西。再好吃的美味佳肴，摆在一个不是吃货的人面前，也无法去打动他。这就好比追女人，要讲求投其所好，对不？

果然，穿上御赐铠甲之后，姚弋仲也有些意气风发，开始飘飘然起来。他朝着石虎甩一下头，自信满满地问："汝看老羌堪破贼否？"

还没等石虎回答，老羌策马扬鞭，直奔邺城南门，连招呼都没打。

姚弋仲与石斌等人会合后，迅速进发荥阳，与梁犊的起义军展开了决战。此战大捷，梁犊的头颅成了姚弋仲的战利品，所余的残兵败将，也被后赵军队屠戮殆尽，以防他们死灰复燃。

姚弋仲居功至伟，被封为西平郡公，并享有入朝不趋、剑履上殿的特权。

古代臣子上朝时，必须迈小步急行，不能穿鞋不能带剑，但被授予"入朝不趋，剑履上殿"权力的人，不必遵守这些规矩。虽说这不代表什么实力，但却是一种很多人都想得到的殊荣。

回过头来说，梁犊起义是被彻底镇压下去了，但它却也动摇了后赵的统治基础。

树欲静而风不止。石虎末年时，后赵许许多多的社会矛盾与政治危机都已凸显，中国北方即将再次陷入各方势力混战的局面。

第四节　趁乱杀石鉴，李闵称帝于邺

石遵兵变夺权

就在平定梁犊不久，石虎病情加重。他深感命不长久，开始安排后事：以石遵为大将军，石斌为丞相、录尚书事，二人均入朝辅政。

这安排是太子石世之母刘皇后和张豺所不乐见的。他们不希望石虎的这两个成年的儿子进入邺城，以免对太子构成威胁。

此时石斌还在襄国，刘后派人告诉他石虎病情好转，不必赶赴邺城。石斌信以为真，继续打猎、酗酒。在这种敏感的时期，石斌没有一点政治头脑，可见他绝非石虎值得托付的人。那一头，刘后以此为借口，称石斌毫无忠孝之心，对石斌来了个革职软禁，张豺又派人杀害了石斌。

至于已经抵达邺城的石遵，刘后则配给他三万禁军，打发他走。石遵没有办法，只能含泪而去。当然，这一切，病入膏肓的石虎全不知情。

刘后和张豺隐在幕后操纵权力，假传诏令，除去了劲敌。

就在当月，即公元349年四月，石虎病亡。太子石世登基，刘太后临朝称制，行使皇帝的权力。为了安抚石遵、石鉴，刘后任命他们为左右丞相。

石遵得知丧讯，一开始也不知所措。恰好，平叛梁犊的军队回来了，蒲洪、姚弋仲、石闵等人都劝说石遵杀回邺城讨伐奸臣张豺。

蒲洪是前秦的祖宗，姚弋仲是后秦的祖宗，二人实力不俗，有了这两个大佬的支持，石遵顺利"靖难"。然而，他之后的表现过于拙劣，致使后赵政权无法平稳过渡，最终导致覆灭。

这所有的源头来自石遵此时的一句话。他有些高估了进入邺城的难度，于是就对先锋石闵说："好好干，成功后让你当太子。"

做好准备后，石遵又重新杀回邺城。本以为会有一场天昏地暗的恶战在等着他，没想到邺城根本没有像样的抵抗。是张豺疏于防范吗？并不是。

老子死了，儿子回家吊丧于情于理，石遵完全占据了道德的制高点。守城的士兵也明白这个道理，所以根本不愿给张豺卖命。见此情状，刘后和张豺慌了。

张豺完全没了主见，刘后痛哭流涕，打算用封官的办法来安抚石遵。明知是在骗自己，却也是无可奈何。

丞相、大司马、大都督、都督中外诸军事、录尚书事、加黄钺、九锡……什么尊贵就给什么，什么权力大就给什么，就差封石遵为皇帝了。

可是，管用吗？张豺心里也没底。他亲自出城迎接石遵，怕得要死。石遵当场逮捕张豺，身穿铠甲，进入邺城。下面的事情就好办了：吊孝亡父、诛杀奸臣、废黜幼君、登基称帝、大赦天下。

没过多久，太后刘氏和石世一并被杀。

过程看上去完美无缺，实则石遵给自己埋了一颗天雷。

都是嘴巴惹的祸

先前，石遵曾许诺立石闵为太子，希望他能力战张豺。哪里知道，居然兵不血刃地拿下了邺城，石闵都没有使上力。石遵顿时后悔了，他假装自己没说过那句话，立了亲儿子石衍为太子。出于补偿之心，他把内外兵权都交给了石闵。

这个石闵，就是上一章所提到的从容撤退的冉闵。

石闵，字永曾，小字棘奴，本姓冉，他的父亲冉瞻，在十二岁的时候成了石虎的养子，冉瞻因此改姓为石。简言之，冉闵是石虎的"干孙子"。

一说冉闵，相信不少读者对这个名字有所耳闻。对，就是某些自媒体推文中推崇备至的"民族英雄"冉闵！按照他们的说法，没有冉闵，整个汉族就灭亡了……

真有那么神奇吗？我们按照时间的脉络，结合时代的背景，一点点地说。

此时的天王还叫石闵，他对石遵的失信十分懊恼，想要总揽朝政，但见石遵不听他的话，便利用他控制内外军权的优势，广泛收买人心，安抚将士，给手下的人申请官爵。

对于石闵的用意，石遵有所防范，对石闵名单上的人，石遵品评再三，最后不仅没给他们官爵，反倒是对他们加以贬抑。此举引发了众怒。

眼见石闵的实力急剧膨胀，石遵身边的人都劝石遵尽早除掉石闵。石遵深以为然，遂召集了石鉴、石苞、石琨等后赵宗室核心成员，来到他的母亲郑太后面前商量。除了郑太后之外，大家都赞同除掉石闵。

下面的一幕着实令人费解。本来满口支持杀石闵的石鉴，突然来了个一百八十度大反转！当石遵母子二人争论不下时，石鉴借口离开会议。他派了一个宦官，将石遵的意图告诉了石闵。石闵立刻组织军队，与李农一起发动军事政变，一举杀害石遵、郑太后及其心腹。

临死前，石遵得知石鉴即将被奉立为皇帝的结果，也明白了泄露消息的人正是他的好兄弟。石遵不觉哑然冷笑："我尚如此，鉴能几时？"

套用一句歌词，"你把我的皇位带走，你也不会快乐很久，总有一天你也和我一样，感觉无辜无助无人同情的感受"。石遵这是在咒石鉴呢！

石闵，李闵，还是冉闵？

新皇帝是石鉴。所谓"鉴于往事，有资于治道"，石鉴的名字里也有一个"鉴"字，那么，他懂什么叫前车之鉴吗？

上位后的石鉴明白，自己能当上皇帝，都是石闵的功劳，但他对冉闵没有半分感激之情。道理再简单不过，他很害怕自己成为第二个石遵——被石闵杀掉。

所以，他决定先下手为强。

他派石苞、李松、张才等人夜里袭击石闵、李农的住处琨华殿，却没能攻克。见已打草惊蛇，石鉴慌得要命，他佯装不知内情的样子，当天夜里就杀了石苞等人。

因为做贼心虚，所以杀人灭口。

与此同时，镇守襄国的石祇，得到了姚弋仲、蒲洪的支持。他们四处发放檄文，起兵反石闵、李农。石闵派出七万军队前去迎敌。

趁着兵力外出，邺城内"倒闵"的人再次行动起来。先是石成、石启等宗室策划杀石闵，后是龙骧将军孙伏带领三千人发动宫廷军变，无一不为石闵反杀。

接二连三的反叛，让石闵清楚认识到了一点：以石鉴为首的后赵宗室，是无论如何都不会容下自己的。他开始考虑如何取代后赵政权，彻底消灭邺城的异己势力。

永和六年（350）春，石闵听信了谶语"继赵李"，便改姓为李，开始使用"李闵"这个名字。至于那个空有皇帝名头的石鉴，则被李闵软禁了起来。

没过多久，石鉴趁着李闵离开邺城、在外带兵打仗的时机，秘密写信联络外援。没承想送信的宦官是李闵的眼线，他直接把信交到了李闵、李农手里。

好！可算是抓到了最直接的证据了。李闵、李农匆忙赶回邺城，不由分说就废杀了石鉴。石虎的28个孙子，以及石氏家族的人全部被杀。

算起来，石鉴也仅仅当了103天的皇帝，不知他临死前会不会想到石遵的诅咒。

国不可一日无君，既然石鉴死了，那该谁当皇帝好呢？大家非常识时务，都认为李闵是不二人选。但是李闵不同意，他要把这个位置让给他的死党李农。

中国人嘛，在这种场合，总是会谦虚一下的。

李农受宠若惊，坚决不同意，他还想多活点时间。

李闵不答应，执意要让李农当这个皇帝，李农拿自己的生命来"要挟"李闵：你要是今天让我当这个皇帝，我现在就死给你看！

既然话都说到这个份上了，李闵也就"勉为其难"，称帝于邺城，改国号为"魏"。不久，他恢复了他的本姓，开始用"冉闵"这个名字。我们通常把这个短命政权，称为"冉魏"。

好了，既然主角已经登场，那就快来看看他的短暂一生吧！

第五节　一个失败的军阀

邺城里的一桩惨案

在冉闵称帝时，邺城周边的后赵势力几乎都不归附冉闵，这也是冉闵急着要诛灭石氏的原因。换句话说，冉闵实际统治的区域非常有限。

《中国行政区划通史·十六国北朝卷》中分析道：此时石祗称帝于襄国，前秦西取关中，段龛东据青州，前燕南定幽冀，东晋北争淮北，另有不少后赵故将拥兵割据，石虎末年的疆土四分五裂。所以，冉魏其实是在夹缝中求生存。

不仅如此，就连邺城内部，也不是铁板一块。

早在孙伏发动宫廷政变失败之后，冉闵就下令禁止少数民族持有武器，违者一律斩首。这直接导致了大量少数民族的不满，他们或翻出城墙，或冲破关卡，使用不同的方式逃出邺城。

冉闵仍不甘心，他还是希望更多的人为己所用。于是他下令：城门大开，愿意和他同心一致的人留下，不愿意留下的人可以随便出走，绝不强留。

完全"自愿"。

他希望可以用这种方式"感化"少数民族。然而，眼前的一幕，让他深感一切不过是一厢情愿。眼见城内的少数民族蜂拥而出，城外的汉人接踵而至，他明白了少数民族终究不会与自己同仇敌忾。

那该怎么办呢？杀！

冉闵下令：凡是杀死一个少数民族，提头来见，就能在凤阳门领赏。文官晋升三级，武官全都升为牙门将。

一场血腥的屠杀就此展开。仅仅一天，被杀的少数民族就有数万人之多。

冉闵又亲自带领军队屠杀，不分男女老幼，总共杀死 20 多万人。鼻梁高的人，胡子多的人，不分胡汉，大部分都被滥杀。

无须吹捧，也无须指责

这些年来，吹捧"冉闵屠胡"的论调甚嚣尘上。笔者认为，这种论调既不尊重历史人物，也不符合唯物史观。个中因由，且听笔者慢慢道来。

第一，冉闵"屠胡"确实得到了大量汉人的支持，这是为何呢？

我们知道，从石虎开始，石赵政权日趋残暴，苛政、力役从未间断。从数据上看，公元 340 年到 348 年之间，无年不兴大役，老百姓苦不堪言，社会危机已经显露。

并且，少数民族与汉族之间地位不对等，这加剧了两者之间的隔阂。譬如前文所说的梁犊起义。在短时间内，起事者能在关东地区召集到十万多义军。可见，中原社会对后赵政权已经忍耐至极，一旦有人带头反赵，就会一呼百应。梁犊如是，冉闵亦如是。

一句话总结下来：后赵政权不得人心，民族矛盾十分尖锐。

第二，冉闵"屠胡"对不对？

很多历史人物，不能简单地把他定义为"好人"或者"坏人"，其所作所为也无法简单地评判对错。冉闵"屠胡"的出发点，只是为了自己的政治、军事利益。前文已经分析过，冉魏政权所能控制的区域非常有限，外界环境非常恶劣，加之邺城的少数民族不支持冉魏政权，冉闵既容不得内部再出现问题，也想着彻底摧毁石赵政权。试问，为了保证军队的战斗力，冉闵的当务之急是什么？当然是增强凝聚力和向心力，而"杀胡"的做法恰好迎合了人们的心理。

第三，冉闵所打的旗号，既不可信，也不可取。

综合前两点，冉闵利用了当时尖锐的民族矛盾，通过"屠胡"带来的号召力，去实现自己的政治利益与政治野心。但是，即便是那样的动乱年代，以种族仇杀的方式来解决问题，都不是值得称赞的做法。君不见，两百年后，杨坚打着"统一"的旗号，屠杀邺城百姓百余万人，此做法也遭到了历代史家的谴责。

第四，冉闵很有能耐，但他并不是什么"解民于倒悬之急"的王者。

冉闵虽为汉人，但他却是被"胡化"很严重的一个人，即便是从当时狭义的民族史观来说，他也不可能心存"解民于倒悬之急"的崇高理想。

并且，有一点要特别说明，在"屠胡"的过程中，被滥杀的汉人也有很多。这是何故？一则，有的汉人鼻梁高眼窝深被错认；二则，冉闵的士兵杀人杀红了眼，以致滥杀无辜。这样的恶劣行径，与王者之风何涉？至少，以唯物史观的角度来看，冉闵当不得这个王者的盛赞。其实，话说回来，汉人远没有到须以极端方式来"解救"的地步。还是拿数据来说话吧。

我们暂且不算南方一千万人的东晋、西边的前凉这些汉人政权、北方慕容氏所吸纳的流民；单看关东地区，二十年后，即公元 370 年，前秦灭前燕，前燕的户籍载人口一千万人。可见在关东汉人的基数非常大，即便除去新来的鲜卑人以及二十年间人口的增长，能达到一千万人，由此不难得出结论：纵然排除掉新来的鲜卑人、二十年间人口增长的因素，关东原有的汉人基数仍然非常大。

况且，梁犊、冉闵一呼百应，如果没有一定的人口基数，怎会有这么多的人去响应他们？他们可没有逼着妇女儿童老弱病残去上战场，这类人口都要算进去。

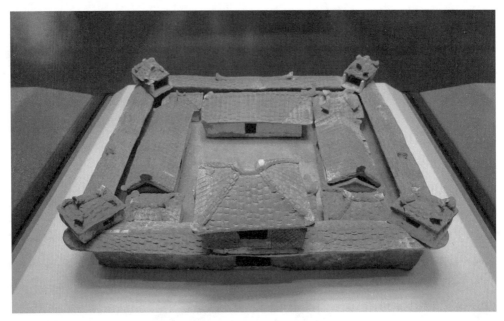

坞堡，赵培摄于中国国家博物馆

　　这件西晋时期的坞堡虽然只是一个模型，但它却能让我们窥得坞堡的概貌。陈寅恪先生在《桃花源记旁证》中认为："西晋末年戎狄盗贼并起……其不能远离本土迁至他乡者，则大抵纠合宗族乡党，屯聚堡坞，据险自守，以避戎狄寇盗之难。"所以说，即便是留居中原的百姓，也能以屯驻坞堡的方式自保。这也是笔者认为无人能灭亡汉人的一个理由。

　　总之，"汉人灭亡论"纯属胡扯。但凡稍微了解那个时代的人都不会去轻易相信这种不靠谱的论调，汉人怎么可能会轻易灭亡？

　　第五，我们该如何去评价冉闵屠胡？

　　我认为，没必要吹捧，也无须指责太多。他有不得已的地方，所以不用过多指责；但他杀了那么多少数民族、汉人，很值得去吹捧吗？

　　在自媒体中，时常能看到这种论调：杀光少数民族，长我汉人男儿志气，从此翻身做主人。这种论调看上去似乎有一定的道理。如果说，冉闵"屠胡"可以让老百姓的生活变得更好，似乎也值得被肯定。当然，笔者并非漠视生命，生活在和平年代的我们，无法去想象那种惨绝人寰的屠杀场景。笔者只是想强调，有些时候，局部的牺牲，若能换来整体的幸福，从大局观来看，是值得肯定的。

　　可问题是"屠胡"之后，生者真的过上幸福美满的生活了吗？并没有。

　　不仅没有，反而比以前更惨了。

一个失败的军阀

"贼盗蜂起，司、冀大饥，人相食。自季龙末年而闵尽散仓库以树私恩。与羌胡相攻，无月不战。青、雍、幽、荆州徙户及诸氐、羌、胡、蛮数百余万，各还本土，道路交错，互相杀掠，且饥疫死亡，其能达者十有二三。诸夏纷乱，无复农者。"

以上，是来自《晋书》的记载。

我们能从这里面看到这样的画面：相互残杀，瘟疫肆虐，战火纷飞，横尸遍野，盗贼横行，农田荒凉……最终，没人种地了，酿成的结局就是人吃人。

这样的结果，难道就是寻常老百姓愿意承受的吗？诚如笔者先前所言，冉闵并不是什么"解民于倒悬之急"的王者，尽管他曾打过这样的旗号。

正如学者王仲荦在《魏晋南北朝史》所言："这种表现为民族仇杀的报复政策是非常落后的，只能使进入中原地区各兄弟族间的关系更加恶化而已。"看待历史，须持客观理性的态度，倘用狭义的民族史观来判定，必然会走入一个又一个误区。

关于冉闵，笔者还是想再多说几句。

对于这个历史人物，我们该如何去客观地评价他？

笔者的评价是：失败的军阀。

上下五千年，曾出现过许多军阀。成功的很少，失败的很多。冉闵仅是失败军阀中的一员，没必要去刻意抹黑他。生于乱世的军阀，能成为其中的佼佼者，除了自身素质要特别出众外，天时、地利、人和的条件缺一不可。而这些，冉闵几乎都不具备，他的失败也在情理之中，换谁来都很难翻盘。

同时，我们也没必要去吹捧他。他并没能给历史做出特别的贡献，也没有去改变历史的轨迹。在北方民族漫长的融合浪潮中，他只是一个匆匆的过客。或许他是孤独的，无奈地走过了属于他自己的也是历史需要去走过的一幕。

他就是这么存在于历史的角落里，一个任人评说的人物。当我们把历史的来龙去脉都搞清楚后，以客观公正的眼光去看待，就是对冉闵最大的尊重。

第六节　石氏灭亡，局势渐明

二战石祇，互有胜负

当一直在外集结军队、反抗冉闵的宗室石祇，得到石鉴被杀、冉闵称帝的消息后，他马上在襄国称帝，扛起了反冉的旗帜，因此得到了少数民族的广泛支持。

随后，石祗封石琨为相国，姚弋仲为右丞相、亲赵王。姚弋仲的儿子姚襄被封为骠骑将军、豫州刺史。毫无疑问，石祗在极力拉拢姚弋仲。

与之相反，冉闵不仅没在此时拉拢心腹，反而杀死了自己的死党李农。杀李农的操作，令人费解。李农有反叛的迹象，还是功高盖主、封无可封？抑或是李农身后有乞活军，冉闵感受到了威胁？不得而知。总之，冉闵在和石祗对抗之前，失去了一位得力干将。

不久，石祗派遣石琨统领十万军队来打冉魏，被冉闵的手下王泰击溃，石琨损失惨重。

第一回合，冉闵胜。

半年后，冉闵吹响了主动出击的号角，集合十万军队攻打襄国。他封自己的儿子冉胤为大单于、骠骑大将军，并给他千余投降的少数民族士兵。

当时，有个叫韦谀的书呆子，建议他与少数民族彻底决裂，杀光这些少数民族士兵，并去掉胡族的象征——大单于这个称号。但冉闵此时又想安抚胡族，于是直接杀了韦谀和他儿子。就说吧，从这个细节也可以看出冉闵并没有太强的民族意识，所做的事都是为政治服务的。

冉闵围攻襄国百余天，又是造土山，又是挖地道，使用各种攻城手段，襄国城岌岌可危。石祗有些顶不住，遂去掉帝号，改称赵王，分别向姚弋仲和燕王慕容儁求救。

姚弋仲本想带着自己的人马回到关中，却被有同样想法的蒲洪所击败，不得已才打消了这个念头。可是，姚弋仲能援助石祗吗？此时，他垂垂老矣，无法亲自出征，只能派自己威望最高、能力最强的儿子姚襄率军三万八千（一说，二万八千）人去支援石祗。

临行前，姚弋仲告诫他："你的才能是冉闵的十倍，如果不能把他的人头拿回来，你就不要再来见我了。"

至于燕王慕容儁，之前已趁乱夺取了蓟城（今北京市），随时准备着继续扩张地盘，而石祗的求救信恰恰给了他南下的机会，再也不用"犹抱琵琶半遮面"了嘛！

况且，石祗还答应事后将传国玉玺送给慕容儁，这对他来说是一个极具诱惑力的筹码。尽管冉闵的使者已经告知慕容儁，石祗开出的是一张空头支票，但慕容儁还是抱着试试看的心理，派悦绾率兵三万火速前往襄国。他可不希望石祇速亡，他还盼着石祇与冉闵互相消耗，自己坐收渔利呢！

恰好，此时石琨的援军也已从冀州靠近襄国。加起来，三方援军共十余万人。

冉闵决定围点打援，先解决掉外围的援军。但他显然低估了援军的战斗力，派出的部队死伤殆尽，为首的将军一个个都单骑逃回。

冉闵气不打一处来，决定亲自上阵，对抗援军。王泰忙劝说冉闵不要出战，因为若以主力去打援军必将会腹背受敌，且对方刚来士气正盛，不如等到他们出现矛盾后，再去攻击。

冉闵本来认同了这一观点，准备做出防守的姿态。转眼间，却被一个道士怂恿出战。在头脑发热的情况下，冉闵下令全军出击，正面迎战三方援军。

攻城许久不下，本身就很疲惫，还要再去对付赶来的精锐援军，这是一个非常危险的决策。前面所说的刘曜与石勒的洛阳之战，以及北宋初年的高梁河一役就是其中的代表。

公元 979 年，在消灭北汉政权后，御驾亲征的宋太宗赵光义临时决定继续北上，与辽国开战。宋军围困幽州，四面攻城，却一直无法攻克，终致"将士多怠，不复锐勇"的局面。其后，辽国耶律休哥的援军赶到幽州战场，宋军就此彻底溃败。赵光义大腿中箭不说，还抛弃了自己的十万军队，最后借着驴车逃命。所谓"高梁河车神""驴车漂移"，这些好笑的绰号，就是这么来的。

让我们再次回到襄国战场。

赶来增援的燕军悦绾，把马匹稀疏布开，拖着树枝，故意扬起漫天尘土，以作虚张声势之状。这招果然把冉闵的军队震慑到了。在姚襄、悦绾、石琨的三面夹击下，冉闵处境难堪。

眼见胜利在望，缩在襄国里的石祇也不甘心一直去当啦啦队，旋即主动出城，从冉魏军队的后背发起冲击。这也是王泰最为担心的一点。冉闵全线崩溃，兵败如山倒。

恶战中，冉胤受俘，石祇岂会错过这个报仇的机会？父债子偿，冉胤丧命，安排得明明白白的。冉闵手下的高级官员以及士兵悉数阵亡，十余万人都打了水漂，冉闵只带着十几个残兵败将逃回邺城。

第二回合，石祇完胜。

第三回合定输赢

此战过后，参战的每个人的命运不尽相同。

悦绾回去后，慕容儁才知自己被骗了，之前石祇的使者被杀，冉闵的使者获释。

姚襄回去后，被姚弋仲打了一百棍子。虽说是全歼了冉魏军队，但姚弋仲仍然恼恨他没有成功擒拿冉闵。

冉闵回去后，就更有意思了，他得去辟谣。

因为大家都在讹传冉闵已死。毕竟是全军覆没嘛，也由不得人不信。击破这个谣言最好的办法，就是冉闵亲自在公开场合露面。冉闵无法可想，被迫举办一次郊外的祭天仪式，大家这才相信老大还真活着。

祭天礼上，冉闵肢解了怂恿他的道士，追封了劝谏他的韦謏。

且说石祗回到襄国之后，春风得意，意气风发。他趁着冉魏元气大伤之际，再次起兵七万，由刘显率领，直指邺城。嘻！残酷的战争，竟被他们俩玩成了回合制的游戏。

这下轮到冉闵害怕了。他急召王泰商量对策，不想却被对方拒绝了。这只因王泰还在为冉闵不从谏的事儿生闷气。冉闵亲自过去询问，王泰依然不给面子，自称重伤在身。这一出，气得冉闵咬牙切齿，他决定不用别人帮忙，仅凭一己之力先灭刘显，再杀王泰。

怒气值拉满的冉闵先把刘显胖揍一顿，灭了他三万人马。刘显暗中请降，为了表达"诚意"，他保证杀死石祗作为自己的见面礼。冉闵这才放过刘显。返回邺城后，有人报告王泰想逃跑，冉闵便杀了王泰，夷其三族。

刘显还是有一定的手段的。逃命回去后，他并没有引起石祗的怀疑。没过多久，石祗以及十余位核心高官，被刘显一网打尽，人头立刻被传送到了邺城。立了大功的刘显被冉闵封为上大将军、大单于、冀州牧。呵，刘显还真是有诚意啊！

第三回合，冉闵胜。

随着石祗的灭亡，后赵政权彻底退出了历史舞台。

石氏一族，无有孑遗

哈！哈！哈！

死对头终于死了，冉闵不禁大笑三声。

可他高兴得太早了，仅仅过了两个月，刘显又带兵来打邺城了。这个人啊，就是一个在乱世中反复无常的投机分子。

可是人家冉闵的战斗力也不是盖的，刘显再次成了他的手下败将。

跑回襄国后，刘显索性自己称帝了，这脸皮可比城墙都厚。

第二年（352），刘显想试试手气，换一个地方进攻。他把目标锁定在了北边的常山（今河北石家庄）。冉闵亲自去救。此战中，刘显的大司马王宁投降冉闵，把枣强县拱手相让。

第三次与刘显交手，冉闵不再客气，继续吊打刘显，一路追到了襄国。败回襄国的刘显再次遭到背叛：城门被打开，刘显以及公卿百余人都被杀死，宫殿也被焚毁。

虽然《晋书》和《资治通鉴》都是这么记载，但笔者却对这些记载存疑。

打开河北省地图，我们可以看到，从南到北，依次是邯郸市、邢台市、石家庄市。冉闵的邺城在邯郸，刘显的襄国在邢台，被攻击的常山在石家庄。

按照常理，冉闵去救援常山，路过襄国，为何不直接来个釜底抽薪？而刘显的军队在北方，冉闵的军队在南方，战败后的刘显又怎么可能往南逃跑？此外，冉闵支援常山，与枣强（枣强在石家庄东边的衡水市）距离甚远，王宁又怎会献地给冉闵？

无论从地理上来审看，还是从逻辑上分析，这些过程都有不合理之处，对此，咱们只能说，史书是这样记载的，其真实情况不得而知。

冉闵一时势大。

另外的两个对手姚弋仲与石琨都投降了东晋。不过二者的待遇并不相同：姚弋仲为东晋所接纳，而石琨与其家属，却迎来了悲惨的结局——斩首。

石虎的十三个儿子，至此无一善终。石氏一族被彻底消灭。

虎头蛇尾的北伐

现在我们来说说斩杀石琨的东晋。

且说，北方大乱，一直把北伐当成口号喊的东晋在忙什么呢？有没有抓住机会，趁机收复失地呢？有的。就在石虎刚死的时候，东晋就开始北伐了。

当时，后赵寿阳的守将投降东晋，东晋西中郎将陈逮便占领了这一淮河重镇。

看到大量的北方士民南迁，桓温认为时机已到，屯兵安陆，随时准备北上。无奈，东晋朝廷并不想看到桓温再次立功，他们决定让当时的晋穆帝的外祖父，也就是褚太后的父亲褚裒带兵北伐。

这个老国丈褚裒在南方名气很大，为官也很谦虚，没有依靠特殊的身份去欺压同僚。应该说，他并非争强好胜之人，在朝野也有一定的人气与威望。这次褚裒主动请缨北伐，朝廷给他三万人规格的军队，在永和五年（349）七月，老国丈踏上了征北的道路。

晋军的船队进入淮河后，由泗水北上，直指彭城（今江苏徐州）。每天都有数以千计的老百姓归附晋军。此时鲁郡有五百多户百姓把自己武装了起来，响应东晋。他们向褚裒求援。褚裒忙遣王龛带领三千人去接应。走到了代陂，忽遇到了李农的二万骑兵，王龛全军覆没。

这是这次北伐的第一仗，也是最后一仗。

经此一役，老国丈下令撤退。之前陈逵占领的寿阳，也因畏敌而放弃。

七月出兵，八月撤退。声势浩大的北伐战争，就这么虎头蛇尾地结束了。

此时，梁犊起义刚刚被平定，后赵开始动荡不安。在得知东晋北伐的消息后，黄河以北有二十多万的老百姓渡过黄河，要来归附东晋。结果，褚裒的撤军可把他们坑惨了。最终，这些老百姓孤立无援，全都陷入死地。

讲道理，褚裒作为一个名士，实在不宜担负"北伐"这种重任，否则必将误国误己误天下。回去后，褚裒主动上书自贬，朝廷解除了他征讨都督的职务，继续让他镇守京口。

因为羞愧与愤恨，老国丈病倒了，但是朝廷的命令不能不执行，回到京口后，他听到很多人在哭，哭声凄切，令人断肠。一打听，知道了这些都是在代陂阵亡士兵的家属。褚裒因此羞愤不已，从此一病不起，于年底病逝。

在冉闵称帝不久（350），曾经招呼东晋出兵。东晋对此完全置之不理。

这也不难理解，因为冉闵已经称帝了，在东晋看来，冉魏与后赵不过是一丘之貉罢了。同样都是北方的割据政权，之间又有什么区别呢？不要去拿民族来说事，李农不也是汉人吗？代陂之战时，也没见他手下留情。

当然，反过来，冉闵若能称臣于晋，或许还有谈判的余地。同样是打击后赵，看看人家慕容廆、慕容皝怎么做的。

混战数年后，如今中原的形势是这样的：石祇、石琨已死，蒲洪、姚弋仲不愿再来搅局，东晋还在观望，混乱的局势逐渐明朗。冉闵最大的对手终于浮出水面——北方的慕容鲜卑。

他们已跃跃欲试，迈出了逐鹿中原的步伐。

第七节　慕容儁灭魏

谁是英雄，谁是狗熊

话说，在慕容皝死后（348），其子慕容儁继承了燕王之位，成为慕容氏第三代掌权人。东晋朝廷在次年派使节过去，承认了慕容儁的地位。

　　慕容儁能继承燕王，完全仰仗自己是嫡长子的身份。他的两个弟弟慕容恪和慕容垂的才能都比他高得多，因此得以分镇平郭和徒河这两个最重要的军事要地。

　　慕容垂年少英雄，锋芒毕露，其父慕容皝对他非常喜欢，甚至一度有了以慕容垂为继承人的想法，但这很快被众人否决，慕容皝后来也没再提这事。

　　但这招来了慕容儁的忌恨，心里暗暗埋下了仇恨的种子。

　　慕容垂本名慕容霸，由于打猎的时候堕马磕掉了牙齿，慕容儁就给他改名慕容䏁，嘲笑他"缺牙"。后因触犯了谶纬文书，就把"夬"去掉，只留下了"垂"。

　　永和五年（349），后赵梁犊起义，导致赵军受挫，统治根基动摇。恰好石虎病亡，诸子争权相残，内乱不已，败亡之兆已经凸显，这对等待机会许久的燕国来说，可谓天赐良机。

　　慕容垂首倡南下，认为机不可失。在遭到拒绝之后，他又亲自从徒河赶回龙城，给慕容儁分析形势。在家国利益面前，慕容垂毫无保留地奉献着自己的聪明才智，这与慕容儁一系形成了鲜明的对比。

　　慕容儁不傻，大道理他都懂，只是他更担心慕容垂借此做大做强、尾大不掉。因此他依然犹豫着。直至征得多数人支持南下的意见后，慕容儁才迈出了走向中原的第一步。为此，他集结精兵二十万，每日操练，进入备战状态。

　　但是别急，他只任命慕容垂为前锋都督。至于一军统帅和重大战役的指挥权，则与慕容垂毫无关系。真正的权力在"三辅"手里：辅国将军慕容恪、辅弼将军慕容评、辅义将军阳骛。

　　永和六年（350）闰二月，石鉴被杀，冉闵称帝，中原的混乱程度愈演愈烈。慕容儁分兵三路，进攻后赵。他自己走中路出卢龙塞，慕舆于走西路出蠮螉塞，慕容垂走东路出徒河。

　　慕容垂很快到达三陉，这里有慕容儁最担心的"硬骨头"——后赵的镇东将军邓恒。

　　结果正如慕容垂所料，邓恒根本不敢抵抗，只待烧去粮饷武器的仓库之后，便放弃安乐城，投奔了幽州刺史王午，共守蓟城。慕容垂派人扑灭余火，尽收安乐、北平之粮，与慕容儁会师临渠。

　　躲得了初一，躲不过十五。当燕兵再次杀了过来，直抵蓟城后，邓恒、王午决定再次开溜。他留下王佗和数千士兵守城，自己退保鲁口（今河北饶阳）。

　　五天后，慕容儁攻拔蓟城，杀死了王佗。他一度想坑杀剩下的千余士兵，慕容垂及时阻止道："赵国施虐于民，我们兴师讨伐，目的是想拯救百姓于水火之中，进而安抚进据中原地区。如今刚攻下蓟城，就要坑杀赵军，恐怕不能以此作为正义之师的先声。"

慕容儁这才释放了赵军。

慕容垂这句话的作用非常大。燕军初来乍到，缺少的就是中原百姓的认同。从此之后，投奔燕军的中原百姓络绎不绝。慕容儁也决定定都蓟城，取代龙城的政治地位。

不仅如此，后赵范阳太守李产也带领八个城的令长前来投降。所以，燕国一开始，几乎就没有遇到成规模的抵抗。

但是，如同泥鳅一般的邓恒始终让慕容儁不爽。他安排好人手留守蓟城后，亲自带领部队去打鲁口的邓恒，他就不信邓恒还能撒丫子跑了。

慕容儁心说，邓恒啊邓恒，跑不了的话，就束手就擒吧，哈哈！

可是，穷则思变，邓恒还是有办法的。既然正面无法抗衡，那就……

某夜，邓恒派鹿勃早率领数千人在夜里玩偷袭。最先被袭击的是前锋都督慕容垂。慕容垂不含糊，跳起来一刀一个，砍翻十多个人。

被惊醒的慕容儁有些发怵，便对慕舆根说："敌军势大，不如找个地方躲一躲吧！"

征战了半辈子的慕舆根怎能未战先怯？

他安抚慕容儁说："我们人多，怕啥？他们人少，也只能玩这些下三烂的招数。本来求战不得，现在他们都把脑袋伸过来了，我们还有什么可犹豫的？燕王你继续睡觉就行，醒来我们就破敌了。"

话是这么说，慕容儁此时哪还有心思去睡觉，他偷偷跑出军营，爬到一个土坡上躲了起来。慕舆根带着数百精锐杀退敌人后，又追击了四十里。末了，鹿勃早全军覆没，仅以身免。

谁是英雄，谁是狗熊，一目了然。

现在最慌的人莫数邓恒了，打又打不过，偷袭也不成，那该怎么办？

这个问题不用他去操心。因为此战过后，慕容儁撤退了，可能是落下了心里阴影吧。他又回到了蓟城，旋又回龙城祭祖。

慕容儁第一阶段的南征结束。

肃清外围，扩张地盘

永和七年（351）二月，冉闵围攻襄国，石祗以传国玉玺为饵，求救于慕容傀。慕容儁派悦绾率三万人成功击退冉闵。最终，慕容儁虽未能如愿以偿，但也对河北地区和形势有了进一步的了解。

四月间，慕容儁把目光瞄准了渤海郡（河北省东部、天津市南部、山东省西北部一带）。驻守渤海郡的，是逢约和刘准。逢约本是后赵的将军，投降冉闵后，冉闵把渤海郡一分为二，让他和刘准分地而治，共同把守渤海郡。

慕容儁兵分两路，同时去打这两个人。刘准不战而降，逢约则是在阵前被燕国将军封弈洗脑，犹豫不决间被擒拿，被迫投降。

就此，渤海郡的势力被燕军彻底扫除。此时的冉闵正在和石祇对抗，根本无暇去理会燕军，只能眼睁睁看着自己的地盘被一点点蚕食。

慕容儁的战略很高明，尽量不与冉闵和石祇以及刘显发生冲突，而是任凭他们互相消耗，自己肃清外围，扩张地盘。两年之内，冉闵从出动十几万部队，到最后只能动员几千人，实力的下滑分明可见，谈笑间，慕容儁成了这场中原混战的最大赢家。

八月里，慕容儁回过头继续来打幽州剩余的地区。赵郡，中山相继被攻克。与此同时，冉魏国境南部的守将，也纷纷献出城池，向东晋投降。

冉闵的形势，越发艰难。

百战百胜领土日萎，且战且退威武不屈。

慕容儁第二阶段的南征结束。

廉台决战，生擒冉闵

攻克襄国，处死刘显之后，冉闵并没有回到邺城，而是停留在常山一带积蓄力量。此时的他已经开始警觉南下的燕军，准备放手一搏。

当时，后赵的立义将军段勤聚集了一万多人，自称赵帝。此人既不愿归附冉闵，也不愿投降慕容儁。这可急坏了冉闵，因为，这点人马对慕容儁来说小菜一碟，但对他来说则是求之不得的力量。

慕容儁决定吞下这碟菜。兵强马壮的燕军分兵两路，慕容垂负责打段勤，慕容恪负责打冉闵。很快，段勤不战而降，可以说比较识时务。至于冉闵，他的字典里就没有"投降"二字。

关于冉闵与慕容恪的兵力对比，史书没有记载，但肯定不会像自媒体中说的那样七千打十四万这么悬殊。

因为冉闵的部队征战连连，消耗极大，又没怎么补充新兵源。就说之前灭刘显，也只是带了八千人。所以，对付慕容恪，冉闵能拿出的兵力，也很难超过二万。

至于慕容恪的兵马，也不会超过五万人。由于慕容儁的戒心极重，他不会那么慷慨大方。

当然，即便是一万对五万，在兵力上冉闵也是处于绝对的劣势。但是冉闵不在乎，他仍然相信自己的能力。他的手下董闰、张温劝他不要固执，现在应该暂避锋芒，等鲜卑人懈怠了再去攻击。冉闵不知哪里来的自信，扬言要用这些兵力平定幽州，斩杀慕容儁。

没辙了。司徒刘茂、特进郎闿预感冉闵此战定然有去无回，双双选择自杀。

冉闵率军向常山靠近，寻求接应。慕容恪紧紧跟随，一直追到了廉台（今河北无极东）。双方交手十次，慕容恪屡战屡挫。冉闵确实太猛了，即便是具备兵力优势，也不容易拿下他。

渐渐地，燕军产生了畏惧之意。或许换成别的对手，冉闵真有可能全身而退。但很遗憾的是，他的对手是慕容恪，一个谨慎大度、善于抚纳人心的儒将。士气受挫，慕容恪没有怪罪冲锋陷阵的士兵，更没有发出类似"后退一步者，杀无赦"这样的命令。

但见他走到阵前，激励大家："冉闵有勇无谋，只是一夫之敌罢了。他们军队饥饿疲惫，就算装备精良，也难堪大用，击败他们并不难！"

用什么战略击败他呢？参军高开认为：魏军基本都是步兵，想把燕军引向丛林；而燕军则以骑兵为主，适合在宽敞的平地作战。燕参军高开就指出这一点，应诱敌而出，再行歼灭之计。

慕容恪颔首称许。他把五千名善于射箭的骑兵组成方阵，用铁链把马连成一片，布置在前排。等到战局胶着之时，再以左右两翼进行冲击合围。这个招数，被称作"连环马"。

待至平地之时，慕容恪发起攻击。冉闵顺风而击，斩首三百余人。此时宽大的仪仗旗帜出现在冉闵的视野里，他知道这是中军的旗帜，他认为这是个以少胜多、一击破敌的机会。他毫不犹豫地杀了过去。

慕容恪岂会留下这么大的破绽？燕军的两翼同时杀出，把冉闵部队团团围住。

胜负已分，后面的就是收尾工作。令燕军没想到的是，即使是合围了好几圈，冉闵本人依然能够强行突围！疾行二十多里后，冉闵的战马突然暴毙，这才使他束手就擒。

被押送到蓟城后，慕容儁以胜利者的姿态质问冉闵："汝奴仆下才，何自妄称天子？"穷途末路的冉闵仍然不肯屈服："天下大乱，尔曹夷狄，人面兽心，尚欲篡逆。我一时英雄，何为不可作帝王邪！"

慕容儁怒了。从他爷爷慕容廆起，一直尊奉晋室，不断接纳流民、安抚百姓，为的就是赢取人心。即便如此，还遭到了一个"无月不战"的军阀的反唇相讥，这是他不能接受的指责。

冉闵被打了三百鞭子，再送往龙城，斩杀于遏陉山。戏剧化的是，冉闵死后当地五月到年底，一直不下雨。慕容儁觉得蹊跷，遂拉下脸来派人前去祭祀，追谥冉闵为武悼天王。

冉魏主力被灭，再也没有人能抵挡燕军的步伐。

四月间，慕容儁迫不及待地派慕容评带着万人队伍，去打冉魏最后的象征——国都邺城。下一个月，又加派二万人为攻城援军。城外的军民全部投降，只有太子冉智在城内负隅顽抗。

屋漏偏逢连夜雨。就在此时，邺城发生了饥荒，又一次发生了人吃人的惨剧，以至于石虎的宫人都被吃光了。这大概就是自媒体文中"五万少女被鲜卑人当军粮吃"一语的出处了。

在此，笔者要强调一下，"五万少女"是在邺城还没被攻破前，就被吃掉的，城内的是冉闵的人，鲜卑人还在城外。这"五万少女"，是冉闵的人吃的，这一黑白颠倒确实让人无语。

此外，五万这个数字查无实据，不知道那些"历史发明家"是怎么拍脑门想出来的。

所以说，但凡稍微了解下这段历史，都不会被别人给蒙蔽。

有个现象值得注意。东晋戴施带着百余人帮助冉魏守城。且不说这是杯水车薪，毫无用处，我们只说戴施的目的。以前，东晋不是不理睬冉闵吗？现在这是唱的哪一出？

原来，戴施守城是假，骗传国玉玺是真。果然，在危急时刻，传国玉玺被他骗到了手。其后，玉玺被偷运出城，送到了东晋的首都建康。

永和八年（352）八月，燕兵终于攻进了邺城，冉魏皇后董氏、太子冉智等人被擒，全部送往蓟城。冉魏亡。

至此，后赵末年以来的混战终告结束，伴随新政权的建立，中原大地也逐渐恢复了生机。

第七章

前凉别有一道风光

在十六国中，前凉是一个性质特别的政权。与流民政权成汉、匈奴政权前赵、羯人政权后赵、鲜卑政权前燕相比，前凉或许不是一个独立的国家。由始至终，这个政权都没有摆脱晋朝的影响。

正因如此，前凉的断代一直存在着分歧，其君主的措置也有很多独到的地方。

因为晋、凉之间不可分割的关系，笔者在讲述前凉历史的章节中，会有意识地引入同时段内两晋（特别是东晋）的掌故。如此，才能将双方的历史互参互证，以期为大家建立起系统而有序的历史认识。

——引言

第一节　河西霸主是怎样炼成的

阴图保据河西，追窦融故事

"吾无德于人，今疾病弥留，殆将命也。文武将佐咸当弘尽忠规，务安百姓，上思报国，下以宁家。素棺薄葬，无藏金玉。善相安逊，以听朝旨。"

这是六十岁的豪杰张轨的遗言。时在晋建兴二年（314）五月。

在遗言中，这位"保据河西"十余载，奠定了前凉政权基础的老人，特意交代文武将佐都要对晋室尽忠守义、安抚百姓，以求上报国邦，下安家室。至于后事，则一应从简。在指定了继承人（张寔，字安逊）之后，再次强调诸人要听从朝廷的旨意。

张轨旋即表奏朝廷册立世子，不日后撒手人寰，葬于建陵，晋廷追赠其为侍中、太尉，谥为武公（《晋书》的说法，在《十六国春秋》《资治通鉴》中作"武穆"）。

在十六国时代里，大多数的分裂割据政权，是与司马氏对立的，即便是前燕慕容氏，也只是在势力不盛之时，才在晋朝的面前乖顺伏低。不过，在《前凉》这一章里，我们可能会看到一些别样的风景——以前凉奠基人张轨为例，他是尊奉晋室的典范。

不过，念及一代忠臣的后人，竟然建立了实质性的割据政权，史家们不禁各有看法。《晋书》称张轨在打算出任凉州刺史之前，占卜算卦后，喜道："霸者兆也。"于是，他便请求朝廷让他治理凉州。

而在《资治通鉴》中，则只是说张轨"以时方多难，阴有保据河西之志"。河西走廊，古称雍州、凉州。凉州的范围，在东汉魏晋时期，大致还包括了今甘肃省以及青海省的湟水领域。

很显然，前者是以含沙射影的口吻，坐实张轨早有割据之心的"事实"；后者则用笔平允，不轻下断言。

那么，哪一种说法更为贴近张轨的真实想法呢？这得从他出生说起。

张轨，字士彦，他是安定郡乌氏人，算起来还是西汉常山景王张耳（开国功臣，善终）的第十七代孙。不过，这个家族之后却不是以武传家的，他们专攻儒学，世代举孝廉，张轨的祖父张烈、父亲张温曾担任过县令、太官令这样的职位。

在家庭的熏陶下，张轨成长为一个才德兼备、端雅文秀的少年。在西晋泰始初年，张轨以继承叔父恩荫的方式步入仕途，很快得到中书监张华的认可。

张华很欣赏他，甚至批评安定中正品状不实。在张华的眼中，小小的五品官，不过是"中中"之等，真的是屈了张轨的才，以张轨之才，当为"二品之精"。

后来，卫将军杨珧征召张轨为属官，又授职为太子舍人，几经升迁，张轨升至散骑常侍、征西军司。杨珧是太傅杨骏的弟弟。理论上，张轨的前途应该是一片光明。

不过如前所述，张华、杨氏一族、大小藩王、太子，和那些贵戚名士，都没有什么好结果，作为张、杨、太子的门生故吏，张轨若是不离开这个是非之地，未来的结局自可想象。

这是张轨"求为凉州"的第一个原因。

再者，当今朝纲已陷入紊乱无绪的状态，在有识之士的心里，不唯避祸自保之一念（凉州所谓的"平安"也只是相对中原而言），他们想得更多的，恐怕还是要经营自己的一番事业。趋利避害，是人的本能，张轨的选择无可厚非。

此外，从西晋层面来说，他们也希望有人能彻底平定凉州之乱。鲜卑秃发树机能的起义虽被镇压了，但凉州境内"盗寇纵横"的乱象，仍然不容小视。烫手的山芋，既然有人肯去接，他们哪有不允准的道理呢？

总之，张轨调往凉州，是内外因素的综合作用，相比而言，《资治通鉴》的说法比《晋书》要靠谱一些，但笔者认为，这个解释可能还不够完整。

不妨打开《十六国春秋辑补》来参看一番。

关于当年之事，书中有"阴图保据河西，追窦融故事"的解释，这是对张轨心态的贴切说明。这个窦融，曾在两汉之交建立起一个割据政权。他着眼于河西地区的政治建设与经济发展，最终以和平的方式被东汉政府收编。

结论无须多辩，"追窦融故事"，说得再准确不过，与其说张轨一开始便想称霸于河西，不如说是效法窦融，力求"保据河西"。这样一来，既能谋求个人发展，又能尊奉晋室、不改初心。

事实上，张轨也确实是这么做的。

课农桑、立学校 •

永宁元年（301），张轨出任护羌校尉、凉州刺史。在他提出请求时，公卿大臣们也极力赞同，认为以他之才，足可保境安民、统辖一方。

身负朝廷的信任，张轨踌躇满志，初至凉州便干了一件大事。如上所述，此时的凉州"盗寇纵横"，百姓屡遭劫掠，生活苦不堪言。下车伊始，张轨立即展开了讨伐战，一举剿灭了盗匪团伙，斩首多达一万人。

新官上任三把火，这第一把火就把盗寇烧成了渣，张轨的威名一时间散播河西，成为百姓心目中的保护神。

光有这个当然还不够。在解决了社会治安问题以后，张轨便将治理河西的重点，放在了整顿吏治上。想要整顿吏治，怎么能缺少人才呢？

通过征辟等方式，张轨选拔出了不少人才，他以宋配、阴充、氾瑗、阴澹等人为股肱谋主。这几个人各有各的来头和本事。

这里，我们主要来说说宋配。

敦煌人宋配，一贯"慷慨有大志，清素敦朴"，他先后担任了司马、西平太守。在永兴年间，鲜卑贵族若罗拔能造反，时任司马的宋配，在平叛战争中斩杀了敌首，俘虏敌方十余万人。这个战斗力，可以说是很彪悍了。与之形成鲜明对比的是，他本人却"形状短小，体有麟甲"，并不怎么高大威猛。

至于阴氏一门，受到辟召的人很多，这显出张轨用人的一个典型特点——重用河西著姓（宋配是新贵）。除了阴氏之外，令狐氏、北宫氏等"累世官族"或是当地酋豪，都得到了张轨的优待。

这么做，自然是为了稳定河西的政治。

在依靠河西著姓的同时，张轨也安置了不少流亡于河西的士民，并从中选贤举能，委以重任。史家胡三省曾说，在永嘉之乱中，中州人士纷纷避乱于河西，"张氏礼而用之，子孙相承，衣冠不坠，故凉州号为多士"。其实，不只是在永嘉之乱中，打从永熙元年（290，司马衷即位）起，就逐渐兴起了这股迁移潮。

在安置士民、选用贤才的同时，出身于儒学世家的张轨，开始在河西地区施行教化。

他将凉州九郡（武威、张掖、酒泉、敦煌、金城、西平、西海、晋昌、武兴）的贵族子弟征召过来，建起学校来，人数多达五百人。张轨又设置了崇文祭酒（主管文化事业方面的主官）一职，并把它的地位提高到与别驾（州府中总理众务之官）等同的高度。

此外，张轨决定在春秋两季行乡射之礼。《周礼正义》中说道："退，谓王受贤能之书事毕，乡大夫与乡老则退各就其乡学之庠而与乡人习射，是为乡射之礼。"从中不难看出，淳朴的古风，是张轨所追求的社会风气。

最后，为了增强对鲜卑、西羌、匈奴势力的防御力度，张轨也在劝课农桑、货币流通方面下了大力气。毕竟，大力发展农业生产、促进贸易往来，才能为战争提供充足的粮源。

后赵、成汉、前凉货币对照，笔者摄于上海博物馆

战事确实不少。

太安三年（304），河间王司马颙、成都王司马颖发动叛乱，远在凉州的张轨，立马派兵三千，奔往京师护卫司马衷。永兴年间（304—305），宋配平乱有功，张轨也威名日隆。在河西战事平定后，张轨将鲜卑余部尽数收编，组成一个胡骑部队。部队为其所用，专用以勤王护驾、南征北战。

晋惠帝司马衷遣使任命张轨为安西将军，又封他做安乐乡侯，受食邑一千户。

此剑如同权杖

治理一个州，自然需要治所，张轨很快相中了姑臧。

早在先秦时期，河西走廊的文明程度就较为领先了。其地属雍、凉二州，故有旧称为"雍凉之地"。秦朝年间，河西走廊则为月氏、乌孙、羌所有，其生产生活方式与匈奴相类，属于典型的游牧经济。

汉文帝前元六年（前174），匈奴占领河西。五十三年后，即汉武帝元狩二年（前121）春，霍去病击败了匈奴，自此河西走廊正式纳入西汉的版图，百姓的生活也慢慢兼备了农、牧两种方式。为宣示武威，西汉政府又在匈奴领地设置了武威、酒泉、张掖、敦煌四郡。

其中，武威的治所被称作姑臧（今甘肃武威凉州），又称卧龙城。因为地势险要、宛若龙形、物产殷富、人文昌盛之故，姑臧被视作河西走廊的东部咽喉。迫至东汉一朝，武威郡下的隶属的县，已多达十四个。

凉州的一大变化，发生在魏文帝黄初元年（220）。当年十月，曹丕重置凉州，其下辖武威等七郡，州治便在武威郡姑臧县。至于西晋初年，仍以姑臧为要，但它已为鲜卑人所据。

永宁元年（301），张轨刚接手凉州，便开始修筑姑臧城。四年后，张轨更大规模地修建姑臧、休屠二城，并在此基础上增设四城，计为六城。

很久以前，匈奴人曾修筑过姑臧城，其基本规模为"南北七里，东西三里"。到了曹魏明帝时期，凉州刺史徐邈致力于文教事业，至于嘉平年间，武威郡学也建立了起来。

张轨进占姑臧之后，一边修建姑臧城池，一边发展文教事业。就这样，他经略河西数年，终成一州之霸主。

对于凉州文化的重要性，陈寅恪先生对其评价颇高，在他的学术代表作《隋唐制度渊源略论稿》的开篇就提道："隋唐之制度虽极广博纷复，然究其因素，不出三源：一曰（北）魏（北）齐，二曰梁陈，三曰（西）魏（北）周……又西晋永嘉之乱，中原魏晋以降之文化转移保存于凉州一隅，至北魏取凉州，而河西文化遂输入于魏，其后北魏孝文、宣武两代所制定之典章制度逐深受其影响，故此（北）魏、（北）齐之源其中亦有河西之一支派，斯则前人所未深措意，而今日不可不详论者也。"

说到治理凉州，张轨最值得肯定的一点，是他始终坚持匡扶晋室。太安三年时，出兵勤王的事算一桩，诸如献贡、勤王之类的事，更是不胜枚举。

比如，永嘉初年时，张轨曾给东羌校尉韩稚去信，准备讨伐这个滥杀秦州刺史、兴兵内讧的人。韩稚迫于压力，不得不向张轨投降。

比如，张轨遣主簿令狐亚聘问于南阳王司马模，得到一把天子赐剑。司马模称："自陇地以西，军政大事交之于你，此剑如同权杖。"

比如，张轨在得知京师大闹饥荒之时，立马给朝廷献马奉布。

比如，张轨曾派人出击侵犯洛阳的王弥，其后又分出武威郡的土地，设立武兴郡、晋兴郡这样的侨郡，用以收容前来避难的流民。

再比如，张轨又在河东击败刘聪。彼时，洛阳流传着一首歌谣，曰："凉州大马，横行天下。凉州鸱苕，寇贼消；鸱苕翩翩，怖杀人。"字字句句，颂扬的都是张轨的功绩。

正因如此，晋怀帝司马炽十分感激，便想晋其为西平郡公，但他逊而不受，一年四季都遣使朝贡。后世，有人曾质疑张轨的忠心有作秀的嫌疑，但笔者却想说，在各方诸侯都不听奉朝廷的情况下，他能一以贯之地坚持尊奉晋室的原则，已经十分难得。

后来，洛阳陷落，司马炽被掳到了平阳，张轨也曾计划进攻平阳，限于客观条件，此事没能成行。对于秦王司马邺，张轨的态度也很积极，他派出了爱将宋配来长安护卫天子，并传檄于关中，提议司马炽择日继位。即便如此，张轨犹不放心，又将长子张寔派出，命他做好勤王的准备。

应该说，张轨算是司马邺的一大功臣，但当对方排除万难登上皇位时，张轨却没有接受他应得的褒赏——司空的任职。

建兴二年（314），张轨再次拒绝了晋愍帝司马邺的封赏。侍中、太尉、凉州牧、西平公，他都不放在心上。只是在病入膏肓时，他提出了册立世子的请求。

凉州的基业，是张轨自己打拼出来的，他不想将大好的基业拱手送人，也属人之常情。

第二节　守凉州，拥司马

传檄天下，劝司马睿称帝

张轨过世后，其亲信部下随后拥立张寔为凉州牧。

张寔，是张轨的长子，曾在洛阳担任过尚书郎、骁骑将军，他"学尚明察，敬贤爱士"，颇受士民好评。永嘉元年（307），在得到朝廷的准许后，张寔辞任赴凉，被改任为议郎。

到了凉州姑臧之后，张寔便碰上了一个锻炼才干的机会。

永嘉二年（308），张轨因患中风口不能言，便命二子张茂（字成逊）代管凉州。见到一把手情况不佳，各方势力蠢蠢欲动，都想来抢肉吃。

其中，最突出的便数酒泉太守张镇了。一方面，他想让秦州刺史贾龛取张轨而代之；另一方面，他又请求尚书侍郎曹祛担任西平太守。他以为，他们之间能形成一股"倒张"的合力。

张轨的别驾麹晁，也很不老实，他暗中遣使去了一趟长安，对南阳王司马模说张轨已经是个废人了，是时候让贾龛上任了。

此时，贾龛本人又持什么态度呢？应该说，如今的凉州是一块香饽饽，他不可能不动心。然而，他的哥哥却责备他说："你小子何德何能，竟然想取代威名卓著的张公。"贾龛哑口无言，旋即打消了这个念头。

朝廷见贾龛无心于此，便打算以侍中袁瑜为凉州刺史。在治中阴澹的苦劝下，司马模终于被他打动，上疏阻谏朝廷。为了达到劝谏的效果，阴澹快马驰入长安，割耳放在盘中。可真够烈性的。这也说明，张轨在凉州还是有很多追随者。

就在张轨患病前后，有一道寓为"张氏霸凉"的谶言流传于世。梁州刺史张越以为自己应了谶言，遂托病回了河西，暗地里谋划大事。张越派哥哥张镇和曹祛等人传书各郡，打算废免张轨之职。

为了掩人耳目，张越拟让军司杜耽代理州事，再让他上表奏请朝廷，推荐自己做凉州刺史。绕来绕去，为的是让自己上位。

面对巨大的威胁，张轨假意辞职回宜阳养老，凉州长史王融、参军孟畅急忙劝阻，并表明诛灭张镇兄弟的立场。听了这话，张轨心里暗爽不已——他要的就是这个效果。

随后，王融等人实行戒严。

在武威太守张琠等人的支持下，张轨以张寔为中督护，率兵讨伐张镇。恰在此时，张镇兄弟因听取了令狐亚的规劝，而放弃了之前的图谋。

不日后，西晋诏令张轨攻杀割据西平的曹祛。张轨遂安排张寔、宋配等人追歼曹祛。因着征讨之功，张轨被晋为建武亭侯。随后，张寔迁任为西中郎将，封为福禄县侯。

到了永嘉五年（311）时，张轨将凉州政务托付给了张寔。

这个动作意味着什么呢？至少意味着张轨对张寔的信任度超过了张茂。张寔是个心思缜密的人，在他摄政期间，他始终讳莫如深，对外隐瞒了父亲的风痹症。

在张寔的经营下，凉州政权得以平稳过渡。

四年后，即建兴二年（314）十月，司马邺正式授任张寔为都督凉州诸军事、凉州刺史、领护羌校尉、西平公。此时距离张轨病故，已经过去了五个月之久。

不难想知，朝廷在这段时间内有过不小的纠结，否则这个任命也不会来得这么晚。他们的担心不是没道理：张寔继任后，凉州会不会就改姓张了呢？

咱们来看看张寔的做法。

建兴三年（315）冬，僚属都来祝贺张寔，获得了一块下属献来的玉玺，其上曰"皇帝玺"三字。张寔当场就怒了，说他绝不会像袁绍那样举印向肘，回头就把玉玺送去了长安。

两年后，张寔在得知司马邺遭遇迁徙之祸时，告哀聚哭三日之久，其后更派出人马东赴国难。

后来，张寔得知司马邺被杀的噩耗，全军穿上孝服举哀痛哭。接下来，割据秦州的南阳王、相国司马保（司马模之子，永嘉五年时，司马模降汉赵，旋为河内王刘粲所杀）有意称帝，张寔听取了破羌都尉张诜的建议，传檄天下，愿奉晋王司马睿为帝。与此同时，张寔还派牙门蔡忠前往建康，向司马睿大表忠心。

此举，正合司马睿的心意，他也松了一口气。

忌惮王氏，东晋现祸端

且说，司马睿继位之后，确实不轻松。担心凉州的归属权，只是一方；他更担心的是，有人在他的眼皮子底下，藐视他的权威，觊觎他的权力。

如第三章所述，司马睿称帝后，以王导为丞相，并请王导与他同坐御床。不只是王导受重用，他的堂兄王敦先任征南大将军，又晋为大将军，加江州牧、侍中。所以，琅邪王氏同时把持了东晋的军政大权。

在其位，谋其政。因为荆州一带很不太平，王敦便派出部将朱轨、赵诱去对付杜曾。岂料他们都被杜曾打得灰头土脸。作为上司，王敦也负有连带责任。他忙上表自请贬职，最终只是被免去了侍中，转为荆州刺史。

对于东晋来说，荆州的地位举足轻重，史书中有"荆州西国门，刺史常七八州事，力雄强，分天下半"的说法。为了巩固政权，东晋设置了大量军镇，位于长江中游的荆州实力极大。后来，郗鉴在京口（在长江下游）驻军御敌，亦有制衡荆州的用心。

所以说，让王敦担任荆州刺史，能算是惩罚吗？原因很简单，司马睿不想得罪王敦。

司马睿是个审时度势的人，他很清楚地知道，自己能在江南立足乃至立国，仰赖于琅邪王氏的运作、门阀士族的支持。可是，当"王与马，共天下"的舆论传至司马睿耳中时，怎么可能不撩动他敏感的神经呢？除非他全无心肝。

当皇帝，就没人不想政由己出的。今日是"共天下"，保不齐过几年这天下就改姓了。这并不是不可能的事。就拿王敦来说吧，他已经流露出专擅独断的迹象了，像什么擢用降将杜弘、加任何钦为将军等军务，几乎都不跟他商量。

过分！他眼中还有没有皇帝了？

只是，内有王导掌朝政，外有王敦握兵权，王氏子弟也都占据了朝中要职，这个孤家寡人又该怎么办呢？办法自然是有的，历史经验告诉我们，拉拢朝中其他的派系或是培养新生势力，都会有一定的效果。考虑一番，司马睿选择了后者。这个做法也没有错，因为朝中遍是王氏子弟或亲属，而其他派系也不容易被拉拢。

思前想后，司马睿决定重用刘隗、刁协、戴渊等人。这几人此前的职位也不低。

刘隗被授为御史中丞、兼任侍中，赐封都乡侯，后又出任丹阳尹。侍中是事实上的宰相，丹阳尹相当于南京市市长。其实，刘隗这个人并不讨喜，史载他"性刚讦，当时名士多被弹劾"，可司马睿却对他十分宽容，这导致了士族的不满。

刁协出身于渤海刁氏，在永嘉南渡时进入司马睿的幕府。此人性格强悍、行事大胆（常借着醉意凌辱公卿），因忠于皇帝而备受信任。司马睿以之为左仆射，又迁尚书令，东晋的典章制度即出于刁协等人的手笔。

戴渊也是在南渡时归附司马睿的，司马睿对他十分欣赏。刚称晋王时，司马睿就拜戴渊为尚书。等到司马睿称帝以后，戴渊则担任中护军，婉辞了其他职任。

刘隗和刁协奉行皇帝的旨意，开始推行"刻碎之政"（苛刻烦琐的政治），刁协还建议恢复扬州诸郡的僮客的良民身份，用以征役之需。很显然，这些做法的目的，是排抑豪强、与门阀争利。

这与先前王导所提倡的"宽和之政"背道而驰。到了这个地步，王导的权力也被逐渐架空了，但他显得比较淡定从容，流露出"看穿一切"的态度。倒是士族们比较直接，毫不掩饰自己的不满情绪，逮着刁协等人该怼就怼。

太兴三年（320），湘州刺史甘卓调往梁州任职，王敦趁机奏请陈颁去补这个缺。

从地势上看，湘州具有牵制荆州的意义，考虑到陈颁是王敦的亲信，司马睿当然不会同意。不仅不同意，还听从刘隗的建议，把谯王司马承用了上去。

王敦心知司马睿是在提防他，便上表陈说古今忠臣忠而受疑之苦，以他的想法，自然是想打动司马睿，但结果适得其反，司马睿在明面上为他增加了属官、赏赐了仪仗等，暗地里却对他越来越忌惮。

此外，在同一年里，司马睿还命戴渊出镇合肥，刘隗都督青徐幽平四州军事、出镇淮阴。值得注意的是，刘隗虽曰出镇，但仍能预闻朝中机要。

司马睿忌惮王氏，王敦也对司马睿极度不满，东晋的祸端就此显露。

拥戴晋室，成为政治象征

公元318年三月，司马睿即皇帝位，改年号为太兴。先前热心劝进的张寔，却没有随之改用年号，其治下仍称建兴六年。这种前后矛盾的做法，不禁令人生出疑问。

次年正月，南阳王司马保自称晋王，建号任官，他也试图拉拢张寔，拜他为征西大将军、仪同三司，增食邑三千户。张寔没有明确地拒绝他。

张寔这种暧昧不明的态度很值得玩味，他的行为释放出了什么样的政治信号呢？不妨来看看张寔接下来的做法。

刚刚说到，张寔没有答应"晋王"司马保的要求，但张寔仍然与对方保持往来。

不久之后，陈安（约在建兴三年，即公元315年，陈安投奔司马保，因讨羌而获宠遇）背叛了司马保，而氐、羌都十分支持陈安。司马保的处境十分尴尬。他打算离开上邽，往祁山迁徙，张寔得知实情后，便派部将韩璞带兵赴难。

5000步骑兵的规模，也不算小，说来也算是很有诚意的了。然而，当司马保先为陈安所败，再为刘曜所迫（大兴三年，即公元320年），决定投奔张寔时，张寔却不乐意了。

原来，此时司马保已迁到桑城，西投张寔是板上钉钉的事情，而他一旦来到凉州，必然会破坏张寔的基业。以张寔的立场，他有理由怀疑，这个所谓的晋王会抢占他在河西的位置。

张寔的怀疑有没有道理呢？自然是有的。只要河西地区没有宣布独立，它就是晋朝的土地。那么，论其血胤，一个口碑还不算坏的宗王，无疑是具有先天优势的。这种先天优势，能秒杀掉张氏父子在河西地区的功业，至少，那些心存异志的人会这么说。

想想看，自己种树别人来摘果，凭什么？张寔心里憋屈。

为今之计，只能不让司马保入河西。

打定主意后，张寔遣出部将阴监去迎接司马保，他们对外说是护卫，实际上却暗存了抵御之心。也是张寔运气好，双方还没来得及交恶呢，司马保就去世了（一说，是被下属张春、杨次干掉的；另一说，是因病去世的），而他手下诸人群龙无首，大部分都自动投奔到了凉州，人数计有万人之多。

赚了，赚了，赚大发了！

中了六合彩的张寔欣喜若狂，对司马睿的态度也越来越冷淡。《晋书》《魏书》中说张寔"自恃险远，颇自骄恣""实自恃众强，转为骄恣"，都从不同侧面展现了他的骄恣态度的原因——地势险远、实力强大。

"文武将佐咸当弘尽忠规，务安百姓，上思报国，下以宁家。"先父的叮嘱，不过只是明日黄花。但我们不能认为，张寔是个不肖子。因为单说安抚百姓这一条，张寔可是从未打过折扣啊。他与父亲最大的不同，是他只将尊奉晋室作为一种政治口号。

在史书上，张寔还留下了"学尚明察，敬贤爱士"的美名，这些，对于凉州的普通百姓来说，已经够了。天下姓司马还是姓张，有什么打紧的。

只是明天和意外不知哪一个先来。大兴三年（320），张寔为部下阎沙（一作阎涉）、赵仲（一作赵卬）所害，殒命于外寝，时年不过五十岁，在位也仅五年。这不能不说是一大遗憾。

第三节　王敦之乱无暇顾，张茂有志谋大事

张茂继位，打压豪门大族

当时，有一个叫作刘弘的京兆人客居于凉州天梯山。此人长于旁门左道之术，那些故弄玄虚的把戏很是唬人，不久之后便有千余信众，就连张寔身边的人都很信奉他。

时日一久，刘弘生了邪心，就对信众说，上天送给了他神玺，他将在凉州称王。这话怎么听都不靠谱，奈何张寔帐下的阎沙、赵仲对此竟无半点怀疑，他们联络了张寔身边数人密谋刺杀。

当然，要杀张寔，也不是一件容易的事。正应了"没有不漏风的墙"的理，张茂偶然得知了这个计划，便向哥哥张寔请求诛灭刘弘这个神棍。张寔马上命令牙门将史初前去拘捕刘弘。

可惜的是，史初还没赶到天梯山，身怀凶器的阎沙、赵仰就已进入外寝杀死了张寔。

杀死张寔后，他们又拥立刘弘为君主。嘻，这洗脑洗得真够彻底！

其后，刘弘和史初碰了面，刘弘说："张使君都已经死了，你为何还要杀我！"史初是忠于张寔的，他对刘弘的洗脑技术有着天然的抗体。

听刘弘如此说，史初十分生气，当即把刘弘的舌头割了下来，让他不能再口出狂言。

斩杀始作俑者之后，需要考虑的现实问题也很严峻。张寔的儿子张骏年龄尚小，并不能撑起凉州的基业。左司马阴元等人便拥立张茂为大都督、太尉、凉州牧。张茂只接受了凉州刺史、西平公的封号。

随后，张茂对刘弘施以车裂之刑，包括阎沙在内的党徒数百人皆遭戮没。接着，他又在凉州境内实行大赦。平定叛乱之后，张茂谥张寔为昭公（晋元帝赐谥号为元），并命侄儿张骏担任抚军将军、武威太守，并封西平郡公。

与张寔的性格不同，张茂的身上既有娴雅恬静的一面，又有威严善断的一面。先前南阳王司马保征召、举荐张茂数次，他都没有应允。

建兴二年（314）时，朝廷征召张茂入为侍中，张茂也婉言推辞了。他的理由似乎很充分，他要照顾生病的父亲。以孝为由，朝廷又能说什么呢？其实，很多人都知道，张茂也曾代理过凉州事务，虽然张寔才是世子，但这不代表张茂没希望继承父亲的事业。所以，在这个节骨眼上他怎么能离开张轨呢？

不久之后，朝廷拜张茂为平西将军、秦州刺史。就在这年五月，张轨去世，而张寔继立。人心所向，张茂也没什么好说的。岂知，五年后哥哥为人所害，张茂又得到了这个位置呢？

本来，张寔的名望，比之其父就要差上一截，弟弟张茂自不用说。此时不服张茂，想趁其立足不稳而有所图谋的人不在少数。张茂决心杀鸡给猴看，他施计诱杀了贾摹。

贾摹何人？既是凉州大姓，又是张寔的妻弟。

此前，谶谣中唱道："手莫头，图凉州。""手""莫"二字，加起来就是一个"摹"字。张茂认为，贾摹正应了这个谶言。

这一招可管用了。豪门大族们一看，心说，这人手段狠啊，连杀转折亲都不带眨眼的，那咱们还跟他斗什么啊！一时间，心存异志之人，也不敢再有所动作。

凭借这一顿猛操作，张茂的威信瞬间提升了，站稳脚跟后，他要对外部署一个具有牵制防御功能的防线区，因为空间的隔阂，他无暇与东晋产生政治上的联系。

事实证明，这个做法是不对的。因为张茂没有得到东晋的官方认定，他就陷入了"官非王命，位由私议"的舆潮之中，死后只能以平民之礼入葬。张茂悔不当初。

晋元帝忧愤而死

上回说到，晋元帝想扶持自己的心腹，夺回本应属于自己的权力，王敦对此满腹牢骚，那么，在张茂继位当年，东晋那头又发生什么事情了呢？

王敦经营荆州，掌握着长江上游的军队，直接威胁着处于下游的扬州——首都建康。在东晋时期，南朝的经济军事重心，主要集中在荆、扬二州。《南齐书·州郡志》中，云"江左大镇，莫过荆、扬"。两州的户口，也占了江南的一大半。

史家王仲荦先生曾表述过一个观点：扬州虽是政治中心，但荆州却"甲兵所聚"，拥有着强大的经济、军事力量和控制下游的可能。

的确如此。但见，万事俱备之后，王敦大旗一挥，使用着历朝历代地方反戈中央最通用的借口——"清君侧"，发兵指向扬州。

东晋南朝的第一次"荆、扬之争"，随着晋元帝与琅邪王氏的矛盾，正式拉开序幕。

以晋元帝为首的东晋朝廷积极备战。元帝对此十分重视，进行了详细周密的部署。有句话说，态度决定一切。可是你仅仅有态度没有用，这政治斗争嘛，拼的就是拳头！

由于双方的战力根本不在一个等级，王敦的军队几乎没有遇到像样的抵抗，便大摇大摆地进入了建康城。

司马睿那叫一个尴尬啊！当初信誓旦旦，如今被啪啪打脸，只能妥协。哦，不！准确地说应该是向王敦求饶："公若不忘本朝，于此息兵，则天下尚可共安；如其不然，朕当归琅邪以避贤路。"

堂堂开国皇帝，竟然说出这种话，除了有自己的许多隐忍与苦衷，更多的是孤军奋战的无助与皇权式微的无奈。大权旁落的司马睿郁郁寡欢，半年后忧愤而死。

为了这个国家，为了本该至高无上的皇权，他努力过、挣扎过，并为之拼搏过。所以，我们不应只看到他窝囊的皇帝生涯，只看到他不思进取的偏安一隅。世间很让人留恋，但每个人都活得不容易。

司马睿驾崩之后，谁来当皇帝呢？王敦自然有这个想法，但他始终没敢贸然走出那一步。因为江淮之间仍有从北方而来的流民所组成的军事势力，他们名义上归附东晋，实际上若即若离，保持着观望态度。

流民势力的首领，叫作流民帅。他们在政治上保留了很大的独立性，既无王法亦无军纪，打家劫舍、杀人越货之事时常发生。"闻鸡起舞"的祖逖也是其中之一。

因此，王敦对流民势力颇为忌惮，心存同样想法的，还有东晋朝廷。这是因为，东晋朝廷自身极为虚弱，一方面要防备流民势力，另一方面又要利用他们去对抗北方的石勒。反过来，流民帅也担心朝廷夺兵收权。

于是，朝廷、王敦、流民帅这三者之间，都两两忌惮，不敢轻动。

所以说，如果王敦真敢称帝，自己必将会成为众矢之的。届时，各地势力会如潮水般涌来，对王氏门第没有任何好处。考虑到自己已慑服了皇帝，控制了朝政，王敦又回到了自己的地盘。

晋明帝平定叛乱

晋明帝司马绍继位之后，开始着手解决王敦这个心腹大患。

在他的手下，有一个叫作温峤的臣子。

温峤，字太真，最初跟着姨夫刘琨征战北方，后来代表刘琨南下劝进。《世说新语·尤悔》载道："温公初受刘司空使劝进、母崔氏固驻之，峤绝裾而去。迄于崇贵乡，品犹不过也，每爵皆发诏。"由此衍生出一个成语：温峤绝裾。

且说，温峤入京之后，大家见他一表人才，谈吐不凡，强行留住了他。

王敦也担心他和皇帝走得太近，就把他拉拢到了自己这里。温峤欣然应之，平时老说些"投其所好"的话，又与王敦的心腹钱凤结成了莫逆之交。不久后，恰好朝廷缺一位丹阳尹，于是，一场精彩的无间道即将上演！

温峤，请开始你的表演。

温峤建议道："王公，丹阳尹守备京城，这么重要的职位，应该派我们自己人，可不能让朝廷的人去啊！"

王敦点点头，道："有道理，那派谁去好呢？"

"必须文武全才的人才能担任，以属下之见，认为非钱凤不可。"

听了这话，钱凤心里乐开了花，故作谦虚道："温公谬赞了！你对京城比较熟悉，我认为还是你去合适。"

"哪里哪里，还是钱世仪能够胜任。"

…………

见他们老是互相吹捧，王敦也有些烦了，遂提高嗓门，说："好了好了，不要说了，温公去就行，事不宜迟，我这就给朝廷奏请你去上任，你也早些准备，去后一定要仔细监视朝廷的动向。"

临行前，王敦摆下宴席，给温峤饯行。

"好兄弟，干一杯！不醉不归。"温峤一一敬酒，似乎有些不胜酒力，走起路来微微颤抖，有些头重脚轻。

敬酒敬到钱凤处，钱凤立马起身相迎。他俩的"交情"那么深，怎能不喝一杯？但没想到，还没来得及拿起酒杯，钱凤就被"醉醺醺"的温峤一把打掉了头巾。

"钱凤何人，温太真行酒而敢不饮！"温峤突然耍起了酒疯。

"太真醉矣，太真醉矣。"王敦连忙上前打圆场。

到了临行那日，温峤涕泗横流，依依不舍，"出阁复入，如是再三"。这位表演艺术家，把悲伤与离别的气氛渲染到了极致……

天下没有不散的宴席，温峤终于走了。

此时此刻，他可能会大笑三声，暗道：王敦啊王敦，就凭你这种智商还想造反？

王敦这个铁憨憨，完全被蒙在鼓里！

倒是钱凤察觉到了有些不对劲。回想温峤这两天的"表现"，似乎太过矫情了吧！

钱凤便大胆道出自己的疑惑："王公，温峤以前和朝廷联系密切，不可信任，我们应该趁他没走远，赶紧追回来！"

王敦不以为然，道："昨天太真喝醉了，吼了你两句，你怎能这么诋毁他呢？"

钱凤摇摇头："可是，王公，我听说他和庾亮等人经常往来，放他走可能对咱们不利。"

王敦露出一张鄙视脸："你啊，老毛病又犯了，疑心病太重。"

钱凤再次劝道："王公，他真的不可靠……"

"好了好了。"王敦打断了钱凤，"不会有事的，我相信他。"

温太真演得太逼真了。他的演技，骗得王敦团团转，最终金蝉脱壳，逃出生天。见到皇帝后，温峤把王敦的底细，以及他的不轨行为和造反的图谋，统统和盘托出！

得知消息后，王敦的肺都要气炸了。想他门第高贵、地位尊崇，竟然受到这种侮辱，被人发现他的智商欠费！苍天哪，颜面何存啊！

于是，怒不可遏的王敦下令，一旦抓到温峤，定要亲自拔掉他的舌头。

话是这么说，令是这么下，可王敦的身体却是每况愈下，一点都不给力。

朝廷也迅速进入了备战阶段，在朝廷的积极筹划下，在郗鉴的深度举荐下，司马绍终于迈出了一大步，大胆起用江北流民帅祖约、苏峻，短短数日内，军事实力迅速膨胀。

趁着王敦病重，朝廷发起了全面反攻。与此同时，他们还诈称王敦已死，通缉钱凤等余孽。一时间，朝廷军队士气大振。

王敦雷霆震怒，又一次打出"清君侧"的旗号，起兵造反，矛头直指温峤。然而，此时他已病入膏肓了，连出门辟谣都做不到，更何况带兵打仗！况且，很少有人支持王敦的疯狂举动。

与第一次造反正好相反，双方好像换了阵营一样。依然是一边倒的碾轧局，只是胜利方是东晋朝廷，失败方却变成了王敦叛军。

王敦的失败不是偶然的。地方对抗中央，在舆论上首先就吃亏，且王敦过于跋扈，失去了很多士人的支持。桓彝就是一个例子。在王敦把持朝政期间，桓彝索性辞官了，等到明帝讨伐王敦，桓彝又赫然出现在朝廷的军队中！

好了，晋明帝司马绍终于成功地铲除了王敦，解除了生存危机。接下来，他也想一展抱负，治理他的国家。可惜天不假年，平定王敦一年后，他也猝然离世了。

司马绍在位的时间，只有三年（322—325）。

打造防线区，向刘曜称藩

自张茂继位以来，东晋爆发了王敦之乱，此乱发于晋元帝永昌元年（322），结束于晋明帝太宁二年（324），其间经历了两位皇帝，之后年幼的司马衍继承了皇位。

这一切，张茂都不曾参与，因为他不能参与，也不想参与。

说他不能参与，这是因为向东的道路已为前赵所阻；说他不想参与，自然是因为他与哥哥张寔一样，产生了割据一方的念头。既然不便与东晋联系，那么不联系也罢。

公元 324 年五月中旬，即东晋太宁二年，建兴十三年（张氏仍"尊奉"那个并不存在的西晋政权，史料中有说张茂曾改元为"永元"，后世的凉主也改过年号，但若以出土文物中署有"建兴卅六年"字样的情况看来，实情可能更为复杂），张茂去世了。

弥留之际，张茂拉着侄儿张骏的手，泣道："之前，我们的先人都以孝友之名著称。自汉朝以来便是如此。而今华夏大乱、帝室迁徙，侄儿你也应谨守人臣之节，切不可有所丧失。"

他又叮嘱道："值此乱世，我意在代理此州，上不负晋室，下保育万民。奈何我的官职不是朝廷授予的，哪有什么荣耀可言呢？到死的那日，请为我戴白色便帽入殓便是，我没资格穿朝服。"

张骏遵从二叔的遗愿，以平民的规格为他殓葬。

得知丧讯后，前赵皇帝刘曜遣使赠张茂太宰，谥号为成烈王。

张茂享年四十八岁，在位仅五年，但他在军事外交方面，也取得了一些进展。

据史家赵向群的说法，张茂执政前期很有运气。彼时，刘曜既要抓内政又要抵御石勒、防备陈安，没什么时间和凉州争利。张茂便派将军韩璞攻取了原为司马保所据的陇西、南安两郡，又将防御前线放在了冀城。

冀城本为韩璞驻军之所。由此，张茂打造出了一个以陇西、南安、冀城所构成的防线区。凭借这个防线区，刘曜在随后的一次军事行动中，便败给了张茂。

那一次，张茂以陈珍为平虏护军，率兵救援韩璞，迫得刘曜暗中退兵。陈珍又征募氐、羌之民，彻底击退刘曜，收复了被刘曜攻陷的南安。

事后，张茂需要腾出精力整顿内务，为此他又主动向刘曜遣使朝贡，摆出称臣的姿态。刘曜也借坡下驴，见好就收，遂拜张茂为太师、凉王。

从张寔开始，拥戴晋室便已成为政治口号，到了张茂这里，这种趋势就再明显不过了。

说到前凉建国的时间，学界里有很多说法，这主要是因为张氏一直打着崇晋的旗号，实在不便于精准纪年。笔者以为，从张寔不用司马睿的年号开始算起，会更为妥帖一些。

因为所谓的"建兴六年"，是一个并不存在且不应该存在的年号。这说明张寔已经脱离了东晋政权的管控，成为事实上的独立王国了。所以，前凉的建国时间，应为公元 318 年。

只是，张寔、张茂虽然已经自立门户，但却不能公然称帝。且不说凉州本土潜藏着的反对势力，只说那些中原移民的心理，都是"二张"必须照顾的方面。若是他们不把尊晋的口号放在嘴边，恐怕会招惹不小的麻烦。

的确如此。惯性的力量实在太大，张茂临死前的懊悔已能证明——若没得到东晋的"签字盖章"，你凉国什么都不是。

继任者张骏，是时候该做些什么了。

第四节　尽有陇西之地，张骏终成霸业

以事晋之名，结好前赵、成汉

张茂死后，凉州迎来了它第四位主人——张骏。

张骏，字公庭，张寔之子。从个人业绩上来说，张骏的成就是诸位凉主里面最大的，而他的个性特色也很鲜明。史书中说他十岁就能写一手好文章，但同时又是一个浪荡子，时常在夜间微服私行，作风有些淫奔放纵。可是，凉州百姓觉得他很有个性，不自禁地效仿成俗，"蔚然成风"。

想当初，张寔死的时候，张骏已经十三岁了。他生于永嘉元年（307），在建兴四年（316）时被封为霸城侯。照古人的算法，张骏虚岁十四，也不算太小，但若让这个不庄重的少年来继任凉州刺史，未免太不靠谱了。所以，张骏年龄尚幼，便成了大伙儿拥立张茂的借口。

在张茂继位后的五年内，张骏迅速成长起来。说得鸡汤一点，就是"时机来得很早，而你年华方好"。到了公元 324 年，十八岁的张骏少年老成，已经具有不输于父祖的心智和手腕。

上次说到，前赵皇帝刘曜追封张茂为太宰。在追封张茂之后，刘曜又拜张骏为凉州牧、凉王。该不该接受这个封号，如何接受这个封号，是个值得思考的问题。

当前天下的局面是这样的：前赵、后赵和张氏占据了北方；东晋、成汉分割了南方。短期内看来，谁也没能力吃掉谁。相比之下，张氏的劣势更是与生俱来——想从一个晋室蜕变独立不太可能。

故此，为自己正名，并积极展开外交，才能巩固自己在凉州的地位。

为此，张骏给自己定下了"事晋、称藩前赵、亲近成汉"的外交策略。按理说，这个策略非常完美，但施行难度却很大。

　　其一，向东的道路早就被前赵阻断了，他们想与东晋再续前缘，实在是太难了。张骏便打算先利用手头的条件，给自己正名分。晋愍帝司马邺在位时，曾派来一个叫作史淑的使臣。这个使臣，一直被扣留在凉州。所谓"'扣人'千日，用兵一时"，这么多年的饭，不能让他白吃了。于是，在张骏的授意下，近臣暗示史淑以晋愍帝的名义册封张骏为使持节（对郡太守以下官员有生杀之权）、大都督（可都督中外诸军）、大将军（位列三公之上），又袭为凉州牧、护羌校尉、西平公。这一招十分高明。因为张氏近年一直使用晋愍帝的年号，戴着晋臣的面具，谁能说张骏不配得到这样的赐赏呢？随后，张骏开始设置四率官，使得自己的排场逐渐向皇帝的规格靠拢。

　　其二，张骏刚一继位就接受了刘曜的册封。对于大将军、凉州牧、凉王这样的虚号，张骏摆出了一种"行，你说什么就是什么"的姿态。是的，这只是一种姿态，表面上看，张骏是刘曜的藩臣，其实他在执顺朝贡的同时，也在暗中部署着防务。早在张茂统治时期，已占据了陇西、南安两郡，并使之与冀城结为一个防线区。为了进一步发挥防线区的作用，张骏索性把那两郡的百姓都迁到了姑臧。

　　其三，张骏主动与成汉往来，他在建兴十四年（326），遣使至成都，与李雄搭上了线。睦邻友好，只是张骏的第一个考虑，而与李雄结交的终极目的，则是要借道成汉，达到通表东晋的目的。由于前赵阻断了张氏南下之路，所以张骏是在司马睿去世一年之后才得到消息的。这样实在不利于张骏的建邦大业。不过，因为李雄与东晋长期保持敌对关系，要想说服李雄和他一起称藩东晋，绝非易事。张骏为此费尽了心思。建兴二十一年（333），张骏派出治中从事张淳与李雄谈判，险遭不测，好在张淳命大，同时又富有辩才，这才勉强说服李雄答应"率众辅之"，并为晋、凉之间打开通道。但是，李雄也表态道，要他率众辅之的前提，是司马氏能"中兴大晋于中州"。话说回来，这个中兴的标准是什么？谁知道呢？

　　咱们上次说到，王敦之乱平定一年后，晋明帝司马绍也驾崩了，太子司马衍于东晋太宁三年（325）继位，是为晋成帝。在司马衍统治时期，由王导及外戚庾亮辅政。当时，镇守淮南地区的苏峻、祖约等人，对庾亮的意见很大。双方的矛盾不断升级，最终又酿成了一次苏峻之乱。苏峻带兵轻松攻破东晋首都建康。咸和四年（329），陶侃联军成功收复京师，外出避乱的皇帝才搬回了建康。

　　唉，这样一个乱臣蜂起的时代，如何称得上中兴？

对外收复河南，对内整修法度

根据史书的描述，张骏是一个非常识时务又通权达变的领导者。在继位之后，张骏采取的"事晋、称藩前赵、亲近成汉"的外交策略，不但赢得了舆论支持，与前赵"和平"相处，还与李雄结为了联盟，打开了一条取道成汉、通表东晋的路。

在外交手段上，张骏堪称一绝；而在军事和内务方面，他的表现也是可圈可点。

刚刚说到，张骏表面上是刘曜的藩臣，暗地里却在部署着边境防务。他随时准备着与前赵一搏。

公元 325 年（光初八年，建兴十三年）夏，前赵在石梁之战中惨败（见第三章第四节），刘曜素服恸哭，愤而成疾。张骏得知此事，心里乐开了花，赶紧去掉前赵给他的封号、官爵，恢复"晋大将军""凉州牧"的称号。

这才只是个开始，趁着前赵战败之机，张骏迅速部署兵力，尝试东进。两年后，张骏派出四路兵马与韩璞会合，打算征讨伐秦州诸郡。

带兵的武威太守窦涛、扬烈将军宋辑、武兴太守辛岩、金城太守张阆，都是张骏座下颇具战斗力的将领。刘曜则派出儿子刘胤。

从兵力上来看，张骏这头稍胜一筹；但从战争态势来看，刘曜这边似乎更为强势，刘胤采取先发制人之法，率先抢占了狄道（今甘肃临洮）。

双方在洮水相持两月有余，凉军军粮逐渐短缺。刘胤趁着凉军调运军粮的时机，先率三千骑兵断其粮道，再攻击韩璞，最终斩敌二万多人。

得知刘胤渡河攻占令居、拿下振武，张骏极为震恐，急遣皇甫该抵御刘胤，又在境内大赦，以争取民心。韩璞悔不当初，缚手请罪，张骏却说是自己的责任，当即赦免了他。

那么，韩璞果真没有责任吗？并非如此。

这次兵败的一大原因，在于持久战术的失误。因为他们如果选择主动出击，而不是遵守什么"日星数有变，不可轻动"的天象，情形可能会好一些。

为啥说封建迷信害死人呢？当然，凉军实力不足，也是战败的重要因素。

所谓"吃一堑，长一智"，经此一事，张骏方才认识到，自己虽然在凉州得势，但却无法立足于中原战场，故此他转而将精力放在内政建设上，等到前赵被灭时（329），才趁机收复河南地区，直通狄道。

这一次，张骏设置了武卫、石门、候和、湿川、甘松五屯护军，与石勒分境而立。

赢得两赵大战终极胜利的石勒，也想像当年的刘曜一样，令张骏称藩。张骏打心眼儿里不愿意，便扣留了后赵的使臣，不予理会。

这也可以理解。在设置五屯护军之后，张骏便将南安、陇西、湟中连成了一片，这一道军事防线较之以往更为稳固，它沿着洮水向西，通往西平郡。有了这样的战线，还要称藩于外族，怎么可能呢？张骏既不是软骨头，更不是傻帽儿。

不过，时移世易，后来后赵发展迅猛，如日中天。张骏观察良久、审时度势，方才向石勒称臣献贡，交还他所扣押的使臣。

到了这个时候，石勒之于张骏，俨然是另一个刘曜。

为了保持竞争优势，张骏在内政方面做了许多的努力。建兴十七年（329）前后，张骏拿出了一套休众息役、轻刑薄赋（参军黄斌说服张骏不要施行严刑峻法）的治国理念。

上天似乎也在考验张骏的执政水平，就在建兴十八年（330）当年，凉州境内遭遇了十分严重的饥荒，这场饥荒最终导致谷价腾贵、百姓生计艰难。

此时，官员谭详请求借米赈灾，待秋收时按三倍征回，从事阴据却以为不可，他把西门豹治邺和解扁治理东封之邑的历史经验进行了对比，前者将财货积蓄于民间，后者却征收了三倍赋收。因此，魏文侯认为西门豹当赏而解扁当罚。

阴据还认为，如今谭详提出这个建议，似有趁火打劫之嫌。张骏深以为然，遂采纳了阴据的建议，没去做那些反裘伤皮的事。

写至此，笔者也想说，所谓政绩，不能只看官员有没有完成任务，而应该看他施行政令的方式。

西汉时期，左内史倪宽在一段时期内担任地方官，他十分注重奖励农业、减刑轻赋。在征收赋税时，他往往根据收成多寡来决定赋税额度，因此税收多不入国库。其后，因为欠租，他在考课时的名次就排到了最后，依法应免官。百姓不想失去这位父母官，便纷纷赶来交租，倪宽的政绩考核，就此变为最上等。

孟子说，"爱人者，人恒爱之；敬人者，人恒敬之"，有仁心，才能得民心。只可惜，旧时有多少官员能有倪宽、阴据这样的仁心呢？好在统治者张骏能察纳雅言。

经营西域，重置行政建制

建兴十七年（329），西域诸国向张骏通使纳贡，汗血马、火浣布、孔雀、挚牛、大象以及各色珠宝珍奇……陈列于前的贡品琳琅满目，看得张骏感慨万端。起先，他就有经营西域的想法，但彼时他的重点在于打造东部的防御体系，故此也无力他顾。

他还记得，早先他为了打击桀骜不附的戊己校尉（管辖西域诸国）赵贞，便令西域长史李柏对其用兵。计划失败后，群臣认为李柏当死，张骏却说："汉武帝诛杀王恢的做法，不如秦穆公赦免孟明来得好。"而后，李柏被减免了罪责，群臣也都心悦诚服。

赵贞不服张骏，其实也很正常。

一方面，自汉魏以来，戊己校尉便是由凉州刺史兼领的，西晋时期则不然，故此二者之间不可能没有利益上的矛盾；另一方面，张轨、张寔和张茂时期，都没有接到治理西域的任命，他们的精力集中在凉州内务、勤王和建立东面防线等方面，所以张骏想要沟通凉州和西域的关系，缺乏先例。

由于条件不成熟，张骏当时只能暂时搁置西域之事。而今，西域诸国的主动示好，便成了张骏经营西域一事的催化剂。

两年后，张骏向赵贞发起战争，狠狠地出了一口恶气，不久后设立了高昌郡。此处原为赵贞的治地——高昌壁。

设立高昌郡，有什么样的意义呢？此前，中原王朝统御西域的手段比较简单粗暴，唯军事一途。而张骏的措置，就意味着他将高昌郡引入了行政干预的范畴。

此外，从地理位置来看，一旦设置了高昌郡，张骏便可以利用这个平台，以武力征服或者怀柔的方式，收服整个西域。

十四年后，即公元 345 年，张骏遣杨宣等穿越沙漠，征讨龟兹、鄯善这两个刺头，最终收降了西域诸国。为了讨好张骏，鄯善王元孟还献上了美女。一时之间，焉耆前部、于阗王都争先恐后地跑来献贡。此时的西域诸国，可以被视作张骏的藩属国。

随后，张骏将凉州一分为三，变为凉州、河州、沙州的建置。值得注意的是，沙州下辖三郡三营——敦煌、晋昌、高昌、西域都护、戊己校尉、玉门大护军。它的地理位置，是在辖域以西。这显然是张骏经营西域的成果。

趁此时机，张骏又自称大都督、大将军、假凉王（"假"为"暂称"之意）。就在这段时间前后，有人说在河中得到一块写有"执万国，建无极"字样的玉玺。大家都懂的吧，这分明是张骏在为自己的帝业做最后的铺垫。

请注意，笔者在此处用了一个"最后"，很显然，这之前一定有"最初"和"其后"。

说到"最初"，那还是二十年前的事。建兴十三年（325），有人在揖次（今甘肃古浪北）发现了黄龙，臣属以之为吉兆，便趁机提议更换年号为"龙兴"。张骏虽然没采纳这个建议，但他也没对东晋政府拿出应有的姿态。民谣中说"鸿从南来雀不惊"便道出了张骏的这种姿态与心态。

说到"其后"，那是发生在十二年前的事。建兴二十一年（333），张骏在位多年，威名远播，僚属"不约而同"地进劝张骏称王，领秦、凉二州牧，并置公卿百官。张骏谦逊地拒绝了提议，但四境之内称王之声不绝，张骏也没下令让他们闭嘴。如此暧昧不明的态度，所为何事？还不是为建立皇权做铺垫。

僚属哪能不懂这个？不日后，他们又请立世子，中坚将军宋辑以为，要是不早立世子，"国有累卵之危"。这一回，张骏采纳忠言，欣然接受了提议，旋即立次子张重华为世子。

到了建兴二十七年（339），张骏立辟雍、明堂，以方便祭祀行礼。同年，他又令世子行凉州事。

经过多年来的酝酿，做足铺垫后，张骏终于得到了神的旨意——"执万国，建无极"。

那好吧，既然神都说话了，咱们也甭谦虚了，置百官、提高车服旌旗的等级、跳六佾之舞，立豹尾之旗，都是理所应当的事情。只不过，为了掩人耳目，部分名头得变上一变。

至此，在"事晋"口号的掩饰下，张骏终于达成割据一方的宏图大业。虽说他对外并未称王，但在三州、西域的疆域上，他是真真正正的王。

第五节　连破强敌，文治武功齐备

幼冲继位，着意缓和矛盾

前凉建兴三十四年（346），张骏因病去世，享年四十岁，谥号文公，继位的张重华（字泰临），是张骏的次子。史称"宽和懿德，沉毅少言"的张重华，时年不过十六岁，比他父亲当政的年龄还要小。

那么，这位幼冲继位的凉主，能不能继承父志，打开三州（凉州、河州、沙州）发展的新局面呢？

当初，摆在张骏面前的主要矛盾是，既要与东晋、成汉合作，又要与前赵、后赵周旋。得益于"事晋、称藩二赵、亲近成汉"的外交策略和休众息役、轻刑薄赋的内政方针，张骏建邦命氏的计划有序展开，终于达成一个满意的结果。

如今，张重华所面临的局面，看似比他父亲要好得多。放眼望去，三州之地，无不是他的疆界；十万雄兵，无不是他的拥趸。然而，如人饮水，冷暖自知，张重华自己很清楚，他还没有做守成之主的福气。

原来，早在七年前（339），张骏便命九岁的张重华行凉州事。九岁是什么概念？今天三四年级的小学生也就这么大。小小的少年，从那时起便得到了锻炼机会，他对三州的政治经济状况，自有一番观察与理解。

在张骏过世前一年，他又将京畿军政大权悉数交给张重华，命其担任五官中郎将。有了军事上的决策权，张重华俨然已是三州实际上的主人了。

张骏去世后，政权顺利过渡，张重华称持节、太尉、大都督、护羌校尉、凉州牧，又封西平郡公，假凉王。还是老一套的称法，连假凉王的称号也一并拿了过来。在自己的州界内，张重华的确拥有着至高无上的地位。

张重华刚一继位，就尊母严氏为太王太后，生母马氏为王太后。他将她们分别奉养在永训宫和永寿宫。随后，他开始着手解决父亲在位时暴露出的问题。

如前所述，张骏对内采取了轻刑薄赋的措施，但安居乐业并不意味着丰衣足食。一方面，河西地区干冷的气候条件，导致风、霜、雨灾频频"光顾"，部分百姓陷入饥寒交迫的窘境中；另一方面，张骏时期的对外战争较为频仍，这也一定程度地影响了农业发展。

而更为重要的原因，是土木营建之事十分频繁。谁都明白，不断地兴动劳役，无疑是扰民之举。

当然，这不是说，一国之主不该修房子，咱们得看那房子的修筑目的是什么。诸如永训宫、永寿宫、宾遐观（为鄯善王献的美人修筑的）的修筑，倒还说得过去，但这毕竟只是众多建筑工事中的一小部分。

早先，张轨因为管理需要增建了姑臧城，这是很有必要的。从张茂开始，他大兴工事的架势就拉开了。扩大城池规模、筑造灵钧台，或者要求险峻巍峨，或者要求极尽华奢。此举造成府库虚耗，民怨沸腾。

后来，张骏又在姑臧城南大筑城池，修建了一座谦光殿，谦光殿以金玉为饰，五彩为绘，豪奢程度令人咂舌。此外，张骏还在谦光殿的东、南、西、北四面各盖一座殿宇，名曰宜阳青殿、朱阳赤殿、政刑白殿、玄武黑殿，他会在一年四季轮流居住。

这个做法看起来很有创意是不是？倒也有一番说辞。

每一处殿宇的礼服器物都依着节令来，就连殿旁当值的内官公署，也都使用相应的颜色。按张骏的说法，这是为了突出儒家所倡导的礼制，但事实上，在他统治晚期也照着他定的规矩来，反倒是想怎么住就怎么住。

有时候，张骏会在新修的闲豫堂里议政，有一次，他召集臣僚在此中论政，参军黄斌借机提出了"法制在于上行下效"的观点。不过，大多数时候，闲豫堂之于张骏，更像是一个休闲娱乐的场所。

寻一个春日，看那堂前池底的五龙图案时隐时现，在那潋滟波光里，倒映着一代霸主的英姿，折射出王者的雄心。

但明眼人都知道，在这英姿与雄心背后，是掩盖不住的盛世危机。不能体恤民心的霸主，不能成为真正的霸主。

针对父亲在位时的弊端，以及后赵皇帝石虎（334 年，石虎弑石弘而自立，详见第四章）的威势，张重华不但不能做一个守成之主，反倒得朝乾夕惕、多方筹谋。他认为，第一要务是抓内政。慎重考虑之下，张重华采取了"轻赋税，除关税，省园囿，以恤贫穷"的国策。

毫无疑问，这样的国策，有利于缓和内部矛盾，凝聚人心。与此同时，石虎却在大兴建筑工事，投入大量的人力、物力、财力。仅此一事，便可见出石虎在内政上的一大弊病。

授以斧钺，委以专征

后赵消灭前赵以后，它的版图便与前凉相互接壤，其间只隔了一座陇山，因此，赵凉之间的相处模式必然会发生变化。

一开始，张骏对后赵不予理睬，而后碍于形势对其称藩献贡。不过，张骏观察了一段时间后，才发现后赵根本就没把自己当盘菜，对方一心盯着东晋、前燕，跟他们杀得热火朝天。

这下子张骏放心了。左右还隔着一座陇山呢，干吗要对人卑躬屈膝呢？长于权变的张骏，对石虎的态度也慢慢倨傲起来。在侍中石璞的劝说下，石虎暂时克制住了一腔怒火，抱定了姑息以观后效的念头。

当然了，这种姑息，可不是姑息养奸，而是伺机而动。等到石虎调整了战略，打算对前凉用兵时，前凉的好日子就暂时结束了。石虎两度出兵河西，派出的都是王擢、麻秋、张伏都等宿将。

两军交战，主将尤为重要，张重华当然明白这个道理。他一直在物色合适的人选。

建兴三十四年（346），后赵兵分两路，进攻凉、河二州。

不久后，武街和金城相继陷落，前凉境内人心惶惶。

张重华赶紧集合全境军队，以征南将军裴恒为主帅。哪知，强敌当前，裴恒怯战不前，龟缩在广武（今甘肃永登）不敢行动。

值此危急时刻，牧府相司马张耽推荐凉州主簿谢艾为将，将之比为乐毅、韩信、穰苴、吕蒙、魏延那样的人才。

张重华点点头，又皱皱眉：既是人才，当然要用；但谢艾本质上是个文官，此前又没打过仗，突然重用他，这不是有些儿戏吗？

张耽又拍着胸脯道："授以斧钺，委以专征，必能折冲御侮，歼殄凶类。"换作大白话，便是说，大王您只要给他兵权，就不需要多操心了。

听他这么说，张重华便将谢艾召来问话，但听谢艾说："过去，耿弇不愿把贼寇留给君父，而黄权却愿率万人以拒敌。现下，请凉王予我七千兵士，臣定当为殿下消贼。"

张重华准了，命谢艾担任中坚将军，配给他五千步骑兵。准是准了，但心里不敢抱有太大的希望，甚至有点死马当活马医的意思。

他的顾虑大家都明白——文官能承担起抵御敌国宿将的重任吗？答案是一切皆有可能。

比较熟悉南宋史的朋友，一定听说过虞允文这样一位文官。本来，他到采石矶只是执行慰军的任务，哪知军中无帅，他便主动承担起了防守长江天堑、抵御金军的责任。结果，南宋官军把金兵打得满地找牙，把完颜亮打得怀疑人生。

同样，谢艾本为文官，但他也是一位出色的斜杠青年。史称谢艾以"兼资文武，明识兵略"，堪称前凉战神。那么，战神初次作战的风姿是怎样的？

那一日，谢艾率军出振武（今甘肃永登、兰州间），当夜有两只枭鸟在近处鸣叫，这似乎是不吉之兆，但谢艾却鼓励大家，说："枭，就是'邀'，六簿得枭者胜。如今，枭在主将住处鸣叫，这便是战胜敌人的吉兆了！"

史料中没有详细描述战争中的细节，但从"大破敌军，斩首五千"的结果来看，想必十分精彩。其人谙熟军事、指挥得力的本领，自可想象。

张重华大喜过望，对他恩赏有加。

乘轺车，冠白韬，鸣鼓而行

石虎输了这一战，十分憋屈，因此他在第二年又发动了两次战争。

建兴三十五年（347），麻秋进攻枹罕，为前凉将士所败。随后，石虎又派部将刘浑等率二万步骑兵来增援，结果也很不理想，石虎不禁叹息说，凉地的人也太有才了吧。

话是这么说，但石虎可不是轻言放弃的人，这仗还得打。张重华也知道石虎的性格，便命谢艾担任使持节、军师将军，又率三万步骑兵进驻临河。

麻秋也不含糊，心说，三万就三万，谁还给不出来咋的！

所以，三万对三万，这仗该怎么打？

但见谢艾"乘辂车，冠白韬，鸣鼓而行"，气场十足。瞧瞧这架势，比之"羽扇纶巾，樯橹灰飞烟灭"的周瑜也是不遑多让啊。

那一头，麻秋见着这种情形，气得直咬牙，怒道："艾年少书生，冠服如此，轻我也。"

忍不住啊，真的忍不住！麻秋忍不住疯狂吐槽：要打仗，就撸起袖子加油打，你倒好，不穿盔甲也就是了，还一身褒衣博带地跑来，搞什么鬼！看不起老子是不是？——呸！

麻秋越想越生气，便命三千黑矟龙骧袭击他，要给谢艾一点教训。谢艾左右受围，但却安之若素，不仅不乘马应战（左战帅李伟劝其乘马），反倒下车坐在胡床（相当于小马扎）上，开始他的表演——从容指挥。

饶是黑矟龙骧骁勇善战，也觉得其中必然有诈，不敢贸然前击。众人心说，这厮怕是安排了一大波伏兵吧，不然怎会如此淡定呢？

实际情况是并没有什么伏兵。

笔者不禁想起明成祖朱棣（那时还是燕王）在白沟河之战中的一桩事。

彼时，朱棣险些被平安、瞿能所伤，情形着实狼狈。可咱燕王心态就是好，手段就是老辣，登时做出了一个惊人的举动——跳到河堤之上举鞭假装召唤援兵。

见此情状，李景隆马上缓下了攻势，其后才知自己上当受骗，但此时因为朱高煦的援兵来了，官军的优势也大大减弱。

此战中，凉军斩杀赵将杜勋、汲鱼，俘杀一万三千人，麻秋落荒而逃，单骑逃往大夏。

事后，须论功行赏，张重华擢升谢艾为太府左长史，并封为福禄县伯，食邑五千户，赐帛八千匹——这都是钱啊！不日后，张重华又封谢艾为福禄伯。

打了大败仗，石虎心里实在堵得慌，遂于当年五月，再命麻秋、王擢等人出战。这次，谢艾担任了使持节、都督征讨诸军事、行卫将军。在他的指挥下，凉军又毫无悬念地赢得了辉煌战果。

石虎震惊了。一个看似文弱的书生，却像一尊神似的守护着凉州，就连麻秋、王擢都不是他的对手，有生之年还能拿下三州吗？

念及此，石虎沮丧不已，不禁叹道："吾以偏师定九州，今以九州之力困于枹罕，真所谓彼有人焉，未可图也。"

对于谢艾的本事，后世北宋苏轼也颇为欣赏，他还在诗中引用了谢艾的典故，写下"圣朝若用西凉簿，白羽犹能效一挥"这样的诗句。

只可惜，因为谢艾太有才，不免树大招风，之后不久便遭人诋毁中伤。迫于压力，张重华只能将谢艾外放为酒泉太守。

好君王也有坏毛病

在张重华执政期间，其对外举措，以抵御后赵为主。

在内政方面，张重华身上也颇有可称道之处。

就拿用人来说吧。之前一直为后赵打工的王擢，突然跑到凉州来寻求政治避难，张重华毫不犹豫地"厚宠"了他，封他为征虏将军、秦州刺史、假节。

应该说，张重华这份用人不疑的气度，还是很难得的。

笔者这么说，自然有个由头。若是王擢先仕后赵，再投凉州，这还好说。但事实上，王擢先后在后赵、东晋、前燕待过，加上前凉，再加上最后投降的前秦，这算是历仕五国了。

这样的人，值得人信任吗？张重华以为，没有问题。

之所以离开后赵（永和八年，即公元352年），是因为政权沦灭；之所以离开东晋，大概是因为受到了排挤——张重华也许是这么想的；之所以在同年离开前燕，原因十分明确，是因为前秦丞相苻雄在陇西攻打他，王擢力战不敌，别无选择。

史家们一般都认为，王擢这家伙太没节操了，一年之内竟然数次易主，但人家张重华就是敢用他。结果也还不错，次年，王擢参与了讨伐前秦的战争，其间作战遭遇重创，他还一度从龙黎逃到了姑臧，但他还是再次领兵征讨了上邽，得到秦州郡县的响应。最终，王擢等人打败了前秦领军将军苻愿。在这之后，王擢也建立了一些功勋。

总的来说，在张重华执政期间，王擢是比较称职的，这种情形直到张祚即位之后，才有了变化。原来，张祚疑心王擢叛变，先派人去刺杀他，而后又派秦州刺史牛霸等人去打他。王擢吃了败仗，这才投降了前秦。后来，王擢在前秦坐到了尚书的位置。

笔者以为，一个敢于用人、善于御人的君王，诚然值得称道，而他能做到体恤兵将，则更为难得。王擢败于龙黎时，张弘、宋修双双受俘，万余将士命丧敌手。张重华为此痛心疾首，素服而出，为殉难兵将举哀恸哭，而后又遣人吊问家属。

张重华的努力，得到了应有的回报，在他治国安邦的八年时间里，前凉维持着繁荣昌盛的局面。不过，也正因如此，张重华渐渐生出了骄恣之心，他有时也会荒怠懒政，上演"神龙见首不见尾"的戏码。

眼见凉主犯上了懒症，臣子们心里也着急。先是司直索遐苦心劝谏一番，所言无不深中肯綮。后来，征事索振也批评过张重华懒于批复奏章，不是个明主。张重华接到这些意见，心中也有所触动，但他只在口中称善，行动上却没多少改进的地方。

言至此，笔者不禁想到：得亏了张重华寿命比较短，要是他活到了明神宗朱翊钧那般年岁，又来个三十年不上朝（不过，不上朝不等于不理政），前凉的命运只怕岌岌可危。

好在，前凉已走上了良性循环的道路，所以短期内没有出现大的问题。

时间，往往会在不知不觉中，改变一个人的模样。时日一久，骄恣成性的张重华，又渴望完全摆脱东晋的影响，称霸一方。

于是，张重华一面说着"臣守任西荒""瞻云望日"这样冠冕堂皇的话，一面又拒绝着东晋的诏命。那些凉州牧、大将军的职任，他完全看不上眼。这件事发生在永和三年（347）。

那一年，东晋使臣俞归前来传诏，得到的回应却是：人家慕容皝都被封成燕王了，您家皇帝也太小气了吧！

传话的人是张重华的亲信沈猛，他传达的当然是张重华的意旨。俞归不敢擅自做主，只能寻了个华夷有别的借口掩饰过去。

张重华也感觉时机并不成熟，遂就此作罢。

在永和九年（353），张重华猝然离世，年仅二十七岁。他私谥为昭公，后被改为桓公。晋穆帝司马聃赐其谥号为敬烈。

张重华过世以后，幼子张耀灵（《魏书》里作张曜灵）继位。不过十岁的年纪，幼主是否能负载起前凉的命运之舟呢？其人其事，将在本书第二卷"前秦风云"中继续讲述。

附章

拓跋先世的传说

在本书的第三卷中，北魏是绝对的主角。正是它统一了中国北方，成为十六国的终结者。在第一卷临近终结之时，很有必要来交代一下北魏的前身代国的往事。

从千年嘎仙洞的遗迹，到拓跋翳槐的困境，拓跋先世的奋斗史，是国人瞻望的偶像、前进的动力。他们以"肯钻研"的精神，化解了一次次的危厄，在历史书卷抒写着令人神往的传奇篇章。

——引言

第一节　拓跋鲜卑的起源

千年石室嘎仙洞

北魏太延五年（439），太武帝拓跋焘消灭了中国北方最后一个割据政权——北凉。至此，他彻底结束了繁杂无序的十六国时期，中国开始进入南北朝时期。

然而，此时统一北方的北魏王朝，却已无法确知本族的原始居住地了。这支顽强而坚毅的鲜卑族，只能通过先辈们的口耳相传，才能大致了解到他们的祖先，曾生活在北方遥远的大鲜卑山。

人生于天地之间，必有其来处，没有先世记忆的人，始终只是无根的浮萍。所谓"慎终追远"，追溯先辈足迹的意义，无比重大。关于这个认识，胡汉之间并无差别。因此，北魏君臣无不抱憾怅惘。

但不久后，振奋人心的消息到来了。

这个消息，是由北来朝贡的乌落侯国带来的。据使者所称，他们在国境内发现了北魏先辈住过的石室。时在太平真君四年（443）。

拓跋焘按捺不住内心的狂喜，当即派中书侍郎李敞跟随使者前去祭祀，并于石室内刻下祝文。该祝文记载于《魏书·礼志》。

"启辟之初，佑我皇祖，于彼土田。历载忆年，聿来南迁。应受多福，光宅中原。惟祖惟父，拓定四边。庆流后胤，延及冲人。阐扬玄风，增构崇堂。剋翦凶丑，威暨四荒。幽人忘遐，稽首来王。始闻旧墟，爰在彼方。悠悠之怀，希仰余光。王业之兴，起自皇祖。绵绵瓜瓞，时惟多祜。归以谢施，推以配天。子子孙孙，福禄永延。"

这就是嘎仙洞的传说。

然而，传说只是传说。打从清末民国初起，学者们就对石室的位置进行了无数次推测与探索。直到中华人民共和国成立后，学界仍然众说纷纭、莫衷一是。

可喜的是，这个沉淀千年的历史公案，终在公元 1980 年 7 月 30 日得以了断。

内蒙古呼伦贝尔盟文物管理站的考古人员，在大兴安岭北段找到了嘎仙洞，发现了一千五百年前李敞刻下的祝文。传承千年的文字古朴沧桑，内容也与《魏书》的记载几乎一致。

这意味着什么？意味着嘎仙洞为拓跋氏起源的传说是确凿无误的。

在五胡十六国的时空里，拓跋氏建立的国家叫作"代"。虽说它在"十六国"中还排不上号，但它却是彻底结束十六国对峙局面的北魏的前身，它的故事也是看点十足的。

拓跋氏的先人们，起初生活在嘎仙洞附近，过着与世隔绝的原始生活。经过了漫长的繁衍与发展，到了拓跋毛的统治时期，其部落组织已极具规模。

不过，史称其"统国三十六，大姓九十九，威震北方，莫不率服"，这就有些夸张了。以当时的自然条件和他们所处的生活环境来看，拓跋氏很难发展成这种规模，史书所言应为虚美之词。至于说什么"威震北方"，那更是无稽之谈。

到了东汉时期，北匈奴因遭受重创而被迫撤离，遂为他们腾出了一块风水宝地，首领拓跋推寅便瞅准机会，带领着族人走出了大兴安岭，来到呼伦湖附近定居。

这是拓跋鲜卑的第一次大迁徙，也是第一次和外界产生互动，具有非比寻常的意义，故此拓跋推寅则被史学界称为"第一推寅"。

呼伦湖的环境并非完美的栖息之地，拓跋鲜卑不想停下南迁的步伐，但在这个节骨眼上，拓跋推寅突然倒了下去，一时间群龙无首，南迁计划也只能被迫中止。

于是，拓跋鲜卑在呼伦湖又生活了大约百年的时间。在经历了七代统治者（史家称，每代约十五年）之后，首领拓跋邻再次提出南迁。不过，此时拓跋邻年老体衰，便只能托付其子拓跋诘汾来实施南迁计划。

为表敬意，部落的人们尊称拓跋邻为"推寅"。推寅，在鲜卑俗语中，是"肯钻研"的意思。为区分于首次南迁的拓跋推寅，史学家便把拓跋邻称为"第二推寅"。

接下来，趁着檀石槐部落联盟瓦解之际（见第五章），拓跋诘汾领着部落经过了"九难八阻"，终于来到漠南的阴山一带。这里曾经是匈奴故地——冒顿发迹的地方。

拓跋鲜卑史上的第二次大迁徙，成为现实。

力微皇帝无舅家

汉献帝建安二十五年（220），拓跋诘汾去世，其子拓跋力微继任首领。

关于拓跋力微的身世，流传着一个美丽的传说：话说，帅哥诘汾曾在山泽中遇到一位天女。天女告诉他，她是奉天命来寻找诘汾的。好吧，想必他们也确认过眼神，遇上了对的人。两人当晚成为夫妻。次日一早，天女告别诘汾，并吩咐他明年此时再约。到了第二年，谁都没有爽约，来的却是三个人。

天女递给诘汾一个男婴，说："这是你的儿子，要好好养育他。将来他一定会成为帝王。"这个孩子，就是拓跋力微。

随后，一句谚语流传开来：诘汾皇帝无妇家，力微皇帝无舅家。

往往，史书在描写古代帝王出生时，会附会一些祥瑞或者神话色彩。什么"满室红光"啦，"妊娠当晚夜梦神人"啦，咱们听听也就是了。所以说，这个"力微为天女所生"的故事，无非是想表达其统治部落的"正统性"。总之，他是天命所归的领袖，大家不能有丝毫异议。

但，当我们仔细打量一下，会发现它似乎与很多耳熟能详的故事不太一样。拓跋力微的身世，竟是知父而不知母！

众所周知，玄鸟降卵而生商，华胥履迹而生伏羲，朱果而孕生清始祖，这些传说都是知母而不知父，包括前文提到过的檀石槐，也是知母而不知父的。

这些都符合古人的常情。

甚至说，在我们现代社会里，都发生过用DNA检查以确认生父的荒唐事。那么，在拓跋力微的身上，为何会出现知父而不知母的谜团？嗯，更直白地说吧，拓跋鲜卑为何要编造这么一个传说？

很显然，他们是在掩饰着一些不可告人的秘辛。

虽说是秘辛，却也不是无迹可寻，我们大可从拓跋力微的行迹里，略窥一二。

长大后的拓跋力微"生而英睿""有雄杰之度"，可说是帅哥一枚，一表人才。按理说，有神话传说背景的加成，他的事业即便不是扶摇直上，也会一帆风顺吧？但倒霉的是，力微刚一上任，就遭遇了"开门黑"——西部的鲜卑大人的迎头痛击。

数日间，部落离散，这是致命的打击。无奈之下，力微投奔了没鹿回部的大人窦宾。

这个窦宾的鲜卑姓为纥豆陵，也就是说他本应该叫"纥豆陵宾"，由于后来北魏孝文帝推行汉化改革，就把鲜卑姓改成了汉姓。由此，纥豆陵氏就变成了窦氏。

再后来，当北齐年间的魏收撰写《魏书》时，出于述说从简的考虑，人名一律使用汉化后的姓氏，无论传主生活在汉化前还是汉化后。

不久，拓跋力微协同窦宾作战，共同反击西部，不想又惨遭失败。就在窦宾失去战马、徒步行走的危急时刻，力微将战马让给了窦宾。

窦宾这才侥幸保得一命。回去后，他公开寻找献马之人，可力微秉着"深藏功与名"的优良作风，偏忍着不说，直到窦宾偶然得知此事，才承认自己的那番壮举。为表谢意，窦宾决意将自己一半的领土分给力微。力微摇头谢绝。

太棒了！这小伙子只知奉献而不贪功，这人品哪儿找去！何况长得还帅气！——窦宾心说。

于是乎，窦宾看力微越看越顺眼，索性招他做了女婿。

婚后，窦宾再次问女婿想要什么，力微终于不再隐瞒，说出了自己长久以来的想法："请允许我带着自己的部众，去北边的长川生活吧！"

窦宾也是个明白人，知道他不甘寄人篱下，便满口答应了他。

此一时彼一时，力微和自己的关系亲近了，这时再开口提要求，便不是不知逊让，而是有雄心壮志。窦宾再次确认自己的眼光没错。

不难想到，力微是个典型的心机男，他从来就不是只做好事不留名的人，先前的做派，无非是玩的以退为进的套路。

至于窦宾为何得知力微的壮举，多半是因力微主动放出了口风。但这也无可厚非，毕竟此时的力微并没做什么伤天害理的事情，他只是用他的办法，得到他想要的东西。

被神话传说掩盖的残酷事实

经过了十余年的发展，力微统领的拓跋部再次得到振兴，之前被打散的部众也不断归附。他们成为草原上一股不可小觑的力量。

就在力微成为首领的第二十九年，也就是曹魏正始九年（248），老丈人窦宾突然命垂一线。临死前，他嘱咐自己的两个儿子，要好好对待拓跋力微。但可惜的是，两个儿子一向不服他们的姐夫（或是妹夫），把父亲的遗言当成耳旁风。

他们想趁力微吊丧之际，解决掉这个心腹之患。不过由于他们的口风没关严，此事很快传入了力微的耳朵。"你不仁，我不义"，这不是天经地义的事儿吗？力微决定先下手为强，有趣的是，他所使用的招式和对手如出一辙。

力微先杀死自己的妻子窦氏——也就是窦宾的女儿，然后派人去报丧。两个小子惊痛之余，全无警心，竟然傻乎乎地来到力微的部落大营。力微事先埋伏好的刀斧手，当然不会客气。一刀一个，如切瓜砍菜一般，顿时送给窦家一个"整整齐齐"。

这还不算，再来一出更狠的。拓跋力微趁机兼并了老丈人的部落。

其后，周边的部落大人都来款附，力微的部队很快建成了"控弦上马二十余万"的规模。以当时的历史环境来看，二十多万的数字有些夸大，但这也能证明这个部落联盟的强大实力。

怎么说呢？拓跋力微杀害妻子，兼并妻族，从人伦的角度讲，这事儿太残酷了。没有丈人的帮助，力微哪能轻易地重振部族？万想不到，他拿妻子的死，换来了兼并妻族部众的机会，壮大了自己的势力……

我无意去指责力微的冷血。北魏一朝，几乎每个顺利登基的皇帝，手上都会沾染亲人的鲜血，而"子贵母死"制度更是灭绝人欲，冯太后为了发扬这个制度，甚至已经到了丧心病狂、令人发指的程度，为了巩固家族的利益，冯太后已然失去人性。

可是，在那个辽阔而又逼仄的草原上，唯一的生存哲学，便是"弱肉强食、胜者为王"。今天你不去打倒竞争对手，明天就有可能会遭到对手的反噬。

看过了这个残酷的故事，我们再回头看看力微出生的传说吧！

如"诘汾皇帝无妇家，力微皇帝无舅家"的谚语所说，力微没有舅家。那么问题来了，他的舅家到底去了哪儿？

很有可能的是，力微的父亲诘汾，也做出了与他儿子类似的选择。他先是杀害了自己的妻子，再兼并了岳父的部族，壮大了自己的实力，最终完成了政权的顺利嬗递。为了掩盖那些残酷的事实，便编出了人神相恋的故事和"无妇家""无舅家"的谚语。

前文说到，知父而不知母的神话传说，本就少而又少；而知母不知父的情况，才符合古之常情。所以说，力微杀妻兼并窦宾部的做法，也许正是出自对他父亲的效仿。

只是力微杀妻之事不胫而走。知道的人太多了，无法掩盖得住。

第二节　力微联盟的解散

迁至盛乐，谋求发展

十年后，力微迁徙到盛乐，于四月间召集部落大人，举行盛大的祭天仪式。这次祭天大会意义非比寻常，它正式确立了部落联盟的成立，以及拓跋力微在联盟里的宗主地位。

对于这些鲜卑人来说，祭天是无比神圣的，它是至高无上的权力的象征。加之力微联盟是一个新兴的部落联盟，故而，这次祭天仪式也被赋予了"开国仪礼"式的性质。

更为深远的意义，则显现于北魏的后世。

在北魏平城时期，西郊祭天是一项非常隆重的祭祀活动。举凡《魏书》中对于西郊祭天的记载，前面统统都有"夏四月"三个字。也就是说，西郊祭天都是固定在四月举行，我们有理由相信，这是受到了先人祭天的影响。

然而，就在这本该庄严神圣的仪式上，赫然出现了不和谐的一幕：拓跋力微点了点名册，发现诸部大人几乎都来参会了，唯有白部大人不给面子。力微暴跳如雷，忙问大家该如何处置。

打他！大家面面相觑，而后异口同声。

于是，力微亲自出征，砍下了白部大人的头颅。

这叫什么？杀一儆百，大家都懂的。就这样，力微的名号打出去了，效果也很明显，从此往后"远近肃然，莫不震慑"，再没人敢存有怠慢之心了。

回溯一下祭天仪式的内容，力微做出了一个很重要的决定。他说："据我观察，前世匈奴劫掠中原的老百姓，是不对的。他们固然能抢到粮食，但也会死不少人，这实在是得不偿失！不仅如此，他们还得罪了中原王朝。这套做法我们不能照搬。"

那该怎么办呢？自然是与中原王朝和亲，改善关系。

三年后（261），力微又派出自己的儿子拓跋沙漠汗，去中原王朝当人质。学好中原文化，才能成为更有能力的接班人。力微暗暗地想。

只是，理想很丰满，现实却很骨感。仰慕汉文化的力微，终究还是失望了。他虽能如愿地把儿子送去洛阳学习，却没能实现他最终的愿望。不过，力微不会想到，二百多年后，他的后人，却秉承了他的遗志，以强大的魄力、灵活的手腕，对拓跋氏进行了汉化改革，彻底改写了中国的历史。

那么，当年孤身来到洛阳的拓跋沙漠汗，到底经历了什么？

走出塞外第一人

走入洛阳的沙漠汗立刻被这繁华的都市所吸引。

这里没有广袤的草原、成群的牛羊，有的却是亭台楼阁、风流名士。看，那巍峨的宫殿、繁闹的街市、华美的服饰、迤逦的园林、俊爽的文士……虽无浩大天地，却自有一段风流气韵。

美哉！壮哉！沙漠汗一下子就明白了父亲的用意，他决定安心在这里生活，学习这里的一切，日后回去壮大自己的部落。

打定主意后，沙漠汗结交名士、虚怀若谷，很快就被洛阳的上层社会所接纳。同时，他又承担着"和平使者"的身份，促成拓跋部与中原关系的改善，双方开启了友好的贸易往来。

此时正值曹魏的统治末期，司马氏把持大权。吴蜀二国还未消灭，曹魏的统治者自然不想为北方民族所掣肘，故此，对于远道而来的沙漠汗，也是极力拉拢。

自此而始，曹魏每年都会把数以万计的金、帛、缯、絮输送到盛乐。作为回报，拓跋部则会献给曹魏大量的马匹和皮毛。不唯如此，在双方的边境上，也兴起了民间商业交易的风潮。可以说，彼时大家各取所需，平等互助，和谐共生。

沙漠汗善于处理人际关系，其后，纵然经历了魏晋易代这样的大变故，也依然维系着拓跋鲜卑和中原王朝的友好关系。

在洛阳生活了七年（261—268）后，沙漠汗请求回归。晋武帝司马炎也非常大度，痛快地答应了他，并派专人护送他回到盛乐。

又过了七年（275），沙漠汗再次出使中原，于当年冬日返回。司马炎赏赐给他丰厚的礼物，足足装了一百多辆牛车！

兴高采烈的沙漠汗满载而归，可就在他刚走到并州，打算跨出西晋国界时，便被别有用心的人盯上了。沙漠汗的人生轨迹，就此偏离了本来的航线。

这个人叫卫瓘。

熟悉三国的朋友应该都知道他。伐蜀功臣邓艾、钟会都死于他的阴谋之下。

当时，担任征北将军、幽州刺史的卫瓘见到沙漠汗后，警惕之心油然而生：站在他眼前的虽是个鲜卑人，但他却深受汉文化的熏陶，谙熟中原的礼乐典章、官僚制度。如果把这样一个人才放回去，将来必然会对大晋不利。

卫瓘立马上表给晋武帝司马炎，请求扣留下沙漠汗，不许其归国。此时此刻，沙漠汗俨然是另一个版本的刘渊，但沙漠汗的命运可比刘渊悲惨多了。

此时，司马炎不愿落下言而无信的名声，没有答应卫瓘。卫瓘便再次上表，请求贿赂其部落大人，离间他们的关系，使他们自相残杀。司马炎这才颔首准奏，把沙漠汗留在了并州。

不得不说，搞阴谋诡计，卫瓘确实有两把刷子。

传说中的"黑魔法"

两年之后，正是咸宁三年（277），卫瓘终于答应释放沙漠汗。为何会选择在这个节点放人呢？

一则，在这两年间，卫瓘把力微帐下大大小小的部落大人贿赂了个遍，说了很多沙漠汗的坏话，"部署工作"已经就位。

二则，在咸宁二年（276）时，西晋遭受到一场瘟疫的攻击，整个洛阳城死了一多半人，晋武帝司马炎也差点没挺过去。在病重期间，太子司马衷没有能力主持朝政，齐王司马攸的威望大增，取代太子的呼声高涨。这个司马攸也是司马昭的儿子，当年因司马师无子，他才被过继了过去。大病初愈的司马炎心里很不是滋味，为了遏制齐王司马攸，他开始大刀阔斧地改动朝廷的中枢机关和权力架构，外戚杨骏就此被司马炎扶持上位。

嘿！看到权力中心开始洗牌，卫瓘也想赶回洛阳分一杯羹啊！

没错，职位是固定的，名额是有限的，晚了可就连汤都没得喝了。卫瓘心急如焚，多次上表请求回朝。至于沙漠汗嘛，俨然成了累赘与包袱，再不及时扔掉的话，或许会成为洛阳拒绝他回朝的借口。

听说儿子回来了，力微高兴得不得了，赶忙让部落大人去阴馆（今山西朔州）迎接。

可是，这些部落大人，表面上服从乖顺，背地里都接受了卫瓘的贿赂，都在打着自己的小算盘。为了欢迎远道而归的沙漠汗，他们摆下酒席给沙漠汗接风洗尘。

酒过三巡，沙漠汗指着天上的鸟说："看我给大家打下来。"说罢，他拿出了弹弓，搭上了弹丸。

瞄准，发射……飞鸟应声而落。

在场的所有人惊得下巴都掉下来了。这帮人从来没见过弹弓，因为没看到箭矢，他们就认为这是中原的妖法——仅凭空弦就能打落飞鸟！

他们开始认真考虑卫瓘对他们说过的话：沙漠汗穿着光彩鲜丽的衣服，手中掌握着"黑科技"；他那优雅的谈吐之间，洋溢着对中原文化的仰慕之情……呵，好可怕啊！如果这样的人继承了首领之位，将来免不了要移风易俗。到时候，我们这些土包子那还不得被淘汰啊！

想到了这种"后果"，他们快马加鞭跑回了力微面前，争先进献谗言，说沙漠汗用空弓打落飞鸟，学会了中原的"黑科技"与"黑魔法"，他甚至有可能是伏地魔的人！这可是乱国害民的征兆啊！

这番言论在后人眼中自然是滑稽可笑的，但此时的力微年老体弱，在部落的权威与控制力上，已大不如从前了。看到手下的部落大人如此忌恨沙漠汗，将信将疑的力微只好向他们妥协，授意他们除掉自己的亲儿子。"三人成虎"的魔咒，再次应验了。

部落大人们心下大喜，"齐心协力"杀死了拓跋沙漠汗。

不久后，沙漠汗的死讯传到了盛乐。毕竟是骨肉亲情啊，力微霎时后悔了。虽然他不知道事情的症结在哪里，但他明白自己的决定太过轻率。

作为第一个接受汉化的拓跋鲜卑人，沙漠汗的结局未免令人唏嘘。可以看到，拓跋鲜卑在汉化的道路上充满了阻力。未来，他们还有很长一段路要走，要想冲破这层阻力，尚需时日。

联盟解散，所为何事？

晚年丧子的痛楚，一直萦绕在力微的心口，他久久不能释怀。加之年老体衰，没多久，力微的身体就垮了下去，一病不起。

此时乌桓人的首领库贤，在庭院里磨刀霍霍，故意把声音弄得很大，让大家都知道。各个部落大人就过来问他："这是要干啥啊，老哥？"

库贤轻蔑一笑："你们啊，儿子都快没了，还什么都不知道。力微首领痛恨你们谋害太子，想把你们的儿子都召集起来，一个一个砍死！他要给沙漠汗报仇。"

听到这番话，部落大人们觉得这逻辑没有问题，一个个信以为真。他们连散伙饭都来不及吃，便各自带领着自己所统的部落各奔东西，力微苦心创建的联盟瞬间瓦解。

唉，原本好好的联盟，怎么一下子就崩盘了呢？

这个不难理解。此时，草原上的部落联盟，还没有发展到国家阶段。拓跋力微虽为联盟首领，但他的权力无法渗入每一个联盟的内部，换言之，力微对部落联盟的约束力还是很有限的。所谓的联盟，不过是不同的部落群体组成的一个松散的部落联合体罢了。这样的组织，一旦受到外界的干扰，便很容易走向分崩离析的地步。

出现了这等糟心事，重病未愈的力微，不禁惊怒交加、急火攻心，气晕之后就再没醒过来……

那么，库贤为何要这么做呢？

首先，与部落大人们一样，他也受到了卫瓘的贿赂。所谓"拿人钱财替人办事"，在这方面库贤还是比较"守信用"的。

其次，库贤作为乌桓人的首领，不甘屈居力微之下。乌桓与鲜卑同属东胡这一支。两个民族有相同的语言，习俗也大致一样。当初，双方在代北地区谋求发展时，不仅没有发生严重的对立矛盾，而且力微还通过强大的部落联盟吸纳了乌桓人，使两个民族在代北和谐共生。

只是这个部落联盟又是那么脆弱，到了力微统治的衰弱期，库贤就萌生了脱离联盟、独自发展的想法，当然，其他部落大人也都有这样的心思。这便是力微联盟轰然倒塌的原因。

不过，尽管库贤的演技很出色，但他带领的乌桓人始终还是被排斥在北方少数民族之外，更没能建立起自己的国家与政权。要知道，早在曹操当政的时期，乌桓人就已驰骋中原，号称天下名骑了。曹操为了得到他们，不惜转战千里。"东临碣石，以观沧海"的名句，就是曹操征乌桓的途中所写的。

然而，要想建立自己的国家，不是仅靠彪悍的战斗力就可以的，他们既缺少一股内在的凝聚力，又习惯于"随波逐流"的生活。故此，在乌桓人中间，始终没有出现一个如檀石槐、拓跋力微、拓跋珪这样的领袖人物。

但是我们依然要认可乌桓人的历史贡献，因为他们在拓跋的历史乃至鲜卑的历史舞台上，都扮演过重要的角色。这个后文还会提及。

总之，乌桓人与拓跋鲜卑在代北共生了百余年，双方有过一些摩擦、纠纷，甚至冲突，但两个民族最终还是达成了相当程度的融合，一起走向进步、迈向文明——尽管这中间伴随着无尽的杀伐，爬满了侵蚀人伦的毒螯。

正如学者田余庆晚年的感慨："当一个部族、一个社会群体走完了进化过程的某一阶段而高奏凯歌时，它们在精神上还可能承受沉重的负担，隐藏着由于它们的残酷行为而留下的心灵痛楚。我们为拓跋的历史感到沉重，为乌桓的历史感到沉重，也为人类历史包括我们亲历的历史感到沉重，而祈求理性的进步。"（《拓跋史探》）

第三节　拓跋猗卢晋爵代王

昙花一现的拓跋猗㐌

先是白发人送黑发人，再是部落大人的叛离、力微的猝然离世，短短数月间，拓跋部遭遇了致命的打击。内忧外患之中，力微的儿子拓跋悉鹿举起了拓跋部首领的大旗。

悉鹿很用心地治理他的部落，但经受重创的部族一直内乱不息，即便历时九年（278—286）也无法恢复到力微时期的强盛局面。

悉鹿死后，其弟拓跋绰继位。经过悉鹿时期的铺垫，拓跋绰在位的七年时间（287—293）里，部落的情况有了很大的好转。史称他"雄武有智略，威德复举"。在他的积极努力下，拓跋氏与当时正处强盛期的宇文鲜卑结成姻亲，建立外交。

至此，拓跋鲜卑才逐渐摆脱了力微死时留下的阴影。

拓跋绰的继任者拓跋弗，在位仅一年就死去了。由于史料缺失，我们无从得知他的死因，笔者却认为，拓跋弗可能死于内部的纷争，属非正常死亡。因为举凡游牧民族的统治者，大多是身强力壮、年富力强之人，拓跋弗能成为拓跋绰的接班人，必然拥有良好的身体素质和过硬的政治经验。试问，这样的人在一年之内猝死的可能性有几多呢？

但不管怎么说，经过拓跋悉鹿、拓跋绰、拓跋弗三人的统治，拓跋部落终于看到了希望的曙光。此时，距离力微猝死已有十七年之久了。

晋惠帝元康五年（295），力微的儿子拓跋禄官即位。年轻的首领深知自己无力控制整个部落，就仿效檀石槐，把部落联盟一分为三：拓跋禄官自己统领东部，驻于上谷（今北京延庆）以北，濡源（今河北东北滦河源头、丰宁县以西）之西，东接宇文部；拓跋猗㐌统领中部，居于代郡参合陂（今山西省阳高县）以北；拓跋猗卢统领西部，住在定襄之盛乐故城（今内蒙古和林格尔西北土城子）。

拓跋猗㐌和拓跋猗卢是拓跋沙漠汗的儿子，他们都对拓跋部的发展做出了杰出的贡献。

部落联盟被分作三份，足以说明当时的联盟已有了一定的势力和规模。若只有一亩三分地大的地盘，上哪去"三分"啊？史称其"财畜富实，控弦四十余万"，略微夸张的记载不必尽信，但也能说明拓跋鲜卑已成为一股不可小觑的新兴势力。这势头，从两件事情上就能看出来。

其一，就在划割地盘的当年，拓跋猗卢南下并州，侵占西晋的地盘和人口。此时西晋已陷入了"八王之乱"的内耗之中，对于塞北无暇顾及，朝廷只能眼睁睁看着对方侵占地盘，与之立碍为界。

其二，一年之后，猗㐌为死去的拓跋沙漠汗以及他的妻子封氏改葬。在这场隆重的葬礼上，中原的三大势力——并州刺史司马腾、成都王司马颖、河间王司马颙，都派人前来会葬。算了算，总共有二十多万人参加了这场葬礼！

举办如此规模的葬礼，目的也很明显：

一来是为了恢复并树立死去的沙漠汗的地位与名誉。封氏是猗㐌和猗卢的亲生母亲。肯定了父母的地位，将会对提升两兄弟的地位产生积极的影响。

二来猗㐌和猗卢，希望借此机会制造声势，树立威信。是啊，沙漠汗和封氏已经死了将近二十年了，就算这葬礼搞得再隆重，夫妻两人也无从知晓。所以说，死人是看不到的，这场葬礼主要是做给活人看的。打从这时起，拓跋猗㐌宣示了他在漠南的领导权，并树立起统治的合法性。

次年（297），拓跋猗㐌开始了为期五年的远征。一路向西，他先后征服了三十多个部落，不久后便成为实力雄厚、威名远播的首领，影响力与日俱增。

公元304年（西晋永安元年、建武元年、永兴元年，前赵元熙元年），刘渊在离石起兵反晋，时任并州刺史的司马腾无力抵抗刘渊，便向拓跋猗㐌请求救兵。

想想看，既能结好晋廷，又能冲进中原练兵，何乐而不为？拓跋猗㐌满口答应，亲率十万大军南下，在西河（今山西汾阳）、上党（今山西长治）大败刘渊的军队。拓跋鲜卑第一次在中原作战，就展现了过硬的军事素质。

司马腾也没料到自己请来的外援这般厉害。看来，想要制裁刘渊，必须抱紧拓跋猗㐌这条粗壮的"大腿"。于是，司马腾赶忙来找拓跋猗㐌会和。双方在汾水以东结盟。

再一年（305），司马腾再次求助于拓跋猗㐌。拓跋猗㐌带领数千骑兵支援，斩刘渊悍将綦母豚，导致刘渊败走蒲子。司马腾以西晋朝廷的名义，封猗㐌为大单于，并授予金印紫绶。

文物是历史最好的见证。时隔 1600 年，在内蒙古凉城小坝子滩沙虎子沟，金印重见天日。该金印为纯金制造，通高 2.6cm，边长 2.2cm，上面刻着"晋鲜卑归义侯"。随之出土的还有一块四兽形金牌，背面有刻"猗㐌金"三个字，显然也是猗㐌贴身之物。二者皆藏于内蒙古博物馆。

猗㐌金饰牌，赵培摄于内蒙古博物院

得到金印紫绶的拓跋猗㐌，风光无限。此人英才盖世，本该有更大的作为，可惜天不假年，就在他声望到达顶峰之时，却突然死亡，留下了无限遗憾。

两年之后，拓跋禄官也死去了。发展拓跋鲜卑三部的重任，全都压到了拓跋猗卢的肩上。

代王猗卢经营鲜卑

猗卢上任干的第一件事，就是把三部合并，统一管理。他相信，他有这个能力和威望。

此时刘渊已经称帝，西晋的并州刺史也由司马腾换成了刘琨。

晋怀帝永嘉四年（310），刘渊病死，同年，刘聪再一次对西晋发动大规模攻势。白部鲜卑（鲜卑的一支，因居白山而得名，又号素和部）、铁弗匈奴刘虎依附于汉国，一直牵制着刘琨，使之分身乏术。

刘琨继承前任刺史司马腾的外交政策，继续求助于拓跋鲜卑，并将自己的儿子刘遵送去做人质。猗卢也很实诚，赶紧派侄子拓跋郁律南下支援刘琨，先灭白部，再打刘虎，屠其营落，彻底将其赶跑。

为了进一步笼络这支强大的塞北骁骑，刘琨主动与拓跋猗卢结拜为兄弟，并上表加封猗卢为大单于、代公。刘琨的奏表，很快就得到晋怀帝（实为东海王司马越）的批准。

猗卢被封为代公，对这个历经数百年漂泊的民族来说，具有划时代的意义。这意味着，他们可以按照中原的礼制，来建立宗庙、祭祀祖先，建立一个属于他们自己国家。

后来，猗卢进一步被封为代王。即便代国后来被前秦所灭，可它依然深入这个民族的内心、塑造了他们的灵魂，其影响力是深刻而巨大的。

想想是这个理，既然前人都能建立自己的国家，后人又岂会甘居人下，为人驱策呢？但凡血性男儿，总该是要有些进取心的。

直到淝水之战后，拓跋珪建国北魏王朝，仍然允许大家"代魏兼称"。说得通俗点，就是指原则上要称本国为"魏"，但也可以继续称本国为"代"。北魏平城时期，近百年之久，宫殿所用的部分瓦当上赫然写着"大代万岁"的字样。

"大代万岁"瓦当，笔者摄于洛阳博物馆特展"融合之路"

2019年夏，洛阳博物馆作为主办方，与大同博物馆和呼伦贝尔民族博物馆联合举办了一场名为《融合之路——拓跋鲜卑与华夏文明的交融》的特展，其中就展示了一枚这样的瓦当，笔者曾有幸亲见。

终北魏一世，"称代"的做法，不仅流行于官方，而且在民间也是蔚然成风，现已出土的北魏时期的墓志铭、墓葬砖上，"大代"的字样随处可见。

司马金龙墓志铭曰："维大代太和八年岁在甲子十一月……"您看，孝文帝太和八年（484）是什么概念？此时代国已被灭了百年以上，但这不妨碍后人将这个"代"字铭刻于心。

一个"代"字，便是一段风云岁月的印证，它是属于拓跋氏的宝贵财富！

说回到眼下。

在西晋时期，代郡隶属于幽州，时任幽州刺史的王浚，想想朝廷的任命，心里便窝着一团火。王浚心说：好好的代郡，凭啥要划给拓跋猗卢？幽州就这么大一块地儿，还要不要我当土皇帝了？与其被动挨打，不如主动出击！要让那小子搞清楚，你大爷还是你大爷！

存了战心，一场恶战自然在所难免。

但是，王浚厉害吗？不觉得，至少猗卢是没感觉出来。反倒是败得丢盔弃甲的王浚，终于感受了猗卢的威势，再也不敢招惹他了。

迁徙陉北，得封代王

得到了代郡，猗卢又向刘琨提出了新的问题：这里距离盛乐太远了啊！管理部族不太方便。我看不如这样，把陉北的地盘一起划给我吧！

这叫什么？叫得寸进尺。刘琨不是不知道，但迫于现实，他也无法拒绝对方的请求。想想看，方圆数百里的陉岭以北，哪是此时的刘琨所能兼顾的呢？加之陉北本就荒凉冷僻，如同鸡肋般食之无味。所以呢，既然鞭长莫及，不如做个顺水人情，送就送吧。

协议达成。刘琨先把马邑、阴馆、楼烦、繁畤、崞五县的居民迁徙至陉南，给拓跋猗卢腾地儿。猗卢随即迁入十万多户进入五县，充实陉北。

晋怀帝永嘉五年（311），洛阳失陷，晋怀帝司马炽被俘。

第二年，刘琨杀害了给自己提意见的令狐盛，导致其子令狐泥的反叛。令狐泥投奔刘聪后，泄露了晋阳的战备情况。刘聪认为机会难得，便让令狐泥做向导，刘粲领兵进攻晋阳。

刘聪的用意不言而喻。他就是想让儿子刘粲多立军功、树立威信，为以后的接班大业做准备。为此，他还让汉国最能打仗的大将刘曜一同前去压阵。

这个安排有问题吗？讲道理，还真一点问题都没有，只是刘粲不堪造就罢了。

趁着刘琨去常山一带召集兵马，汉军在令狐盛的带领下长驱直入，气势汹汹地杀到了晋阳城下，太守高乔直接投降，献出城池。汉兵进城后，令狐泥做的第一件事就是杀害刘琨的父母。残忍是残忍，但这也没啥好批评的，一报还一报。

刘琨回防不及，只能再次向拓跋猗卢求救。

猗卢之前捞尽了好处，此时自然不能袖手旁观。他便派遣长子六修、侄子普根作为先锋，自己作为后继部队，陆陆续续开向晋阳。刘粲也不啰唆，不用偏将，直接派刘曜应敌。

两军战于汾水以东。汉兵抵挡不住六修铁骑的冲击，节节败退。刘曜自己身上负伤七次，跌下马来，待被部将救起上马，方才得以逃脱，可以说是捡了一条命回来。

看到刘曜重伤，刘粲也不想去和六修纠缠下去了。当晚，在抢掠了晋阳城的百姓之后，他们就弃城而逃。拓跋猗卢全速追击，在蓝谷追上了刘粲的主力部队。汉兵再次惨败，"伏尸数百里"。刘琨不想让猗卢就此罢兵，他恳请猗卢继续前进，直捣平阳，消灭刘汉政权。

猗卢深知，一时的得胜，不代表刘汉势力的薄弱。想要取得最后的胜利不在一朝一夕的工夫。再说了，"走狗死，狡兔烹"的道理谁又不懂呢？因此他很干脆地拒绝了刘琨的请求。

晋阳城已经收复，但元气大损颇为萧条，猗卢见刘琨惨兮兮的，便馈赠了他一个大礼包——牛、羊、马各千余只和百余辆战车，而后扬鞭返回北方。

晋愍帝建兴三年（315），司马邺正式册封猗卢为代王。

一时间，猗卢风光无限，大有挥师南下之意。可惜好景不长，仅仅一年后，中国北方的形势就发生了根本性的转变。

第四节　内乱不断

六修：我太难了！

作为猗卢的长子，拓跋六修素来为猗卢所倚重。如前文所述，六修作战勇猛，连名将刘曜都差点死在他的手上。于此，六修也颇为自得，一心以为自己就是老爹的合法继承人。

但请注意，这只是自以为的。

事实上，剧情就没按六修的想法展开，因为他只是演员，而编剧、导演却是他爸。由于作战的机会比较多，六修陪伴父亲的时日也少了许多，慢慢地，猗卢便把与他亲近的小儿子比延视作了掌上明珠，想让他来接自己的班。

产生了这样的念头，猗卢试图贬低六修的地位，为比延怒刷存在感。具体的操作流程是这样的——

第一，猗卢废黜了六修的母亲，此举旨在贬低六修，暗示其不要有"非分之想"。

第二，横刀夺爱。猗卢拿走了六修的骅骝骏马，赐给了比延。知否？知否？这可是一匹日行五百里的神骏啊！毫无疑问，猗卢是想暗示六修，比延的地位比你尊崇，好东西必须是他的。

第三，猗卢下令六修向比延下拜。不想下拜也不行，没有什么不是一次喝骂不能解决的，如果不能那就骂两次！

第四，猗卢还把自己所乘的步辇"借"给比延，让他随便使用。六修在路上看到步辇，还以为是父亲坐在里面，于是拜伏路旁，神情十分恭敬。待到走近后，他才发现步辇上面坐的是比延。为此，六修盛怒不已，拂袖而去。

凡此种种，猗卢到底怎么想的？他是要故意羞辱六修吗？

我认为并非如此。猗卢顾念父子之情，打压六修，是想让六修甘愿低头，不要与比延争夺继承人的位置。同时希望六修能辅佐比延，成为他手下的爪牙。

也就是说，在猗卢的计划里，六修是利益损失方，他必须无条件地服从父亲的安排。

可是，猗卢不去补偿、安抚六修，反倒处处对其压制，所得结果只会适得其反。

不妨脑补一下六修的心理活动：既想让马儿干活，又想让马儿不吃草，还不停地用鞭子抽打马儿，警告我不许反抗……我我我，我太难了！你以为全天下人都是慕容恪？

六修怒了。他毫无留恋地离开盛乐，到了属于自己的领地——新平城。

猗卢想把六修召回来，六修怎么可能再回去受气？事已至此，父子之间矛盾已不可调和。

拓跋猗卢也很生气，他恨得咬牙切齿，心说：既然你不愿意见老子，那老子就亲自过来见见你。

很快地，父子相见，嗯，准确地说，是兵戎相见。

面对父亲的大军压境，六修毫不示弱，摆开阵势，针锋相对。

猗卢本以为，六修的部队见到猗卢本人会不战而溃，没承想他们誓死效忠六修，表现出的战斗力也绝非外强中干。这是猗卢所始料未及的。

让猗卢更没想到的是，一直所向披靡的他，居然打输了。猗卢、比延都死于这场战斗。一时间，父子三人都死于非命。漠北雄鹰拓跋猗卢的结局，狗血得令人语塞。

从惟氏专权，到郁律上位

猗㐌的儿子拓跋普根闻讯赶来，攻拔新平城，处死了六修。

随后，普根自立为代王。一时间，代国陷入大乱。

此时的代国分为新人与旧人两派。所谓旧人，是指拓跋鲜卑的本部以及归附拓跋鲜卑较早的部落大人及其所统的部民；新人，则是指在拓跋猗㐌时期归附的晋人和乌桓人。

派系之争，古今皆然。在混乱的政治气候下，旧人无法包容新人，想要赶尽杀绝。新人全无立锥之地，只能随卫雄、姬澹南下投奔刘琨。刘琨获悉后，也马上去北边接应这数万人的部队，同时迎回自己在那里当人质的儿子刘遵。

看到老战友猗卢突然死去，刘琨的内心很不是滋味。主持猗卢死后的善后工作，也是刘琨义不容辞之事。传于后世的"代王猗卢残碑"，就是此时刘琨所立。这也算是给多次救助自己的老战友最后一点报答吧。

同年，刘曜攻陷长安，晋愍帝司马邺投降。

紧接着，刘琨被石勒所败。失去了猗卢这座靠山，刘琨外无强援，被迫放弃了并州，去投奔蓟城的段匹磾。（详见第三章第三节。）

刘琨所持有的并州刺史的旗号，是西晋北方实际存在的象征。如果说刘琨放弃并州，意味着西晋势力完全消亡，那么拓跋猗卢的死，则标志着拓跋鲜卑在这一时期彻底退出了中原的舞台。

自立为代王的普根上位仅仅一个月就死了。其母惟氏，又立普根刚出生的儿子为代王。

立一个婴儿为首领，意味着什么？惟氏想控制部落联盟的野心昭然若揭。事与愿违，这个孩子还没熬过当年冬天就夭折了。

惟氏的专权激起了部落内部的愤怒。这时，有一个人站了出来，公然反对惟氏，旋即被部落大人们拥戴为首领。这个人，叫作拓跋郁律。

拓跋郁律上任之后，部落内外都不算太平。第二年（318），他遭到了一次大的挑战。

北国弟子多才俊，卷土重来未可知。这不，当年被猗卢赶跑的铁弗刘虎十年磨一剑，趁着代国混乱之际，从朔方杀了回来。

拓跋郁律严阵以待。

这一战，刘虎又输了，并且输得比上一次还要彻底：单骑逃走。恶战中，刘虎拼光了所有的手下，只剩他一个人跑了回去……

论打仗，刘虎不行；论逃命，刘虎可以自豪地宣称：在座的各位都不如我！后来，他的孙子刘卫辰，完美继承了刘虎这一草原上的"生存之道"。

复辟，玩的就是复辟

初战告捷，郁律并没有沾沾自喜，也没有停下脚步。

他的目标，是建立像猗㐌、猗卢一样的伟业。"西兼乌孙故地，东吞勿吉以西"，向西占领乌孙的国土（中亚古国），而后转战东方吞并部勿吉（生活在我国东北的民族）。

在拓跋郁律的经营下，部落联盟一度复苏，控弦百万之众，族民再次看到了希望。

猗㐌的成就已经完成，下面的目标就该猗卢了——南下中原，建立不世功业。此时，晋愍帝已被刘聪杀死，汉赵内部内讧不断。

郁律得知此事后，不禁额手称庆，道："今中原无主，天其资我乎？"他想得挺美的，以为中原没了皇帝，这恐怕是上天在帮助他。

有点得意忘形的郁律，丝毫没有感觉到危险正在向他逼来。

原来，惟氏不甘落败，一直在后方摩拳擦掌，她始终没有放弃对权力的追求。与此同时，石勒也始终注视着北方的风吹草动。

郁律是很用心的，每天他都忙着操练士兵、排练阵法，时刻准备着南下中原。

石勒获悉后深感威胁，他派出石虎率领三万铁骑突袭郁律。且说，郁律的关注点不在后赵，又没料到竟然有人敢主动攻击他，因此被打了一个措手不及，落荒而逃。石虎大获全胜，俘获十余万牛和马。

郁律万分沮丧，他带领着残兵败将，准备返回之前的驻地，哪知又遭到了惟氏的攻击。惟氏蓄谋已久，郁律仓促应战，几无还手之力。最后，他和数十名部落大人惨遭杀害。

代国再次陷入无休止的混乱之中。

群龙无首，惟氏遂立儿子拓跋贺傉为代王，自己以太后的身份摄行国事。由于母子二人无力向南拓展，所以只能向后赵请和。惟氏的如意算盘打得是响亮，可惜拓跋贺傉在位仅四年就去世了，惟氏不愿放弃来之不易的权力，又立小儿子拓跋纥那为代王。

呵，谁敢说她没福气当太后吗？她偏不信那个邪！

世间哪能尽遂人愿？拓跋纥那在位期间代国动荡不已：先是纥那被郁律之子翳槐赶走；然后是纥那复辟，又把翳槐赶走；一年后，翳槐再次将纥那赶走……跟闹着玩似的。

看着有点晕菜是不是，可以来看看这个示意图：平文帝拓跋郁律→惠帝拓跋贺傉→炀帝拓跋纥那→烈帝拓跋翳槐→炀帝（复辟）→烈帝（复辟）……

不难得出一个认识：内部的争斗，极大地消耗了拓跋鲜卑的实力。从猗卢被弑到纥那第二次被赶走，这二十年间，为了最高的权力，他们从未停止过争斗。这世间若有神灵，不知那黑暗中祈求黎明的声音，是否能被听到、能得到垂悯。

翳槐临终前，嘱托大家要迎立他的弟弟什翼健为代王。拓跋什翼健的能耐众所周知，但他此时还在石虎那里当人质。怎样才能迎他平安归来呢？代国复兴的道路又在哪里呢？

关于拓跋什翼健的故事，请参见本书第二卷"前秦风云"。

第二卷　前秦风云

各政权部分人物表

【东晋】

皇帝：司马奕、司马昱、司马曜

宗室：司马晞、司马综、司马晃、司马勋

臣子、外戚：桓温、桓冲、桓伊、殷浩、谢尚、谢万、谢安、谢玄、谢石、王述、王坦之、王彪之、王胡之、荀羡、戴施、庾希、庾蕴、邓遐、孙绰、袁真、袁瑾、袁披、刘远、朱斌、陈祐、沈劲、郗愔、郗超、段思、李述、孙盛、周虓、周仲孙、俞归、殷涓、刘牢之、朱序、田泓、窦冲、胡彬、谢琰

【前秦】

皇帝：惠武帝苻洪（追）、文桓帝苻雄（追）、景明帝苻健、废帝苻生、宣昭帝苻坚

宗室：苻愿、苻苌、苻菁、苻黄眉、苻法、苻腾、苻柳、苻双、苻廋、苻武、苻雅、苻宏、苻丕、苻融、苻洛、苻阳、苻叡、苻晖

臣子、外戚：贾玄硕、张遇、鱼遵、雷弱儿、毛贵、王堕、梁楞、梁安、段纯、辛牢、鱼遵、王猛、邓羌、张蚝、权翼、薛赞、吕光、樊世、强德、杨成世、毛嵩、杨安、窦冲、苟兴、苟苌、王鉴、郭辩、俱难、朱彤、徐成、赵整、申绍、高泰、冯诞、张猛、毛当、石越、李柔、彭超、毛盛、邵保、何谦、戴逯、杨定、梁琛、王擢

【前燕】

皇帝（追封）：景昭帝慕容儁、幽帝慕容暐

宗室：慕容恪、慕容垂、慕容评、慕容晔、慕容军、慕容彭、慕容交、慕容厉、慕容宜、慕容度、慕容德、慕容臧、慕容亮、慕容温、慕容涉、慕容忠、慕容泓、慕容冲、慕容尘、慕容楷、慕容肃、慕容绍、慕容令、慕容麟、慕容宝、慕容农、慕容隆

臣子、外戚：封奕、阳鹜、皇甫真、张怖、慕舆根、慕舆虔、慕舆龙、李绩、贾坚、悦明、悦希、杜能、丁娆、孙元、孙希、傅颜、孙兴、段崇、李洪、悉罗腾、兰建、高弼、赵秋

【前凉】
凉王：张耀灵、张祚、张玄靓、张天锡
宗室、臣子、外戚：张瓘、张邕、张大怀、张大豫、张琚、张嵩、谢艾、索孚、常据、赵长、尉缉、杨秋胡、马岌、丁琪、王鸾、宋混、宋澄、易揣、张玲、马基、殷郇、玄胪、宋熙、刘肃、赵白驹、索商、阴据

【后秦】
皇帝/王：景元帝姚弋仲、魏武王姚襄、武昭帝姚苌
臣子、外戚：姚尹买、尹纬、尹详、庞演

【前仇池】
皇帝/王/公：杨茂搜、杨难敌、杨毅、杨初、杨国、杨俊、杨世、杨统、杨纂

【高句丽】
王：高朱蒙、高钊、高安、小兽林王高琔、高元、高建武、高延寿、高臧
其他：泉盖苏文、泉男生、泉男建

【代国】
王：拓跋什翼犍
其他：拓跋屈、拓跋孤、拓跋寔、拓跋寔君、燕凤

【其他】
麻秋、杜洪、周成、张平、吕护、李俨、贺肺、苏林、段龛、段罴、朱秃、刘卫辰、卫缣、刘虎、刘务桓、刘阏头、刘卫辰

第一章

砥砺而行的前秦

在《二赵争雄》中，十六国里最重要的角色，无疑是前赵（汉赵）和后赵。那些年里，刘氏、石氏当中枭雄无数，各逞本事，奏出了公元304—352年里的最强音。

然而，"大江东去浪淘尽"，风流人物已然作古，大好江山谁主沉浮？氐人符坚说，我来。

在符坚出现之前，他的祖辈蒲洪，以及同时代的羌族首领姚弋仲，都是那个时代的蛟龙游凤。他们披荆斩棘、筚路蓝缕，为前秦、后秦的横空出世，做足了铺垫。

——引言

第一节　西进关中，道阻且长

氐、羌族的形成与发展

在公元304—352年间，我们可以看到，有两个赵国，先后割据于中国北方，其民族是匈奴、羯。很有意思的是，在咱们将要讲述的故事中，也有相继出现的两个秦国，其民族是氐、羌。

当代学者马长寿、蒋福亚等人曾对这两个民族做过深入的研究，这里摘取几个观点来做分析。

其一，氐、羌早在殷商时代就形成了，他们同属西戎，关系极为密切，但不是同一个概念，二者都有各自独立的语言，习俗爱好也区别很大。氐族起初分布在甘肃的东南部，汉朝武都郡一带，《史记·西南夷列传》中称，"自冉駹以东北，军长以什数，白马最大，皆氐类也"。羌族则分布在河西走廊之南，洮岷二州之西，《续汉书》中说，"西羌自赐支以西，至河首左右，居今河关西，可千余里，有河曲。羌谓之赐支，即析支也"。

其二，相对来说，羌族的历史更为悠久，但氐族因位置更接近中原，与汉族错居之故，很快摆脱了原始状态，成为农耕民族，农业水平很高（所以说五胡并非都是游牧民族）。羌族则是游牧民族，其汉化历程始于晋朝时期，在十六国时期进程加快。后来，氐、羌二族逐渐与汉、藏相融，只有原居于四川西北岷江上游的那一小部分羌人，依然保持了本来的族属。

其三，氐、羌二族创立的文化，同样是很灿烂的。十六国时期，氐人符氏、杨氏、吕氏分别建立了前秦、仇池（前仇池和后仇池）、后凉政权，羌人姚氏建立了后秦政权。这一时期，是历史上的文化大融合时期，由于种种原因，徙至陕西、甘肃东部及河西的一部分羌人，开始汉化。至于另外两个大融合时期，则是在春秋战国时期和隋唐时期。

其四，文化融合的途径有二：一是民族的自然迁徙；二是统治阶层"用夏变夷"，采用"中国法教"，在军队、刑法、赋役、宗教、诗书等各方面，将其同化。

其五，由氐人苻氏建立的前秦，与十六国中的其他政权都不同（笔者按，应该说是与十六国前中期的其他政权不同），苻坚确实很有希望统一中国，但最终没能成功，究其根本还是因为受限于时代。

至于这个"受限"是受了什么限，请容许笔者卖个关子，慢慢道来。因为这是咱们这一卷的核心问题，需要剥笋般的一层层撕开。

枋头起兵，待返关中

时间回到后赵建平四年（333）八月，石虎挟持石弘继位。

同年十月，对石虎不满已久的蒲洪自称为雍州刺史，依附于凉王张骏。石虎派麻秋征讨蒲洪，蒲洪力战不及，只能投降于石虎。石虎不计前嫌，任命蒲洪为光烈将军、护氐校尉。

当时，关中的氐族、羌族时常叛乱，并且远离后赵的政治中心邺城。这个问题引起了石虎的重视。氐族酋豪蒲洪、羌族酋豪姚弋仲都建议石虎，通过徙民的方式，达到统一管理的目的。

石虎深以为然。这不仅能解决了叛乱问题，还可以给后赵带来两支强大的军事力量，为后赵的军事行动提供充足的兵源。可谓一举两得。

随后，石虎把关中豪强和氐、羌族等十万多户迁徙到关东——襄国的所在地，蒲洪被任命为龙骧将军、流民都督（唐人所撰的《晋书》为避讳李世民，作"流人都督"），他手下的这支氐族，被迁到了枋头（今河南省浚县）。

与此同时，在相近的时间段里，石虎又让姚弋仲率众迁至清河的滠头（今河北省枣强县），拜之为奋武将军、西羌大都督，封襄平公。

由于氐族、羌族领袖蒲洪、姚弋仲都是人杰，并且都手握重兵，虽说都在眼皮子底下，可石虎仍然不太放心。特别是蒲洪，这人太出色了。

不仅石虎这么认为，就连冉闵（石闵）都看出了这一点。冉闵曾多次建议石虎除掉蒲洪，他说："蒲洪有雄才，能得到手下士兵的拥戴，他的儿子们也都很有才华，又有强兵五万驻扎在京畿，实在是一个巨大的威胁，您最好是秘密除掉他。"

对于这些流言，蒲洪也有一点耳闻，他在等待石虎的态度。而令人意外的是，石虎非但没有听信，还对这些声音加以驳斥："吾方倚其父子以取吴、蜀，奈何杀之！"说罢，给予了蒲洪更优厚的待遇。

乍一看，石虎表现得很大度。可这只是表面现象，实则他一直心存忌惮，还想暗中除掉蒲洪。《太平御览》里便说了，"佛图澄言符氏有王气，虎阴欲杀之"。

但是，石虎一直没敢下手，或者说没有找到合适的机会。他担心蒲洪背后强大的氐族势力，倘若杀他的借口不合理，恐怕会引起其他族的连锁反应。远的不说，前赵的教训可是历历在目啊！

不过办法总比困难多。石虎琢磨来琢磨去，忽然灵机一动，心道：既然无法暗杀蒲洪，那就挑他的儿子下手，震慑震慑他也好！

就这样，蒲洪的好几个儿子都遭到了暗害。好在，三子蒲健（本名蒲罴，因避石虎外祖父张罴讳而改名），因说话做事都讨人喜欢，才勉强保住了性命。但是，暗杀可免，活罪难逃，谁让你投胎给蒲洪做儿子了呢？乖乖地在邺城当人质吧。

石虎手段频出，蒲洪心知肚明，他经常借口生病，不去上朝，双方矛盾重重，暗潮汹涌。

到了石虎统治末年，由于诸子内讧，又爆发了梁犊起义，后赵的统治已是摇摇欲坠。至此，蒲洪又开始打起了独立的算盘，就在这时，后赵统治者的决策再次坚定了他的想法。

前文讲到，石虎死后，张豺乱政，蒲洪、姚弋仲都支持石遵杀回邺城。石遵称帝后，对蒲洪"念念不忘"的冉闵再次抛出了"蒲洪威胁论"。在政治上，石遵可比石虎幼稚多了，一不会瞻前顾后，二不会在背地里搞阴谋。所以他直接拿掉了蒲洪的都督之位。

蒲洪很郁闷，心想：这简直不给人后路！敢情这些年，我是白忍了？

这么一想，蒲洪不服，一万个不服！

一怒之下，蒲洪扭头就降了东晋。

蒲洪很早之前就想独立于各大政权之外。此时他为何改变了想法呢？

要说蒲洪确实是一个审时度势的英雄。他发现，东晋现在已经举起了北伐的旗帜，对方若想取邺城，那么他的驻地枋头必然首当其冲。

反过来说，投降东晋的好处则很显著，可以让他解除掉一个威胁，专心对抗后赵。至于东晋方面，受降之后，他们便会多一个盟友，少一个敌人，又何乐而不为呢？

毕竟，双赢的局面，谁都喜欢。就这样，东晋加封蒲洪为氐王、使持节、广川郡公、征西大将军、冀州刺史等头衔。蒲洪对于这些封号一一笑纳，并打出自己的招牌，大量吸纳流离失所背井离乡的流民，使自己的力量迅速膨胀。

是要逐鹿中原，还是要返回关中老家？蒲洪考虑再三，他准备先返回关中。

关中是个好地方，除了蒲洪之外，羌族酋豪姚弋仲也想回去——没人想为堕落的后赵买单。

然而，蛋糕只有一块，分是不可能分的，那么，便用男人的方式来决定吧！

草付为王，制定西进战略

打仗，必须打仗。

姚弋仲对这场战争十分看重，特意派出了自己声望最高的儿子姚襄去打蒲洪。他带领着五万人。

没承想，姚襄高高兴兴打仗去，却不平不安地回家来。不数不知道，一数吓一跳——兵卒损失了三万！

关于姚襄，时人对他的评价颇高：其父姚弋仲说他才略十倍于冉闵；杨亮说他有"孙策之俦，而雄武过之"；姚苌自言有四点不如姚襄；殷浩派出刺客暗杀姚襄，刺客却直接投奔了姚襄。

这么看起来，姚襄怪厉害的，他的厉害之处至少在于"强大的号召力""独特的人格魅力""受到部下的爱戴"等方面。不过这不代表他的军事水平也能令人折服。

一次两次失败不足为怪，然而，在姚襄短暂的一生中，屡战屡败，鲜有胜绩，最终战死沙场，遗憾不已。所以说，要评价姚襄，是不是要审慎地看待这些眼花缭乱的评价呢？

大胜之后，蒲洪的野心急剧膨胀。为了应和谶言"草付为王"，遂改姓"苻"，又自称大将军、大单于、三秦王。他甚至放出豪言，称"孤率众十万，居形胜之地，冉闵、慕容儁可指辰而殄，姚襄父子克之在吾数中，孤取天下，有易于汉祖"。

瞧瞧这话，才获得一点点胜利，就觉得自己可以包打天下了。这未免有些飘飘然了吧！即便他没把冉闵、姚襄父子放在眼里，又把慕容儁、慕容恪、慕容垂置于何地？还真当天下没敌手了吗？

蒙田曾言："自以为是，乃是我们天生而原始的弊病。"这话正适合苻洪。慢慢地，他就明白了，创业不是一件容易的事。

东晋永和六年（350），后赵降将麻秋对苻洪进言道："冉闵、石祇方相持，中原之乱未可平也。不如先取关中，基业已固，然后东争天下，谁敢敌之。"如今中原陷入混战之中，局势复杂、前景不明。与其再次虚耗精力，不如先进取关中，得到一块根据地，站稳脚跟之后，再来争夺天下。

苻洪颔首许之，将麻秋视为心腹。他却不知，此时的麻秋，正僻里啪啦地打着自己的小算盘——意欲吞并苻洪的部众。由于苻洪疏于防范，故此当麻秋设宴款待他时，他也不觉有诈，命丧毒酒之中。赍志以殁，实在可惜。

万幸的是，苻洪在临终前尚能保持清醒的头脑，他把继承人苻健叫到身边嘱咐了两件事：第一，这是麻秋下的毒，此人别有用心，赶紧把他杀了；第二，西进关中的战略还是有道理的，务必认真执行，切勿去蹚中原的浑水。

西进关中，赶走杜洪

要进取关中，还要先问问杜洪。

石虎死时，关中本是石虎的儿子乐平王石苞的地盘。朝中大乱之时，石苞也想过一回皇帝瘾，打算杀回邺城。不料消息外泄，关中民众暗中款附东晋梁州刺史司马勋，为他打开了"方便之门"。司马勋便积极北上，一度打到了长安附近的悬钩。得知此事后，关中的地方武装力量纷纷举事，杀掉各地的太守令长，以此来响应司马勋。

忽然间，后院失火，石苞还没走出家门，就已然焦头烂额。

所幸，司马勋并无拿下关中的雄心，他只是抱着投机的心理，试图去占点小便宜。于是，他明明占据了大好形势，却因看到石苞部署防御，而观望不前、无心进取。

这么一来，一个不敢打，一个不想进，双方开始对峙。

此时，石遵刚刚称帝，看到关中遭受攻击，立刻派遣车骑将军王朗率领两万人马"支援"石苞。这着实吓到了司马勋，司马勋火速撤回梁州——他还真以为王朗是冲着他来的。

王朗进抵长安后，不由分说便逮捕了石苞，将其押送到邺城，变相地满足了他的愿望。

这之后，王朗接到了冉闵的命令，赶去了洛阳，至于关中，则由王朗的司马杜洪留守。

杜洪出身于关中大族，早就有割据一方的想法。王朗前脚刚走，他就自称为东晋征北将军、雍州刺史。这人也挺聪明的，他懂得借助东晋的名号来扩大自身的影响力，一时之间，"戎夏多归之"，他的势力也不容小觑。

回说到苻健这一头。对于父亲的遗命，苻健没有打一丝折扣。他先是杀死麻秋，再是进行充足的准备，以确保入关之行万无一失。

他深知后赵早已失去人心，而东晋的号召力犹存。只要他打着东晋的名号，便能有效地减轻入关的阻力。因此，苻健去掉了三秦王的称号，开始使用东晋的官爵，并向东晋报丧，请求朝廷的旨意。

另外，便是要麻痹杜洪，令他不产生戒心。为此，苻健假装臣服于后赵，接受石祇给他的官爵，又开始大张旗鼓地建造宫殿、种植小麦，造成无心入关的假象。

如此一来，明里是在建设自己的老地盘；暗里却是在为突袭关中做准备，同时还能缓和后赵残余势力之间的矛盾，保障自己的生存空间。为了进据关中，苻健可谓是处心积虑。想当年，他的哥哥们都遇害了，而他和弟弟苻雄却能活下来，还不是因为他俩都是小机灵鬼。

苦心经营半年有余，苻健见时机成熟，便自称为东晋征西大将军、都督关中诸军事，离开了经营十七年的枋头。生活得久了，自然舍不得离开这个被视作故土的地方——枋头，但在此时，纵使兵将们难以割舍，也不得不抱着必归之心，跨出坚定的步伐。离开是暂时的，二十年后，他们终于以胜利者的姿态回到了这里。此乃后话，暂且不表。

活在当下，苻健发动所有的人马，一起西进。

到了盟津，先建浮桥。在渡河之时，苻健安排弟弟苻雄入潼关（今陕西潼关北），兄子苻菁取道轵关（今河南济源东北）入攻河东。临发前，苻健拉住苻菁的手，说了一些激励他的话。

也不只是激励亲人，激励士气才是最紧要的事。苻健又祭出了堪比"破釜沉舟"的狠招——过河拆桥。这是什么意思？说得好听点，是"此行志在必得"；说得难听点，就是"不尽全力就等死吧"。

毫无准备的杜洪，匆忙派张先去守潼关。他知道，潼关若失，则无法阻挡苻健的大部队。谁人不知，潼关天险是关中的门户，自古以来都是兵家必争之地！

可令杜洪失望的是，张先兵败了，潼关立马落入了苻健之手。懊恼不已的杜洪，还没来得及哭，突然又看到了苻健派来的使者，不禁想：这是唱的哪一出？

只见使者献上了名马与珍宝，告诉杜洪苻健此行的目的：只是想来劝进杜洪为皇帝。

杜洪可不傻，一眼就看穿了苻健的小把戏，怒斥道："币重言甘，诱我也。"

这倒也是，不是所有人都像王浚那样好骗（详见第一卷）。杜洪警心大作，旋即动员自己的全部力量，迎战强敌。

好吧，既然骗的不行，就只能来硬的了。

作战之前，苻健给自己算了一卦，得到了一个"遇《泰》之《临》"的吉兆。恰在此时，天象也来凑兴，群星夹着银河两边，以肉眼可见的速度向西流动。占卦的人笑得嘴都合不拢了，道："此乃百姓西归之兆。"

心理暗示，的确是有助于鼓舞士气的。听了这些话，苻健之军为之一振，一路杀到长安。

此后他们连战连胜。而连吃败仗的杜洪，再也不敢出城交战。

这一头，苻健大获全胜；那一边，苻菁、鱼遵、苻雄等人，则迅速扫清了长安周边的势力。数日之内，关中的氐、羌之民尽数投降，杀死杜洪所派的使节，长安瞬间沦为一座孤城。

杜洪眼见大势已去，只好放弃长安，朝着司竹（今陕西司竹乡）的方向一路狂奔。

长安，终于成为苻健的掌中之物，而属于他的建国之路，才刚刚起步。

第二节 建立前秦，几经内忧外患

称帝是个技术活儿

赶走杜洪，苻健立刻向东晋报捷，并修书桓温，结好关系。

见苻健势盛，归附之人越来越多，短时间内，苻健俨然成为关陇地区最大的割据势力。同时，对苻健拍马屁的人也多起来了。军师将军贾玄硕等人上了一道奏章，推举苻健为侍中、大都督关中诸军事、秦王、大单于。

苻健心下大动，但又不好表现得太明显，于是，便有了这样一个剧本。

众人：您功德无量，应为秦王、大单于。

苻健：（表面上，怒）我有何德何能，怎配做秦王？我能当什么官爵，不是你们能知道的，再想想吧！（内心）推推推，使劲地推，不要停！

众人：……

这位主公是想模仿当年刘备自称汉中王的套路吗？众人有些拿不准，也就没敢吭声。

几日后，苻健终于耗光了耐心，派人暗示这帮榆木脑袋："赶紧来劝进称帝啊。"于是乎，老祖先的那套流程再次上演：苻健再三推辞，最后"勉为其难"

地上位了，定年号为皇始。

至于这称法嘛，先是称天王，建国前秦；再在一年后（352）正式称帝。为了区分秦始皇的秦朝，史学界把苻健建立的政权，称为"前秦"。

苻健建国称帝，是称心如意了，但此举也意味着，他和东晋撕破了脸，往后的道路也益发艰难：他虽然得到了部分后赵残余势力的归附，地盘也得到了名义上的扩张，但关中的形势却愈加恶化起来。

首先，不甘心失败的杜洪，把目光投向了东晋梁州刺史司马勋，请求对方派兵攻打前秦。前秦皇始元年（351）四月，司马勋再次北上，在秦川击杀前秦尚书赵琨。

苻健亲自带兵，驻扎于五丈原。对，就是诸葛亮病逝的那个五丈原。不过，风水轮流转，在这次战争中，上天可没再眷顾司马家的人。司马勋多次战败，只好退守汉中。

趁着司马勋退兵，苻健腾出手来对付杜洪。偏就这么巧，此时杜洪内部出现了内讧，陷入危机之中。及至前秦皇始二年（352）正月，杜洪被手下张琚所杀。苻健赶紧将其彻底消灭。

其次，前凉也不愿意看到身边多一个强大的邻居。彼时张骏已死，即位后的张重华利用王擢与前秦的矛盾，多次骚扰前秦。如前所述，王擢本是后赵中郎将，负责镇守陇西，又于后赵末年先投东晋，再奔前凉，得到张重华的重用。

就在杜洪被杀的下一月，张重华派将军张弘、宋修会合王擢率领步、骑兵一万五千人讨伐前秦。凉军被前秦击败，张弘、宋修都成了俘虏。同年五月，王擢再次带兵袭击上邽。与上次出征不同，这次出兵，陇西周边的地方势力大多有所回应，造成极大的声势。前秦派出的苻愿又被王擢击败，狼狈地跑回了长安。

不得已，苻健还是派出了王牌选手——苻雄和苻菁——前去对付王擢。双方还没交战，前秦内部又爆发了张遇之乱，以致长安附近危机四伏。苻雄这张王牌，又被拽了回去。

张遇之乱，令人啼笑皆非

且说，前秦内部生出乱局，也不令人意外，因为苻健建国时间不长，还没能完全获得当地民众的支持。

就拿张遇来说吧，他本是后赵的豫州刺史，于后赵末年占据了许昌、洛阳。到了前秦皇始元年（351），张遇瞅见东晋殷浩、谢尚北伐，担心自己无力抵抗，转而抱住苻健的大腿，请求支援。

在前秦的援助下，东晋大败，退回淮南。接下来，苻健开始思考许昌、洛阳的管理问题。按张遇的打算，正常的措置应该是让他继续管理二地。岂知，苻健压根儿不按套路出牌。此二地远离前秦的统治中心——关中，而前秦自身还没有足够的力量来消化、经营这一强敌环伺的区域，苻健遂决定战略性地放弃许昌、洛阳，只留下少量军队驻守。他将五万多户人口全部迁徙到关中，又封张遇为司空。

张遇听了这话都要气得吐血了。他本想继续割据一方，没承想丢了地盘不说，连个军权也没影了！到头来竹篮打水一场空。这还不算，因为张遇的后妈姿色貌美，便被苻健盯上了，没几天就封为了昭仪。此后，苻健经常当着众人的面对张遇说："卿，吾子也。"此举引得众人哈哈大笑。

我们都知道，曹操曾因讨要了张绣的寡嫂，而招来了一场祸事，长子曹昂也因之丧命。同理，如今苻健老说什么"爱卿啊，你是我的儿子"这种话，这不是在羞辱张遇吗？

面对赤裸裸的羞辱，张遇能忍下来吗？

张遇表示：是可忍，孰不可忍，但凡有血性的男人都不能忍！

打定主意后，张遇四处联络长安周边的武装力量，约定同时起兵，诛杀苻健。在这个计划里，黄门侍郎刘晃是一个关键人物，张遇要趁他夜开宫门的机会跑进去。但很不凑巧，就在约定的那日，刘晃被苻健派出去了，临夜张遇率人扑了一个空，旋即被杀。

与张遇勾结的人，眼见密谋败露，索性直接一同起兵造反：孔特起兵池阳，刘珍、夏侯显起兵鄠，乔景起兵雍城，胡阳赤起兵司竹，呼延毒起兵灞城……

这下好了！他们拥兵数万，并遣使东晋，希望殷浩、桓温能出兵接应他们。

顿时间，国内乱成了一锅粥，苻健左支右绌，而丞相苻雄则像极了一个救火队长，五月还在打王擢，六月又返回长安灭火，忙得都快没人形了。

好歹，火最终还是被扑灭了。到了第二年（354）正月，叛乱基本被平定，唯有呼延毒的灞城没被攻陷。就在苻健认为可以松一口气的时候，一场生死存亡的危机接踵而至。

仅仅一个月后，桓温兴兵而来，他不想给苻健任何喘息的机会。

在第一卷中，咱们提到过桓温。之前，他曾在未经朝廷授意的情况下擅自出兵，消灭了成汉，取得了巴蜀之地，为自己赢得了极高的声望。桓温并非浪得虚名，以他的军事能力，绝非苻健之前的对手所能比及。

在这次北伐中，桓温率领四万人从江陵出发，水陆并进，直指关中。司马勋也受命出兵，从汉中出发，走子午谷（三国时期魏延向诸葛亮提出"子午谷奇谋"的地方），驻扎在距离长安仅一百里的地方。再有，前凉主张祚（张重华于353年病故）也积极配合东晋，再次派出王擢进攻陈仓。

这场危机，较之张遇之乱，恐怕更为凶险。

写至此，需暂时停下，思考一个问题：桓温出兵是否太迟，若半年前趁乱而进岂不更好？

北伐受挫后，殷浩退守寿春

要想解答这个问题，必须看一看东晋内部的权力之争。

第一卷说到，在后赵内乱之时，东晋的国丈褚裒主持北伐，从出兵到回家，只花了一个月时间。这一趟如同公款旅游一般，他是没啥损失，但那二十万难民却因他而死。没过不久，褚裒惭恨而死。

自从桓温消灭成汉之后，东晋朝廷对他非常忌惮，不想看到他再立军功，于是他们特意提拔了殷浩，用以对抗桓温。殷浩是何方神圣啊？名士，大名士，年少时就负有盛名、精通玄谈的大名士。

言及此，不知读者们是不是会与笔者一样，要"无语问苍天"了。

呵呵，把北伐的事情交给名士，这不是在开玩笑吧？想当年，王衍信口雌黄，满口鄙视着"阿堵物"，但到了生死存亡的关键时刻，成事不足败事有余……前车之鉴未远，东晋王朝就不怕翻车吗？

客观地说，若论玄谈之术，恐怕十个桓温也不是他的对手，而他的知名度也不比桓温小。过去，殷浩在深山隐居十年，婉拒了朝廷的多次征召，他只追求衣袂飘飘的形象、超然绝世的气质。见到这神仙般的人物，谢尚的星星眼都冒出来了，感慨道："深源（殷浩，字深源）不起，当如苍生何！"

后来，谢安也玩起了这套，先隐居，再来个"东山再起"。似乎，东晋的社会风气就是这样的，不被朝廷三催四请，都不好意思说自己是名士。

其实吧，这不过是名士们以退为进的法子罢了。有一肚子学问，还只愿消极避世的人，当然有，但却少之又少。就这样，他们越不接受征召，朝廷就会越着急，自己的声望自然会越来越高。这与唐朝的士子，搞什么"终南捷径"，本质上是差不多的。

三催四请后，到了东晋永和二年（346），殷浩终于出山，旋后被任命为扬州刺史。等到老国丈褚裒死后，朝廷又任命殷浩为中军将军、假节、都督扬豫徐兖青五州诸军事，负责北伐事宜。在其位而谋其政，殷浩还是很把北伐当回事儿的。可问题是，责任感和能力，是一回事吗？

与殷浩的平步青云相比，桓温就像是被打入了冷宫似的。多次上表北伐，朝廷却迟迟不予回复。这摆明了是要让殷浩吃独食，而压制桓温啊。桓温起初愤愤不平，但再一想，他又释然了不少，因为他知道，以殷浩的性格和能力，是成不了大事的。

呵呵，是骡子是马，先拉出来遛遛吧。就看你这名士能有多"名"！

事实证明，殷浩的确没让桓温"失望"，他是打定了主意要一个人单干，而不考虑与长江上游的桓温合作。为此，王羲之多次劝说殷浩，一定要与桓温团结，不要人为地制造隔阂。可惜殷浩不听。仅从待人接物上来看，王羲之的段位也比殷浩高多了，书圣的厉害之处，可不只在他的书法之上。

为了不让桓温立功，殷浩将他排斥在北伐人员之外。他似乎从来不去考虑自己的军事能力。那么问题来了，殷浩掌权之后，都干了些什么事呢？他在准备，一直在准备，但准备了两年，还没迈出家门一步。

这是为什么呢？谨慎？磨叽？怯战？你品，你细品。

桓温品了品，实在品不下去了，心说：殷浩这般不作为，虽然人畜无害，但这么干坐着，白瞎了北伐的时机啊！如今北方大乱，你自己不想去没关系，还不让我去，是什么意思？

忍无可忍的桓温发兵五万人，顺江东下，直抵武昌。对，不是往北，是往东，建康的方向。这是唱的哪出戏呢？当然是给那群文恬武嬉的家伙施压。

朝臣傻了眼，最后不得不给桓温一个说法——不日后，殷浩率众北伐，目标定为许昌、洛阳。可就在出发的那一天，还没走几步，殷浩就从马上掉……下……来……了……

这就是殷大爷准备两年之久的成果？

我说，那谁……就算是临阵磨枪，好歹也要练习一下骑马啊！诚然，时风所及（兵在东晋南朝的社会地位很低），殷浩你可以瞧不起当兵的人；但是，你这马术烂到了极点，就不怕遭到兵卒的鄙视，笑掉桓温的大牙吗？

还是老话说得好，"没这个金刚钻儿，就别揽这个瓷器活儿"。

好不容易从马背下爬起来，次年（352）正月，殷浩终于正式北伐，他的第一个目标是许昌。这个许昌，就是之前提到的张遇的地盘，一开始，他投降了东晋，但由于安西将军谢尚没能好好安抚他，导致张遇降而复叛，投靠了苻健。

这一次，殷浩派谢尚、姚襄一起去打许昌。前秦那一头，则以苻雄、苻菁为张遇之援。

269

面对唐朝诗人李白所赞颂的谢尚谢将军（"登舟望秋月，空忆谢将军"），符雄等人毫不畏惧。此战晋军大败，损失一万五千人。殷浩得知消息后，也退守寿春。

假公济私？想得美

碰到钉子后，殷浩改变了目标，他居然把矛头对准了姚襄。

姚襄也是咱们的老熟人了，其父姚弋仲临终前嘱托他投降东晋，他也不违父命，率众南下，向东晋抛出了橄榄枝。姚襄这个人吧，除了打仗不行之外，口才好、学问高，又善于人际往来、处事圆滑。用我们现代的词形容，就是智商高、情商高。

为了表达诚意，他先送了他五个弟弟过去当人质，然后独自一个人过淮河，与寿春守将谢尚交谈，双方一见如故。就此，谢尚在给朝廷的回复中，自然少不了夸赞之词。

应该说，姚襄带给东晋的第一印象还是很不错的，所以他也被获准参与北伐之战。可事情坏就坏在殷浩身上。攻打许昌失败后，姚襄本来驻扎淮河两岸，屯田、训练、积累实力。殷浩要想北伐，完全可以把姚襄这股势力利用起来。奈何，殷浩不懂用人，之前不会团结桓温，现在也不会拉拢姚襄。

其实，不想用姚襄也没关系，殷浩可以选择把他束之高阁，或是加以防范，但没承想他却做了一个最愚蠢的决定：把姚襄当成一个新的敌人。

对，这就是我们经常所说的强行增加游戏难度。

怎么对付所谓的"敌人"呢？殷浩先是囚禁了姚襄派来做人质的弟弟，再不断地派刺客去暗杀姚襄（"囚襄诸弟，屡遣刺客刺之"），并且是不断地暗杀。一次不成来两次，两次不成就来三次、四次。最后，刺客都看不下去了，竟然对姚襄"以诚相告"，把殷浩的阴谋都说给姚襄听。姚襄无语了。

不知道，这到底是因为姚襄得了人心，还是因为殷浩失了人心。

真心够了！天知道殷浩是怎么想的，像姚襄情商那么高的一个人，都快被他逼疯了。

好吧！既然阴谋败露，那就挑明矛盾吧。殷浩急忙派魏憬带兵去打姚襄，由于对手太菜，姚襄不仅轻松反杀掉魏憬，还以强大的人格魅力，收编了他的部队。

气急败坏的殷浩，一计不成又生一计：他把姚襄调到蠡台（今河南商丘城南）。

姚襄巴不得能远离朝廷控制，屁颠儿屁颠儿地跑远了。

东晋永和九年（353）六月，前秦内部爆发了张遇之乱，殷浩认为苻健已被刺杀，时机完全成熟，便琢磨着"奖率三军，北定中原，庶竭驽钝，攘除奸凶，兴复晋室，还于旧都"的事。

好嘞，既然口号已经喊出来了，那就开足马力，向西晋的旧都——洛阳进军吧！

颠簸在行军途中，殷浩盘算道：若能打下洛阳，修复诸位先帝的陵墓，那便是不世之功，就连桓温也得对我刮目相看。

想的是很美。更美的是，殷浩以姚襄为先头部队，自己的人马则远远地跟在后面。

一来，可以监视姚襄；二来，可以让敌方来当打手，消耗姚襄的力量。待到双方撕咬上了，自己再在姚襄背后捅刀子。如此一来，既能消灭姚襄、一解心头之恨，又能收复洛阳、扬名后世，岂不美哉？

假公济私，渔利尽收，的确是美；但问题是，姚襄不傻。

不仅不傻，还人精人精的。姚襄心说：你不仁，就别怪我不义。

走到半路，姚襄将主力部队埋伏起来，只让少数士兵"败"逃诱敌。殷浩得知假消息后，果然深信不疑，连忙去追击姚襄，却不慎自己中了埋伏，阵亡万余人。

殷浩的心里，那叫一个痛——洛阳的影子还没看到，难道只能丢盔弃甲、溜之大吉？

可殷浩还是不甘心，他再次派部将刘启、王彬之在山桑攻打姚襄的哥哥姚益。在这一仗中，姚襄增援及时，反击有力，刘启、王彬之全都战败死亡。

殷浩洋相百出，桓温就这么静静地看着，看他出糗，看他自取其祸。

好了，到此为止吧。这两年来殷浩的吃相实在太难看。

永和十年（354）正月，桓温上表废黜殷浩。朝廷也没脸再维护殷浩，只能把他贬为庶人，流放信安。从此，东晋的大权终于转交到了桓温手里。

末了，再来说说殷浩的结局。

后来，桓温的谋士郗超建议起用殷浩。桓温点头答应了，他也想给自己博个好名声。这些年来，殷浩在气愤之余，时常对着空中指指戳戳，说什么"咄咄怪事"。这便是成语"咄咄怪事"的出处。要是再不理睬殷浩，他会不会疯掉？

考虑了一番，桓温准备举荐殷浩为尚书令，并写信告诉了他。殷浩想都没想就同意了。

瞧瞧，这与十年隐居不出的反差有多大！这，就是一代名士的做派。

事情本来在向好的方向发展。哪知道，在给桓温回信时，殷浩担心言辞有失当之处，便反复拆开检查十多次，不想却弄巧成拙，最后竟寄出去一个空信封。桓温勃然大怒，以为殷浩在逗他玩儿。往后，桓温再也没有起用殷浩的想法，他最终死于流放之地。

作为一名玄学名士，殷浩一无军事经验，二无政治才干，就不应该担任北伐大将。朝廷不秉持"知人善任"的用人观，强行扶持殷浩上位，结果既耽误了国家大事，又害了殷浩本人。

笔者并不认为殷浩一无是处，但朝廷受限于门阀政治，做出这样的决定，实在是荒谬至极。

咱们先不说之前殷浩眼高手低之过，只说殷浩的画蛇添足之误。老兄啊老兄，你要搞清楚一点，桓温可是个武人，你要给他回信，只需表达清楚意思就可以了，但你却不厌其烦地堆砌辞藻、写四六骈文，有必要吗？更甚者，你还漏了回信。凭良心说，这能怪桓温吗？

说回到当下，桓温接过北伐的接力棒后，也没时间去庆祝。他立刻集结部队，匆匆向北出发。

第三节　桓温的第一次北伐——引旆秦郊

强盗遇到地头蛇

梳理下时间线，我们可以很轻松地解决上一节提出的问题：桓温出兵是否太迟，若半年前他趁乱而进，不是更好吗？

公元353年六月，前秦爆发张遇之乱。

同年九月，殷浩中了姚襄的埋伏；十一月间，殷浩再遭姚襄反击。

公元354年正月，朝廷废黜殷浩；下一月，桓温北伐前秦。

不难得出结论：桓温并非不想趁乱北伐，只是殷浩掌着兵权，桓温动弹不了。当殷浩倒台不过一个月，桓温就上路了，他要趁着前秦尚未完全平定内乱之时，给苻健迎头一击。

当是时，四万晋军自江陵而出，溯汉水及其支流至淅川，又弃舟登岸，取道武关穿越秦岭，直逼关中。

但这又产生了一个新问题：桓温集结部队还不足一个月，他准备充分了吗？尤其是粮食。所谓"兵马未动，粮草先行"，凑齐打仗的人也许不难，但吃的粮食和一应辎重能全部到位吗？连《逍遥游》都说，"适百里者，宿舂粮；适千里者，三月聚粮"。

答案毋庸置疑：不能。

所以，新的问题来了：既然粮食准备不足，为何还要匆忙北伐？

这个问题桓温自然考虑过了，备粮这种事，谁说一定要在战前呢？西晋时，有位将军叫羊祜，他在行军途中割去了敌国百姓的庄稼，然后赔偿了相应的金额。

至于桓温，打的也是沿途收粮的主意。正因为自己的粮食不多，所以才要匆忙北伐抢别人家的粮食。这一招，叫作"以战养战"。

桓温是在农历二月走的，算下路程，不出两个月就能走到前秦境内，也就是农历四月。而北方的小麦，在没有遇到特别恶劣的气候下，一般都是在农历五月间成熟。也就是说，桓温是在与时间赛跑，打算去抢前秦的小麦，同时，他还可以摆脱运输补给线被秦岭阻隔的难题。

但是，当桓温真正踏上这片三秦大地时，眼前的一切却让他无比抓狂。什么？说好的小麦呢？没了。是的，全没了，全被苻健提前收割了。若说桓温是强盗，那苻健这地头蛇也太贼了吧！

提前收割小麦？能吃吗？当然不能。很显然，苻健宁肯让自己人饿肚子，也不给桓温留下一颗小麦。

苻健勉强挤出一丝微笑：嘿嘿，没想到吧？你有你的以战养战，我有我的坚壁清野，就问你服不服？

桓温表示，大爷我不服！

是的，我是桓温的话，也不服气。古语云，"伤敌一千，自损八百"，换个角度想，双方还没开打呢，苻健在气势上就已经输了一半，所谓的坚壁清野，只能暴露他的心虚与畏怯。

前文讲到，前秦不只受到桓温的攻击。梁州的司马勋、前凉的王擢也同时发兵，从不同的方向杀来。饶是如此，苻健却也认准一条，其他的人不足为惧，最大的威胁还是来自桓温。所以他不惜自损八百，以断绝桓温的妄念。

为了对付桓温，苻健集中力量，聚结了五万兵马，布防于峣关，严阵以待。

四月里，双方在峣关发生战斗，苻健的儿子苻生凭借个人之勇反复冲杀，一度占了上风，可桓温的军队也不是吃素的，他亲自督战，最终大胜秦军。见势不妙，秦军火速退守白鹿原。桓温的弟弟桓冲紧追不舍，秦军只能狼狈应敌。

就在这千钧一发之际，苻雄的援军来了，不消片刻，便将桓冲团团围住。眼见桓冲顶不住了，苻雄心下暗喜不已，岂知后方骤然大乱，原来是晋将桓石虔率领的援军杀到了。

说时迟那时快，桓石虔的身影如雷霆般闪过，于万军之中救走桓冲，无人能挡。苻雄虽然没能杀死桓冲，但也有效地遏制住了晋军的攻势，结果尚能接受。

王猛：扪虱谈天下的男人

随后，苻健抓紧时间部署：雷弱儿领三万精兵抵挡桓温，苻健亲自率六千赢弱兵力驻守长安小城，苻雄领七千精兵对付南边的司马勋。

不日后，苻雄突袭子午谷，毫无准备的司马勋遭到重创，撤回女娲堡。就此，前秦的一个小威胁得以解除。但是，前秦在正面战场上，依然无法阻止桓温前进。

晋军重新集结后，推进到距离长安仅二十多里的灞水。令人惊喜的是，三辅地区的郡县全都投降，当地百姓争先恐后地带着酒肉迎接慰劳桓温的部队，男男女女夹道围观，有些老人还睁着一双浊眼，流下了激动的眼泪，说："没想今天又见到了朝廷的军队！"（耆老有垂泣者，曰："不图今日复睹官军！"）

这叫什么？这叫民心所向，这是时空悬隔也不能改变的民心！

望着近在咫尺的长安，按说桓温的心中该是振奋不已的，然而，面对这大好的局面，他却开始犹豫了：接下来，打，还是不打？

兵将余勇可嘉，打的话，也有那么几分胜算。但是，晋军长途跋涉，孤军深入，能否一战功成实未可料。反过来看，秦军虽节节败退，但未受重创，况且以逸待劳，战斗力仍然不可小觑。

除了军事上的原因，政治上的原因更直接导致了桓温的举棋不定、踌躇不决。桓温深知，朝廷根本就不想看到他北伐成功，不想看到他做大做强！

为了有足够的资本对抗朝廷，桓温将所辖的八州的财赋据为己有，朝廷本来极为不满，但因褚裒、殷浩的失败，才丧失了权威，不得不眼睁睁地看着桓温北伐。

令人无语的是，在那不足一个月的准备过程中，朝廷内部高举偏安论调，甚至有人对他泼起了冷水。譬如说，王羲之竟然认为"保淮之志，非复所及，莫若还保长江"。

这是什么话？为了偏安一隅，连淮河也可以放弃，只要老老实实保住长江防线。至于北伐，还是算了吧。桓温不能苟同，表示：呸，这都能"算了"？

众所周知，南宋的爱国知识分子数不胜数，他们时常在借东晋之事以暗讽南宋朝廷"直把杭州作汴州"的做派。王应麟所写的《困学纪闻》（被后世称为"宋代三大笔记"之首）就持此观点。想来，若非桓温等人的这种进取心——且不说为公为私，南宋词人也不会以东晋为模板了。

我们都说，一个成功的男人背后，总有一个默默支持他的女人。是啊，小到个人，大到家国，都希望得到温暖有力的支持，可桓温背后，却有一个处处掣肘他的朝廷！

一想到朝廷，桓温的内心就更纠结了。冒险攻打长安，倘是胜了，没人说他的好；倘是败了，会不会将殷浩的下场重演一遍。

就在桓温内心无比挣扎之时，一个衣衫褴褛的人走入了桓温的军营。

这个人叫王猛。

来画一个重点，"衣衫褴褛"。按说，面见东晋前线最高总司令，不说多讲究自身形象，至少也该搞搞个人卫生吧。这就像求职面试一样，要是你穿衣打扮不整洁，第一印象就不过关，多半不会被用人单位聘用。更何况，王猛是要见桓温这种级别的人。

可王猛这哥们完全不在乎，穿着破烂不堪不说，甚至还一边谈话，一边抓身上的虱子（"扪虱而谈"成语的出处）。这到底是有多久没洗澡了啊！都快比得上流浪街头的猫猫狗狗了吧？

但是，在推崇个性的时代里，桓温并未因此而嫌厌王猛，反而以之为异士，耐心地听他献计献策。

从头到尾，桓温没有关心王猛掐死了多少只虱子，反倒被他的高谈阔论深深打动了。桓温不禁抛出了困扰他内心的死结："吾奉天子之命，率锐师十万，杖义讨逆，为百姓除残贼，而三秦豪杰未有至者何也？"是的，桓温十分困惑，虽说他得到了箪食壶浆的待遇，但是能助他一臂之力的人，肯定不是小老百姓啊！

王猛微微一笑，露出早就看穿一切的神情，回道："公不远数千里，深入寇境，长安咫尺而不渡灞水，百姓未见公心故也，所以不至。"

百姓尚且如此，试问，三秦豪杰又当如何呢？这是王猛没有道出，也不必道出的话语。

听了这话，桓温默然良久，无言以对。

在第一卷，笔者分析过，桓温为人小心翼翼。他好赌，更善赌博，从不去做没把握的事。这种做事风格的好处是稳妥、稳健、收益稳定，但同时也有一个致命的缺点：不敢冒险。所以孤注一掷这种事，在桓温这里是没有的，无论他做什么，都得先为自己留下一条后路。

面对关中坞堡林立的现状，桓温力求稳妥，希望这些地方武装能够倒戈前秦。但这些地方武装也有担心，他们担心投诚之后，桓温不去攻打长安。如果如此，自己就掉进天坑了！

大家都不肯先出手，最后的结局，只能是互相观望，谁都不肯先挪一步。

桓温该怎么回答王猛呢？面对这个戳穿他心思的异士，桓温真是有苦难言啊！

如果他真有十万大军，那就啥也不怕了。其实，他只有区区四万人，在兵力上根本毫无优势可言；并且他并不是奉天子之命，不可能得到后方的支持。他能怎么办？

桓温依然纠结着，不敢进，也不能退。

由于晋军无法以战养战，两个月后被迫撤退。临走前，桓温对王猛发出了邀请——想把他带回南方，留在自己身边。他看出了王猛有着经世的才略，独到的眼光。桓温甚至当面说江东无人能与王猛相比，因此对他许以高官厚禄、荣华富贵。

这回该轮到王猛做选择了：走，还是留？

中道崩殂，国运堪忧

在讲述王猛的选择之前，我们可以先对他的生平加以介绍。这样，才能更好地理解他的选择。

王猛，字景略，北海剧县（今山东潍坊）人。早年家境贫寒，王猛以卖畚箕（类似竹筐）为业，一度把贩卖事业发展到了洛阳。某一次，有人说出高价买畚箕，但身上又没带钱，要王猛跟他回家拿。王猛便跟着他走进了深山，继而被带到了一位须发皓然、侍者环立的老翁面前。王猛向老翁拜谢，老翁也很客气，说："王公何缘拜也？"末了，他竟以十倍之价买走了王猛的畚箕！

这故事，多半是后世史官杜撰出来的。试想，老者怎知这年轻人姓王？那语气好似和他早就相熟。

后来，王猛出游邺城，但后赵的权贵们没人能瞧得上他，只一个素有"知人之鉴"美名的徐统对他另眼相看，邀为功曹。王猛想都没想就婉谢了。那时，后赵正处在石虎的残暴统治下，王猛一路走来，民生疾苦历历在目。他深知，这种国家长久不了，与其在这里讨生活，不如隐居苦读以待来日。

这大概就是王猛早期的全部经历，非常简单，全无赘言。

晋书说王猛"博学好兵书，谨重严毅"，但却未提及他的兵书是从何而来的。

这不禁令人生出疑问：王猛所处的贫寒之家，莫非是落魄贵族、书香世家？

并且，生活在一个贵族化的时代里，门第关系非常重要，史书中却对王猛的父母祖辈全无交代。这么看来，王猛应该只是一个普通人家的孩子。

按理说，家境贫寒的他，应该接受桓温的热情邀约。然而王猛并未马上表态，隔日，他决定回山里咨询师傅。

何以如此呢？谁都知道，机会难得不可轻纵，跟着桓温干会很有前途，王猛不可能不心动，但同时王猛还是有所顾虑。东晋的门阀政治之下，他一个寒微之士，能恣意地施展才华吗？要知道，桓温与那些士族高门钩心斗角，可没少花心思！

王猛不敢随便表态，他定要去问问师傅的意见。

山里的师傅？莫非是那位买王猛畚箕的老翁？不得而知。

师傅的答复足以改变前秦乃至中国北方的历史走势："卿与桓温岂并世哉！在此自可富贵，何为远乎！"说得很明白了，王猛的本事不在桓温之下，不必去给他打工。

听了师傅的劝，王猛再次放弃了步入仕途的机会。他知道，他仍需耐心等待，等待着属于他的"真命天子"走上历史舞台，给他大展宏图的机会，给他走上人生巅峰的阶梯。

人生天地间，远客难再逢！有时候，擦肩而过的，不仅仅是一面之缘，而是一生一世。因为师傅的一句话，此后这两位同时代的人杰再也没能相遇。

永和十年（354）六月，桓温粮尽退兵，徙户三千。

苻雄再次与桓冲在白鹿原交战，并大获全胜。趁着战胜之利，苻健想让太子苻苌立军功、树威信，便把机会让给了他。苻苌也不辜负父亲的美意，紧紧追赶，结果大败桓温，致其损失万余人。

胜利的背后，是惨重的代价。由于苻苌立功心切，冲得太猛，以致中箭受伤，旋后去世。早知如此，这一仗，不打也罢！

桓温走后，司马勋与王擢很快被苻雄所击败，分别退回到汉中、略阳。没多久，王擢又跟前凉王张祚产生了矛盾，兵败后投秦了事。终于，前秦彻底化解了建国后最大的危机。丞相苻雄居功至伟。

由于操劳过度，苻雄还没来得及回到长安，就倒在了前线的军营，一病不起。鞠躬尽瘁，莫过于此。

这一年，注定是多事之秋，坚壁清野的措置，导致前秦小麦几乎绝产，关中出现了严重的饥荒。次年春，前秦又发生了蝗灾，野草都被吃光了，牛、马饿得互相啃食毛发。

内乱、丧亲之痛……接二连三的打击使得苻健心力交瘁，终在355年六月撒手人寰。

一年来，前秦最重要的三个人相继离世，这个新兴的小国，又将迎来怎样的命运呢？

第四节　成也谶言，败也谶言

信奉谶言，是有家族传统的

即位的人是苻生，一个令人胆寒的独眼皇帝。

有一些残疾人，会忌讳别人对他残疾的器官说三道四，时间一长，便产生了不同程度的自卑心理。天生就少一只眼睛的苻生，从小就生活在这种自卑的阴影下。

在他童年时，爷爷苻洪曾当着他的面，戏言道："我听说瞎孩子只有一只眼睛流泪，是真的吗？"侍从点头称是。苻洪无意间的一句调侃，对苻生心理造成了很大的伤害。气愤之下，他直接拿刀割破那只瞎了的眼睛，流着血说："这也是泪！"

苻洪害怕了，他甚至动了杀心。这孩子啊，他的逆反心理太强了，长大后只怕是个祸害。他把事情告诉了苻健，苻健也打了个寒噤，正准备杀苻生时，苻雄却阻止了他。

成年后，"性耐刀槊，不堪鞭捶"的苻生长成了一员猛将，力大无比，武艺超群。在去岁的桓温北伐战争中，苻生也有出彩的表现，苻健不禁对他刮目相看。由于太子苻苌已死，苻健又听说"三羊五眼"的谶言，遂立苻生为太子。

"三羊五眼"是什么意思呢？三只羊本该有六只眼，但其中的一只只有一只眼。这不是指苻生吗？苻健已经生病多日，不想再延挨下去，便顺从天意做了决定。大家应该还记得，苻氏本姓蒲，他蒲洪当年也是为谶言"草付为王"，才改姓为"苻"的。所以，苻健信奉谶言，是有家族传统的。

临终前，苻健以太师鱼遵、丞相雷弱儿、司空王堕、太傅毛贵、尚书令梁楞、尚书左仆射梁安、尚书右仆射段纯和吏部尚书辛牢为顾命大臣。但是，苻健也担心大臣不够忠诚，便在弥留之际告诫苻生："如果那些六夷酋帅和顾命大臣不遵令，除之勿疑。"

对此，司马光评论道："顾命大臣，所以辅导嗣子，为之羽翼也。为之羽翼而教使篡之，能无毙乎！知其不忠，则勿任而已矣；任以大柄，又从而猜之，鲜有不召乱者也。"

这是说，既给太子装上了羽翼，又告诉太子可以篡杀他们，这不是自取灭亡吗？

此言实为至理。古人说"用人不疑，疑人不用"，诚如是也。

苻健驾崩后，苻生便成了前秦至高无上的人。虽说身份尊贵无比，但身体上的残缺使苻生极度不自信，他害怕大臣以及权贵们对他看不上眼，害怕有人发动政变推翻他，于是，他夜不成寐、难以安身，对他来说，皇宫毫无安全感可言。

这种担心并非多余。

在苻健病危时，都督中外诸军事的宗室苻菁以为苻健已死，便发动军变，想杀了苻生自立为帝。不承想，苻健强自支撑，在端门部署禁卫军，苻菁的兵将见苻健还活着，便纷纷丢下武器四散逃命，苻菁随后被处死。

几日后，苻健撒手而去，安排八位辅臣的事情也发生在这期间。

杀人何须理由

怎样才能在短时间树立君主的权威呢？苻生的脑海里浮出了两个字：杀人。

于是，他开始了刺激的杀人游戏。是游戏就要讲规则，但这个杀人不眨眼的魔头，却从不讲什么游戏规则。

首当其冲的是右仆射段纯。

苻生称帝后，随后改元为寿光。以段纯为首的大臣便上奏道，"未逾年而改元，非礼也"。按照传统礼制，新君应在次年更改年号，以示对前任皇帝的尊重。

往后看，宋太宗赵光义通过"烛光斧影"等一系列的神操作后得到帝位，冒天下之大不韪，未逾年而改元，遭到了无尽的非议。对苻生而言，他只是一介武人，你要跟他讲礼仪，他就能让你去参加自己的葬礼……

段纯就这么被杀了。

中书监胡文、中书令王鱼又进言："臣夜观天象，国家三年内必有大丧，大臣被杀，希望陛下能修德以避乱。"这是在劝他做一个仁君。

脑回路清奇的苻生却说："既然天象如此，为何逆天而为？皇后与朕君临天下，可以应验大丧的出现；太傅毛贵、车骑将军梁楞、左仆射梁安，都是受到先帝遗诏的辅政大臣，可以应验大臣的结局……"

这么着，梁皇后、毛贵、梁楞、梁安又被苻生给杀了。细察这几人的身份，梁安是梁皇后的父亲，梁楞也应该是梁皇后家族的人，毛贵则是梁皇后的舅舅。有可能，苻生是想借此铲除后党，但是——拜托！也要给个像样的理由，好不好？

丞相雷弱儿、司空王堕看不惯苻生身边那几个乱政的奸佞，便向苻生进谏，但都遭到了苻生的猜忌。结果，王堕被斩，雷弱儿全家被杀。

杀了这么多人，苻生犹嫌不够。

朝堂之上，苻生手把弓箭，携带刑具，大臣们都怀疑自己是走进了刑场，但又不得不来。他们只能胆战心惊地侍奉在旁。饶是如此，苻生稍有不如意，便会随时开弓。尚书令辛牢就因此而丧了命。

那一天，苻生在太极殿宴请群臣，让辛牢做掌酒官。觥筹交错间，苻生发现还有人居然坐着喝酒，顿时勃然大怒。奇怪，坐着喝酒有啥不妥的吗？不，苻生认为，坐着就说明没喝醉，没喝醉就说明没尽力喝，没尽力喝就说明掌酒官失职，没去劝酒！这是渎职！

于是，苻生拉开满弓，射死了渎职的辛牢。

所有的大臣都吓得没了人色，纷纷开怀痛饮。最后，所有人都醉得东倒西歪、满身污渍、衣冠不整，苻生这才满意地笑了。

一次次杀戮过后，当初的八位顾命大臣，如今只剩鱼遵还活着，但也只是苟延残喘而已。我们能认为他是在执行父亲的遗命吗？

父亲的前半句话，他可没听进去。

说白了，苻生是在滥杀无辜，他杀起人来从来不讲道理。

一两年下来，苻生穷凶极恶、喜怒无常的暴虐性格搞得人人自危。

有时，他似乎也担心这个问题，就问侍从 A，外面的人怎么评价我？侍从 A 拍马屁说，外面都说现在太平盛世。苻生认为这是谄媚他，杀。过了几天，苻生又问侍从 B 同样的问题，侍从 B 吸取了同伴的教训，说刑罚稍微过分一些。苻生认为这是诽谤他，杀。

除了杀人，苻生最大的癖好便是酗酒，以及欣赏现场版"不可描述的动作片"。这种癖好到了什么程度呢？喝起酒来不分昼夜，看起动作片来不管双方是谁。

醉生梦死中，苻生让宫女和大臣一起在朝堂"现场演出"，如果表现得"不卖力""不生动""不精彩"，那不好意思，就不要怪生哥无情了。

这已经很过分了，但更过分的是，有一次，苻生微服出行，路遇一对兄妹，强逼他们做那夫妻之事。岂知对方不听他命令。苻生心说，那好办啊，杀呗！

无语，这是倒了血霉了！

苻生的暴行，可以说是数不胜数，限于篇幅，就不再辣大家的眼睛了。

东海大鱼化为龙

苻生的统治如此任性，导致前秦国内，上至高官、下至百姓，对他又恨又怕、离心离德。大家战战兢兢、度日如年，过着有今天没明天的日子，真不知何时是个头！

就在他们的盼望之中，前秦乃至十六国中最出色的皇帝——苻坚，即将走上历史舞台。

苻坚，字永固，小名坚头。他是前丞相苻雄的嫡长子，生于晋成帝咸康四年（338）。聪明伶俐、勤恳好学的苻坚，自幼便深得爷爷喜欢。爷爷苻洪单独为他请了一个家教，对其悉心栽培。这与苻生的待遇完全不同。

后来，苻坚深受汉文化的熏陶，也因之而付出惨痛的代价，与他幼时的这段经历密不可分。

长大后，苻坚博学有才，宽容大度，不断地招贤纳士。逐渐地，在他身边聚集了吕婆楼、梁平老、汪强等本地的人才，以及从姚襄那边归顺来的权翼和薛赞。

权翼、薛赞对苻生的残暴统治十分反感，他俩合计之后，劝说苻坚发动政变："如今人心惶惶，你不动手，别人也会动手。皇位只有一个，若他人捷足先登，没你的后悔药吃！"

这套说辞言之有据，引起了苻坚身边人的共鸣。

这个人，就是和苻坚搭档，一同击杀姚襄的苻黄眉。

原来，苻黄眉、苻坚凯旋之后（见本章第五节），不但没有得到苻生的奖赏，反而被他当众羞辱多次。对此，苻黄眉表示，不能忍，不反你我就不姓苻。

不过很遗憾的是，因为苻生向来缺乏安全感，警觉性很高，"先下手为强"的苻黄眉却遭了殃，不仅他自己被反杀，连带着很多王公贵戚也被牵连进来……

苻坚骇得冷汗直流。

生活在紧张的氛围中，苻坚能够存活下来，很大程度上要感谢他父亲苻雄死在了苻生即位之前。不然，位高权重的苻雄，必定会被苻生视为眼中钉、肉中刺。按苻生的破德行，估计能把苻雄全家砍得连坟头上的草都不剩。

正因为苻雄死得早了一些，苻坚虽袭承了东海王的爵位，但并无实权，这才使得苻生放松了警惕。

某日，苻生夜里梦到大鱼吃蒲草，又听见长安城的歌谣（谶言常以歌谣的方式出现）里唱着"东海大鱼化为龙，男便为王女为公。问在何所洛门东"，心里便是一咯噔：鱼？果然！早就知道鱼遵有问题了！

苻生眼中盈满杀气，不由分说地杀了仅存的辅政大臣太师鱼遵全家。无辜的鱼遵啊，甚至不知他做错了什么。一个荒诞的梦，一个带有"鱼"字的歌谣，就要了他家七个儿子、十个孙子的命！

其实，就算歌谣所言非虚，那也不是指的鱼遵。因为，这里所说的"东海"指的是"东海王"，而"鱼化龙"，则是说的龙骧将军。彼时，苻坚为东海王、龙骧将军，府邸也在洛门东边。这不正合了歌谣中的谶意？

可是，苻生偏只看到了那个"鱼"字。

"刘备"遇"孔明"，苻坚做天王

这次，捡回一条命的苻坚，是真的坐不住了。于是，他开始认真思考政变的必要性及可行性。

怎么办？他求计于吕婆楼。吕婆楼觉得自己帮不了苻坚，便向他推荐了一个人——王猛。

好了，就是在苻坚十分艰难的当头，苻坚和王猛相见了。

苻坚小的时候，曾跟随父亲在邺城做人质。有一次，他在大街玩闹，引起了徐统的注意。说来，这个徐统也挺神奇的，他在邺城连续看好苻坚与王猛这对君臣，也太巧了。这一次，徐统对苻坚的评价极高："此儿有霸王之相。"

那么，有霸王之相的苻坚和曾被徐统看重的王猛，见面之后又会擦出怎样的火花呢？

话说，两人一见如故，宛如旧交。二人谈话的具体内容史无明载，但可以肯定的是，王猛定是把眼下的形势详加分析、抽丝剥茧，甚至给出了具体的行动方案，才会让苻坚乐得眉开眼笑，说他遇上王猛有如刘备遇到孔明。

王猛，终于找到了值得倾心效力的明主！

另一头，苻生也许是嗅到了将死的气息，终于察觉到了什么，便对侍女说："阿法兄弟不可靠，明天除掉他们。"阿法，指的是苻坚的哥哥苻法。

苻生说出这话来，可见他已开始对苻法、苻坚兄弟有所怀疑了。

从后事看来，我们有理由相信，这个侍女是苻坚或者苻法安插在苻生身边的眼线，或者说她被苻坚收买了。得到消息后，她在第一时间里递传给了苻法、苻坚。

正巧，那天晚上，苻法梦到神灵预警，说明早将有大祸临头。苻法立刻吓醒了。侍女的消息，令他深信不疑，他忙召集众人，商量对策。

箭在弦上不得不发，他们决定当晚就行动，来他个先发制人。

守门的禁军见有兵变发生，第一反应本来应该是高声呼喊、抵抗叛乱。话到了嗓子眼里，却又被生生憋了回去，转而笑脸相迎："大哥，你们怎么现在才动手啊！带的人手够吗？用不用我们这些兄弟给大哥搭一把手，出一份力？"

识时务者为俊杰，这个道理谁不懂？况说，为一个昏暴之君效死，可博不了什么美名。

这么一来，苻坚、苻法完全没有遇到抵抗，大喇喇地进入皇宫，见到了烂醉如泥的苻生。

本以为会是一场恶战，没想到苻生本人也没有任何的抵抗！双方面面相觑，长吁口气。苻生旋即被带到附近的一间小黑屋里，废为越王，很快便下去见鱼遵了。

如今，苻生已死，江山谁主？

苻坚、苻法兄弟二人互相推让。最后，在苟太后的干预以及群臣的劝进下，苻坚得以即位，年号永兴。不过，此时的他没有称帝，自称大秦天王。

日本学者谷川道雄在《隋唐帝国形成史论》中认为："十六国政权的领导人，很喜欢自称天王。"天王"，其实就是事实上的皇帝，但两者还不能完全画等号。天王有其实而名不正。不直接称帝，部分原因是宗室分掌权力，抑制君权。"

就以苻坚为例吧，他的前期统治就受到了宗室的诸多制约，这一点下文还会再说。

说句玩笑话，"天王"这称法，是不是能让今人生出一种如见天皇巨星的感觉？这么说来，委实比那用滥的"皇帝"一称要拉风得多。

第五节　苻坚即位前后的天下形势

桓温的第二次北伐——收复洛阳

苻坚的上台，有一定的巧合性，但这也不奇怪，乱世之中，本就有太多的巧合与不确定性，并因之产生各种蝴蝶效应。往往一个不经意的举动，一句随口说的话，都有可能放大它的结果，甚至改变历史的进程。

笔者以为，苻坚的成功，除了苻生作死之外，很大程度上是因为对手桓温扇了几下翅膀。

首先，桓温遇到王猛以后，尽管没得到他的"芳心"，却也一点不着恼，既没对他用强，也不对他耍狠。其实，桓温本不是个好相与的人，这次却突然发了善心，任其去留。

说到这一点，不禁想起高欢放走宇文泰的事情。

百年后，大名鼎鼎的北魏丞相高欢，对名不见经传的使者宇文泰赞赏不已，想把他收为己用。可宇文泰坚决请求复命。人走之后，高欢突然后悔了，认为放走此人无异于纵虎归山，但此时宇文泰已经跑得很远了，再也追不上了。后来，宇文泰成为高欢一生的死敌，两位绝代双骄在战场上上演了一幕幕精彩而又惨烈的巅峰对决。

眼下，桓温明知王猛是个不可多得的人才，却没有为难他，苻坚这才有机会结识王猛，并引之为心腹，继而双双走向人生巅峰。后来，桓、王虽未在战场上再次相遇，可王猛却导致了桓温第三次北伐的惨淡结局。

其次，桓温在首次北伐时，射死了前秦太子苻苌。如果苻苌能顺利登基，估计苻坚也只能洗洗睡了。

最后，桓温的第二次和第三次北伐，无形之中帮了苻坚的大忙。

现在，咱们就来看看桓温的第二次北伐吧。这件事，发生在苻生统治时期。

从长安铩羽而归后，桓温没有气馁，继续等待时机建功立业。他多次请求朝廷迁都洛阳，修复陵寝。不出他所料，朝廷也多次否决他的提议：桓温你是失了智吗？洛阳现在都还不是大晋的地盘！你让我迁都洛阳，人家肯答应？你想修复先帝的陵寝，OK！请你先把洛阳打下来！

好！等的就是这句话。桓温顺水推舟，再次请求北伐洛阳。朝廷没有了借口，只能任命桓温为征讨大都督，负责北伐事宜。

东晋永和十二年（356），桓温从江陵出发，开始了他第二次北伐。

桓温，真是一个相时而动的猎手。此时，前燕慕容恪正包围着广固（今山东青州西北），分身乏术；苻生酗酒杀人，也不会主动出关，染指河洛。洛阳的拥有者，是后赵的残余势力周成。

这家伙，曾一度归降于东晋，但他趁着殷浩受黜之时，又叛晋自立，好不得意。

谁都知道，洛阳是个好地方。所以桓温想收复洛阳，不能只问周成的意见。此时东晋的老熟人——姚襄，正在洛阳城下跟周成打得难解难分。这种状态，已经持续一个月了。

东晋王康之墓志，笔者摄于南京市博物馆（朝天宫）特展"从秦淮河到扬子江"

　　且说，姚襄脱离东晋的控制已逾一年，他深知江淮地区羌族势力极小，很难在那儿立足，便打算以洛阳为落脚点，徐图关右。没承想，他打了这么久，也没能攻克城池。

　　正当双方都已疲惫不堪、相持不下之时，桓温跑来横插一脚。

　　看到桓温来者不善，姚襄连忙派人款附。桓温当然知道姚襄是虚情假意，于是派人告诉姚襄：要战就战，要投降就亲自来。

　　想让我把悬在嘴边的肥肉让出去，白日做梦！

　　姚襄翻了个大白眼，捋起袖子决意一战。

　　战争的结果没有悬念，姚襄大败，被迫向西北窜逃。

　　好家伙！洛阳城里的周成，见状也不想再做无谓挣扎，索性举手投降，温驯如小羊犊子。

　　就这样，洛阳再次回归了东晋的怀抱。

其实，此时的洛阳已经破旧不堪了，但它既是原西晋的旧都，自然拥有非比寻常的政治意味和军事战略意义。随后，桓温修复西晋五陵——宣帝司马懿、景帝司马师、文帝司马昭、武帝司马炎、惠帝司马衷，向朝廷告捷。

《世说新语》记载，桓温北伐，经过金城（今江苏句容），看到了自己曾经种植的树已经有十围那么粗壮，不由感慨丛生："木犹如此，人何以堪！"桓温手抚枝条，泫然落泪。

后来辛弃疾在《水龙吟·登建康赏心亭》一词中也写道："可惜流年，忧愁风雨，树犹如此！倩何人唤取，红巾翠袖，揾英雄泪？"正是化用的这个典故。

对于这个典故，《世说新语》没有明确说明是桓温的哪次北伐，《晋书》和《资治通鉴》都认为是在这次北伐洛阳时所发生。清朝人钱大昕在《廿二史考异》以及余嘉锡在《世说新语笺疏》都认为，桓温从江陵出发北伐洛阳，绝不可能路过金城，而桓温第三次北伐从姑孰（今安徽当涂）出发，转赴广陵，一定路过金城，很可能这个故事是发生在第三次北伐，而不是第二次北伐。

这一次北伐，桓温大大地长了脸。

姚襄殒命，姚苌投降前秦

战败之后，姚襄西进至平阳（今山西临汾），与它现在的主人——前秦发生了矛盾。

平阳的地理位置十分重要，此地"襟带黄河、汾水，翼蔽潼关、洛阳"，自古以来都是兵家必争之地。因此，姚襄也不管自己会不会得罪前秦，先打一仗再说。

在匈奴堡一战中，姚襄击退了苻柳的援军，击杀太守苻产，称心如意地占据平阳了。

而后，姚襄向苻生派遣使者，声称借道回陇西。

这是真心话吗？不太像。鬼知道他嘴里说着去陇西，半路会不会来个假途灭虢偷袭关中？就算没这个想法，等姚襄真回到陇西，以他的号召力，短时间做大做强似乎不成问题，这可是前秦、前凉的统治者都不愿意看到的。

苻生一直过着喝酒杀人的生活，本来不以为意，但在苻坚的谏言下，难得听了一回劝，拒绝了姚襄借道的请求，只赏给了姚襄官爵与财宝。姚襄心有不甘，杀了苻生的使者，劫掠河东。

这可惹恼了苻生这个杀人魔王，他立刻派镇守并州的张平讨伐姚襄。

张平这个人，是个十足的墙头草，后文还会对他详细介绍。

在这一战中，姚襄没有悬念地被张平击败了，但没几天，张平就对姚襄笑脸相迎了，这是咋回事呢？

原来，姚襄知道张平有着割据一方、做土皇帝的野心，于是，姚襄对他来了一出卑辞厚礼，什么话好听就说什么。一番拉拢下来，两人从战场上的敌人，居然转眼间成了无话不谈的"兄弟"！

双方约定和平友好发展，互不侵犯。

这个约定之下，收益最大的，自然是姚襄。他得到了十分珍贵的发展时间。

休整半年后，姚襄又开始向关中进发。也真有意思，连桓温都打不下前秦，不知姚襄哪来的这股子勇气。苻生决定派人教训教训他，心说：朕也不谦虚了，苻黄眉、苻坚、邓羌，好惹不好惹，你试试吧！

不多时，一万五千秦军就杀到了姚襄的驻地上。看见这阵势，姚襄有点尿，索性坚守不出，固守不战。

邓羌便对苻黄眉说："姚襄被桓温、张平打败，已经丧失了锐气，现在不出来和我们打，说明已经是穷寇了。他这人又十分争强好胜，只要我们大张旗鼓向他施压，他肯定会愤而出战，那时候可一战而擒！"

后面发生的一切，印证了邓羌所言，他的确是个智将。

这场战争与《三国演义》中经常出现桥段很相似：邓羌主动挑衅，姚襄按捺不住怒火，悉众出战。邓羌诈败逃跑，把姚襄引到苻黄眉和苻坚提前埋伏好的包围圈内。两面夹击之下，姚襄大败，马倒被杀。

有关姚襄的卒年，《晋书》《太平御览》引《十六国春秋·后秦录》，载姚襄二十七岁死，学界对此存疑。根据姚襄的弟弟姚苌的卒年推算，姚苌的生年竟比姚襄早。但姚襄确为姚苌的哥哥，所以说姚襄卒年二十七岁，似乎偏小。

对于这个问题，我们也不多纠结了，总之，姚襄死后，姚苌便率领着残部投降了前秦。

值得注意的是，姚襄帐下最重要的两个谋士权翼、薛赞，都归顺了苻坚。他们虽不及王猛之能，但都是前秦帝国的基石梁柱。这么说来，桓温把姚襄赶走的结果，是再次让苻坚获益。这蝴蝶效应也是绝了。

这还不算完，多年以后，桓温还把更大的礼包直接送到了苻坚的家门口。

并且还包邮（慕容垂投秦）。

张平的两张标签

话题重新回到前秦内部。

苻坚即位后，迅速组建了内阁，把军政大权、机要部门都交给自己的亲信。至于苻生手底下的佞臣，则被诛杀示众，以平民愤。与此同时，苻坚还把无辜丧命的八位辅臣都予以追葬，以此来邀买人心。

至于他同父异母的哥哥苻法，位置着实尴尬。

一方面，苻坚封他为丞相、都督中外诸军事、录尚书事、东海公，看似一人之下万人之上，实则苻坚本人以及他身后的支持者，都对苻法颇为疑忌。尤其是苻坚的母亲苟太后，认为苻法"长而贤，又得众心"，只怕不会甘居人下。

看见苻法门庭若市，苟太后恐怕他终将对苻坚不利，便狠心下令赐死苻法。

此时，苻坚的心情是矛盾的，他痛心疾首、哭到吐血，但却无法去拯救苻法。先不说主观情感，只说客观效应。想想看，威信未立就拿并肩作战的兄弟开刀，其他宗室心里该作何感受？毫无疑问，此事为日后前秦的内乱埋下了伏笔。

在笔者看来，苻坚的猜忌之心，苟太后的"杀伐果决"，不是什么明智的做法。

我们都知道，唐朝有一个"让皇帝"李宪。他是唐睿宗李旦之长子，曾被立为皇太子。后来，他本可以坐上皇位，却让位于三弟李隆基。此人恭谨自守，不涉政事，平日里只搞搞文艺，当一个安静的好王爷。最后，他得以寿终正寝。可遗憾的是，苻法没这么自觉，苻坚没那么大的度量。

于是乎，宗室的感觉十分不妙，底下的武将心思也很"活络"。

这一头，苻坚在龙椅上屁股还没坐热；那一边，武将张平已然借机反叛。

此人本是后赵大将，负责镇守并州。如今，他占据着新兴、西河、雁门、太原、上党、上郡这六郡之地，聚众十万、结好三百余坞堡，俨然成为割据一方的豪阀。

可以这么说，如果给张平贴两张标签，那一定是"投降"和"反叛"这两张。同时代里，也只有把"投降艺术"玩到巅峰的吕护可以和他媲美。

在后赵灭亡之际，张平投降前燕，送自己的儿子去邺城当人质——这是第一次投降。

不久，他又向东晋投降——这是第二次投降。

在苻健入关后，张平归降了前秦——这是第三次投降。

如前所述，在姚襄进入山西时，张平一度击败过他（如果姚襄打赢，张平没准就投降姚襄了）。两人约为兄弟，不再发生冲突。没过不久，姚襄为邓羌、苻黄眉所杀。

此时张平看到苻坚政变，认为有机可乘，转而决定投晋攻秦——这是第四次投降。

分析前因后果，可以得知，张平在并不了解前秦的情况下，做出了这样的选择。

为何如此说呢？当苻生把朝廷搞得乌烟瘴气之时，不见张平有任何动作，尤其是有姚襄这个可以联手的外援，张平不知道去利用；如今，他却反了口碑比苻生好得多的苻坚，是何道理？

我们知道，苻坚弑君夺位，来得比较轻松，那是一场波及范围很小的政治斗争。政变前后，苻坚只诛杀了苻生及其佞臣，并未牵连任何人——苻法一事是个例外。再加上，他还在第一时间内，为被枉杀的王公大臣们平反昭雪。

所以说，无论怎么看，苻坚都不会比苻生差啊！难道之前张平只是在忌惮苻生的狠勇？

不管张平的脑回路是怎样的，可以肯定的一点是，他对苻坚有些看不上眼，心道：真以为我只会投降，喜欢给你苻秦打工吗？今儿个，咱就给你看看爷的手段！

吾儿张蚝何在？

张蚝，本姓弓，骁勇敏捷，力大无比，据说能拉着猛牛倒退。张平对他非常器重，认他当了干儿子。令张平万万没想到的是，某一日，"干儿子"一时没管住自己下半身，竟然偷偷和他名义上的小"干娘"私通了。

纸包不住火，这火很快烧着了张平那片绿油油的头发。

张平愤怒了！张蚝悔不当初，为了宣誓忠心改过自新，竟然主动"自宫"了。

经此一事，父子俩抱在一起，和好如初。令人称奇的是，没有了雄性激素的张蚝，依然无比勇猛——单指作战方面——无论城墙多高，他都能翻越，丝毫不见其力竭势弱。

这就厉害了，张蚝的确是张平的一张王牌。

张蚝的勇武，苻坚也清楚。所以，他也派上同样以勇猛著称的邓羌去应敌。

双方相持十多天，谁都赢不了谁。眼见情势不对，苻坚亲自到达战场，为其助力；张平也尽遣良将，一搏再搏。看到张蚝在秦军阵中反复冲杀，如入无人之境，苻坚顿起爱才之意，下令必须活捉。

吕婆楼之子吕光看出了苻坚的意图，只刺伤了张蚝，没有伤他性命。邓羌忙趁势擒人。

就这样，失去主心骨的张平，霎时间兵败如山倒，不得已再次投降。

这是张平的第五次投降。但是，请注意！第五次投降已经来了，第六次投降还会远吗？果然，苻坚撤军没几天，张平再次反叛，投了前燕。

当然，投降只是名义上的，张平仍然有很大的独立性。三年后，张平再叛前燕，袭杀守将，宣布独立。只不过，因为无力抵挡前秦的攻势，不日后他又打算投降前燕——这是第七次投降。

前后三次投降前燕，墙头草都不带这样的！

慕容恪深知反复无常的"张投降"难以控制，又不想跟前秦产生摩擦——此时前燕的战略重心在河南一带。于是，他拒绝支援张平。张平得不到救兵，只能硬着头皮挨前秦的揍。

结局可想而知。

末了，张平传奇而不光彩的一生在前秦甘露三年（361）的秋天画上了句号。

第二章

王猛，夷吾、子产之俦

出将入相，是无数仁人志士的毕生追求。王猛要想走上新的人生高峰，必然要在内政和军事方面都有所建树。有幸的是，符坚给了他这个机会。

这个机会，主要来自前秦的权贵和宗室，他们或者企图对抗王猛的改革，或者妄想颠覆符坚的统治，但事实证明，他们有些不自量力。"王景略固是夷吾，子产之俦也"，符坚此言不虚，王猛确是他成就帝业的基柱。君臣同心，其利断金，余生漫漫，未来可期。

——引言

第一节　整顿吏治，前秦渐盛

天下，在德？在险？

随着符生的死去，以及符坚时代的到来，前秦上下都松了一口气，再也不用胆战心惊地过日子了。

等到平定"张投降"后，符坚顿觉神清气爽，后与群臣登龙门游玩。这个龙门，就是传说中鲤鱼跃龙门之所，位于今天的山西省运城市。

有感于山河之美，符坚不禁赞叹道："美哉山河之固！"

是啊，所谓"观山则情满于山，观海则情溢于海"，天地有大美而不言，读万卷书抵不过行万里路。现如今，我国的飞机、高铁等交通工具非常发达，我们有什么理由不去亲近祖国的大好河山呢？笔者所去的城市不多，却也为南京的秦淮河而倾倒，为洛阳的龙门石窟而静默，为长安的兵马俑而震撼……

长安，是前秦的国都；龙门，是前秦的国土。从长安到龙门，一路上都是前秦的子民，一路上忆起入关以来那些惊心动魄的故事，想来符坚的内心也升起了"江山如此多娇，引无数英雄竞折腰"的感慨吧，于是他说："娄敬有言，'关中四塞之国'，真不虚也。"

关中四塞，易守难攻。这话当然没问题，熟知中国地理的人，都知道这个地理常识。

可这个时候，偏偏有人要站出来抬杠。

抬杠的人，正是投靠符坚不久的权翼、薛赞。

他们表示，夏、殷之都并非不险；周、秦之众并非不多，可最后还是灭亡了。何以如此呢？君主不修德行。国家的稳固，总结起来五个字：在德不在险。

所以说，山河之固不足恃也，天王须得吸取前人教训才是啊。

我赌宋太宗赵光义一定读过这段对话。否则，他也不会用"安天下者，在德不在险"这句话来堵他哥的嘴。终于，赵匡胤妥协了，没能迁都长安，但赵匡胤所说的"不出百年，天下民力殚矣"，竟真的成了事实。

长安，之所以能成为许多王朝的都城，确实与关中四塞的险势有关。

不过，话说回来，德、险又不是矛盾对立的存在，二者兼备自然更好。

史称，苻坚听罢权翼、薛赞的进言，非常高兴。回到长安后，他就开始下达一些惠民的政策，比如减少农民负担、开发水利工程、公私共用。

比较值得一提的，是苻坚对待宗室的态度。他坚持用人唯才的标准，并未对宗室予以优待。渐渐地，很多宗室子弟也明白了一个事实，他们要想活得有尊严，必须砥砺德行、锻炼才干。这种措置，无疑为整个官僚系统树立了榜样。

总之，在苻坚统治前期，他十分乐意听到劝谏，但凡切中肯綮之言，他都能纳为己用。

作为一国之君，苻坚厉行节约，倒也没多少天王的排场。没多久，他发现有的人生活得过于惬意，好像他们是天王一般。这些人，便是当时跟随苻健入关的枋头旧部以及氐族豪贵。他们自恃开国元勋，劳苦功高，常常目无法纪、肆意妄为。

以前苻生在位时，他就对这些人非常憎恶。于是，苻生不停地用杀戮的手段，去震慑着这堆尾大不掉的蠹虫，告诉他们谁才是皇帝，谁才是权威。慑于苻生杀人不眨眼的"皇威"，勋贵们多少能收敛了一些。但至苻坚上位后，蠹虫们又死灰复燃了。

此时的苻坚，面临着苻生当政时相同的问题。这让苻坚头疼不已：当初苻生怎么就不把这帮孙子全杀光？他告诉自己，整顿吏治，刻不容缓。

打压权贵，王猛有一套

打击黑恶势力，当然要从风气最败坏的地方开始。

首先被苻坚盯住的，是聚集了大量的枋头西归勋贵的始平县。

这一次，苻坚安排中书侍郎王猛去当县令。

王猛上任严于律法，不久就鞭杀了一个目无法纪的典型。始平县的"地头蛇"们哪里想到，王猛竟然如此生猛，不禁怒从心起，他们联名发起告状，定要让上头给王猛定罪。

耐人寻味的是，更高一级机关直接把王猛绑了，押到了苻坚跟前。

其实，王猛刚刚只是杀了一个典型，怎么会闹出这么大的动静呢？这个问题很值得思考。不妨再看看"安排中书侍郎王猛去当县令"这句话。明白了吧？

好好的中书侍郎，无故被下放到地方当县令，所为何事？答案很明显，一切的一切，都是王猛和苻坚提前商量好的。

王猛想杀的人肯定不止这一个，但仅仅杀这一个，就闹得满城风雨。毫无疑问，苻坚、王猛是在试水，是在演戏。演员也不只是他俩。为了"平息众怒"，上级的官吏竟把王猛做"退货"处理，从哪来的送回哪去！

收货地址：大秦国长安城太极殿；

收货人：大秦天王苻坚；

电话：不好意思，那时候还没有电话，没有手机，也没有 QQ、微信、微博等通信方式。

但是，苻坚居然第一时间知道了这事儿。

难道这还不能够说明是提前安排好的吗？明白了吧，上级官吏也是好配角。

到了长安，苻坚亲自"审问"王猛。苻坚随便一问，王猛随便一答，庭审结束，苻坚宣布王猛无罪释放。至于双方是在哪里审问的，史书没有说，咱也不知道。

不过，在听完王猛的回答后，"（苻）坚顾谓群臣曰：'王景略固是夷吾，子产之俦也。'"

看清楚了，"顾谓群臣"，就在朝堂之上，苻坚当着文武百官的面来树立王猛的地位。这潜台词，岂不是说：杀得好啊，杀得妙啊，爱卿，你就是我的管仲、子产啊！以后还有这样的人，莫慌，放心大胆地杀，再接再厉！

这双簧唱得也太假了吧？始平县的地头蛇们只能干瞪眼。

别急，总会有大领导给小弟出气的。

随着王猛的官位越来越大，不爽他的人也越来越多。在权贵们眼里，王猛有背景吗？没有。有功劳吗？没有。那王猛有什么资格平步青云？而且还想打压庞大的权贵阶层。

好比一个公司，招聘进来一个刚毕业的大学生，没几个月，就从最低级的职员，跳到了主管，从主管跳到经理，然后天天对工龄长的老员工们指手画脚，还一门心思策划着要降低那些老家伙的工资和福利待遇……换成你，你气不气？

开国元勋樊世直接当众质问王猛："吾辈与先帝共兴事业，而不预时权；君无汗马之劳，何敢专管大任？是为我耕稼而君食之乎！"我们与先帝出生入死，一起开创基业，也没有掌握实权，你啥功劳都没有，凭什么现在这么显贵？咱要点脸不？难道让我耕耘，你吃白饭？

樊世的质问不无道理，他代表了氐族权贵们对王猛的不满。

王猛也毫不示弱，针锋相对："不仅要让你耕种，还要让你下厨做给我吃！"

樊世彻底被激怒了，他恨不得一口直接吞了王猛，怒道："不把你的狗头挂在长安城门上，我就不姓樊！"

事后，王猛把事情告诉了苻坚，苻坚皱了皱眉。

樊世不知道，枪打出头鸟的道理，他这条命苻坚是要定了！

不日后，苻、王君臣二人又开始唱戏了。

当着樊世的面，苻坚假装漫不经心地问王猛："我想把公主许配给杨璧，杨璧这个人怎么样？你对他了解多少？"

还没等王猛开口，樊世就暴跳如雷，道："杨璧是我的女婿，早就订婚了，咱至少要讲个先来后到吧？陛下怎能把公主许配给他？"

这坑挖得多明显啊！樊世不多想，闷头就往里跳，也真够缺心眼的。

眼见樊世上当，王猛对他的指责毫不留情："整个海内都是天王的，你居然敢和天王竞争婚姻！这叫什么？这叫目无天王，欺君罔上！"

无端遭骂，樊世的怒火已被彻底点燃，他完全失去了理智，一把攥紧了拳头。他要当着苻坚的面，上来揍王猛。在被侍卫制止后，樊世嘴上仍骂骂咧咧、喋喋不休。

今天当众挥拳、殴打王猛，明天会不会拔出刀子、弑君篡位？——苻坚也来了火气。

你也太目中无人了吧！还把不把我放在眼里！真以为我不敢杀人？拖出去砍了！

樊世之死，王猛起到了很"坏"的作用。

权贵们纷纷跑到苻坚面前诋毁王猛。苻坚烦得要死，也不想对他们讲什么道理，一概训斥叱骂，甚至在殿庭上当场鞭笞。朝臣仇腾、席宝不敢公开攻击，又悄悄地毁谤王猛。苻坚得悉后，索性将二人赶出朝堂。打这以后，公卿以下没人不害怕王猛。

苻坚用王猛，何止是"用人不疑，疑人不用"，简直就是偏心、偏心，再偏心。

对于苻坚的做法，权翼又一次"多嘴"了：陛下宏达大度、神武卓荦，但是呢，骂人总归不太好吧？

正在气头上的苻坚被权翼逗乐了：你没看到他们就差逼宫了吗？听你的，听你的，你说的对，骂人是我的过失。

权翼啊，无时无刻不在提醒着苻坚，要修帝王的德行。毕竟，先要修身，方能齐家治国平天下嘛！

天下有法，天子为尊

先前说过，大部分皇室宗亲都很自觉，在为自己打拼事业，为国家贡献力量。此外，诸如樊世之死，也大大地震慑了氐族权贵。可是总有一些人，虽然不敢攻击、谗害王猛，却并不以樊世的死为教训，已故强太后的弟弟光禄大夫强德，就是其中之一。

这家伙，既不怎么强，也不怎么德，他自恃是皇亲国戚，时常酗酒抢劫、为非作歹，俨然成了市井一霸，丢尽了皇家的颜面。

这件事大致发生在甘露二年（360）之后，王猛时任侍中、中书令、兼京兆尹。当得知强德的劣行后，王猛毫不啰唆，杀的就是这种典型！

这不，苻坚的免死敕令还没赶到，强德已经陈尸大街……

这个做法太大胆了！拿皇亲国戚下手的人不是没有，但很少见到官员来执行的。戏曲《铡美案》之类的，只不过是"本故事纯属虚构，若有雷同纯属巧合"而已。

要问王猛受罚了吗？没有。苻坚一如既往地宠他，宠他，再宠他。

所谓"君以国士待我，我必国士报之"，也许，这就是王猛为前秦——准确说是为苻坚——鞠躬尽瘁的真正原因吧！

除了王猛，邓羌也很给力。数旬之间，王猛与邓羌一起对官场进行彻底整顿，二十多个皇亲国戚、权贵豪族或被杀，或被免官判刑。一时之间，前秦百官震肃、豪右屏气、路不拾遗、风化大行！这是建国以来从未有过的气象。

苻坚不由感慨出自己的心声：吾今始知天下之有法也，天子之为尊也！

前秦隶书戳记绳纹墓砖，笔者摄于陕西历史博物馆

长安都治理好了，其他地方就容易多了。苻坚将政策推行下去，派专员巡查各个郡县的吏治情况，以便考察民意、体恤民情。

王猛治国，主张"法简政宽"、严肃公正、善恶分明。他在制度、刑律、纲纪、风俗、农业、教育、舆论、选拔人才等诸多方面，都有突出的贡献。史称他"宰政公平，流放尸素，拔幽滞，显贤才，外修兵革，内综儒学，劝课农桑，教以廉耻，无罪而不刑，无才而不任，庶绩咸熙，百揆时叙"，因而，前秦才出现了"兵强国富，垂及升平"的治平之象。

为了苻坚，为了这个国家，王猛做了太多的努力。

前秦初期，法制不明、纲纪不立，专制主义中央集权没有真正确立起来，很多事都由拳头来说话。开国皇帝苻健一直忙于四处平叛，也没时间去做这些事。之前苻健让太子苻苌去追击桓温，就是想培养太子去刷点军功，做好交接的准备。苻苌死后，苻健选择苻生继为太子，也是出于他立过军功的考虑。

至于苻坚，他通过政变夺权，威望不够，尚无军功震得住手底下这帮大爷。所以权贵们有理由看不起苻坚。从这个层面来说，王猛整顿吏治、打击贵族的真正目的，是加强专制主义中央集权，提高苻坚的权威。

所以苻坚为何偏心、偏宠王猛？答案再明白不过。

在公元357—365年，前秦施行偃甲息兵（几乎没有大型的军事行动）、安民保境的政策。大致有劝农耕桑、设立学校、选拔人才、安抚鳏寡孤独、开发水利工程这些项目。

对内，前秦势力渐盛；对外，前秦也处于较为和平的环境中。东晋和前燕，这两个最大的对手，也没有对前秦发起过战争，大家都埋着头各干各的活儿，谁也没有闲心去搭理处在高速发展中的前秦。只在晋、燕之间，发生过一些小摩擦。

总体上看，三方一直处在相对"平衡"的状态。

第二节　小试牛刀，何其快哉

秦、凉交恶，王猛攻打略阳

苻坚让王猛整顿吏治、施政惠民，效果显著，但这不能让所有的氐族豪贵心服口服。如樊世所言，王猛并非开国元勋。在很多时候，人们评价一个能人的标准，都是出将入相。

可能是出于让王猛挣军功的考虑，建元二年（366）七月，前秦主动向东晋发起军事行动。王猛、杨安率领两万人去进攻荆州的南乡郡。这是王猛第一次带兵打仗，最终掠夺万余人口而返。

苻健入关后，西边前凉内讧不断，政治混乱，国力开始走向衰弱（详见第六章）。因此，苻生趁机逼迫前凉称臣纳贡，双方保持了十年左右的和平。

就在这年（366）十月，前凉单方面宣布与前秦断交。

苻坚接到现任凉主张天锡的断交信后，不禁有点发蒙，心想，这家伙翻脸怎么比翻书还快？连个预兆什么的都没有，就直接断绝了两国的"友好"往来。

这还没完，两个月后，略阳（今甘肃安东）的羌族酋豪敛岐拥众四千余家叛秦，投降了占据枹罕（今甘肃临夏）的李俨。这李俨也是个典型的墙头草，他原先趁前凉内乱时在枹罕独立，一直在前秦与前凉之间攀附不定，敛岐的投降给李俨带来了迷之自信，他竟然敢同时与前秦和前凉断交——这等于把自己逼上了绝路。

张天锡早就看李俨不爽了：以前你和前秦眉来眼去，老子不敢动你，现在我看你还能抱谁的大腿！

次年二月，他亲自带领三万人马讨伐李俨。事实证明，张天锡大大低估了李俨的能力——不要脸的程度。

苻坚也不可能对敛岐投降李俨的行为坐视不管，况且略阳也是陇右重镇。于是，在当年三月间，便派遣王猛、邵羌、姚苌领一万七千人马去攻打略阳。

敛岐的部落本是羌族，以前归附于姚苌的父亲姚弋仲，他们听说姚苌来了，纷纷投降。就这样，王猛轻松地拿下了略阳。

在另一个战场上，张天锡则成功拿下大夏、武始二郡。这样一来，吃了大亏的李俨不敢继续交战，只好退守枹罕。

枹罕之战，致信张天锡

枹罕这个地方，北据黄河天险，西控山口要隘，掎角河西，肘腋陇右。这可以称得上是地势险要、易守难攻。前凉在此多次击退后赵的进攻。

后赵主将麻秋曾集结十二万兵力，却对枹罕毫无办法，最后不得不感慨道："我用兵于五都之间，攻城略地，往无不捷。及登秦陇，谓有征无战。岂悟南袭仇池，破军杀将；筑城长最，匹马不归；及攻此城，伤兵挫锐。殆天所赞，非人力也。"

石虎也因其泄气："吾以偏师定九州，今以九州之力困于枹罕，真所谓彼有人焉，未可图也。"

李俨两线吃紧，垂死挣扎，只好再次发挥他的墙头草特长，赶紧派人向苻坚赔罪，请求支援。

李俨的这种行为，就好比和同事吵了一架，险些动手，被其他几个同事好说歹说拉开了，最后不欢而散。然后第二天这人却又觍着脸求人家帮忙……

这是要多大的勇气啊！一般人都没脸做这种事吧。但是，李俨用实际行动告诉大家：在这个弱肉强食的乱世里，小命永远比尊严重要。

符坚当然不会错过这个教训张天锡的机会，至于李俨屁股底下的枹罕，符坚更是早就梦寐以求了。他令杨安、王抚领两万人支援王猛，如同丧家之犬的敛岐很快被邵羌（笔者按：后来史书再无邵羌的任何记载，个人猜测史书在传抄时把"邓"错写成"邵"）活捉。

王猛和杨安火速"援救"枹罕。枹罕城下，王猛大挫张天锡的部将杨遹，前凉损失一万七千人。

此时，张天锡已是骑虎难下。打吧，既打不过王猛，又得罪不起前秦；撤吧，又看不惯李俨那副小人得志的嘴脸。两难之间，王猛送来的一封信，给了张天锡一个撤退的台阶。

王猛在信中说：我来此不是想和凉州为敌。我们这么打下去，旷日持久，对我们两家都没好处不说，只会便宜了李俨。这又何必呢？我知道你想教训李俨，我也想把他抓回去。不如你退兵吧，让我来收拾李俨。

看完书信的张天锡"茅塞顿开"——王猛说得对啊，我们本来打的是李俨，现在无缘无故要和前秦作对，这不是自讨苦吃，吃饱了撑的吗？反正李俨是要收拾一下的，自己收拾也是收拾，王猛收拾也是收拾，就让王猛给自己代劳，又何乐不为呢？

控制河、湟，打造西部防线

打定主意后，前凉旋即撤退，枹罕城压力骤降。

这让李俨看到了继续在枹罕当土皇帝的希望。有个叫贺肫的人向李俨建议道："趁王猛没防备，搞一次偷袭吧！"

笔者该怎么评价这个人呢？大哥！你不知道你主子刚被张天锡揍得鼻青脸肿吗？现在他哪还有勇气去打王猛？并且，是你哭爷爷告奶奶求着人家来的，等到王猛把张天锡赶走，你这就要去反咬一口？这是人干的事情吗？

不得不说，有什么样的长官，就有什么样的手下。这个贺肫，比李俨还没有节操。

好在，被张天锡打尿了的李俨，突然要脸了——或者说是厌战了，他没有采纳这个建议。是啊，他也知道自己实力不如，心里盘算着倚仗枹罕城的险要，先把王猛拖垮，等到对方退兵后，再继续割据一方不迟。

以王猛的智商，会被这类小儿科的把戏糊弄过去？受降如受敌，这种兵家常识，王猛能不知道吗？

张天锡已经走了，李俨仍然紧闭城门。王猛穿着白衣，坐着小车，带着几十号人，跑到城下要和李俨见面。一见来人不多，李俨也没多考虑，就打开了城门放他们进城。哪里知道，前秦众将士趁机蜂拥而入，李俨还没来得及防备，就被王猛的人逮捕了！

李俨满脑子都是问号：等一下，这剧本怎么这么熟悉？

王猛严词责备李俨没有出城迎接他，李俨只能把黑锅甩给了贺肫，是贺肫给他出的馊主意！王猛内心一阵冷笑：嘿嘿，其实我也是这么想的，最后也是这么干的。

对于这个完全没有节操可言的贺肫，王猛不啰唆，直接砍了。

随着贺肫的一声惨叫，李俨如梦初醒：自己稀里糊涂地被抓的过程，不就是贺肫之前对自己提出的建议吗？剧本安排得明明白白，只是阴人的人，换成了被人阴的人。

就此，王猛几乎没有付出任何代价，就轻而易举地拿下了连麻秋、石虎都无法撼动的枹罕城。若他俩在天有灵，估计能呕到吐血。

此战过后，河、湟一带已为前秦所控制，不仅西部的防线固若金汤，还为以后彻底消灭前凉打下了坚实基础。

（笔者按：关于枹罕城一战，《资治通鉴》与《晋书·苻坚载记上》的记载不一致。后者说王猛没有打赢张天锡，对方就退兵了，但这不合逻辑，故采用《资治通鉴》中的说法。现将二说摘录于下，以资读者参照。

《晋书·苻坚载记上》：猛与杨安救枹罕，及天锡将杨遹战于枹罕东，猛不利。邵羌擒敛岐于白马，送之长安。天锡遂引师而归。

《资治通鉴》第一百零一卷：猛与杨安救枹罕。天锡遣杨遹逆战于枹罕东，猛大破之，俘斩万七千级，与天锡相持于城下。）

第三节　微缩版七国之乱——四公之乱

宗室问题，前秦的痼疾

前秦甘露六年（364），前秦汝南公苻腾谋反被诛杀。当时，苻生还有苻柳等五个弟弟，他们都驻军于外。为了斩绝后患，王猛建议趁机将这五人一并翦除，但苻坚却想用宽容优待的政策去处理宗室问题，不想引起大规模的动荡。

"不去五公，终必为患。"王猛急道。他已隐约觉察到前秦潜在的巨大隐患。

前文说过，苻坚自称为天王，有一个因素是前秦宗室抑制君权，这几人手握重兵，有着足够的力量干预君权。因此，王猛虽一直打压宗室、强化集权，但苻坚仍然不得不承认他们的地位，轻易不敢"动"他们。

不仅是前秦，宗王由于掌握兵权，引发内乱，可以说是十六国较为普遍的政治形态（包括被八王之乱搞死的西晋）。即使是统治者注意防范，有时也不能幸免于难。

正如唐长孺先生在《晋代北境各族"变乱"的性质及五胡政权在中国的统治》中所言："前秦经过了苻生、苻坚两代人对于氐、羌贵族的制裁，建立了五胡中间唯一的虽然是不巩固的集权国家。"

"不巩固的集权国家"，意味着什么？意味着前秦中央集权的努力与宗室分权之间有着难以调和的矛盾。矛盾双方中，但有一方"谦让"了，恐怕就会被对方吞噬掉。宗室问题，已经成为前秦的痼疾。

一年后，苻坚北巡朔方，安抚投降的匈奴部众。淮南公苻幼妄图抓住长安空虚的机会，搞一次偷袭，同样失败被杀。在这次事件中，晋公苻柳、赵公苻双也在暗中发力，支持苻幼造反，苻坚依然没去追究他们。也许，他是想以"仁恕之道"来化解双方的矛盾吧。

可遗憾的是，有些宗室并不怎么领情。苻坚一再的姑息、忍让，非但没有使他们回心转意，反而更加坚定了他们造反的决心。

其实，从他们的角度看，是有理由相信苻坚在做戏的。且不说苻坚是否真的原谅了苻柳、苻双，他们都记得，当年与苻坚一道推翻苻生的苻法，是无罪被杀的！所以，苻坚会突然变得宽容了？诸苻表示不信，至少当事人苻柳和苻双是不信的，与之亲近的苻廋、苻武也不信。

世上没有不透风的墙，前秦建元三年（367），苻廋的主簿姚眺觉察到了他们谋反的迹象，劝说无效后，只能向苻坚告发其密谋。苻坚随即征召苻柳、苻双、苻廋、苻武四人入朝。四公知道苻坚已经察觉，拒不从命，便在当年十月同时举兵，联合造反。

这真是下错一步棋，就导致了整个棋局的崩坏！当初是真不该杀苻法啊！

"啗梨"为信？

我们先来看看四公具体的位置。

西方：雍州的苻武占据安定（今甘肃平凉），秦州的苻双占据上邦（今甘肃天水）。细察地形，雍州和秦州紧紧相连，上邦则介于雍梁之间，号称"关陇喉舌"；至于安定，更是战略要冲，史称其"外阻河朔，内当陇口，襟带秦凉，拥卫畿辅"。

东方：并州的苻柳占据蒲坂（今山西永济蒲州），洛州的苻庾占据陕城（今河南三门峡）。并州和洛州同样相邻。蒲坂距离长安仅仅三百余里，是并州直通关中的必经之路，直接威胁着前秦的京畿；陕城则是前秦东边的门户，紧邻洛阳。此时的洛阳，已在前燕之手（详见第三章），万一苻庾勾结前燕，引狼入室，后果将不堪设想。

苻坚马上意识到了事态的严重性，他强作镇定，告诉他们不要造反，也无须来长安。大家还跟以前一样好。为了表示信义，苻坚要求他们每人咬一口梨作为信物凭证。古代有一种传统叫作"啮梨"，也就是咬梨子。这是劝谕部下同心同德的一种做法，用以告诫对方，若是内部离异，国力便会如梨一般脆弱，容易被敌人钻空子。

从苻坚的处理方式来看，他确实是一个汉化程度较深的少数民族君主。所以遇到造反这种事情，他依然不想大动干戈。信奉儒家思想的苻坚，一直想用仁恕之道去感化别人，不管对方是谁，不管对方是哪个民族的人。可从实际结果来看，他的这一套思想，在那个年代似乎真的行不通！从这个意义上来说，苻坚很孤独。

面对苻坚送来的梨，四公断然拒绝！

笑话！"开弓没有回头箭"的道理谁不懂？既然已经反了，那就只能一条路走到黑，哪有往回走的可能？况且，四公意欲谋反，也不是一天两天的事情了。虽说他们造反的时机稍微有些晚（其因待后文分析），但其谋反之心雷打不动。

四公雷打不动的态度，也狠狠地打了苻坚一个耳光。苻坚顿时紧张起来，因为他无法集中兵力。

四个地点、四个方向，苻坚想想都头大——这也是四公联合造反的主要原因。思前想后，苻坚选择了一个比较稳妥的方案：于次年（368）正月，正式出兵平叛，东西两线同时出兵。

西线方面，由杨成世、毛嵩率领，再分别进攻苻双、苻武；东线方面，令王猛、邓羌去蒲坂阻击苻柳，杨安、张蚝去陕城阻击苻庾。

为了解决兵力分散的问题，作战的重心也不同。苻坚认为，应该先行进攻西线。至于东线，则先以防守为主，不要交火，待到西线战事结束之后，再合兵平叛。

战事的发展远非苻坚所设想。西线战场上，将士们输得一败涂地，杨成世、毛嵩哥俩结伴跑回来了。苻双、苻武得胜之后顺利合兵，将战线向东推进，直逼长安。

不得已，苻坚只能派吕光、王鉴领三万步骑去增援西线，苻雅、窦冲率七千羽林禁军充当后续部队。苻坚将成功的希望寄托在他们身上，就在等待的那几日里，他之前所担心的事情还是发生了：东线陕城的苻廋向前燕投降，请求援助。

怎么办？西线吃了败仗，东线压力剧增。

苻坚顿感焦头烂额。

数日之间，长安人心浮动，惶惶不安。危急时刻，苻坚再次派出军队去陕城西边的重镇华阴驻扎，以防东线有失。毫无疑问，苻坚几乎拿出了自己所有的家底。

长安已经没有兵力防守了，说是一座空城也不为过。

这种做法太危险了，简直就是孤注一掷。苻坚就不担心兵变吗？要说他完全不担心，这话也太假了，但在那种四面起火的险境中，他更愿意选择信任。

打仗这种事，不能急

东线方面，王猛按照苻坚的战前指令，拒不出战——纵使苻柳多次前来挑衅。

苻柳心说，如果骂一次你不出来，那我就骂两次。

可无论如何叫骂，哪怕是把喉咙喊破，王猛也紧闭大营，不予理睬。有基于此，苻柳的脑海里骤然出现了一个天真到让人无法理解的想法：王猛怕我！对，他就是怕我！

紧接着，根据这个天真的想法，他又做出了一个看上去"合理"的决定：无视王猛，直接奔袭空虚的长安！（"柳以猛为惮己，留其世子良守蒲坂，率众二万，将攻长安。"）

相信大家在很多地方都看到过一些"鸡汤文"。这种文章的套路是怎么样的呢？先来一个小故事；再赋予这个故事以一定的哲理性；最后来建议或是警示大家要像故事里的××那样去做，而另一个反面教材则是不可取的。

若不多加思考，这种文章看上去大多是哲理满满，堪称生活幸福指南。可问题是，假如这些故事的真实性本身就有问题，存在着各种各样的漏洞，甚至在逻辑上根本就不可能发生，那么由它们引导出来的"哲理"，又有多少可信性呢？

不妨再来分析分析苻柳进攻长安的决定。

首先，他是建立在王猛怕他的基础上做的决策。可是，铁血无情的王猛会怕他？当面回怼樊世，扑杀强德，陷害慕容垂，招引李俨，决战慕容评……在史书里，从没见到王猛忌惮何人何事的记录，甚至于字里行间都很少提到王猛脸上的表情变化。可见，王猛是一个非常淡定的人。同时，大家别忘了，在他身边还立着一个号称"万人敌"的邓羌呢！试问，苻柳何德何能，会让王猛"害怕"？

其实，王猛之所以不来迎战，一来，是因他明白苻坚的压力太大，尤其是苻柳这支，距离长安太近了，容不得出半点闪失；二来，是因为苻坚已经下达明确的命令，既然应承下来，王猛就不会违背苻坚的部署。

但这些，都是为苻柳所不知的。约莫用了一天的时间，他已行军百余里外。当天晚上，苻柳意外地遭到了邓羌的袭击，奇袭长安的计划就此泡汤。

激战中，苻柳丢盔弃甲、狼狈不已，末了只能原路返回。岂知，半道上又遭到了王猛截击。这下好了！苻柳带出来的两万军队，最终只回来了几百人。

史书对于战斗的记载一笔带过，语焉不详，甚至连王猛的部署方案都没记下来。据此，我们不禁想问，邓羌是一路追过去的，还是早就埋伏好了？王猛又怎知苻柳会败逃，并在合适的时间与地点予以迎头痛击？

最合理的解释就是，邓羌以逸待劳，早早地等着苻柳到来。虽说邓羌没占兵力优势——以七千打两万，但他凭借体力上的优势以及夜晚偷袭的隐蔽性，从苻柳的前方将其击溃，并将之往回赶，赶到王猛的陷阱里。

东线战场的胜负已分，可王猛并不着急消灭苻柳。这是为何呢？我们都知道，说到抓内政、搞军事，王猛都是行家，但他最厉害的一方面，是他从不会违背苻坚的意愿，无论碰到任何情况。

王猛坚信，要想得到苻坚持久的信任，必须给足他面子，于是王猛继续"执行"着苻坚先西后东的方针，等待着西线的捷报，再采取相应行动。

再来看看西线战场。

苻双、苻武以苟兴为先锋。看见苟兴张牙舞爪的样子，王鉴心里十分不爽，一心想着要速战速决，击溃苟兴，早点为苻坚排忧解难。对此，吕光并不赞同，他表示苟兴刚刚打了胜仗，全军士气高涨，不易对付。如今他们乘兴而来，必然没带多少粮食，不消几日就会撤退，待他撤退再去追击不迟。

吕光料事如神，二十多天后，苟兴果然退军了。

退是退了，问题是他退哪儿去了呢？

吕光指出，苟兴一定是去打榆眉（今陕西千阳东南）了，一旦事成，就又能补充物资了，届时我们就不好办了。所以为今之计，唯有八字：趁其无粮，疾速追杀。

王鉴也清楚，吕光的军事韬略非己所及，遂依言行事追击苟兴，果然将其击败。王鉴心下大喜，又乘胜进军，击败了苻双、苻武，斩获一万五千人。眼见大势已去，苻武放弃了安定，和苻双一起逃回了上邽。

七月间，王鉴、吕光攻陷上邽，杀死苻双、苻武后，没有牵连他们的妻儿。

西线战事的结束，意味着苻柳的末日即将到来。两个月后，王猛攻陷蒲坂，对苻柳一家诛杀殆尽。斩草除根是王猛的主张，他可不管什么"仁恕之道"，杀了再说，相信苻坚也不会怪他的。毕竟苻坚只说了东线不急着作战，可没交代别的啊！

休说王猛心狠手辣，维护苻坚的利益，是他唯一的考量。往后看，他"心狠手辣"的事迹不胜枚举！

至于"硕果仅存"的苻廋，王猛仍然不着急。等着王鉴率军从西赶来后，才开始围攻陕城。孤立无援的苻廋仅仅抵抗了三个月，便于年底城破被擒。历时一年两个月的四公之乱落下帷幕。

这时，有个问题值得思考。早在战争初始阶段，苻廋已投降前燕。可由始至终，苻廋连前燕援军的影子都没看见。是因为慕容氏想看苻氏自相残杀，还是他们内部出了什么问题？

第三章

前燕：以人治国，且喜且忧

慕容儁入主中原之后，完成了称帝的心愿。在接下来的数年时间里，前燕的版图一再扩张。它先后得到了幽冀二州（原属冉闵）、青州地区（原属段龛）、洛阳（桓温二次北伐时所得）……

在三国鼎立的局面下，前燕版图激增、兵力强盛、政治清明，一度令东晋、前秦引为心腹之患，但可惜，随着中流砥柱慕容恪的离世，前燕的实权已落入可足浑太后、慕容评等庸人之手，其统治危机骤然突显，危机四伏。

——引言

第一节　既是战将，又是兄弟

少年兄弟，俱是猛将

第一卷说到，燕王慕容儁乘中原战乱之机，兴兵南下，先后夺得幽、冀二州，并挫败后赵、消灭冉魏。在这期间，他还主持讨平河北的一些小股势力。由此，燕国的实力进一步壮大。

在这个过程当中，慕容恪（字玄恭）、慕容垂（字道明）对前燕的贡献很大。他们既是慕容儁的战将，又是他的兄弟，因此很有必要对他俩的成长足迹予以回顾。

慕容恪、慕容垂是慕容皝的第四、第五子，二人的母亲分别为高氏和兰氏，慕容恪生于公元 320 年，要大慕容垂六岁。史书中说，慕容垂在父亲那里十分得宠，甚至遭到了慕容儁的嫉妒。这样的待遇，却是慕容恪所不曾享受的。

原来，高氏无宠，慕容皝又有一大帮儿子，因此低调为人的慕容恪在父亲眼里的存在感很低。但慕容恪也不以为意，一直在默默地学习、成长。

等到他长到十五岁的时候，已是一个"身长八尺七寸、容貌魁杰、雄毅严重"的少年了，但是，引起慕容皝注意的却不是儿子的外形，而是他"每所言及，辄经纶世务"的本领。

慕容皝这才对慕容恪另眼相待，并"授之以兵"。

往往很多低调的人，都有着"不鸣则已，一鸣惊人"的特质。慕容恪也是如此，若非他一直潜心内修，哪能成为前燕历史上的中流砥柱？

就在他被"授之以兵"的三年后（前燕五年，即 338），慕容恪第一次成为战争的主角。

如前所述，那年五月，石虎与慕容皝相约攻打段部鲜卑，其后，石虎转而攻燕，发兵围困大棘城（今辽宁义县），燕国的形势一度危急。

双方相持十余日后，赵军受挫而退。眼见敌人士气大衰，18 岁的慕容恪主动请战，率两千骑兵踏着晨露出城追击。此时的赵军已如强弩之末，石虎见此变故，不禁方寸大乱、惊惶而逃。慕容恪领兵杀入敌阵，气势如虎。慕容皝心下大喜，旋即率众杀出。

最终，燕国斩获后赵三万余级。除了冉闵的队伍，赵军输得一败涂地。

这是慕容恪与冉闵的第一次"照面"，而第二次照面就是在魏昌（今河北无极，发生在 352 年）的生死决战了。

公元 338 年，是危机与转机相伴始终的一年。到了年底，又发生了一件富有戏剧性的事——段部鲜卑投赵后又转而降燕。这大概是因为段部的首领段辽突然觉得慕容皝更靠谱吧。

得知石虎已派征东将军麻秋、司马阳裕等过来受降，慕容皝遂决定与段辽合作，一起消灭赵军。考虑到对方人多势众，足有三万之多，慕容皝便做出了一番周密的安排：他自己去迎接段辽；慕容恪带七千精骑前往密云山搞伏击。

此战中，慕容恪大挫麻秋，又趁势俘虏了阳裕（先后在王浚、段氏、后赵任职，后为燕国郎中令）。麻秋趁乱下马，步行而逃，才保得了一条性命。

战后，慕容恪威名远扬。

从"勇冠三军"，到"累战有大功"

这一年，慕容垂方才十二岁，英姿飒爽的四哥，也是他下意识要模仿的对象。没多久，慕容垂的机会来了。次年，慕容皝命慕容垂担任骑都尉，让他跟着慕容恪去攻打宇文部。

史称，慕容垂"为偏将，所在征伐，勇冠三军"，有着突出的表现。与慕容恪不同，慕容垂自小便深得父王欢心。沐浴着父爱长大，慕容垂的性子也较为开朗洒脱，不时做出一些出人意料的事情来。

《太平御览》有载："谢安小儿时便有名誉，流闻远国。慕容垂饷谢白狼毦一双，谢时年十三。"慕容垂听说十三岁的谢安名气很大，便差人送给他一双白狼毦。

白狼毦，可以拿来作为长矛的饰品。

谢安，正是大家十分熟悉的东晋宰相，后来他也成了诗仙李白的第一偶像。

由于史载不详，我们不知道这头狼是不是慕容垂亲射的，不过，按他的个性来说不无可能。有趣的是，彼时慕容垂也才七岁，这么小的孩子，竟然琢磨着结交千里之外的名士哥哥，可想谢安固然"风神秀彻"，而慕容垂也是"后生可畏"啊。

等到慕容垂长到十六岁的时候，他也和他的四哥慕容恪一样，长成了一个独当一面的小将。

前燕花冠状金步摇，笔者摄于辽宁省博物馆特展"龙城春秋——三燕文化考古展"

咱们在第一卷当中提到过，前燕九年（342）时，慕容皝对高句丽展开了一次堪称灭国之战的军事行动。这年十一月，依慕容翰的谋划，燕军分兵两路进攻高句丽，其一为慕容皝的主力部队，约有四万人，他们将从南道袭击高句丽，其中，慕容翰、慕容垂是先锋；其二，长史王寓等率兵万余人，从北道入攻。

由于高句丽王高钊判断失误，未在南道多加部署，因此输得极为惨烈，甚至把都城丸都抛下了，他的亡父尸骨、母亲也都成了慕容皝的战利品。

此役是慕容垂军事生涯上的一个亮点。当然，这样的亮点，在他的人生中还有很多次，史书中称慕容儁"平中原，垂为前锋，累战有大功"，就是说的慕容垂后来的作为。

两年后（前燕十一年，344），十八岁的慕容垂以建威将军的身份，从侧翼杀出，斩杀了涉夜干。这一举动打乱了宇文部的军容，震慑了敌军的威势，其后，宇文氏丢掉了都城紫蒙川（今辽宁朝阳西北），宇文逸豆归也仓皇出逃，终死于漠北。

再一年（345），少年将军慕容垂早已名扬天下，以至于后赵将领邓恒一听说他的名头，便不敢来招惹这位平狄将军——即便自己手下有数万兵将。慕容垂驻军于徒河（今辽宁锦州西北），可说是威风凛凛、霸气十足。

时人都知，他是燕国最闪亮的新星，当别人在仰望这颗星星的时候，燕王慕容儁却觉得，自己被那灼灼的光芒刺伤了。

如第一卷所述，前燕十六年（349）时，慕容垂提议趁后赵大乱进取中原，但慕容儁却干脆地拒绝了慕容垂的建议。慕容垂知道慕容儁不信任他，但为了家国天下，仍急火火地赶至龙城，亲自陈说"万一石氏衰而复兴，或有英雄据其成资，岂惟失此大利，亦恐更为后患"的道理。

终于，在封奕等人的支持下，慕容儁点头应许。然后才有了燕国长达两年的南征之举。

虽说慕容儁防备着慕容垂，但他也命其为前锋都督、建锋将军，并于次年派他出征。

在接下来的两年里，慕容垂的表现十分突出。诸如吓走邓恒、尽收两郡（乐安、北平）兵粮、谋攻蓟城、击退鹿勃早、招降段氏兄弟（352年三月，后赵立义将军段勤在绎幕称帝，慕容垂降段勤与其弟段思）等事件，都是慕容垂的手笔。

会打仗，更会做人

在慕容皝、慕容儁统治时期，慕容恪、慕容垂两兄弟，堪称燕国的双子星。

当慕容恪在密云山大展拳脚之后，他多次"从皝征伐，临机多奇策"，深受父王信任。出于这种信任，前燕八年（341）十月，慕容皝命慕容恪担任渡辽将军，镇守于平郭。

这是一个并不容易完成的任务。因为打从慕容翰逃亡、慕容仁被杀之后，便没人能够镇守辽东。慕容恪到任之后恩威并重，不久便收服了人心。由于他屡次击退高句丽兵，俨然成为辽东的一座保护神，因此高句丽心生畏怯，不敢再来燕境扫荡。

前燕十一年（344），当十八岁的慕容垂从侧翼杀出，斩杀涉夜干的时候，慕容恪也在这场战争中，他与慕容垂、慕容军和折冲将军慕舆根合作无间，共破敌都。

在接下来的两年中，慕容恪先后参加了攻打高句丽、扶余国的战争。前一次，他攻陷了南苏（今辽宁抚顺东苏子河与浑河一带）；后一次（慕容儁、慕容军、慕舆根一同出征，世子慕容儁坐镇中军），他率领诸军冒矢而进，最终消灭扶余国，俘虏国王和部落五万余口。

后来，慕容恪参加的重要战役，几乎都与后赵、冉魏有关。此间之事，已见前述。

咱们现在可以来侃一侃，慕容恪在这些战争之外的表现。

据笔者看来，这位将星不仅会打仗，还很会做人。

且说慕容儁拿下幽州之后，就把蓟城作为新的战略根据地。不久后，又向冀州出发。

起初燕国拿下了章武、河间两个郡，跟着又打起了渤海郡的主意。当时，守卫渤海郡的人，叫作贾坚。贾坚此人，臂力超乎众人，据说能开三石之弓，且箭术精湛，鲜有敌手。他本在后赵担任殿中督，后来，贾坚因拒绝侍奉冉闵而返乡，自行招募部曲保卫乡里。

也难怪贾坚有这样的做法，他年少时就极为崇尚气节，岂能在他眼中的乱臣贼子手下为官呢？同理，要让贾坚臣服于慕容儁，也不是一件容易的事。

慕容儁本打算让慕容评招降贾坚，奈何贾坚誓死不从，便只能靠打仗解决问题了。占有兵力优势的慕容评，很快俘虏了贾坚。贾坚随后投降。

投降归投降，但贾坚的心里却始终不是滋味，想他一直以来以气节自许，如今在燕国入仕，岂不是自己打自己的耳光？

慕容儁大概也看出了贾坚的心思，所以他和慕容恪便设法从心理上拉拢贾坚。

世人皆知，贾坚长于箭术，于是，慕容儁便请贾坚来一场表演秀。他说，他想亲自看看这位年逾花甲的老将的箭术，便让人把一头牛拴在百步之外。

但听慕容儁问："老将军能射中吗？"

贾坚道："我年少的时候，射不中；现在老了，刚好能射中它。"

这话自然是在说笑了。一旁的慕容恪也被逗乐了。

贾坚也不含糊，说射就射，连续发出两箭，分别擦过牛的脊背和肚子，射掉了几撮毛。有个成语叫"附肤落毛"，出处便是在这里。后来，成语的意思发生了改变，用以指赋闲不做正事。

慕容恪见贾坚没有射中，便问道："你能射中吗？"他当然知道，贾坚是在故弄玄虚，想要来一个先抑后扬嘛。所以，慕容恪便用这样的话来激贾坚。

贾坚便说："所贵者以不中为奇，中之何难？"接着，弯弓射马，一箭而中。围观的人，见此情状无不啧啧称奇。

这下子，贾坚的面子里子都有了，心也真正向燕国靠拢了。其后，慕容儁任命贾坚担任乐陵太守，镇守其治所高城。

贾坚被慕容儁、慕容恪拉拢后，的确做了燕国的纯臣，次年（351）十一月，他阻止了逄钓企图叛燕的举动。七年后（358），徐、兖二州刺史荀羡以十倍兵力（"坚所将才七百余人，羡兵十倍于坚"）入攻泰山郡。贾坚时任泰山太守，镇守于山茌县。

贾坚亲立于城门桥上射击晋军，气势凌人，但很可惜，晋军迅速拿出了对敌方案——弄塌了桥梁让贾坚跌下来。最终，贾坚受俘。

荀羡本想以所谓的名族大义来招降贾坚，便说贾坚祖父、父亲明明都是晋臣，质疑贾坚自己为何甘愿被少数民族统治。贾坚却铿然道："晋自弃中华，非吾叛也。民既无主，强则托命。既已事人，安可改节！吾束脩自立，涉赵历燕，未尝易志，君何匆匆相谓降乎！"

如果我们不以狭隘的汉民族观来评价，不得不承认贾坚所言有理。可荀羡不会认为他说得有道理。一个人的认识，往往受限于其立场。

荀羡待要再加责备，没承想贾坚对他严加呵斥。眼见无法慑服贾坚，荀羡便令人把他绑在营外淋雨。几日后，贾坚悲愤而卒。

不久后，前燕又夺回了山茌县。慕容儁有感于贾坚的忠义，遂以其子贾活为任城太守。

写至此，笔者不禁想，贾坚之所以尽忠于燕，这与慕容儁、慕容恪的招揽之道不无关系。反观荀羡，不懂得与人共情，也不懂得尊重俘虏，自然不能拉拢人心，收为己用。

可见，会打仗，更会做人，才能成就自己的事业。

第二节　慕容儁建国称帝

受命于天，既寿且康

几乎是在同一个月里，我们能在史书中看到两个很有趣的画面，一个是"谢尚自枋头迎传国玺至建康，百僚毕贺"；另一个是慕容儁对献上"玉玺"的冉闵之妻董氏"赐号奉玺君，赐冉智爵海宾侯"。

有趣在哪里呢？要知道，传国玉玺只有一枚，晋、燕怎么可能同时拥有

312

它呢？

在第一卷中，我们说到过，戴施假意守城骗取传国玉玺，然后将它送往建康，因此董氏手中不可能有传国玉玺。

慕容儁始终认为，如果他没有传国玉玺，会缺乏在中原的号召力，更无法与东晋争正统，于是他便授意董氏，谎称传国玉玺在她手中。为了保命，董氏哪有不允之理？在顺利完成仪式后，董氏得到了一个"奉玺君"的名头。

言至此，笔者想跟大家侃一侃这传国玉玺的来历。

据史料记载，秦王政十九年（前228）时，秦国从赵国手中得到和氏璧，待到统一天下之日，嬴政便想拿它制作一枚传国玉玺，李斯随即手书"受命于天，既寿永昌"八个虫鸟篆字，再命玉工雕刻其上。

后来，子婴将传国玉玺献于沛公刘邦。等到刘邦诛灭项羽、登上帝位之后，又将此玉玺世代相传，称之为"汉传玉玺"。在两汉期间，王莽曾短暂地拥有玉玺，此事自不待言。东汉末年，孙坚、袁术都曾染指传国玉玺，直至徐璆携玺而归许昌，这枚玉玺才重归汉主。

值得注意的是，关于玉玺上的刻文，据《应氏汉官》《皇甫世纪》的记载，是"受命于天，既寿且康"八字，与秦版的不尽相同。到底是史载有误，还是别的什么原因，已不可知。

后来的故事，就更传奇了。先是汉献帝"禅让"于曹丕，顺道把传国玉玺一块儿"禅"了；再是司马炎依样画葫芦；跟着又是前赵刘聪、后赵石勒夺得了传国玉玺；最后，则是冉闵夺玺、戴施骗玺的事。

很精彩、很曲折是不是？更有意思的是曹丕和石勒的做法。得到玉玺之后，前者在其肩部刻隶字"大魏受汉传国玺"，后者则在其右侧加刻"天命石氏"。他们都想用这样的办法，来证明自己拥有传国玉玺的合法性。

为啥大家都这么看重传国玉玺呢？长久以来，它都被视为中国正统皇帝的印信，无人不对它念念在兹。《南齐书·舆服志》记载，因为东晋前几任皇帝都没有传国玉玺，而被北人谑为"白板天子"。这不等于说，你家皇帝都是假冒伪劣商品吗？

传统的力量是可敬又可怕的。哪怕到了后世，人们的观点也没改变过来。明人沈德符便在《野获编补遗》中提道："及永和间，（东晋）得玺于后赵，始以正统归之。"

看看，为了一个"正统"，东晋皇帝到底有多拼啊！

话说回来，慕容儁为何要董氏配合他演一出戏呢？说到底，传国玉玺之争是表面现象，其中的内核却是正统王朝之争。

改元"元玺"，称帝建制

名义上"得到"传国玉玺之后，慕容儁在十月中旬回到都城蓟城，为称帝建制做最后的准备。

现在的形势已经十分明朗了，燕国吞下了后赵的大部分地盘，必将取代它的地位。于是，就在这段时间里，不少"赵将拥兵据州郡者"，都赶紧跑来抱慕容儁的大腿。他们纷纷派出使者向燕国投诚，慕容儁也一一笑纳，并予以安置。

比如说，王擢担任了益州刺史，麃逸担任了秦州刺史，张平担任了并州刺史……

不过慕容儁也不能完全放松下来。虽然投降的将领固然不少，但与燕国对抗的割据势力也不容小视。他们都是他称帝路上的绊脚石。不过，他也不用担心，他那些骁勇善战的臣下自会为他分忧。

就拿慕容恪来说吧，他一直在安平屯粮厉兵，准备讨伐王午。

这个王午是何方神圣呢？他本是后赵的幽州刺史，在燕国进攻后赵之时，他与征东将军邓恒一起负责保卫蓟城。蓟城失守之后，王午据守鲁口，自称安国王，继续对抗燕国。

八月间，慕容儁命慕容恪等人攻打鲁口。王午的态度十分暧昧，既凭借城池之险一味顽抗，又将冉操送给燕军卖了个人情。

其后，慕容恪因城坚难攻之故，暂时放弃了鲁口，他命士兵收割了城外庄稼，而后撤回了中山（今河北定州），月余后又在安平屯粮。

按照慕容恪的计划，他想在十月间攻打王午。然而，此时突然又冒出来一个苏林，打乱了他的计划。这个苏林，原是中山人，趁着时乱他在无极起兵，自称为天子。

慕容儁担心一时半会儿没法解决掉苏林，又派广威将军慕舆根去增援慕容恪。这下子，两名燕国猛将协同作战了，仅仅用了三天，就拿到了苏林的项上人头。

苏林被斩杀之后不久，攻击王午的事也被提上了议事日程，但是慕容恪还没来得及动手，王午就被别人干掉了。干掉他的人，是他的手下秦兴。可秦兴还没高兴几天，又被一个叫吕护的人杀掉了。

吕护是后赵末年的一个军阀，他先是跟从了冉闵，又投降了东晋，而后再投奔了王午。杀死秦兴后，吕护也自称为安国王。在之后的十余年里，吕护时而效力于燕国，时而投降于东晋，是个反复无常的家伙。

慕容儁这头，在做足前期准备工作之后，终于决定称帝了。

称帝建制事关重大，饶是慕容儁脸皮够厚，也不好自行提出，这件事只能交给他的臣僚去办。对此，臣僚们都心领神会，异口同声地要给慕容儁上皇帝尊号。慕容儁这才欣然许之。

十一月十二日，慕容儁开始设置百官，以封奕为太尉，阳骛为尚书令，皇甫真为尚书左仆射，张悕为右仆射。这几人都是投效燕国的汉族士人，在帝国建立初期，慕容儁需要他们来稳定政治。至于其他的官员，也都各有任命。

隔日，慕容儁登上皇位，大赦天下，定年号为元玺。显然，他是在宣示，他才是得到了传国玉玺的真龙天子，而隔壁家得到的那个玩意儿，是个冒牌货。

元玺，就此成为慕容氏的第一个明确的年号，这时的燕国，也已不是从前的燕国了，它已经一跃成为十六国中又一个重要的国家了，史称为前燕。在它之后，除北燕以外，每一个燕国，实质上都是前燕的延续和分支。

即位之后，慕容儁改尊慕容廆为高祖武宣皇帝，慕容皝为太祖文明皇帝。

很富有戏剧化的一幕随后出现了。不早不晚的，东晋使者刚抵达前燕。

他来干什么呢？此前，使者并不知道慕容儁要称帝，他只是负责来沟通感情的。毕竟先前晋、燕两家在邺城发生了一些不愉快的事，本着不得罪附属国——东晋眼中的附属国——的想法，东晋便遣使来聘问。

哪知使者见到的场景，却是慕容儁称帝的仪仗。

这真是凑巧，比说书都还要巧。慕容儁不禁得意扬扬，趁势宣召使臣上殿，对他说："汝还白汝天子，我承人乏，为中国所推，已为帝矣！"

这话说得够直接的，换成大白话，就是说：你回去跟你们天子说，天下已无人才，我嘛，勉强还算一个，所以我是被中原地区百姓推举当皇帝的。

使者无语了，对方的意思他当然明白，若说慕容儁是"中国所推"，那不就意味着东晋天子是"中国所弃"？这话太伤人了吧？但他却不敢跟慕容儁正面硬刚，只能呵呵了事。

关于封爵名单的思考

前燕元玺二年（353）二月，慕容儁将可足浑氏立为皇后，并立长子慕容晔为储副，举家迁至蓟城王宫。皇后可足浑氏也很值得一说，她对于前燕的走向起到了很大的作用，但我们暂且把这话题搁一搁，待她走上政治舞台再说不迟。

慕容儁称帝之后，最为倚重的实力战将，还是慕容恪。比如说，常山人李犊（原后赵的卫尉）聚众而叛，便由卫将军慕容恪前去征讨的。当年五月，慕容恪先打趴了李犊，再趁势东进，前往鲁口攻打吕护。

在征战之余，慕容恪也关注着他的五弟慕容垂，彼时他只担任了给事黄门侍郎。这实在是有些屈才。慕容恪便与抚军将军慕容军、左将军慕容彪等人多次向慕容儁举荐慕容垂，认为他有"命世之才，宜总大任"。

底下群情殷切，慕容儁也没法拂了大家的好意，便命他五弟慕容垂为使持节、安东将军、北冀州刺史，让他镇守常山。

元玺三年（354）年春，前燕迎来了十分喜庆的气象。

首先是慕容恪兵围鲁口，吕护最终上表谢罪，被封为河内太守；其次是姚襄遣使称臣；最后是镇守洛水慕容评，派其前锋都督慕容强进据黄河以南，拓宽了前燕版图。

在这种喜庆氛围的渲染下，三月间，坐稳帝位的慕容儁，开始大封爵号：襄阳王慕容军、武昌王慕容彭、太原王慕容恪（大司马、侍中、大都督、录尚书事）、上庸王慕容评（司徒、骠骑将军）、吴王慕容垂、范阳王慕容友（疑为慕容交）、下邳王慕容厉、庐江王慕容宜、乐浪王慕容度、梁公慕容德……

他的儿子们，也各有封爵：乐安王慕容臧、勃海王慕容亮、带方王慕容温、渔阳王慕容涉、中山王慕容晔。

看看，这一口气封下来，慕容家族中人尽是王公。正因如此，笔者才不嫌烦冗，特意罗列了史载中的大部分内容。

我们都知道，相对于前赵、后赵来说，前燕的汉化程度更深，后世学者也以之为十六国中的汉化代表，可从刚刚的封爵中，我们是否能感受到一丝异样的地方？

按说，前燕跃升为帝国之后，原先重用的汉族官员——如太尉封弈、尚书令阳鹜、尚书左仆射皇甫真、尚书右仆射张悕——也应该得到更多的褒赏啊，为何在这类列表中，寻不到他们的名姓呢？

仔细看看这份名单，也能找到那么一个例子。原尚书令阳鹜，又加为司空。

这释放出了一个政治信号，在前燕入主中原之前，汉族侨民需要慕容氏的庇护，而慕容氏则需要他们在文化上的影响，因此双方结成了密切的合作关系。而如今，有鉴于后赵为冉闵所害的教训，慕容氏应该意识到，少数民族与汉族之间的矛盾是很难完全调和的，否则，冉闵也不可能轻易煽动起汉人的仇赵之心。

那么，燕国的汉人们就丝毫没有仇燕之心、向晋之意吗？

并不是。否则，历代燕王也不用打那事晋的旗号，给他当小弟。

当年慕容仁之所以能在地方作妖，与辽东汉民的支持也不无关系。慕容儁在称帝时曾说："吾本幽漠射猎之乡，被发左衽之俗，历数之数宁有分邪！"表面上看这是谦辞，但往深里看，又何尝不是透出了骨子里挥之不去的自卑？

所以，为今之计，慕容氏必须确立自己绝对的统治地位，树立起极强的民族自信。出于这样的考虑，以鲜卑贵族为帝国的核心、排斥汉人的政治格局，便在前燕国内初步形成。

同时我们可以看到，慕容垂也被册封为吴王。明面上，慕容儁也待他不错，但对比一下慕容恪、慕容评的待遇，就能发现，慕容垂并未得到什么实权。

如果说这还不算明显，咱们可以来看看同年发生的一件事。本来，吴王慕容垂在常山待得好好的，但慕容儁又令慕容垂把治所迁到信都。对此，慕容垂也没说啥，该搬就搬。

脑补一下慕容儁的心理活动：既然你们说他有什么"命世之才，宜总大任"，好啊，我把他打发到北方，省得整天在我眼前晃。眼不见，心不烦！

迁镇信都没多久，慕容垂又被迁任为侍中，总领留台事务。在这个职任上，慕容垂励精图治，广收东北之利，颇有作为。

这下子，慕容儁的妒心就更重了。不到一年的时间，他又把慕容垂调回了老家——龙城。

真够折腾的！调来调去的，让不让人好过了？慕容儁表示：朕不管，朕就是不让他有机会发光。

是金子总会发光的。回到龙城的慕容垂深得人心，慕容儁"愈恶之，复召还"。想想还是算了，让慕容垂在外面，还不如在眼皮子底下看着他放心。

第三节　攻打段龛，拿下广固城

三国鼎立的局势

现在，我们来盘点一下当前三国鼎立的局势。

这三国，说的是偏安江南的东晋、占据关中的前秦、称帝华北的前燕。他们建国的时间有长有短，东晋建立于公元 317 年，前秦建立于公元 351 年，前燕建立于公元 352 年。

若以建国时间来衡量，前燕算是小老弟了。

不过，若按现在所占的国土面积和国力大小来说，三国又是怎样的一个排序呢？

这个问题得分开说。就国土面积而言，东晋的地盘最大，前燕、前秦次之；就国力大小而言，则是前燕、东晋、前秦。

与此同时，三国周边一些后赵的残余势力，比如姚襄。除此以外，西北部有前凉国，陇南一带有仇池国，蒙古地区有代国。

所以，三国鼎立，也是一个相对的概念。

从以上的述说不难看出，东晋的综合实力最强，又因它还占着长江天险之利，便可拒敌于千里之外。这也是东晋在百年内偏安不坠的重要原因。

但可惜的是，东晋却没能利用他们的这种总体优势，来进行有力的北伐，实现恢复中原的宏伟蓝图。究其原因，一是，他们时常处于内讧之中，这里面既有如晋元帝和王敦、苏峻、祖约等人的君将矛盾，又有如桓温、殷浩的权力之争；二是，他们也不擅长或者说是不屑于招抚投降的势力。

有两件事可以说明。

第一件事，是永和八年（352）初，石琨被斩杀于建康街市的惨剧。本来，石琨是想在东晋寻求政治避难的，没承想，他举家逃亡东晋，却招来了这样的噩运。诚然，司马氏和石氏互有仇怨，但在这种情况下，好生安顿石琨，无疑是更高明的政治手段。这不禁令人想起东晋烧掉石勒所送的贽礼一事。这事儿肯定做得没错，谁还能不要点气节呢？但此一时彼一时，如今石琨有求于你，就不能有点气量吗？

第二件事，则是说姚襄在东晋的遭遇。因为殷浩的排挤，姚襄在东晋活得十分憋屈，这便是他不久后脱离东晋的根本原因了。他们当然不知，姚襄正是后秦开国皇帝的哥哥，殷浩这么做是为自己埋雷。

回过头来看前燕，他们在招抚羁縻这方面就做得比较好。

在称帝之前，慕容儁便接纳了不少后赵割据势力，在他称帝之后，他仍然保持了这样的作风。史载，元玺二年（353）冬，乐陵人朱秃、平原人杜能、清河人丁娆、阳平人孙元见前燕势大，都来向慕容儁求降。慕容儁对此尽数接纳，并以之为青州刺史、平原太守、立节将军、兖州刺史，至于他们之前所占之地，仍归其统辖镇抚。尽管他们的忠诚度十分有限，但至少不愿公开与前燕作对。

如此一来，四人感激涕零，想必都会认为慕容儁是个"用人不疑"的好皇帝。

从这个层面来说，慕容儁的确当得起这样的评价，只不过，他若能将他对降将一般的信任，拿来对待自己的兄弟宗族，也不会在帝业上留下苛待兄弟的名声了。

如上一节所言，慕容儁对慕容垂怀有忌心，若不是慕容恪、慕容军、慕容彪等人屡次举荐慕容垂，慕容儁也不会认为他是个"命世之才"，给他总揽重任的机会。

"金无足赤，人无完人"，诚如是也。

广固受围，段龛悔之莫及

在三国鼎立的形势下，晋、秦、燕之间，必在军事方面有所较量。与此同时，由于割据势力太多，这三国也时常与境内外的割据势力相互缠斗。比如说，慕容儁便与段龛恶战不断。

段龛这个人很值得一提，他是段部鲜卑首领段兰的继承人——段部与慕容氏亦敌亦亲。在第一卷第六章中，我们提到，冉魏是在夹缝中求生存，因为那时"石祇称帝于襄国，前秦西取关中，段龛东据青州，前燕南定幽冀，东晋北争淮北，另有不少后赵故将拥兵割据"。

到如今，冉魏不复存在，前燕已入主中原，而段龛则在公元351年归附了东晋，被封为镇北将军、齐公。虽说他已放弃了自封的王号，但段龛还是保持着相对独立的状态，仍被青州百姓视为齐王。前燕也一直将段龛视为隐患。

打段龛的借口说来就来。元玺三年（354）七月，前燕的青州刺史朱秃因为无法忍受宗室慕容钩（慕容翰之子）的长期欺侮，冲动之下将其杀死，而后投奔了段龛。

慕容儁本来就想对付段龛，自然不会放过这个师出有名的机会，只不过，段龛实力不容小觑，因此征讨"齐王"段龛之事须从长计议。

另一头，段龛既然接纳了朱秃，自然也要强调"事出有因"——先占据道德制高点再说。次年（355）四月间，段龛给慕容儁写了一封信。在信里，段龛使用的是中表亲戚的仪礼，可那谴责他称帝之举的内容、言辞，实在令人难堪。

慕容儁果然生气了：谁人不知你段龛降过石虎啊，这会子倒跑来装大晋纯臣了？还骂老子！老子这就来灭你！

到了这年十一月间，慕容儁命慕容恪带着阳骛去攻打段龛。

临行前，慕容儁还不放心，再次向慕容恪叮嘱道："要是段龛在黄河边抵御，你们无法渡河，便去攻打吕护吧。"慕容恪作战一向求稳，为保万无一失，他派出了几支轻装部队先抵黄河岸边，一边准备船只，一边观察敌情。段龛的弟弟段罴对慕容恪颇为忌惮。依段罴之见，决不可让慕容恪渡河，否则他必会兴兵攻城，届时投降也无用。所以，为今之计，是段龛守城，段罴临河作战。

段罴还说到了临河作战的两种可能，若是成了，段龛可率主力跟进；若是败了，段龛投降不迟，兴许可保千户侯之位。

应该说，段罴的计策，也对得起"骁勇有智谋"的史评，可惜的是，段龛全当他是在放屁，末了还嫌段罴聒噪，把他杀掉了事。

这真是亲者痛仇者快的一件事。

由于策略失误，段龛很快就被自己打了脸：次年（356）正月，慕容恪在毫无阻力的情况下，轻松地渡过了黄河。距离段龛的广固城，不过百余里。

到了这个节骨眼上，段龛肯定不能任由慕容恪进击，他忙率领三万将士出城迎战。双方在淄水之畔鏖战，慕容恪大胜段龛，擒获了段龛的另一个弟弟段钦，又斩杀了他的右长史袁范等人，招降了数千敌军。

段龛追悔莫及，脱身后忙返回城中，坚守城池。

城下，是黑压压的一片敌军。他，受围了。

兵法十围五攻，正谓此也

那一霎，段龛感觉到了"黑云压城城欲摧"式的恐惧，他不敢轻易出战。

况且，固若金汤的城池就是他的倚仗，他何必轻易出战呢？

起初，东莱人曹嶷占据着青州（今山东一带），想要固守一方，"以河为断"。考虑到临淄城十分破败，曹嶷便新修了个广固城。这里地势十分独特，既有尧山为屏障、渑水为依傍，又有南阳河与浊水形成的天然大涧。那叫一个安全稳妥！广固的名字，也是因此而来。

所以，于段龛而言，他选择固守；而慕容恪，则须慎重选择战术。

围困广固城，只是一个开头。如能令其辖境内的城邑投降，必能带给段龛以巨大的打击。在慕容恪的招抚攻势下，段龛所任命的徐州刺史王腾不日后率众而降。慕容恪笑而纳之，命王腾以旧职据守阳都。

又是数月的相持不下。

段龛心里着急，便遣人去东晋搬救兵。朝廷派遣徐州刺史荀羡去援救。荀羡早闻慕容恪的威名，抵达琅邪后畏缩不前（"羡至琅邪，惮燕兵之强不敢进"）。直到他趁着大雨毁墙之势，除掉了驻守阳都的王腾，这才算有了一点战绩。这之后荀羡再也没有什么作为了。

唉，段龛也真是倒霉，竟然碰上了荀羡的部队——哪有这样当援军的！

龟缩在城中，段龛拒不迎战。慕容恪手下的将领不禁有些烦躁，请战声一浪高过一浪。慕容恪却说："用兵之势，有宜缓者，有宜急者，不可不察。若彼我势敌，外有强援，恐有腹背之患，则攻之不可不急。若我强彼弱，无援于外，力足制之者，当羁縻守之，以待其毙；兵法十围五攻，正谓此也。龛兵尚众，未有离心；济南之战，非不锐也，但龛用之无术，以取败耳。今凭阻坚城，上下戮力，我尽锐攻之，计数日可拔，然杀吾士卒必多矣。自有事中原，兵不暂息，吾每念之，夜而忘寐，奈何轻用其死乎！要在取之，不必求功之速也！"

分析起来，大概有三个意思。

其一，用兵可缓可急，应视具体情况而定，根据《孙子兵法》中"十围五攻"的道理，我们足够强大，敌军又无援军，因此我们应该将其困守其中，待他自毙。

其二，段龛的兵力也不弱，且兵将中并无离心离德的表现。先前虽然打败过他们，但不代表他的军队不精锐。

其三，段龛凭借城池之险、人心之齐，也有一定的抵抗力。要是咱们以精锐实施强攻，也能打下他们，但会付出很大的代价。我不忍心，故不求速成。

听慕容恪这么一说，将领们才明白过来。

说实在的，他们平日里也要读兵书，但却未必能领会真意、活学活用，好在他们的领头人慕容恪不一样。一般来说，对于《孙子兵法》中"十则围之，五则攻之"的意思，会被理解成"如有敌军的十倍兵力，应围而歼之；五倍兵力，宜集中攻势"的意思；但慕容恪的理解却是，兵力悬殊则可围而不歼，从容以待——言下之意是援军来了也无妨；兵力不悬殊，则须速战速决，以免外援到来改变战局。

这样的解读，十分新颖独到，具有很强的说服力。

换个角度说，广固城中的百姓，就算供给不愁，也会因敌军的威势陷入长久的恐惧之中；至于将士，由于久不作战，盈旺的士气也会折损不少，春秋时曹刿所说的"一鼓作气，再而衰，三而竭"亦合此理。

也不仅仅是将士服气，兵卒们得知慕容恪爱兵如子，对他更是俯首帖耳，无有不从。他们心知将会面临一场持久战，便热情高涨地"高墙深堑以守之"。

值得注意的是，史书中还留下了"齐人争运粮以馈燕军"的记载。从这个记载中，不难看出慕容恪招抚政策的落实力度。他是真的很得人心！

与燕军的从容以待相反的是，段龛婴城而守，逐渐陷入供给困难的局面。即便不缺粮食，他们的日常生活也难以为继，因为他们砍柴的小路被燕军切断了。

极度困难之下，广固城中出现了人吃人的惨剧。段龛无以自持，急忙调集主要兵力出城决战。刚出城，气势倒也骇人，但燕军多日来以逸待劳，怎么可能会怕他?

除了强大的兵力和从容的心态，慕容恪还很讲究战略。他预先安排了骑兵控守各个城门，想要阻断齐军的归路。这样的安排滴水不漏，导致敌军将士全军覆灭，段龛仅以身免。

带着一身伤痛，段龛灰头土脸地回到城中。此后，城内的守将也十分颓丧，没了斗志。

等来等去，敌军不退；盼来盼去，援军不来。段龛陷入彻底的绝望之中。挨到十一月中旬，他再也坐不住了，遂狠着心将两手反绑，只身而降。至于杀死前燕宗室慕容钧的朱秃，自然与他一道被押解入燕。

暂时来说，他们的命运，却大不相同。慕容儁以五大酷刑（墨、劓、刖、宫、大辟）处死了朱秃，但对于段龛则十分宽容，授予他伏顺将军的职衔。

眼尖的读者一定注意到了，笔者在此处说的是"暂时"。几个月后，试图造反的段龛被慕容儁杀死了，他的三千部众也被活埋了。

广固之地，得之不易，守之将更为不易。为防万一，慕容恪把得力干将慕容尘留在此地做镇将，同时又以尚书左丞鞠殷为东莱太守、章武太守鲜于亮为齐郡太守。

等到平定齐地之后，慕容恪才将三千余户民众带回都城——蓟城。

由于东晋援军一直瑟缩不前，等到他们得知段龛投降的消息后，也只能悻悻作罢。随后，荀羡退守下邳，只留下守将屯守琅邪、泰山，便去攻杀驻扎在汴城的燕将慕容兰。两年后，荀羡杀贾坚（见本章第一节）。

看来，荀羡怕的未必是燕军，而是兵强势盛的慕容恪啊！

第四节　此儿骨相不恒，吾家得之矣

继立太子，迁都邺城

众所周知，储君是关乎国本的大事，慕容儁也明白这一点，他在称帝之后，很快操办了册后、立储之事。

岂知，嫡子慕容晔压根没有做皇帝的福气，仅仅当了三年的太子，便猝然而逝了。时在前燕元玺四年（355）七月。

这件事，带给慕容儁很大的打击，谥之为献怀太子。

三年后，慕容儁犹不能忘。那一年，他在蒲池宴请群臣。当提及周朝太子姬晋的时候，他不禁想起了自己那个可怜的孩子，泣道："有才华的儿子，殊为难得。慕容晔死后，我已是鬓白如霜。"

姬晋，又被后世称为太子晋、王子乔。他是东周灵王的太子，既聪颖博学，又仁厚爱民，曾得到师旷的极力称赏。曾经，谷、洛二水泛滥成灾，可能会冲击王宫。周灵王本打算以壅堵之法来治水，但却被姬晋谏阻了。姬晋以为，川不可壅，疏导为上，还说他父王的办法是"亡王之为"。听了这话，周灵王怒而废之，而姬晋仍然恬淡自守。

尤为难得的是，姬晋还擅长音乐，他的笙乐美如凤鸣。可惜天不假年，他英年早逝了。

比起姬晋来说，慕容晔幸运一些，他没有遭遇废黜之祸，但他与姬晋一般短命。这成了慕容儁心底挥之不去的伤痛，但国家不可无副储，思考一番后，慕容儁在次年（357）二月，以老三慕容暐为太子（二子慕容臧为庶子）。随后，他大赦天下，改元光寿。

到了这年年底，慕容儁还办了一件大事——迁都邺城，并修复铜雀台。

是的，我们都没看错，前燕再一次迁都了。

我们先来梳理梳理前燕的都城史。在慕容皝时期，前燕的都城在昌黎棘城（辽宁义县）；公元340年，慕容皝又迁都龙城（今辽宁朝阳），这一待就是8年；公元350年，慕容儁因入主中原之图，迁都于蓟城（今北京），到此时已待了7年了。

在这7年里，围绕着都城蓟城，也发生过一些大大小小的事件。

与以往一样，慕容儁一直"行走在路上"，迁都蓟城之后，他也时常出巡于外，有时也会回龙城去看看。可是，他的做法却引起了幽、冀百姓的骚动。他们猜想，皇帝或许又有东迁的打算，因此不少百姓便"互相惊扰，所在屯结"，一时之间乱象陡生。

元玺三年（354）年四月，慕容儁风尘仆仆地返回了蓟城。面对民乱，许多臣子都提出了征讨的建议，慕容儁却说："他们不过是因为朕的东巡才猜忌犯事，现下朕已回京，想来不用多久他们便会安定下来。没必要大动干戈。"

在《晋书》中，还记载了慕容儁的另一句话："然不虞之备亦不可不为。"于是，他便"令内外戒严"。这个记载比《资治通鉴》里的描述更为完备。作为一个皇帝，只有胸怀还远远不够，他必须保持足够的警惕心。在后世，我们管这个叫"外松内紧"。

所以，问题来了，既然幽、冀之地曾发生过民乱，慕容儁为何又在两年之后，再次选择了迁都呢？

这个问题不难理解。如果说龙城是杀进关内、谋图南进的跳板，那么蓟城就是入主中原、南征东晋、西伐前秦的跳板。所以，完成历史使命之后的蓟城，必将如龙城一般，为慕容儁所"抛弃"。至于说，邺城的区位优势、繁华程度，已见前述，不再赘言。

从后事看来，慕容儁的这个举动十分明智。迁都邺城之后，短短数年之间，前燕先后得到了并州、上党、晋阳、许昌等地，其疆域"南至汝颍，东尽青齐，西抵崤黾，北守云中"，基本上达到了与前秦平分黄河流域的盛势。

不仅如此，前燕的综合国力也跃升至高峰，迎来了鼎盛期。随后，慕容儁便打算"复图入寇，兼欲经略关西"了。

曾有人戏谑道，只要不是沾上慕容垂的事，慕容儁的脑子就清醒得很。此语虽为戏言，但大体上还是对的。不信，咱们便来看看，慕容儁在统治晚年时期对慕容垂展开的迫害。

最冤不过慕容垂

说是迫害，一点也不为过，因为这真的是一个冤案。

这个冤案，和一个女人有关，她便是慕容儁的皇后可足浑氏。史载，慕容垂的正室段氏是段末波的女儿。以慕容氏和段氏的世代联姻关系来说，这也不是什么稀奇事，但这事儿怪就怪在可足浑氏很讨厌段氏。

原因何在？史书中说，是由于"段氏才高性烈，自以贵姓，不尊事可足浑后"，说白了，就是段氏才高性烈，以名门贵族的身份自居，瞧不上小门小户的可足浑氏。

或许有人要问了，作者你在开什么玩笑？如果可足浑氏出身低微，还能被慕容儁看上吗？我得说，还真是这样。可足浑氏乃乌桓姓氏，稀见于史料之中，有些地方，"可足浑"也写作为"可朱浑""可烛浑""渴烛浑"。

据学者滕昭宗的考证，在八王之乱时期，这个部落在辽西活跃，很可能依附于段部鲜卑，跟随着段部一起战斗。所以，慕容垂的段夫人瞧不起可足浑氏，也是很正常的事情。

且说，慕容垂对段氏一门还是"情有独钟"的。比如说，在慕容儁的后宫中，虽然也有一位段昭仪，但她的事迹一直湮没无闻。后来，慕容垂建立了后燕，在追封原配段氏为"成昭皇后"之余，同时又追封了慕容儁无宠无出的段昭仪为"景德皇后"，给慕容儁做配享。至于那个可恶的可足浑氏太后，则被追贬为庶人。

表面上这是因为可足浑氏"倾覆社稷"，实际上也是因为慕容垂恨透了她。

怎能不恨呢？本来，慕容垂跟段氏琴瑟和谐，还生下了慕容令、慕容宝这两个宝贝儿子。可这一切，都因慕容儁的忌惮、可足浑氏的憎恶，而被撕得稀碎。

原来，慕容儁自感身体每况愈下，开始想些有的没的。为了给太子铺平道路，他打算除掉慕容垂。虽说慕容垂在前一年立功于塞北，缴获了数以十万计的马牛羊，借口很不好找，但"欲加之罪，何患无辞"，可以先找对方的老婆下刀子！

前燕光寿二年（358），中常侍涅浩为了拍帝后的马屁，便诬陷段氏和僚属高弼相互勾结，想用巫蛊之术加害于人。闻言，慕容儁立刻将段氏、高弼下狱。

所谓巫蛊，就是类似于找个小木人，上面写上仇人的名字，拿着针天天扎，诅咒仇人快点死。汉武帝晚年曾爆发著名的"巫蛊之祸"，致使西汉政治动荡不已。

拿着可足浑氏提前伪造好的"证据"，慕容儁趾高气扬，道："说吧！是谁指使你干的？说出主谋就可免皮肉之苦。不肯说？严刑拷打！"

正是"醉翁之意不在酒"，陷害段氏、高弼不是终极目的，借此株连慕容垂，铲除掉眼中钉，才是慕容儁、可足浑氏的真实用意。

令人钦佩的是，段氏、高弼无论遭遇了怎样的酷刑，都没有屈打成招，反倒是慕容垂心疼媳妇，寻了个人秘密传话，告诉她不要死撑，与其受尽折磨，不如先屈招服罪。

却没想到，段氏不仅深爱着慕容垂，还坚守着正义，道出的话语也是铿然有声："吾岂爱死者耶！若自诬以恶逆，上辱祖宗，下累于王，固不为也！"

鲁迅说，"真正的勇士，敢于直面惨淡的人生，敢于正视淋漓的鲜血"，段氏就是这样的勇士。她宁死不屈，始终不肯攀诬她的丈夫，最终惨死牢狱。她的身躯是那么柔弱，但又那么坚强，她毅然决然地挡住了射向慕容垂的冷箭。

慕容垂最终未受祸连。慕容儁、可足浑氏奸计未售，只得将慕容垂外放为平州刺史，去镇守辽东。估计，在慕容儁的世界观里，慕容垂虽无"巫蛊之罪"，但却有"纵妻之过"吧。

然而，可足浑氏似乎还不满足，她硬是要把这童话剧变成琼瑶剧。

出于对段氏的怀念，慕容垂另娶段氏的妹妹小段氏为妻，可足浑氏却把小段氏贬为侧室，并且做出了一个让慕容垂无比恶心的举动：把自己的妹妹嫁给慕容垂！

这世上有许多不公与无奈，有的人选择与之对抗，在轰轰烈烈中鱼死网破，不死不休；有的人选择顾全大局默默承受，在沉默隐忍中厚积薄发，修成正果。慕容垂无疑是后者。

怒发冲冠为红颜？不，这不是他要走的路子。哪怕遭到了这样的恶待，他也不能报复皇帝，或是背离国家。隐忍，是一个能人应该具备的素质。此时的慕容垂，像极了慕容翰，他们都是遭际坎坷而又富于道德感的英雄人物。

在国与家面前，所有的深情与泪水，只能在夜深人静中独自咽下。但有的时候，慕容垂也不免发点牢骚，于是，慕容儁对他就更为忌恨了。

后来，慕容垂逃离樊笼，将这个小可足浑氏扔在了前燕，后来慕容垂回到了邺城，不由分说，立刻杀死了小可足浑氏。不是一日夫妻百日恩吗？不，杀了她都难解慕容垂的心头之恨。

诚然，小可足浑氏确实可怜，但试想，谁又能接受身边放着别人的耳目啊？搁你，你愿意？易地而处，大多数人都会抛弃她。只是，慕容垂后来为何要杀死她呢？先容笔者卖个关子，后面再道出个中因由（详见第四章第二节）。

临终托孤，阵容豪华

星霜屡变，岁月不居。

转眼间，慕容儁便走到了人生当中的最后一程。

前燕光寿四年（360）正月中旬，慕容儁在邺城阅兵，规模甚巨。以他之念，是要让慕容恪、阳骛统军征讨东晋。

为了这一天，慕容儁已经准备很久了。

前年（358）年底，慕容儁命州郡清点兵丁数目，下令"户留一丁，余悉发为兵"，要征发到一百五十万兵力。就在这时，武邑人刘贵以百姓不堪重负之由进言，并提出了一些解决方案。慕容儁也怀疑自己有点操之过急，便将刘贵的奏表拿给公卿们商议，最终采纳了刘贵的大多数意见，并将征兵的名额，改成"五丁抽三制"，又宽限了征兵的战备时间。

也就是在这个时候，慕容儁的病情突然加重，命悬一线。

史书中不曾记载慕容儁的病因，此时他不过四十二岁的年纪，尚未到知天命的时候，怎么就突然不行了呢？我们可以做一个推想。

据载，去年春夏时，慕容儁曾梦见石虎咬他的肩膀。

我们都知道，邺城过去是后赵的都城，所以石虎梦中咬人一事，看起来有点索魂的意味。慕容儁醒来后，非常气恼，随即令人去寻石虎的尸体。

结果，你猜怎么着？石虎的尸体不在坟墓中。

在百金悬赏之下，一个叫作李菟的女子提供了线索。慕容儁的心腹很花费了一些力气，才在东明观下找到石虎那具僵而不腐的尸体。

慕容儁怒不可遏，一边狠狠地踩踏着石虎，一边骂道："死胡，何敢怖生天子！"踩了骂了犹不解气，他又历数石虎的暴行，对他来了个鞭尸、投水。说也奇怪，石虎的尸体竟然倚在桥柱那头，没有漂走。

以上所述，皆来自正史，但笔者却对此持保留意见。

一是，纵然古人的卫生意识不如今人，也不至于任由尸体影响水源质量吧？难道说在接下来的几年里都没人去清除尸体，所以后来才有"及秦灭燕，王猛为之诛李菟，收而葬之"的事？

二是，石虎之身数十年不腐的说法是否可信？有一种说法是，佛教徒为了渲染神佛的力量，刻意制造了这样的故事。这种说法是有道理的。要说崇佛，暴虐成性的石虎是真心崇佛的吗？他凭什么享受"僵而不腐"的"业报"？

说回到慕容儁身上。

发生这件事以后，慕容儁的身体情况就不太妙了，撑到了年底——征兵的那段日子，他便染上了重疾，卧病不起，可想而知，翌年正月间的阅兵典礼，是在慕容儁强自苦撑，或者说是回光返照的情况下完成的。

也许，处置慕容垂已经让慕容儁伤了神，而后他又因惊吓过度落下了病根。古往今来，气死的吓死的人可不少见，所以，慕容儁的重疾，或许也与那个噩梦有关。

值得玩味的是，慕容儁卧病不起的时候，除了对慕容恪交付托孤重任之外，还召回了吴王慕容垂。此举何意？是临终忏悔，是防患于未然，还是安慰慕容恪，不得而知。

但可以肯定的是，能力不输于慕容恪的慕容垂，没能成为托孤之臣。

且说，慕容儁命悬一线之时，再也撑不下去了。他自知大限将至，便把慕容恪、慕容评、慕舆根（有关阳骛是否被授职的问题，《资治通鉴》《晋书》说法不一，根据阳骛之后未在决策层发挥作用的史料，笔者采信后者）等人召到身边，交代后事。

太子慕容暐不过 11 岁，还是一个小孩子。慕容儁很不放心，若不能安排一个豪华阵容给太子，他死不瞑目。他深知，慕容暐虽是个聪明的孩子，但他的缺点也十分突出（详见第五节），若无股肱之臣的辅佐，前燕必危。

正月廿一日，慕容儁驾崩，卒年四十二岁，谥为景昭皇帝，庙号为烈祖。他这一生，当过皇帝、灭过皇帝（冉闵）、占了河北、入了中原，使得前燕的地位不断攀升，总体实力跃居三国第一强。

够了！尽管还有很大的遗憾——未能统一天下。

慕容廆曾经认为，自己"积福累仁，子孙当有中原"，等到孙儿慕容儁生下之后，又说"此儿骨相不恒（'平常'之意），吾家得之矣"。想来，实现慕容廆心愿的孙儿，该是能给爷爷一个近乎完美的交代了吧。

第五节　汝能为周公，吾复何忧！

想做周公吗？半信半疑的那一种

多年以后，慕容恪应该还能回忆起慕容儁病重托孤时对他所说的话。

这些话，对于他来说，半是信任半是试探，可谓是意味深长，连后世学者也不禁追味，比如说，谷川道雄就说过："从慕容皝到慕容儁的王位继承进行得比较平稳，但是，慕容儁与其弟慕容恪的关系比较微妙。"

听听这词儿，微妙。

怎么个微妙法呢？咱们来回到历史现场一探究竟。

且说，前燕光寿三年（359）底的某一日，慕容儁躺在病榻上，幽幽道："兄弟啊，老哥我已经不行了，现在前秦、东晋都没灭掉。太子只有十一岁，难堪大任，我准备效仿宋宣公，把燕国的江山社稷托付给你。你看怎么样？"

慕容恪一眼就看穿慕容儁的心思，连忙拒绝说："太子虽然年幼，但却足以继承大统。再说，像我这种身份的人，怎么能继承帝位？"这话说得也没错，慕容恪自己也知道，他毕竟是庶出，实难服众。

没想到，慕容儁怒火大炽，愤然道："我们兄弟之间，又何必虚与委蛇？"言外之意是什么？无非是——你心里的想法别以为我不知道！

慕容恪便从容地答道："陛下如果认为我能承担大任，那我又为何不能辅佐太子呢？"

听了这话，慕容儁突然面露喜色："你能做周公，那我就什么也不担心了。对了，那个李绩（后赵臣子李产之子，曾以豫让自比，得到慕容儁的欣赏，累迁太子中庶子），清廉忠诚，你要好好对待他。"

瞧瞧，若真有心将江山托付给弟弟，他岂会一时怒又一时喜呢？原来之前的话都是在试探，还反问兄弟之间为何虚与委蛇。到底谁才是虚伪的人，大家都心知肚明。

不过说，讲道理，慕容儁对慕容恪没能达到百分之百的信任度，也不是没原因的。咱们可以来捋一捋啊。

其一，慕容儁原本就"继承"了祖辈的猜忌基因，这从他迫害慕容垂的事件上，便不难看出。其实，慕容垂从无夺位之心，不然早就谋反了，所有的猜忌，都只因父王曾想立他为太子，且他又确实出类拔萃。由此，对于同样优秀的慕容恪，慕容儁又怎么可能完全放心呢？

其二，慕容恪和慕容垂、慕容德这两个弟弟都走得近，至于这是因为性情的相互吸引，还是因为他们结成了政治团体，抑或是二者兼而有之，一直以来众说纷纭。笔者以为，还是前一个成分居多。同时，笔者认为，我们没必要戴着有色眼镜去看所谓的政治团体，因为团体不见得就是党派，有时抱团取暖是很有必要的，这与结党营私不同。

举个例子，几年后，当可足浑氏和慕容评打算迫害慕容垂之时（慕容恪已死），慕容楷（慕容恪之子）等人忙去通风报信，但令人意外的是，慕容垂的选择不是兴兵造反，而是逃到地方上去，甚至逃到国外去。这说明了什么？至少说明，这个政治团体压根儿就没有反意啊。

一句话，慕容儁怀疑慕容恪，主要的问题在于他个人的性格缺陷。因为这个缺陷，连"周公"慕容恪也被他狠狠敲了一闷棍，心里的滋味别提有多难受了。不过，难受归难受，"受人之托，忠人之事"，该做的事情还是要做。譬如，重用李绩，便是慕容恪的计划之一，但令他难堪的是，小小的慕容暐也给了他一记闷棍。

前燕建熙元年（360），慕容恪打算任命李绩为右仆射，为此他向慕容暐请旨。可是，慕容暐的头却摇得跟拨浪鼓似的。眼见慕容恪还要来求，他便硬邦邦地说："国家的各种事务都交给叔父去办，我放心。但是有关李绩的事情，您就别插手了，我请求一人裁断。"

这话说得还不明确吗？你啥都管，管得那么宽，烦不烦啊，朕今天就是要独断专行一次！

话都说到了这个份儿上，慕容恪还能怎么办？总不能背上一个欺主之名吧。他只能眼睁睁地看着李绩被外放为章武太守。不久后，李绩郁闷而死，再也不能为先帝所留的天下打拼。

那么问题来了，李绩到底是怎么得罪慕容暐的呢？

原来，就在慕容儁宴臣于蒲池，为已死的献怀太子伤怀之时，也曾问起他的优点。司徒左长史李绩便将慕容晔猛夸了一顿，说他有"大德"。随后，慕容儁又问起现任太子慕容暐，李绩便又评道："皇太子天资聪慧，啥都好。就是有两个小问题，他很喜欢游畋、丝竹，所以他比献怀太子要差那么一点点。"

从后事看来，李绩说的都是大实话，且给慕容晔还加了那么一点"太子滤镜"，当随侍在旁的慕容暐，听得慕容儁说起"伯阳之言，药石之惠也，汝宜诫之"的话，心里便十分愤愤不平。

不仅不平，还把这个仇记在了小本本上。所以这才有了后来处置李绩的事。

先不说别的，单从这件事看来，慕容暐也比他老子差了一大截，太没有肚量了，能成多大的事！慕容儁虽然老怀疑兄弟，但对大臣却非常宽容。

木秀于林，风必摧之

慕容暐继位后，改元建熙。

建熙元年（360）二月，可足浑后荣升为皇太后。她秉承慕容儁的遗愿，以太原王慕容恪为太宰，上庸王慕容评为太傅，慕舆根为太师。（《资治通鉴》中载，阳鹜为太保，此说值得商榷。无论是否为太保，他没能进入实际上的决策层，是可以肯定的。）

在这三人里面，慕容恪总揽政务，相当于首辅，这也正符合慕容儁所说的"汝能为周公，吾复何忧"。即便如此，慕容恪的行止却益发小心，严格遵守朝廷的礼法制度。他也没有独断专行，几乎每件政事都要主动与慕容评商议。对于士人，慕容恪虚心以待，向他们访求治国之策，同时还量才授官，使人各居其位。

若是官员们犯了过错，慕容恪也不公示其过，只调任他职，而不失其原有的等级次第。说也奇怪，这种温和的方式，反而激起了官员的羞耻感，以至于有人犯了小错，便有旁人责备道："你又想让太宰调你的官职吗？"

如果只是国内的舆论，还不足以说明问题，此时敌国东晋的一番讨论，更具说服力。

当东晋朝廷得知慕容儁过世的消息后，大家纷纷拍手称快，认为北伐时机已到，但桓温却很不屑地泼了盆冷水："慕容恪尚存，所忧方为大耳。"

作为东晋的当权派，桓温没必要说这种长他人志气灭自己威风的话，相反，他自己本身就是最渴望北伐的中坚分子。桓温深知慕容恪文武双全，因此，在慕容恪执政的八年内（360—367），桓温一直没敢对前燕用兵。

等到建熙十一年（370）王猛打到了邺城，邺城附近原本混乱的治安环境一下子变得井然有序，百姓都称赞王猛像慕容恪。王猛不得不感慨，慕容恪可谓"古之遗爱"。

这两件事足以告诉我们，慕容恪的厉害之处，不止在于他一生几无败绩。你看，十五岁带领两千人追击石虎数十万军队斩首三万人，攻高丽，灭宇文，擒冉闵……在学者万绳楠整理的《陈寅恪魏晋南北朝史讲演录》中，甚至评价他为"十六国"第一名将。

而武功赫赫也不算什么，更重要的是，这位军事天才，还是一位以文治著称的宰辅。

然而，"木秀于林，风必摧之"，尽管慕容恪的声望极高，但在最高决策层里，却也有人对慕容恪极为不满。他就是慕舆根。

慕舆根不满慕容恪的原因有二，一是自视甚高；二是自恃有功。这种不满，表现在行为举止上，就是极度的傲慢。可有意思的是，慕舆根的脑回路和一般人不一样，心思也比很多人毒辣。譬如说，他想找慕容恪的麻烦，却先劝他除掉皇太后、废黜小皇帝并取而代之。

"今主上幼冲，母后干政，殿下宜防意外之变，思有以自全。且定天下者，殿下之功也。兄亡弟及，古今成法，俟毕山陵，宜废主上为王，殿下自践尊位，以为大燕无穷之福。"听听，这说的是什么话？这不是在蛊惑慕容恪僭位称帝，他好混一个劝进的功劳吗？

慕容恪何等聪明，哪会受他蛊惑，便摆出一张嫌弃脸，说："你喝醉了吗？怎么说出这般悖逆的话？咱俩都接受了先帝的遗诏，作为托孤大臣你为何提出这样的建议？"这番话义正词严，既申明立场、批评了慕舆根，又给他留了一点面子——你喝多了！

那么，问题来了。慕容恪只是因为聪明才不上当，还是他根本就没僭位之心呢？

一个人，不要看他说了什么，而要看他做了什么。咱总不能因为很多男士都好酒贪色，就怀疑柳下惠的存在吧？纵然是在节操观念淡薄的东晋十六国，又未尝不可生出那么几个诸葛丞相一般的人物呢？

有一个很有力的证据：慕容恪不止一次推拒了做皇帝的机会。先前，慕容儁的试探是一次，之后群臣的劝进又是一次。史载，"及儁死，群臣欲立慕容恪，恪辞曰：'国有储君，非吾节也。'"

什么是"节"？以身作则是节，树立规矩也是节。深受儒家思想的影响，慕容恪以极力维护纲常为己任。为了国家的长治久安，他必须让自己遵守君君臣臣的伦次。

诛杀慕舆根，稳定内政

说回到慕舆根。且说，慕舆根听了慕容恪的话，表面上愧然而退，心里却在酝酿着另一个计划。

慕容垂听得慕容恪提及此事，心知慕舆根还有后招，便劝老哥杀了这个不安分的家伙。慕容恪却因担心招来晋、秦窥伺之祸，而拒绝了这个提议。

随即，秘书监皇甫真也向慕容恪进言，称慕舆根本乃一庸人竖子，必将骄恣生祸，应该尽早处决他。末了，皇甫真还说："明公今日居周公之地，当为社稷深谋，早为之所。"

慕容恪还是没有答应，直到慕舆根再次犯错，慕容恪才对他下了杀心。

慕舆根被批评后，他又跑去向太后、小皇帝进谗，说慕容恪、慕容评都要作乱，他请求率领禁军去诛灭他们。这一次，慕舆根把慕容评也给算进去了。

可足浑太后信以为真，正要采取行动，慕容㬊却表示质疑，此事方才作罢。不久后，慕舆根又对母子俩进言，说内乱不止（他指的是原先参与阅兵的兵将惊乱骚动，甚至逃逸归乡的事）、外敌太多，不如回迁龙城来得安全。

其实，无论将付出多大的代价，邺城都是当下最适合前燕的都城，稍有见识的人都知道。难道还能放弃好不容易打下来的地盘？这慕舆根出的都是什么馊主意！

这一次，慕容恪不能再姑息他，遂与慕容评一起处置了慕舆根的罪行。

几日后，右卫将军傅颜奉命杀掉慕舆根及其妻儿同党。很有可能的是，为了顺利展开计划，为了杜绝妇人干政，慕容恪也把可足浑太后禁足了。直到慕容恪死后，可足浑氏才再次出现在史书的记载之中。

刚刚遭遇大丧，又发生了这次波及范围很大的政治斗争，诛灭了很多人，一时之间，宫城内外哗然震恐，这是连大赦天下都很难消释的情绪。在这个危急时刻，慕容恪举止一如往常，毫无忧色，即便是出入宫廷也只一人随从，不加防备。

有人见他这样"大意"，便劝他小心防备，但慕容恪却说："如今人心恐惧殊甚，我应泰然处之，来使臣民镇定自安。我为何还要摆出大受惊扰的样子呢？那样的话，臣民将仰仗什么？"

慕容恪的话确实有理，不日后人心果然安定下来。或许有人会说，慕容恪本是一代名将，想要伤他害他又谈何容易，再说了，他的身边虽然没打手，但是不是会有暗卫在悄悄保护他呢？

这个可能性确实是有的。《晋书》中提到，慕容恪曾赦免了一些触犯军法的士卒。他以死囚来替换他们，而将他们编为奇兵。至于拿他们来充作公用还是私用，这就不得而知了。

但这又如何呢？我们不妨把他和奸相李林甫比一比。

此人深知自己结怨无数，时常要提防着被人暗杀，外出必以上百步兵骑兵为翼护，又令金吾军在大道上搞戒严，这就是"宰相驺从之盛，自林甫始"这个判断的来源。纵然是在家里，李林甫的举动也很夸张，门户要多套关锁，墙壁要双层夹木板，石板要铺得像铁桶一般，到了晚睡时还要数次换房移位，连家人都不知他在哪里安歇。

写至此，真想问，老李，你心累不？

反过来说，慕容恪的泰然自若，给举国臣民吃下了一颗定心丸。

攻克野王，收摄吕护

刚刚咱们说到，无论付出多大的代价，前燕眼下都只能以邺城为都。可是，兵将逃逸的问题确实很严重——史书中说邺城以南的道路上人满为患，慕容恪该怎么办呢？

他解决问题的方式很简单。

想跑吗？试试看。在慕容恪的安排下，慕容垂做了都督河南诸军事，镇守在梁国的蠡台；孙希、傅颜则率领两万骑兵，在河南大秀兵力，一直赶到淮水才返回邺城。

这么一搞，人们都知道，朝廷还是有秩序、有实力的，于是人心思安，快速稳定了下来。

接下来，慕容恪所要面临的挑战，是一块难以啃下的硬骨头——吕护。

慕容恪也是忙得够呛，开张三件事，件件都与平叛有关。

咱们在前面提过，吕护是后赵末年的一个军阀，后效力于冉魏、东晋、王午。王午死后，吕护又自封为安国王。接下来，他又在前燕、东晋之间不断徘徊，算起来一共有六叛。

若论反复无常，估计连吕布在世、王擢当前，也得向吕护说一声"我服"。算来算去，也只有前文所说的张平，可以"与之一战"。

前燕元玺三年（354）五月，吕护在鲁口降了慕容恪，旋即被封为河内太守。

七年后（361），吕护又叛了。时在建熙二年二月。这一次，吕护想玩点大的、刺激的，趁着慕容儁新丧，他又降了老主子东晋，当上了冀州刺史，妄图引晋军攻打邺城！

这可太恶劣了，慕容恪能不收拾他吗？

慕容恪在三月间亲率五万大军，驰出邺城。冠军将军皇甫真则率万人兵马，一同出战。就在发兵之前不久，慕容恪刚刚处理了一个叫作丁进的方士。

这家伙，仗着在小皇帝跟前得宠，跑去向慕容恪献媚，劝他干掉慕容评，大权独揽。有可能丁进以为，慕容评和慕舆根都是慕容恪独霸朝政的绊脚石吧。这不是把人往小了看吗？慕容恪怒从心起，遂奏请拘杀丁进。

不日后，吕护的驻地野王（今河南沁阳），便迎来了浩浩荡荡的大队燕军。

这场战争注定是前燕获胜，并没什么悬念。首先，吕护所据不过一隅之地，且兵力有限，东晋也只是象征性地派了千人部队赶来增援。其次，吕护虽是想玩联晋抗燕的戏码，慕容恪出手很快，在作战时机上也没落下风。

吕护也知自己的劣势所在，只能搞婴城自守的战略，慕容恪也拿出了广固之战时的老办法——筑沟固守和切断外援，而并未采用护军将军傅颜的"急攻"建议。

按说，傅颜所言确有道理，且不说晋军是否会继续增援，单说这六万大军的补给，便是一大难题。但慕容恪却认为，吕护这老贼经历丰富、深不可测，若是急攻，士兵伤亡必不可估量，因此只要筑高营垒、坚守不去，同时离间其同党，不出百日定能大获全胜。

果然，到了七月间，吕护被困得焦头烂额，决定遣将出战。他似乎拷贝了段龛的做法。

结果自不待言，大将张兴当即被傅颜斩杀。吕护犹不死心，当夜又想偷袭皇甫真。由于皇甫真准备充足，慕容恪又从侧翼冲出，吕护所部伤亡惨重，仅吕护单骑而逃，一气跑到荥阳（今河南荥阳）去避难，连妻儿都不顾了。

就此，燕军赢得了野王之战的胜利。

刚刚咱们说，燕军取得胜利是迟早的事，但此战中可圈可点的地方，也很不少。最突出的一点，便是慕容恪对三方形势的准确把握。

一则，吕护是个奇人，屡次改旗易帜都有一群死忠于他的部下，这种人不能轻易攻杀；二则，吕护虽然地狭兵寡，但此番也做足了准备工作，燕军不可骄纵自大，仗着兵力优势去强攻；三则，东晋那头到底是个什么态度，都不好说，毕竟桓温是个主战派，倘若吕护、桓温要想把燕军酪成夹心饼干，麻烦可大了去了。

考虑到这些因素，慕容恪才采取了最简单却也最管用的老办法。

其实，在一场战争中，当先要考虑的就是战略，所以说，兵力的优势，还真不是打胜仗的凭恃。否则，官渡之战、赤壁之战就不会成为以少胜多的军事典例了。

战事结束后，慕容恪安抚降民，并提供了伙食让他们填饱肚子。随后他又把官吏、将领都收为国用，迁至邺城，至于其他人则听其去留。

没多久，吕护见大势已去，老主子也不理睬他，只能选择叛晋投燕。这一次，他居然又得到了慕容恪的宽谅，前燕以之为广州刺史。

第六节　洛阳争夺战

想刷存在感吗？由你

收摄吕护之后，慕容恪在军事方面最大的动作，是攻取洛阳。

前文说过，桓温正是趁着慕容恪围困广固（356）分身乏术之时，才击败姚襄、夺取洛阳的。在慕容儁、慕容恪执政期间，前燕致力于黄河流域的统一，其行动方向大致是由东往西。所以说，洛阳这块肥肉，绝对不能落下。

为了争夺洛阳，前燕建熙六年（365）二月间，慕容恪对东晋发起了战争。这一次，距离丢失洛阳，已经过去好几年了。

其实，在这之前，前燕也试图夺回洛阳，但都无功而返。

我们先来回看一看，洛阳大战的序章。

公元362年初，豫州刺史孙兴见东晋将领陈祐只有一千多羸兵独守洛阳，遂提议出战夺洛。慕容𬀩听了慕容恪的意见，命吕护驻守河阴，积极备战。

派吕护去打洛阳？不得不说，这招有点杀人诛心。吕护多次叛变，毫无忠诚可言。让他去打洛阳，这是摆明了断了他再次投降东晋的念头。

派吕护去打洛阳，对慕容恪来说毫无成本可言，即便吕护全军覆没也不心疼。可万一吕护成功打下了洛阳，慕容恪估计做梦都能笑醒。

不日后，吕护入攻洛阳。东晋河南太守戴施大为惊恐，很快逃奔到宛城，陈祐告急。五月间，桓温派遣庾希和竟陵太守邓遐前去驰援，帮陈祐防守洛阳。

同时，桓温还有别的安排。他多次上疏请求迁都于洛阳，想把南渡的士民北迁回去，用以充实河南一带。此言一出，遭到了大家的反对。为什么呢？因为兵燹不断，北方面目全非，万分萧条！大家在水软土肥的江左待了这么久，小日子过得好不舒坦，何必迁回去呢？

反对归反对，朝廷里却没人敢当着桓温说一个“不”字。他们都害怕桓温的威势。

就在这个时候，散骑常侍孙绰站了出来，上了一封奏疏。奏疏有好几百字，拆解起来有这样几层意思。一、晋元帝能即位，百姓能安定，实际上也有赖于万里长江，如今迁都回洛阳去，是想被人追着打吗？二、丧乱至今，已有六十余年，中原惨况空前，倘若迁都，还要花力气去搞建设，真的太难了。三、士民来此已经好几代了，现在"亡者丘陇成行"，如果迁都北返，人民又怎么凭吊哀思，更不用说祭祀大晋中兴以来的五帝了。四、士民已经扎根于江左，把这里视为乐土了，若要他们抛弃祖坟、基业，拖家带口地返回穷荒之地，无疑是把人往死路上逼。五、最好的解决办法，派遣威名素著的将帅镇守洛阳，并荡平梁国、许昌，把黄河以南收入囊中，并发展生产，而后再徐徐图之。

结论就一点："奈何舍百胜之长理，举天下而一掷哉！"

听了这话，桓温很不高兴，摆出了臭脸，讥讽孙绰不去实践自己的《遂初赋》（此作表明自己倾慕高义的思想），跑来操心国家大事。很显然，桓温不想听劝。朝廷十分担忧，计无所出，直到扬州刺史王述出了个主意，才把住了桓温的脉。

王述认为，桓温才不是真的想迁都呢，也就吓唬吓唬人，朝廷只要依从他，他自己就不会坚持了。

这话说得好像桓温是为了刷存在感似的，但实际情况却证明，王述的判断不是没道理。

果然，桓温见朝廷让他先去经营洛阳，还假模假式地对他致以崇高的问候。桓温顿时就不吭声了。此事没有成行。不久后，桓温又提议把洛阳的钟和钟架搬过来，此事也被王述否决了。他说，要迁也只能先改迁先帝的陵墓。这话又把桓温噎住了，谁不知道这事儿不好办呢？桓温又不傻，才不会去自找苦吃。

回说到前燕这头。对洛阳的争夺战，已经进行了好几个月。

到了七月里，吕护作战不利，转而退守小平津，因身中流矢而死。可叹！他这辈子再也没有叛变，或者说是没有机会叛变。他这"丰富多彩"的一生，就这样结束了。

不久后，吕护曾奋斗过的野王，迎来了前燕将领段崇。段崇收整兵马向北渡河，暂驻此地。邓遐则驻军于新城，与之对峙。

下一月，东晋西中郎将袁真屯兵汝南（今河南汝南），送给洛阳五万斛米。至此，晋军粮草充足，守城的底气也更硬了。

清扫外围，采取包围战术

尽管进展不顺利，但慕容恪却不会放弃对洛阳的军事行动。

河南是天下之中，洛阳又是河南之中，且不说绵延千年的历史底蕴，无可比拟的政治地位，单说军事意义，都是极为重大的。如今，东晋占据着洛阳，往北可以威胁河北（在前燕手中），向西可以阻遏关中（在前秦手中）。若是它在自己的掌握中，才能杜绝敌国做大做强的可能性。

不管东晋是真迁还是假迁，慕容恪都不容许东晋有迁都洛阳、号称"正统"的可能性。深思熟虑之后，慕容恪制定了一个争夺洛阳的战略。

这个战略思想，是先扫除洛阳周边的晋军，使之成为孤城，再一举夺之。这个计划是否眼熟？没错，当年前赵夺取洛阳，第三次才获得成功，他们采取的便是这样一种包围战术。

那么，慕容恪花了多少时间来完成这件事呢？差不多两年。

前燕建熙四年（363）五月，宁东将军慕容忠攻打荥阳（今河南郑州西），东晋荥阳太守刘远战败后，逃到鲁阳（河南鲁山）进行休整。

过了五个月，镇南将军慕容尘对晋军发起攻势，他与东晋陈留太守袁披在长平（今河南西华）作战。趁着这个空隙，东晋汝南太守朱斌则顺利地攻占了许昌（今河南许昌）。

次年（364）春，前燕大赦天下，以争取民众支持。

二月里，慕容评携龙骧将军李洪领兵巡视黄河以南一带，开始执行军事任务。两个月后，李洪向许昌、汝南进发。桓温见李洪来势汹汹，便派西中郎将袁真等人去抵御他。至于桓温本人，则屯驻于合肥。

一番恶战后，燕军攻陷了许昌、汝南、陈郡，并将万余户百姓迁至幽、冀二州。这几乎是把这三地的人力资源给清空了。随后，慕容尘奉令屯守许昌。

慕容儁刚称帝的时候，把司州改为中州，又在旧都龙城建立了留台，并以玄菟太守乙逸为尚书，负责留台的一应事务。前燕的部分官员，还遗留在龙城。

到了这个时候，慕容恪命侍中慕舆龙去把他们迁过来，并将祭祀祖先的宗庙也一并搬过来。这实际上是释放了一个政治信号：龙城也不再作为陪都而存在，大家就安安心心地在邺城定都吧。

接下来，重新安设宗庙、安置龙城百官，又花费了慕容恪不少时间。等到办完了这件大事，他才抽身出来，安排人手去招募士众。

短时间内，周围的坞堡主都归附了他。他是怎么做到的呢？有赖于前燕对他们的吸引力。

长久以来，前燕都保持着轻赋税、减刑罚、重生产的国策，这对于饱受战祸的士众甚至是坞堡主，都有强大的吸引力。想想看，兵力强盛的前燕都跑来宽抚、招纳了，自己又何必非得顽抗不附呢？

而于前燕而言，收服了这些坞堡主、士众，便进一步断绝了他们被东晋利用的可能性，有利于实现自己的战略目标。

刚入秋，慕容恪让司马悦希、豫州刺史孙兴分别驻扎在盟津和成皋，为的是从北、东两面夹击洛阳。此时，洛阳的守将陈祐手下不足两千兵马，一场场战打下来，自己也没了信心。

眼见洛阳陷入危境之中，陈祐索性把烫手山芋扔给了冠军长史沈劲，只留给他五百人马，便以救援许昌为名，跑去避难了。半路上，得知许昌已经失陷的消息，陈祐掉头便往新城跑。这可乐坏了悦希，他开始部署兵力进攻河南的城池，数日下来竟无一遗漏。

就这样，洛阳彻底沦为了孤城，沈劲也成为洛阳的最高长官。他该如何抗敌立功呢？沈劲陷入了沉思中。这个男人，是一个有故事的热血青年。

原来，沈劲是自己请求到洛阳来任职的，为的是洗刷家族之耻。他的父亲曾犯下了叛逆之罪，做儿子的便一心想着要立功雪耻。在司州刺史王胡之的推荐下，朝廷解除了对沈劲的禁锢，但他的任职却因对方的疾病没能立刻安排下来。这令沈劲颇为焦虑。

于是，在得知燕军夺取洛阳的讯息下，他主动请缨，被补为冠军长史。

沈劲所遇的情形，有点像是过去祖逖的遭遇。朝廷并没给他什么兵力，而只让他自行招募。不知沈劲用了什么办法，短期内也招募到了千名敢死队员。他们作战勇猛，也曾击退过前燕的大部队。这年轻人，着实有些水平。

只是，沈劲面临的终极对手，是令桓温、王猛都畏惧的慕容恪，所以沈劲的那建功立业的夙愿，恐怕不容易实现。

攻陷洛阳，占领黄河下游

好了！扫清了洛阳的外围，又稳定住了大后方，发起总攻的时机终于成熟了！

慕容恪心说，要动手，咱们就来干一票大的，不只我要亲自出马，老弟慕容垂也别闲着。两个军事天才同时上阵，这是什么概念？说前燕不是志在必得，谁都不信吧！

与此同时，东晋那头，是什么反应呢？

答案是没有反应。

一来，没有子嗣的晋哀帝刚刚驾崩，朝廷忙着选皇帝，没那工夫研究洛阳的问题；二来，朝廷对洛阳一向不重视，远离长江不说，桓温还整天嚷嚷着要迁都到洛阳，搞得大家人心惶惶，还不如丢了好呢，省得桓温来回折腾；三来，桓温本人也有点尿，对手可是慕容家的双子星啊，他要去给人家送经验吗？

所以，洛阳险矣，沈劲危矣！这又是一场没有悬念的战争。

前燕建熙六年（365）二月，慕容恪发兵洛阳。打仗之前，他对底下的一众将领说道："以前，你们都说我不喜欢进攻城池，老喜欢搞围守的战术，今天咱们就来展开一场攻战吧！洛阳城墙虽高，但兵力疲弱，拿下它都不算事儿，你们可不要畏怯懒惰啊！"

在慕容恪的指挥下，不到一个月的时间，燕军就顺利地攻陷了洛阳，将整个黄河下游收入囊中。同时，沈劲被生擒了。

老实说，慕容恪是很欣赏沈劲的。此人主动请缨，能坚守到最后一刻，忠义可表，十分令人钦佩。就在慕容恪想要宽赦他的时候，中军将军慕舆虔却说："沈劲是个人才，但臣看他的志向、气度，终究不能为国朝所用。要是赦免了他，我们又不能收服它，必然会成为心腹之患。"慕容恪无言以对。

试问，慕舆虔是怎么看出沈劲的志向、气度的呢？《资治通鉴》中说，"神气自若"。根据沈劲的个人经历，他这视死如归的态度不难理解，无非是想杀身成仁。

不知慕容恪是否明白沈劲的心意，但他斩杀沈劲的决定，却无意间实现了沈劲的英雄梦——朝廷追赠他为东阳太守。这场战争，没有一个输家。要说有，也是东晋朝廷，因为它们再次丢掉了胆魄与担当。

对此，司马光评价道："沈劲可谓能子矣！耻父之恶，致死以涤之，变凶逆之族为忠义之门。"他认为，沈劲是一个"惟忠惟孝"的人。

同样这么认为的，还有慕容恪。返回邺城之后，慕容恪犹不能释怀，遂对僚属说："以前在广固之战中，我没能帮到辟闾蔚（贤人辟闾蔚在战中负伤，慕容恪寻到他的时候，他已死）；现在我攻克洛阳，又导致沈劲被杀。这两桩事虽非我本意，但却是因我而起，我实在是愧怍难当。"

顺便说一嘴，在回兵邺城之前，慕容恪顺势攻夺了崤谷、渑池，以至于关中大震，吓得苻坚亲自率兵驻守在陕城，生怕慕容恪顺路打自己。

紧张成这个样子，防备也很严密，慕容恪当然不能再有所图谋。所以他决定返回邺城。鉴于慕容垂在战中的优秀表现，临行前，慕容恪以之为都督十州诸军事、征南大将军、荆州牧，并让他率领万名兵将，镇守在鲁阳。

这十州，是荆、扬、洛、徐、兖、豫、雍、益、凉、秦州。这可是慕容垂从未担任过的职务。终于，默默奉献的慕容垂，也迎来了人生的高光时刻！

第七节　中流砥柱已折，前燕危机骤显

出则将，入则相

往往我们在评价一个执政者的时候，都会以文治和武功作为基本标准。

但是，大多数的执政者，要么略输文采，要么稍逊风骚，或是只识弯弓射大雕，这么一比较，"罢朝归第，则尽心色养，手不释卷"的慕容恪称得上是文治武功齐备。

为将，慕容恪战功赫赫，"不事威严，专用恩信"，从未发出过"后退一步者，杀无赦"之类的严苛的命令，既予人宽松的气氛，又警备严密无人可攻。要知道，历史上的许多名将，治军的手腕都很强硬，一派铁血硬汉的作风。但慕容恪却不是这样的，他和周瑜一样，都是风度翩翩、以德服人的儒将。如果说跟周瑜往来，"若饮醇醪，不觉自醉"（程普语）；那么跟慕容恪往来，必是如沐春风，不觉而暖。

为相，慕容恪也绝非等闲之辈。与对待士卒一样，和同僚相处，慕容恪从不会盛气凌人，或是不苟言笑、哼哼哈哈。他仍然是那个军营里和蔼可亲、平易近人的谦谦君子。难能可贵的是，慕容恪这位"周公"确实兢兢业业，他一心辅佐慕容暐，毫无僭越之心，群下纵使不仿而效之，也不敢轻易扰乱纲纪。

在慕容恪执政的七年时间里，前燕虽战事不断，但仍能做到政治清明、物阜民安，其疆土、国力都达到了巅峰。毫无疑问，慕容恪是前燕的中流砥柱。

只是走上巅峰的国家，也不是完美无瑕，也未必一定能不断走高。历史上，这样的教训比比皆是。那么，前燕在到达巅峰之后不久，便滑入了深渊，这又是为什么呢？

在刚刚的描述中，大家可以看到，慕容恪治国的一个优点，是依靠着自己的个人魅力。但这有个致命的缺点：一旦慕容恪不在了，前燕又该怎么办？

试问，一个国家，想要达到长治久安，是靠一个人的影响力、管理水平，还是靠一群人、一种制度，以及一种社会结构？答案不言自明。

可叹的是，前燕的繁荣靠的是前一种，它的繁荣，只能是昙花一现的风华。

在拿下洛阳的第二年（366）春，慕容恪、慕容评，相约来到慕容暐跟前稽首归政，并呈上了印玺、绶带，请求自返宅第，慕容暐没有同意。

这一年，慕容恪四十七岁，慕容暐十七岁。对于鲜卑男儿来说，这个年龄并

不算小，确实可以主政了，奈何慕容暐是个不想操心的主儿，自己就不想接这个烂摊儿。

很可能从这时起，慕容恪已经预感到自己身体出了问题。去年四月间，太尉封弈逝世了。思及自身，慕容恪也需要照顾一下自己的身体。

看看眼下，他只有慕容楷、慕容肃、慕容绍这三个儿子，人丁也不算兴旺。

也许，是时候该享受一下天伦之乐了。

要让慕容恪不操心国事，他也做不到。慕容暐的缺点，李绩早已指出，而且慕容暐并无成熟起来的迹象。倘若自己一朝身故，国家的命运又当如何呢？靠太傅慕容评吗？他生性多疑，只怕会先霸占首辅之位，大司马一职恐怕也会所授非人。

那么，还是让他来推荐一个人吧。

遗荐吴王，惜其不成

慕容恪要推荐谁呢？不用我说，想必大家都能猜到，肯定是慕容垂。

没错，这是慕容恪为前燕挑出的最佳人选。后来前秦崩溃，慕容家族得以反扑复国，建立了好几个政权，但只有慕容垂才坐稳了皇帝位置，建成了具有影响力的后燕。这还不足以说明慕容垂的能力吗？并且，慕容垂从未负国，忠心可鉴。

所以，怀疑慕容恪假公济私、拉帮结派的人，还是省省吧。

为了达到举荐的目的，慕容恪在人生的最后一年里，先后向三个人推荐了慕容垂。一是乐安王慕容臧，二是慕容评，三是慕容暐。

这三个人，一个是在朝中有影响力的宗室；一个是虽然才具平庸、生性多疑，但占据高位的辅臣；一个是"继承"了父亲对慕容垂的猜忌之心的小气皇帝。慕容恪主要是把希望寄托在慕容臧的身上。

寻了一个合适的日子，慕容恪对慕容臧说："如今，南有残晋，西有强秦，二国向来都怀有进取之志，之所以没敢针对我们，只是因为看到国朝没有可乘之机。所以说，国之兴衰，全赖于辅相。我对大司马之位很不放心，这是总管六军的职务，绝不能所任非人。我死之后，若以亲疏关系来说，此职应该在你和慕容冲当中产生。我知道，你们也是才识明敏的人才，但是年纪尚轻，未经磨难。反倒是吴王慕容垂，天纵英才、智略超俗，你们若能推举他担任大司马，连统一四海都不在话下，更何况是对付外敌。切记，万不可因个人私利而误国。"

慕容臧听了这话，有什么反应，史书上没写，咱也不好随便揣测。我们只知道，慕容恪又将这番话说给了慕容评，但他最终把这话当作了耳旁风。

慕容恪向慕容暐举荐慕容垂，说得更直接。第一次，说慕容垂是将相之才，比自己优秀十倍。第二次，说慕容垂文武兼备，仅次于管仲、萧何，重用之，则国安；弃之不用，则必遭秦、晋窥伺之祸。这一次，是在前燕建熙八年（367）五月间，慕容恪已处在弥留之际。

慕容恪的意思很明确，为了社稷着想，慕容垂应担任大司马。

此等谆谆教诲、肺腑之言，慕容暐却一句都听不进去。慕容恪不知道，要让心胸狭隘、自私自利的人放下个人恩怨，以国家利益为重，到底有多难！但他不能不说，万一对方听话了呢？

遗荐吴王之后，慕容恪溘然长逝，得赠本官，谥号为桓。桓是什么意思？辟土服远、克敬勤民、武定四方、克亟成功、克敌服远、能成武志、壮以有力……慕容恪名副其实，当之无愧。

由于慕容恪的突出贡献，哪怕是在华夷之辩十分盛行的古代，他也得到了当时和后世的政治家、史家们的高度评价，且不说"慕容玄恭，信奇士也，可谓古之遗爱矣"（王猛语），"功成而人免于死，恪可不谓夷中之铮铮者乎"（王夫之语）等评语，只看慕容恪能在唐、宋武庙里受祭，便可得知他的正面影响力。因为，在六十四位、七十二位名将的名录里，留给非汉族将领的名额，少之又少。

生前身后，慕容恪都是那么光彩夺目。

让他失望的是，他一生挚爱的国家，却倏然间变了样。他死之后，前燕大权落入慕容评之手。慕容评上台之后，把慕容恪的遗言当作了耳旁风，非但把慕容垂排挤出权力中心，还把大司马之职给了只有十岁大的慕容冲。根据晋制，大司马属于政府最高职位，位列一品，位列三司之上（太尉、司徒、司空）。

至于慕容垂，就封个侍中、车骑大将军、仪同三司吧！

乍一听，好像十分神气，实则都没什么实权。慕容评是宁肯把大司马之职交给一个小孩子，也不肯授予慕容垂，这态度已经很明显了，就是要恶心慕容垂，让你当个光杆司令。

十岁大的孩子当然不会管事，慕容暐暂时也没有到独立理政的年纪。毫无疑问，所有的权力都集中到了太傅慕容评和太后可足浑氏手中。

可足浑氏并没有什么政治才能，从她诬陷慕容垂和段氏的手段就可见一斑。没有了慕容恪的限制，她的权力被无限放大，开始扰乱朝政。外行指挥内行，能有什么好的？前燕朝纲变得乌烟瘴气，混乱不堪。

至于慕容评，他只管收取贿赂，并且把贪腐之风迅速蔓延到整个官僚机构。这种腐败之风迅速蔓延至军队，严重削弱了前燕的军事力量。

好吧！既然当权者贪，大家也都跟着贪吧，反正没人管。

乱了，全都乱了

贪污成风的前燕，很快失控了。

鲜卑贵族们开始管不住自己了。小皇帝慕容暐后宫有四千人，仆役更是其十倍之多，"日费之重，价盈万金"。至于王侯将相，更是骄奢淫逸、奢侈成风。

不过才两年光景，国家就没钱了，连士兵的军饷、军服都发不出来。

钱去哪儿了？

在慕容恪执政期间，前燕的地盘比前秦大，人口比前秦多，并且前燕所在的关东地区一直都是经济较发达的地区，实力远强于前秦。这不禁令人产生疑问：前燕为何突然就"穷"了呢？

是战争原因，还是投资了大工程、大项目？都没有。慕容恪死后，既没大规模的军事行动，也没发起耗费大量人力物力的工程。钱都到哪了呢？

这就不得不提前燕的人口问题了。

入主中原后，前燕不采用以大单于制和单于台为标志的胡汉分治的政策，境内民族关系明显改善，因此受到了不少汉族人民的拥护。而鲜卑贵族也逐渐封建化，并继承了中原地区的"荫户"制度。

所谓"荫户"，是指原本是国家登记在案的编户齐民，因苦于兵役以及沉重的苛捐杂税，而放弃土地、投奔贵族，请求荫蔽其下充作佃客的农民。成为荫户后，他们就属于王公贵族的"私有财产"，以后就不用给国家交税了。

因为这种制度，大量的原属郡县的人口，沦为了贵族的荫户。国家因此税收大幅缩水，经济、政治和军事力量都遭到了严重的削弱。

荫户制度，在同时期的前秦、东晋也都存在。

说得简单些，这就是贵族在与国家抢人口。双方都想使自己的利益达到最大化。这个问题根深蒂固、牵一发而动全身，一直困扰着统治者，直到北魏孝文帝推出了三长制和均田制，才基本上解决土地征税问题。

在眼下，十六国时期的统治者，一直在维系着贵族与国家利益的平衡。

没错，前燕的这个问题由来已久，要想解决它非一朝一夕。面对沉疴，慕容恪采取了"和稀泥"方式来应对。由于慕容恪有着超强的个人威望，足以镇得住场面。

贵族们都明白，慕容恪不干涉他们藏匿户口的事，只要他们能给出打仗的钱，他就会保持"水至清则无鱼，人至察则无徒"的态度，睁只眼闭只眼。

长此以往，慕容恪和贵族之间形成了一种默契：你支持我，我默许你——这不等同于纵容，只要贵族们别太过分就行。所以说，在慕容恪活着的时候，前燕国家机器虽然尚能正常运转，但也潜伏了巨大的危机。

当经济危机爆发时，尚书左仆射悦绾向慕容暐提出搜查人口，把隐匿的户口都搜出来，归还郡县。这本是一个利国利民的建议，慕容暐也觉得有道理，且不说别的，就说他那庞大的后宫，也需要他去养活啊！没钱可不行。

结果呢？刚一查，就查出二十万户，以平均每户五人计算，统共百万人之多。好大的数据！这直接触碰了以慕容评为首的王公贵戚的利益。不久，悦绾被暗杀，搜查人口的事情也不了了之。杀他的人，基本上可以锁定在鲜卑贵族这个范围。

可叹！整个国家放弃了其作为公共世界的机能，却沦为了追求个人利益的场所。等待他们的，会是怎样不堪的结局呢？

在听说前燕内政混乱之事后，苻坚忙派出使者去燕国一探究竟。这个使者叫郭辩，他去燕国不干别的，就是要挑起是非、闹出动静。

首先，他逐一拜访公卿大臣，意在借行贿之事一探虚实：这贿赂你拿不拿，拿得痛快与否，他都看在眼里、记在心里。

打点好上层关系后，郭辩挑了一个硬茬子——皇甫真。

郭辩诋毁他说："辩家为秦所诛，故寄命曹王，贵兄常侍及奋、覆兄弟并相知在素。"这话表面意思是说，皇甫真的兄弟们都在前秦做官，并且和郭辩关系很好；实际的意思是含沙射影，暗示皇甫真吃里爬外、里通外国！

皇甫真怒了，他想不到一个使者竟然满口胡嗫、信口雌黄，胆子大了去了！他直接禀报皇帝慕容暐，要求处置这个张口就来的郭辩。"吃人嘴短，拿人手软"的慕容评，虽未怀疑皇甫真的忠诚，但却硬把这事儿按了下去。

郭辩回去后，把所有的事情都告诉了苻坚。他认为，燕国朝政毫无纲纪可言，只要贿赂好慕容评，什么话都可以乱说！

听了这话，苻坚兴奋了，此时不去灭燕，更待何时？

结果，就在这个节骨眼上，前秦却生出了萧墙之祸，发生了四公之乱。

苻廋第一时间联系前燕，请求派兵支援。其实，前燕内部的很多人都认为，应该救援陕城，趁机消灭前秦。慕容德甚至给出了具体的战略规划。令他们没想到的是，之前收到苻坚"间货"的慕容评表示反对：大家在家里老老实实当观众就好，管别人的家事干什么？

苻庾见慕容评鼠目寸光，十分意外，他又派人去找慕容垂和皇甫真。可惜，他俩虽然明白事理，但没有权力，说话又没有分量，只能眼睁睁看着苻庾他们被苻坚摆平。

综上之述，可以得出一个结论：四公之乱虽集合了多方之力，但却发生在一个不恰当的时间里。慕容恪死后，慕容评胸无大志、腐败无能，毫无进取之心，加之接受了前秦的贿赂，所以并没有出兵支援苻庾。

从这个意义上来说，四公之乱确实没选对时机。若他们提前一年到两年，在慕容恪活着的时候造反，或许会是另一番光景。

当然，一场变乱下来，四公也并非一无所获，前秦元气大伤，毕竟四公手底下的"叛军"，也是氐族人。苻坚十分无奈，其灭燕计划也只好暂时搁置。但所谓"祸兮福之所倚"，苻坚没有想到，打乱了他的计划的四公之乱，却无意间给他带来了丰厚的补偿。

9 年前，桓温说"慕容恪尚存，所忧方为大耳"。如今慕容恪不在了，慕容垂也处处受到掣肘，落入忧患之中的，该是前燕了。这不，准备多时的桓温已经蠢蠢欲动，计划着开展他的北伐大业了。

第四章

前秦灭燕，势如破竹

三国鼎立，如何才能吞掉对方的地盘，实现天下一统呢？趁着前燕政治腐败之际，桓温进行了第三次北伐。可惜天不遂人愿，慕容恪虽然不在了，但慕容垂还在。

桓温功败垂成，但慕容垂却并未得到前燕皇室的信任，迫于无奈，他只能选择去前秦避难。苻坚待他不薄，但王猛却认为，"慕容垂父子，譬如猛虎，非可驯之物"，遂施展金刀之计，欲除之而后快。好在，苻坚不予追究。

前秦灭燕，势不可当。若以慕容儁称帝为标志的话，前燕国祚只持续了18年（352—370）。它成了十六国时期又一个短命王朝。

——引言

第一节　桓温的第三次北伐——枋头之战

问何物，能令公喜

著名的历史人物，总会伴随着后世脍炙人口的诗句而流芳千古。如果说，写周瑜不能少了东坡学士的"遥想公瑾当年，小乔初嫁了，雄姿英发"；写高欢不能少了刚健质朴的北朝民歌"天苍苍，野茫茫，风吹草低见牛羊"；写孔明不能少了杜工部的"三顾频烦天下计，两朝开济老臣心"；那么，写郗超，必然不能少了辛弃疾的"问何物，能令公喜"。

"甚矣吾衰矣。怅平生、交游零落，只今余几！白发空垂三千丈，一笑人间万事。问何物、能令公喜？我见青山多妩媚，料青山、见我应如是。情与貌，略相似。"（《贺新郎》）

细品词意，辛弃疾不厌其烦地堆砌典故，盛赞郗超与桓温的友谊，大约也是因为自己了解自己称心如意的朋友不多吧。

郗超，字嘉宾，高平金乡人。年轻时的郗超就已才华满溢，卓尔不凡。健谈，是他最突出的特点。黄老玄学式的清谈，抑或正经八百的政务，随便谈，无论是"义"还是"理"，他都能说得别人心服口服。因此郗超早年便享有盛誉，时人称："盛德绝伦郗嘉宾，江东独步王文度。"张爱玲说："出名要趁早。"郗超正是深谙此理。

不仅是才华出众，郗超还善于与人结交，懂得揣摩人心。史称他"卓荦不羁，有旷世之度，交游士林，每存胜拔"。凡交游，哪有不用钱的？某一日，具有"守财奴"作风的父亲郗愔打开了自己的小金库，让郗超随便拿。没承想，郗超回头就去当"散财童子"，仅仅用了一天时间，就把几千万钱用得分文不剩了。

这不是败家子吗？但身边的亲友却觉得他大方慷慨，谁都想跟他结交。

早年，郗超是会稽王司马昱的府掾，后来桓温平蜀，权势越来越大，郗超便进入了桓温幕府。要知道，桓温是个实干家，非只会清谈的殷浩可比。同时郗超又自命不凡，不甘庸碌一生。两人很快打成一片，从此结成死党。

在桓温眼里，平常人很难被他看重，而郗超常常让他感觉深不可测。当时郗超与主簿王珣都是桓温手下最得力的助手，每一件事情桓温都要和这两人商量。当时桓温府中流传着"髯参军，短主簿，能令公喜，能令公怒"这样的段子。

郗超胡子长，王珣个子矮，能让桓公高兴，也能让桓公愤怒。这是对郗超最真实的写照。

随着时间的推移，两人的默契度越来越深，桓温逐渐对郗超也产生了依赖。桓温晚年试图篡位之际，"保皇派"谢安、王坦之来桓温府上"谈论朝政"。桓温也想试探王谢口风，令郗超坐在帘幕后面，全程偷听谈话内容。令人尴尬的是，不知哪儿来的一阵风，把帘幕吹开了。看到后面藏着个大活人，谢安戏谑道："郗生可谓入幕之宾矣。"

两晋时期，流行男风。这句话的深意，似乎意味非常……谢安损起人来真不是盖的。

公元 367 年，慕容恪死后，官居大司马的桓温着手准备北伐的事宜。在长达 20 年的军旅生活中，桓温发现京口兵的战斗力很强，就想把他们收为己用。说来也巧，京口兵的兵权恰恰在郗超的父亲——徐州、兖州刺史郗愔手里。碍于郗超的面子，桓温不好明说，时常暗示性地调侃"京口酒可饮，兵可用"。

京口，今江苏省镇江市，辛弃疾名贯千古的《永遇乐·京口北固亭怀古》《南乡子·登京口北固亭有怀》就是在这里创作。永嘉南渡后，在流民帅郗鉴（郗超的爷爷）的经营下，京口俨然成了长江边的重镇。田余庆在《东晋门阀政治》总结道："京口具有控制三吴、抵御海盗、拱卫京师三个方面的作用。"京口的军民，大多来自北方的流民。失去家园的他们，对于北方政权的仇恨是与生俱来的，在仇恨的驱动下，其战斗力非常强悍。

郗超是个明白人，很快把话传达给了他父亲。郗愔却似没听懂桓温的意思，写信表达了自己北伐的志向。郗超看完信后，把信撕得粉碎，替他父亲重新写了一封。在信中，"郗愔"说自己并非将帅之才，并且年事已高、体弱多病，不堪军旅生活，希望自己得一个闲职养老。至于京口兵权，希望桓大司马亲自接手。

京口北固楼，笔者摄于镇江北固山景区

看似很棘手的事情，就这么轻松解决了！桓温看后喜出望外，立刻把郗愔调为会稽太守，自己则兼任徐、兖二州刺史。自此，桓温的势力越发壮大，这是朝廷极其不愿看到的。

郗超，的确是桓温一生中最可靠、最忠实的追随者。

挺进枋头——慕容暐惊慌失措

东晋太和四年（369），桓温率五万人马北伐前燕。

此次战争，桓温的目的是尽可能地立军功、刷声望，为后来的篡位铺平道路。正如《晋书》所言："（桓温）复欲立奇功于赵魏，允归望于天人；然后步骤前王，宪章虞夏。"

东晋朝廷的很多人，都看出了这点，所以桓温仍然得不到后方的支持。甚至说，朝廷更希望桓温作战失败，好看他的笑话。王仲荦先生在《魏晋南北朝史》一针见血地指出："东晋统治阶级内部矛盾——荆、扬之争的持续与扩大，牵制着桓温，甚至破坏桓温的北伐，成为他北伐不能获得胜利的主要原因。"

有鉴于首次北伐时，在后勤补给方面的缺失，桓温这次使用漕运来输送粮食。漕运省时又省力，但缺点也很明显，一旦河流水位变浅，依赖河流水量的运输船便无法航行。为此，桓温做了充分的准备：四月出兵。春夏季雨水充沛，河流水量上涨，问题迎刃而解。

桓温分兵两路，自己带主力部队沿泗水乘船，从彭城（今江苏徐州）北上，利用十年前荀羡、诸葛攸所开通的泗水——济水河道驶入黄河，直逼邺城。同时，他又让豫州刺史袁真率领部分人马从寿春出发，沿西线汴水攻击河南地区，以便于开通汴水航道，为桓温的主力部队开通第二条漕运。

郗超第一时间就提出疑问：汴水太浅，恐漕运不通。这一次，桓温没有听他的话，仍令袁真率军西进。他相信天公不会不作美。

第一战，晋军攻克湖陆，生擒前燕守将慕容忠，喜迎开门红，但桓温却高兴不起来。真的很不巧！这年六月，天气干旱，迟迟不肯降雨，导致泗水、济水支流水浅，船只无法驶入济水与黄河。

真是老天都不帮桓温！在黄河与淮河之间的青州、徐州、兖州（此时的桓温处于兖州地界）在气候上同属暖温带半湿润大陆性季风气候，夏季炎热多暴雨，冬季寒冷干燥，秋季雨水较少。正值盛夏，遇到了干旱，确实很反常。

怎么办？桓温不会轻易认输。他决定重新挖一条河道，引汶水来入清水，保证漕运的畅通。这条河道，被后世称为"桓公渎"。

郗超再次提出疑问：对方不和我们交战，其中或许有诈，要是他们截断漕运，我们前线可就没有粮食吃了。

紧接着，郗超提出两条不同的策略。

策略一：放弃漕运，抓紧时间，强渡黄河，奇袭河北，直趋邺城。这个方案出其不意，慕容暐必然被我们的气势所震慑，向北逃跑。纵使他有胆出城交战，也可以立即决出胜负。至于粮食，河北人口密集，就地取粮还有问题吗？

策略二：主力部队驻守于此，依托漕运输送粮食，在黄河南岸建立军事基地，储存物资。等到明年此时进攻，便完全不用担心粮食的问题。虽然时间延后了一年，但可保万无一失。

同时，郗超心存隐忧：如果现在不采取这两个方案，一旦战争拖延到冬天，河流水量减少，漕运可就完全无法使用了。并且北方寒冷，我们又没有棉衣。到时候，问题就不仅仅是没有粮食了。

应该说，郗超的第一条策略比较冒险，在古代战争中，但凡"奇袭"，就没有不冒险的。第二条策略则较为稳妥。

其实两种完全不同的策略，都不失为良策，郗超竭尽自己的智慧，一心辅佐桓温。他要做的，是桓温手下最优秀的谋主。

尽管郗超"能令公喜，能令公怒"，桓温却选择了相信自己，因为这是他一生最重要的战争。于是郗超的两手方案，都被无情地否决了。

一则，桓温生性不敢冒险，对于第一条方案他不会过多考虑，第一次北伐前秦的教训，他仍然历历不忘——当初也是打定主意去抢粮食，结果被苻健用"坚壁清野"的策略摆了一道。因此，他这次北伐采取两路并进，用两条漕运确保后勤供应的战略。二则，桓温可能担心自己年事已高，等不起这一年，所以也不考虑第二条方案。

桓温专心挖着河道，前燕岂能坐视不管？

慕容厉带着两万人马，在黄墟与晋军交战，进入状态的桓温杀得对方全军覆没，慕容厉勉强单骑逃跑。与此同时，傅末波率领的燕军在林渚也遭到了晋军的迎头痛击。

至于前线总指挥乐安王慕容臧，根本抵挡不住桓温凌厉的攻势。就在黄河以南的局面濒临崩溃时，有人，或者说墙头草，适时地在伤口上撒了一把盐——前燕高平太守徐翻主动投降桓温献出城池，原兖州刺史孙元起兵造反，响应桓温。

情况紧急，慕容暐、慕容评十分沮丧，他们甚至已经开始在盘算着放弃河北，跑回自己的东北老家！

北伐的形势一片大好，桓温的心情如沐春风。

我见青山多妩媚，料青山、见我应如是！这大好的河山啊，就让我用最短的时间收复你们吧！

这一头，晋军高歌猛进，但那头的"桓公渎"却挖得不太顺利，总共用了三个月，才将约一百里的河道挖开（关于晋军开凿河道所用的时间和河道的距离，《晋书》有一个月和三个月，一百里和三百里两种前后矛盾的说法。此处参考李硕《南北战争三百年》中的分析数据）。

直至九月深秋，桓温的舰队方才驶入黄河，登陆距离邺城最近的渡口——枋头。

他终于决定对前燕发起最后的攻击。

扭转乾坤——慕容垂临危受命

枋头，今河南省浚县，距离邺城仅二百里的路程，按正常的行军速度，两天就能到达。

这于前燕来说，已然万分危急。就在慕容暐、慕容评卷铺盖准备跑的时候，慕容垂站了出来。

"臣请击之，若战不捷，走未晚也！"

笔者每当读到慕容垂这句话时，脑海里总会浮现出影视剧《天龙八部》里，萧峰出现的场面——在最危难的时刻，及时出场，以及那令人振奋的背景音乐。

在听到这句振聋发聩般的请命话时，慕容㻞似乎被惊醒了：局势远没到放弃的地步！

随后，慕容㻞任命慕容垂为前线总指挥，率领五万军队与慕容德一起迎战。另外，慕容㻞还派使者去前秦求救，许诺将虎牢关以西——洛阳以及周边之地——割让给前秦。

看得出来，慕容㻞这次是暂时放下了以前的隔阂，但也只不过是"暂时"而已。至于完全放下、一笔勾销，那是不可能的，这辈子都不可能。

好了，一生无败绩的慕容垂临危受命华丽出场——桓温，你颤抖了吗？

高手过招，完全不需要什么花拳绣腿，仅凭致命一击便足以逆天改命。有道是"挖树要刨根，打蛇打七寸"，桓温的七寸，就是那条脆弱的漕运！

确定了大方向，剩下的事就好办了：慕容垂命李邦领五千人截断桓温的粮道，同时命慕容德领一万人驻守黄河南岸的石门，抵挡西线晋军袁真的进攻。

桓温身在河北，掌控不了河南的战局，寄希望于袁真在西线能够及时开通汴水航道作为第二条漕运。袁真顺利地攻克了谯郡、梁郡，但始终无法拿下黄河流入汴水的入水口石门——慕容德已在这里等待多时。

晋军粮道受阻，整个局势开始扭转。

就在这时，长安城内的苻坚收到了慕容㻞的求救信，随后就此事在东堂里组织廷议。救还是不救？大家的思想高度统一，意见完全一致：不救！

理由很简单：当初桓温打我们的时候，都推进到了灞上，前燕也没管我们。现在风水轮流转，桓温打到他们家门口了，我们凭什么救他们！在家当观众，看他们的笑话，难道不好吗？此外，前燕又没向我们称蕃，我们也没理由救他们啊。

政治、军事的决策，最要不得的就是意气用事。

这一点，王猛洞若观火。

散会后，王猛单独对苻坚分析："桓温这么打下去，若是灭了前燕拿下了中原，那我们就没多少机会了。与其如此，不如出兵帮前燕赶走桓温。先保住元气大伤的前燕，然后我们在趁机独吞前燕，不亦善乎？"

事实上，王猛的担心不无道理。要不是因为慕容垂有担当，桓温真的只差一点就成功了！

历史容不得"差一点"。差之毫厘，往往就会失之千里。北伐前秦时出现的问题再一次摆在了晋军面前，而桓温的老毛病又犯了：是观望一段时间，还是继续保持推进的步伐？桓温开始纠结。

思考之后，桓温让投降的段思做向导，燕将悉罗腾与晋军交战，活捉了段思。桓温又让李述带兵巡行过去的赵、魏之地，在半路遭到了悉罗腾的攻击，李述当场阵亡。

前线小规模的遭遇战频频失利，似乎很难找到突破口，后方补给又送不到前线。看着天气逐渐变冷，郗超的担心一步步地变成现实。就在桓温进退维谷之际，传来了一个他最不想得到的消息：前秦出兵支援前燕了，苟池、邓羌领步骑两万，从侧翼包抄过来。

桓温明白，再继续耗下去，到时候想走也走不了了。

全军撤退。这是桓温不得已做出的决定。

襄邑决战——桓温垂死挣扎

为何会是这样？

前秦的出兵无疑是压垮桓温的最后一根稻草。桓温当然明白，这不仅仅是两国的交战，更是三方的博弈！第三方前秦的态度往往会影响整个局势。左右前秦态度的关键人物，正是桓温曾经邀请过的人——王猛。

王猛远在长安，寥寥数语，却给了桓温一记最响亮的耳光，逼着他转身逃跑。倘若王猛一直在桓温身边，那局势会不会不一样？桓温是否还会像今天这样步履蹒跚？前秦内部，真正想支援前燕的人只有王猛，以桓温的眼光难道会猜不出来吗？

一切的一切，桓温已无暇去后悔，怎样才能安全撤退，是他首先要考虑的问题。

渡过黄河后，因为河道日渐水浅，船只行动迟缓，桓温选择从陆路步行撤退。船只尽数烧毁，辎重、铠仗也只能丢弃。由于慕容垂的骑兵随时都可能追到眼前，桓温必须打起十二分的精神来防备。被前秦追杀的教训记忆犹新，他可不想再重蹈覆辙！

精锐断后，整个部队行军有序，丝毫看不出任何慌乱，时刻等待着慕容垂的下一招……

得到的结果令桓温十分意外：燕军连个人影都没有！这几乎是桓温最近得到

的最好的消息了：原来前燕都是一群尿包！被自己打怕了，不敢来追！

真是这样吗？

黄河北岸那头，前燕诸将看到桓温撤退后，纷纷额手称庆，如释重负。

终于顶住了，绝对不能放桓温跑了！这口恶气已经忍了小半年了。追，必须追！之前丢的面子，一定要找回来。大家的目标非常坚定，士气非常高昂，斗志非常旺盛，那还犹豫什么？慕容垂，赶快下命令吧。

面对一双双殷切的眼神，慕容垂依然保持着清醒的头脑，铿然道："不可！"

"温初退惶恐，必严设警备，简精锐为后拒，击之未必得志，不如缓之。"桓温做的工作，慕容垂也早就想到了。

"彼幸吾未至，必昼夜疾趋，俟其士众力尽气衰，然后击之，无不克矣。"慕容垂打算来一出欲擒故纵。桓温跑得再快，也只有两条腿，他还想跑过四条腿的马？

打定主意后，慕容垂仅仅带着八千骑兵慢慢尾随其后，始终与晋军保持着一定的"安全距离"。他在等待对手"昼夜疾趋，力尽气衰"的时候。

这下轮到桓温出牌了。

目前暂时没有人来追赶，那还有必要让大家继续紧绷神经、如临大敌吗？要知道，粮食马上就要吃光，前秦的军队逐渐逼近——即使他们只是在观察形势。哪怕他们未必真心帮助前燕，却仍是不可忽视的一股力量。

形势所迫，尽快撤退！

那就跑吧，同志们，逃命吧，有多快就跑多快，身后不会有危险，等到了安全地带，我们再做休整。终于，高度紧张的神经松弛了下来，晋军开始日夜兼程赶路。

好！慕容垂等的就是这一刻！几天后，慕容垂告诉大家："温可击矣。"

燕军开足马力全速追击，最终在襄邑（今河南睢县）追上了晋军。慕容德的四千骑兵早早地在此埋伏，与慕容垂前后夹击桓温。此时的晋军士气低落，短时间无法调整到战时状态，加上一路长途跋涉——走了七百里路——已经疲惫不堪，根本无力抵抗求战欲望强烈的前燕铁骑，很快全线崩溃，阵亡三万人。

一开始桓温只带出来五万多人，岂知这一战就被慕容垂吃掉一半以上的兵力！

屋漏偏逢连夜雨。桓温好不容易杀出重围，刚要喘口气，又碰到前秦的军队了。

原来，前秦的苟池、邓羌看见大局已定，才开始"履行盟约"。此时，晋军已经个个灰头土脸，完全没有战斗力了。秦军痛打落水狗，轻松又愉快地刷了桓温一波经验，晋军又留下了数以万计的尸体。

此战过后，桓温已经不满万人，几乎全军覆没。《晋书·五行志上》真实记载了这次战争的损失："（太和）四年桓温北伐败绩，十丧其九。"

桓温的这次北伐，以虎头蛇尾、彻底失败的结局收场。从此以后，桓温再也不对北伐抱有任何的信心与勇气，他将所有的注意力，都投入他的终极梦想——九五之尊。

第二节　一个是背锅侠，一个是亡命人

袁真：这口锅好沉啊！

枋头之战后，东晋、前燕双方，都有人为这场战争的结果买单，他们是袁真、慕容垂。

咱们先来看看袁真。

铩羽而归的桓温深以为耻，心里还打起了鼓：遭受这么大的失败，总要给朝廷个说法吧？于是，他把罪责都归咎于袁真，奏请黜免袁真为庶人。此外，冠军将军邓遐也有"不可推卸"的责任，也应该被免职。

需要思考一个问题：对这场战争的失败，袁真负有责任吗？

答案是肯定的。一开始，桓温安排袁真在西线疏通汴水河道，开通第二条漕运。但是袁真却没有完成这项任务，继而导致桓温主力粮食匮乏，撤退时遭受失败。

但是，凭良心说，桓温把所有的责任都推给了袁真，无疑是在"甩锅"。

首先，慕容垂算准了袁真的意图，提前安排慕容德去把守石门这一关键的黄河河口处。慕容德的军事才干虽不及慕容垂，但也绝非等闲之辈。由于他提前做好了准备，所以这位将来的南燕开国皇帝，完全有可能制住袁真的行动。再说，你桓温都在襄邑吃过慕容德的亏，凭什么又让袁真打赢慕容德？难不成，特意让袁真去给慕容德送经验？

其次，就算成功驱逐了慕容德，袁真就一定能在短时间内疏浚汴水，顺利打通第二条漕运？不妨来对比一下四十多年后的一场战争——刘裕的义熙北伐。

刘裕制定的战略和桓温如出一辙，也是开通泗水和汴水两条河道，通过漕运补给前线。虽然石门早早就为晋军所制，但汴水河道迟迟无法打通。不得已，刘裕只能舍近求远，走泗水，从黄河下游逆流而上，一路还不断地被北魏骚扰。

那么，刘裕开通汴水河道，总共用了多长时间呢？整整一年。从公元412年十月拿下石门开始，直到公元413年十二月战争结束刘裕返回彭城时，汴水才完全畅通。

这不仅仅是开掘石门水口这么简单，《水经注·汳水》中有载："晋义熙中，刘公遣周超之自彭城缘汳故沟，斩树穿道七百余里，以开水路。"从彭城到石门七百多里，树木丛生，晋军还要不停地砍树、清理河道……

四十年前的袁真，遇到的困难可能比这要小一些，但要他在短时间内开通汴水是不太可能实现的。况且，桓温北伐的整个夏天，几乎没怎么下雨。天公不作美，奈何、奈何？

至于战争失败的真正原因，郗超之前已经分析得很透彻了。主要责任人还是桓温自己。

这么大一口黑锅给了袁真，袁真表示不服。他认为这是桓温在诬陷自己，因此他忙向朝廷上表陈述桓温的罪状。但胳膊拧不过大腿，袁真毕竟势单力薄，他的奏章如同笔者上学时给隔壁班女生的情书一样，石沉大海、杳无音信。

遇到了不公正的待遇，袁真气得肺都要炸了，冲动之下直接反了。此时，他占据寿春，同时向前燕、前秦请求援助。当然，给前燕的信上得加上一条：我投降。

桓温逼反袁真，自然得去摆平这事，暗道：先前败得太难看，现在正好找回面子！

此时的桓温，已经完全失去了理智。他不会去自贬三等，承认错误。相反，他只会一错再错，把这些错误强加给别人，让更多无辜的人给他的错误买单。

求助秦、燕，袁氏紧守孤城

数日之内，桓温征发了徐州、兖州的百姓修筑广陵城，打算以广陵城为据点，平定占据寿春的袁真。史载，"时征役既频，加之疫疠，死者什四五，百姓嗟怨"。修筑广陵城的老百姓死了将近一半。可是桓温完全不在乎的，他只在乎后世对他的评价和看法。

当时，东晋秘书监孙盛把事情的原委都如实写在了他的著作《晋阳秋》里。史称《晋阳秋》"词直而理正，咸称良史焉"。桓温看到后气愤不已，他威胁孙盛的儿子说："我在枋头确实失利了不假，但哪至于像你父亲所说的那样惨！如果这本书流行下去，我灭了你们全家！"孙盛的儿子只能谢罪，请求回去修改。

在路上，他绞尽脑汁，想尽办法，找一个可以说服其父的理由。

孙盛家教严格，作风正派，为人处世恪守准则。此时他年老居家，儿子们也都头发半白，岁数不小了，可孙盛对他们的要求更为严厉。听到桓温的威胁后，孙盛盛怒不许，表示：修改《晋阳秋》？门都没有！

儿子们一起痛哭叩首，请求老爷子为一家百口人的性命考虑一下。孙盛越听越气，坚决不答应！这种坚决的态度，与春秋时期拒为崔杼粉饰的史官们倒有得一比。现如今，孙盛的身上，自有一股傲世独立的魏晋风骨。

孙盛的儿子没办法，只能越俎代庖，自己私下修改。由于孙盛此前已抄好了一本，并传送到了别的国家，等到桓温死后，这两个版本的《晋阳秋》都流行起来，可惜如今已然失传，我们无法见到《晋阳秋》的原貌。

终于，在东晋百姓付出了惨重的代价后，广陵城筑好了。

东晋太和五年（370）二月，袁真病逝，其子袁瑾秉承父志，继续防守寿春。前燕、前秦所派来的援兵被击溃了。接下来，桓石虔攻下了寿春的南城，袁瑾的处境越发艰难。

五个月后，桓温从广陵出发，亲自率领两万军队讨伐袁瑾，将寿春城团团围住。袁瑾再次派人向前燕求救。岂知，前燕的援军已经赶到淮河边上，又被召回去了。

袁瑾没办法，遂在次年（371）正月求救于前秦。符坚应允了，立刻派张蚝、王鉴率领两万人马救援袁瑾。到达淮河流域后，王鉴占据洛涧，张蚝屯兵八公山。

历史的吊诡之处令人称奇，从后事看来，寿春之援很像是 12 年之后淝水之战的预演，战争的一些细节十分相似。这一次，桓伊、桓石虔夜袭秦兵，导致秦兵大败，被迫后撤。

失却外援之后，寿春彻底成为一座孤城。就在秦兵撤退的当月，桓温攻陷了寿春，平定了由他自己引起的内乱。

这里有个问题，前燕最后一次援助袁瑾，为何都走到淮河边上了，却又回去了呢？

因为此时王猛已带兵打到了邺城，前燕自顾不暇，哪还有心情去救袁瑾？现在，让我们再次把视线转移到中国北方，看看枋头之战对慕容垂人生选择的影响。

人为刀俎，我为鱼肉

对于慕容垂在枋头之战中的表现，《晋书》评价道："慕容垂天资英杰，威震本朝。"很显然，唐人对慕容垂的军事水平，那叫一个心服口服。可慕容垂在前燕得到的"待遇"，却是无穷的嫉恨。

当大获全胜的慕容垂回到邺城，拿着功劳簿来请功时，太傅慕容评选择无视。说来也好笑，先前吓得要跑的人，竟然不认可慕容垂立下的大功。他把慕容垂的奏章全部按下不办。遭到这种不公待遇，慕容垂当然不能忍受，两人马上在朝堂争吵起来。

以慕容垂的修养，本来不想吵架的，但是，想想手下将士殷切盼赏的眼神，想想自己多年来的委屈，慕容垂忍无可忍。他与慕容评的矛盾已经积压了多年，最后还是爆发了。

但这也只是爆发，而不是了断。直到二十多年后，在一场血腥的屠戮中，双方终于做了个了断。（详见第三卷）

眼下，太后可足浑氏已开始与慕容评密议铲除慕容垂的事情了。从某种意义上来说，慕容垂的遭遇，比背锅侠袁真还惨。他太冤了，太难了。

庸者当道，只手遮天。有功不仅不赏，还要杀功臣。须知，若非慕容垂主动请缨，现在慕容评的脑袋还不知在不在他身上呢。

这就是慕容垂不得不面对的政治环境。

关于可足浑太后，有必要补充说明一点。

自从慕舆根死后，慕容恪执政，可足浑氏在史书中"消失"了。从公元360年到367年，完全找不到关于可足浑氏的任何记载。学者李海叶在《慕容鲜卑的汉化与五燕政权》一书中认为，慕舆根叛乱被杀，以及可足浑氏退出政治舞台，直到慕容恪死后再度临朝听政，可以证明在慕容恪执政期，可足浑氏被慕容恪禁锢了。

得到风声的慕容楷和兰建，赶忙给慕容垂通风报信。他俩一个是慕容恪的儿子，一个是慕容垂的舅舅，自然不能坐视不理。他们也很为慕容垂鸣不平，甚至建议慕容垂动手除掉为首的慕容评和慕容臧，然后把持朝政。

万料不到，处于绝境中的慕容垂，却保持着冷静而又稍显迂腐的立场——不能骨肉相残，我宁死也不当这个领头作乱的人！

慕容楷、兰建无语了，不久后，两人又来报信："可足浑氏已经下定了决心，要对我们动手了！留给我们的时间已经不多了。"

慕容垂仍然不肯松口："如果一定不能消除隔阂的话，我宁愿到外边去躲避他们。至于其他的方案，没有商议的余地。"

说实在的，论人品，慕容垂绝对是那个时代的璞玉。可现在不是需要讲人品的时候！这不是"唾面自干"以示度量的问题，而是一把刀子将刺入你心脏的问题。

人为刀俎，我为鱼肉，怎么办？

世子慕容令看出了慕容垂的心事，一语道破："阿父面有忧色，是不是担心功高望重，却越发被猜忌啊？"慕容垂对这突如其来的问话有些意外，意外之后转而暗喜！

意外在于，他本不打算告诉家人，却被儿子看出来了；惊喜在于，他忧心忡忡无计可施之时，世子居然能够给他指明了一条出路——回龙城。

如今的龙城，虽不复有都城的气象，但却是慕容氏后方的根据地，有着充足的军事储备，其地位也十分突出。此外，慕容氏即使入主中原，君主和后妃死后仍要归葬龙城。比如说，已逝的慕容儁，以及后来慕容垂、慕容宝、慕容盛、慕容熙等帝王死后都回归龙城安葬。

不难看出，龙城的政治意义，依然不容小觑。

慕容令条分缕析："要保全性命，还要不失大义，最好的办法就是回龙城。只要能够平安到龙城，就可保得一家平安。届时，咱们再向他们谢罪。他们能原谅我们最好，我们还可以再回来；如果不能宽恕我们，那就'内抚燕代，外怀群夷'，守住险要的地方——独立一方，也是可行的办法。"

退一万步想，即便像当年慕容仁那样闹独立，也不失为一条出路。当然，尽量不要和对方起冲突，这一点就不必学慕容仁了。

慕容垂：归秦本非吾愿！

听罢这话，慕容垂心中燃起了一簇火焰。这一瞬间，他看到了出路，看到了希望！

希望的焰光，来自他最倚重的儿子。慕容令察言观色、敢想敢为、高瞻远瞩、见解独到，绝对是可塑之才。值此乱世，若无一个优秀的继承人来接班，先前开拓者的努力恐怕都是给别人作嫁衣。

远的且不说，只看刘渊、石勒、石虎、慕容儁就知道了。例外倒也有，苻健的继承人——苻生。不过，生哥虽说没有亡国，但真要随着他的性子杀下去，指不定桓温哪天再来打他。

本来慕容垂已经照着慕容令的意思去干了，他借口打猎逃出邺城，准备向龙城进发。

可令他意外且气愤的是，胸中的火焰还未来得及熊熊燃烧，就被一盆冷水浇灭了。

这个泼水的人，竟然是他的小儿子慕容麟。

原来，慕容垂还没走多远，那个混账儿子便跑回去告状了！

听说过坑爹吗？慕容麟便是了。背叛父亲，是不是事出有因呢？其母是谁，史无明载，但我认为很可能是可足浑太后的妹妹，否则我们无法理解，慕容垂后来会因慕容麟背叛他之故，而杀死他无辜的母亲。（"垂从坚入邺，以其子麟屡尝告变于燕，立杀其母。"）

最符合逻辑的猜想便是：慕容垂讨厌小可足浑氏→慕容垂不喜欢小可足浑氏的儿子慕容麟→慕容麟怨恨老爸、亲近老妈，是可足浑太后一系的人→慕容麟背叛老爸→慕容垂不肯原谅慕容麟，但没有杀他的想法（毕竟是自己的娃）→慕容垂回到邺城后，为了出气杀死了小可足浑氏。

如果如此，不能简单地把慕容麟判为逆子。想他懵懵懂懂来人世一遭，无端地被扯进恩怨是非之中，他也十分无辜。慕容垂很难把他和其他儿子一视同仁，想爱也爱不起来。故而，在这琼瑶剧式的五味杂陈的情绪发酵场里，慕容麟终让他的父亲付出了代价。

当然，以上所述只是笔者的猜测。至于慕容麟背叛父亲的原因，也只有当事人才明白了。

听说了这件事，太傅慕容评立刻派人追击，慕容垂的亲信大多四散而逃。慕容令亲自断后，虽然追兵不敢逼近，但是去龙城的计划已宣告流产了。

慕容令再次向慕容垂建议：投奔前秦。这真是不得已的办法，此时此刻，慕容垂的思绪回到了三十多年前伯父慕容翰的身上——慕容翰因慕容皝的猜忌而投奔段氏鲜卑。慕容垂的才能、经历，乃至人品，以及所受的猜忌，与慕容翰何等相似！

但慕容垂不想就这么死去，不想当第二个慕容翰！

所以他选择的道路……不好意思，还是要走慕容翰的老路：去敌国避难。

只是慕容垂不知道，他这一去，时间更为漫长，经历也更加曲折。

散骑灭迹，杀白马祭天，与大家对天盟誓。在慕容垂最落魄的时刻，这批热血的追随者依然对他抱有信心，相信他最终能够走到人生的顶点。

跟随慕容垂投奔前秦的人有：段夫人、长子慕容令、慕容令的弟弟慕容宝、慕容农、慕容隆、慕容恪的儿子慕容楷、舅舅兰建、郎中令高弼。

毫不令人意外的是，可足浑太后的妹妹以及慕容麟没有出现在这份名单中。

百般磨难，方才逃到前秦。慕容垂总算松了一口气，他本以为脱离危险之后，就可以安顿下来，没承想，一场更大的危机正悄悄降临。

第三节　王猛的阴谋——金刀计

慕容垂父子，譬如猛虎

有时候，我们努力做一些事情，效果总不尽如人意，可谓运势不佳。时运不济，命途必然多舛，就比如慕容垂，刚刚击败桓温，正要起势，却被逼外逃。所谓"时来天地皆同力，运去英雄不自由"，相反，一旦时来运转，万事万物都能帮忙，连走路的时候，都有可能会被天上掉下的大红包砸中。

"大秦龙兴化牟古圣"瓦当，官府用瓦，赵培摄于中国国家博物馆

长安城内，苻坚正思考着灭前燕的计划。

由于慕容垂战神一般的存在，苻坚迟迟无法找到突破口。可就在他郁闷之际，突然得到消息：慕容垂主动来投奔了！

什么叫心想事成？什么叫事遂人愿？苻坚被这个红包砸得有些眩晕，这种事做梦都能笑醒吧！

这就好比原本一场势均力敌的拔河比赛，一方力气最大的人，被自己人逼得撂了挑子，直接跑到了对面使劲，于是这种平衡瞬间被打破。

当然，慕容垂高风亮节，远非某些人的人品所能比。

前文说过，苻坚求贤若渴。他亲自到郊区，热切地接待远道而来的慕容垂。

拉着慕容垂的手，苻坚动情地说："天生贤杰，一定会在一起干出一番大事业。这是上天要让我们一起平定天下。到那时，我会把你的故国归还给你，世

361

代封居幽州，使你离开故国不失子之孝顺，归依朕下也不失掉事奉君主的忠诚，这不也是很好的事情吗？"

除了慕容垂，苻坚对慕容垂的儿子以及侄子慕容楷也是赏识有加，给予高官厚禄、丰厚赏赐。有意思的是，长安的老百姓听说后，也都前来仰慕慕容垂。

在苻坚沉浸于巨大的喜悦中时，王猛说出了自己的看法与担忧："慕容垂父子，譬如猛虎，非可驯之物，若借以风云，将不可复制，不如早除之！"

一旦让慕容垂父子咸鱼翻身，就没人能制伏他们了，不如早点将他们除掉。

苻坚依然表现出了博大的胸怀，慨然道："吾方收揽英雄以清四海，奈何杀之！"

这句话表面看上去没有什么毛病，但问题是，你接收慕容垂"以清四海"？你想让他灭他自己的国家吗？他若真能下得了手，以后要灭你前秦也会毫不犹豫。你若不用他灭他自己的国家，又留他何用？

如果开启上帝视角，结合淝水之战后的历史，可以验证王猛的想法完全正确，早点杀死慕容垂，可能真就没那么多事了。

那么，苻坚不杀慕容垂，真的没有问题吗？就眼下而言，问题不大。

苻坚和王猛，之所以意见相左，是因他们所站的立场不同，因而看问题的角度也不一样。

首先，王猛绝非是嫉贤妒能之辈，他一直不遗余力地为前秦挖掘人才，"拔幽滞，显贤才""无罪而不刑，无才而不任"，其功之大可谓居功至伟。

其次，王猛并不担心慕容垂成为苻坚身边的红人，进而取代他。以他与苻坚的密切程度，可以说是古代君臣之间的典范，任谁也取代不了他的地位。

然而，身为前秦的宰相，王猛所做的一切都只有一个出发点：防微杜渐，阻遏一切可能导致分裂的因素，加强中央集权，进而寻求更大的统一。但是，慕容垂的身份以及能力，太过于特殊。

如果慕容垂真有机会造反，只要他振臂一呼，以他的号召力，无数支持者都会如蚂蚁般聚拢过来，"掎拔而倾山岳，腾啸而御风云"，局势将完全不可控！

想到这一幕，王猛睡不着觉啊。

苻坚站在了帝王的角度上，选择了优待慕容垂。试想，人家走投无路来投靠你，你却把人杀了，那以后谁还敢向你投降？谁还敢卖主求荣？这不仅对苻坚的个人声誉有不好的影响，更会增加灭燕行动的阻力，激起前燕的抵触情绪。

并且，苻坚还有一个说不出口的难处。胡三省在给《资治通鉴》作注时，曾分析道："石虎之不能杀蒲洪，犹苻坚之不能杀慕容垂、姚苌也。"自西晋灭亡以来，北方国家大多都有拉拢和依赖非本族的其他少数民族上层分子的传统，前秦也不例外。所以，苻坚自然希望慕容垂会对他忠心，即便是对方不得已来投奔。

那么，慕容垂是否会忠心于前秦呢？

关于这个问题，王猛用自己的实际行动来"证明"给苻坚看。

对，是做给苻坚看的。

司马光吐槽王猛，所为何事

此时的苻坚，满脑子都想着对前燕用兵。他已经没有任何顾忌了，甚至连理由都是现成的：之前桓温北伐，前燕许诺割地为报酬，如今桓温刚走，慕容暐就反悔了！

无义之人，不打你打谁？你不给，我就直接硬抢。

前秦建元五年（369）十一月，慕容垂来奔，隔月苻坚就出兵伐燕——可见他是有多么迫不及待。这一次，他先派王猛、邓羌、梁成带三万人攻打洛阳。

王猛提出让慕容令作为向导。这个做法看上去没什么蹊跷之处，毕竟慕容垂父子是从那个方向过来的，熟门熟路。慕容父子也不觉有诈。

话说，自从慕容垂来了长安，很多人慕名前来拜访。因王猛在行前，也来找慕容垂喝酒。想想看，人家宰相拨冗而至，这是给足了面子，推，是不可能推得掉的。

又是酒桌。中国人，特别会利用这酒场，去办成一些事情。甚至说，有了酒，会事半功倍。因此中国人有着一套独特的"酒文化"。譬如，桓温一句"京口酒可饮，兵可用"就搞定了京口的兵权；赵匡胤来了一出"杯酒释兵权"就吓得大家纷纷告老还乡（另有内情，在此不论，可参看拙作《赵宋王朝双城记》）。

但同时，因酒招祸的人又何其多。比如，王敦在酒宴上被温峤耍得团团转；王弥在石勒的酒局中丧命；司马炽在给刘聪倒酒时，因不懂变通，终致杀身之祸。同样的身份，同样的场景，刘阿斗端着酒杯，哼着小曲，说着"此间乐，不思蜀"，保住了自己的小命。

即使到了当代，出去谈业务，做生意，各种各样的应酬，不也都需要酒吗？

王猛的计划，也离不开酒。

酒过三巡，菜过五味，王猛与慕容垂立刻成了知无不言的"好朋友"了。好到了什么程度？王猛说出了肉麻兮兮的话："今当远别，何以赠我，使我睹物思人？"

363

如果说王猛是在"佯醉"的状态下说的，笔者还可以理解。《资治通鉴》偏偏写，王猛说这句话的时候，是"从容"地说。

王猛这么"从容"地要东西，慕容垂显然是糊弄不过去啊！

不就是去打个洛阳吗？打得快两个月就回来了，打得慢也就半年时间，又不是情人间缠绵悱恻你侬我侬的生死离别，还用得着"睹物思人"吗？只是一场酒的工夫，就可以发展成这样？

也只有置身酒场，才能这样吧！换成别的场景，估计王猛断难说出这种毁三观的话。

听了王猛这话，慕容垂随手一摸，把自己随身携带的佩刀给了王猛。

也许慕容垂真的以为王猛快醉了，下一步甚至可能要和自己拜把子，只好把佩刀给了他。

事后，王猛拿着慕容垂的佩刀，带领部队来到了洛阳后，立刻展开自己的行动。

他把佩刀给了之前花重金收买过来的一个慕容垂的亲信，让他拿着佩刀去忽悠慕容令，假传慕容垂的口信，对慕容令说："我们父子来秦国避难，没想到王猛一直憎恨排挤我们，天天说我们坏话。苻坚表面和善，内心怎么想我们谁都不知道。大丈夫逃避死难而最终却不能幸免，将被天下人耻笑。我听说燕国对我们的离开已经后悔了，太傅和太后都已经开始懊悔。我现在就启程返回燕国，特地过来告诉你。你有机会赶快也跑吧！"

对于这套说辞，慕容令将信将疑。

本来没有任何消息，这怎么突然就要回国？太突然了！可是，明晃晃的佩刀，又是慕容垂多年的贴身之物，不可能是假的。出兵在外，无法去核实消息的真伪，该选择相信吗？犹豫了半天，慕容令还是决定相信。不多时，他带着以前的亲信，声称打猎，实则东奔前燕。

慕容令临阵叛逃！王猛一纸诉状传回了长安。

慕容垂得知此事后，立马逃跑。他不晓得慕容令那边到底是出了问题，还是有其他隐情，但他"叛逃"的消息肯定错不了！如今他父子已被扣上了燕国卧底奸细的帽子，百口莫辩之下，只能跑。

不怕你跑，就怕你不跑。哈哈哈！——王猛心中狂笑。

他早就安排好了，就等鱼儿上钩呢。这不，慕容垂刚跑到蓝田（今西安蓝田），就被追兵逮着了。这下实锤了！慕容垂畏罪潜逃！

证据确凿，不给慕容垂任何反驳的机会。王猛已经竭尽所能，把慕容垂父子的"真面目""证明"出来了——符天王，这下你心里也应该有杆秤了吧？

那一刻，慕容垂是绝望的。没想到，无论他走到哪里，都有人处心积虑，欲将他除之而后快。他没有做错什么，凭什么要忍受巨大的屈辱与痛苦？

死了，会不会是一种解脱？或许，在回去的路上，慕容垂已做好了受死的准备。

只是上天还没有把他逼到绝路，慕容垂一生最大的幸运是遇到了符坚。

符坚与王猛共事多年，岂能看不出这都是王猛的把戏？面对狼狈万状的慕容垂，符坚再一次展示了自己的宽大胸怀，他好言安慰慕容垂，对慕容令的"叛逃"，符坚说他不忘本国，还念旧土罢了，人各有志，也是没有办法的事情。况且父子兄弟，罪不相及。

因此，对于慕容令叛逃之事，符坚不予追究，而后如往常一样对待慕容垂。

总的来说，王猛的阴谋没有成功，或者说，只成功了一半。

写至此，《资治通鉴》的总编司马光是真的看不下去了，他忍不住吐槽王猛："昔周得微子而革商命，秦得由余而霸西戎，吴得伍员而克强楚，汉得陈平而诛项籍，魏得许攸而破袁绍；彼敌国之材臣，来为己用，进取之良资也。王猛知慕容垂之心久而难信，独不念燕尚未灭，垂以材高功盛，无罪见疑，穷困归秦，未有异心，遽以猜忌杀之，是助燕为无道而塞来者之门也，如何其可哉！故秦王坚礼之以收燕望，亲之以尽燕情，宠之以倾燕众，信之以结燕心，未为过矣。猛何汲汲于杀垂，乃为市井鬻卖之行，有如嫉其宠而谗之者，岂雅德君子所宜为哉！"

司马光对王猛的做法嗤之以鼻，认为这不是君子所为，反倒像是市井叫卖者的欺骗手段。

在政治斗争中，从来都没有什么"雅德君子"之说，尽管王猛的做法很卑劣。笔者无意去为王猛洗白，如前所析，他并非嫉贤妒能之辈。为了一国之安，王猛视名声为无物。兴许，他从来就不想做"雅德君子"。

在此，还有一个问题值得思考：王猛想杀慕容垂，应该不难吧？直接让慕容垂跟着出征洛阳，在军队里放暗箭不好吗？或者找个通敌叛变的理由，抑或再喝一场酒，二百刀斧手提前埋伏好，待王猛摔杯为号……为何，他要绕这么大的圈子，用这么多的阴谋诡计，才搞了一出并不完全成功的闹剧？

王猛杀人，从来都不是随心所欲地杀。死在他刀下的人，都是经过了符坚的同意；符坚想杀却又不忍心去杀的人，基本都是王猛在操刀主持；符坚铁了心不想杀的人，比如说慕容垂，王猛从未越俎代庖！

　　王猛，从不会违背苻坚的意志去偷偷杀人，哪怕是他最想杀的慕容垂。正因他懂得克制，即便后来权倾朝野，也没有招来苻坚的丝毫猜疑。

　　既然苻坚不想杀慕容垂，王猛以后再也没去"证明"什么，再也没有为难过慕容垂。而慕容垂虽逃过此劫，却也"折损一臂"。真的，他或许真的愿意拿自己的一条胳膊，去换回慕容令的一条命。

　　慕容令逃回前燕，方知自己上了当。前燕认为他是奸细，把他迁徙到龙城东北六百里外的沙城。慕容令当然不甘坐以待毙，他试图收买人心，密谋起兵造反，无奈失败被杀。

　　这一次，又是"好弟弟"慕容麟的手笔，他把消息告诉了镇守龙城的勃海王慕容亮，慕容亮才施行固守的策略。最终，慕容令为涉圭所杀。慕容亮杀了涉圭后，心绪复杂地安葬了慕容令。

洛阳再次易手

　　王猛不会因为慕容令的"叛逃"而停止脚步。

　　到达洛阳境内后，他立刻把金墉城（洛阳城西北角上一小城。魏晋时被废的帝、后，都安置于此。城小而固，为攻略成守要地）团团围住。面对坚城，王猛没有强攻，用"围点打援"的策略，先派邓羌、梁成去石门解决前燕慕容臧的援军。燕军的战斗力似乎又回到了桓温北伐初期水平，依然是那么不堪一击——臧师败绩，死者万人。

　　战败后，慕容臧不敢向前，也不能违抗命令撤退，只好驻扎于石门观望。看不到援军，死守洛阳城的燕军唯一的希望破灭了，王猛又开始打心理战，适时地给城里送去了一封劝降信。洛阳城内的守军，乖乖地投降了。

　　不战而屈人之兵。王猛以最小的代价，轻而易举地拿下了洛阳。

　　至于还在远处观望、进退两难的慕容臧，秦军了他一个撤退的理由：梁成又一次击败他，斩首三千人。

　　这一战，对王猛来说未免也太轻松了，回顾整个过程，前燕对洛阳的存亡根本不够重视。

　　王猛的劝降信里提到城中不过"三百弊卒"，三百这个数字不一定很准确，但也足以说明洛阳城内确实没多少守军，前燕的准备明显不足。

　　在慕容垂击退桓温之际，梁琛作为前燕的使者出使前秦，被扣押了一个多月才回去。此时，慕容垂已经投奔了前秦。梁琛日夜兼程返回邺城，迫不及待地警告慕容评：前秦每日操练军队，在陕城以东夜以继日地聚集粮食、厉兵秣马。这是很明显的进攻信号。加上吴王慕容垂的西奔，不用多久他们就能打过来，应该早做准备。

见慕容评不以为意，梁琛进一步说出了自己的担忧：苻坚"机名好断，纳善如流"，王猛"王佐之才，锐于进取"，君臣二人可谓"千载一时"，"桓温不足为虑，终为人患者，其唯王猛乎？"

应该说，梁琛明察秋毫、洞若观火，是前燕的忠臣志士，可他的意见不仅不被执政者所采纳，反倒为自己招来了祸患——因其预言成真，梁琛被谗言所构，身陷囹圄。

前燕政府的无能可见一斑，亡国之象已现。

另一位骨鲠之臣皇甫真，也对慕容暐提出了"前秦威胁论"，并提出了具体的预防方案：洛阳、太原、壶关都应选用优秀的将领，增加兵力去把守。慕容暐没有主见，便跑去和慕容评商量，但对方却以"苻坚终不肯纳叛臣之言"为由（叛臣指慕容垂），拒绝了增兵的建议。

好吧，既然你没有警觉，不对洛阳、太原、壶关增兵，那就不要怪王猛不客气了。这三个地方，一个不落，统统都被王猛盯上了。试问，洛阳已经失陷，太原、壶关还会远吗？

第四节　潞川惨败，前燕亡国

壶关、太原，一个都别想跑

半年后，即前秦建元六年（370）六月，王猛率领六万人马，再次进攻前燕。

此时发起伐燕之战，时机上堪称完美。

东晋方面：桓温去年遭到重创，回去后又逼反了豫州刺史袁真。现如今，桓温正忙着打内战，根本无暇北顾，王猛完全不用担心东晋过来添乱。

前燕方面：慕容垂已经出逃，其国军力上又遭到桓温、王猛的打击，军政弊病暴露无遗。这几年间，前秦使者多次出入燕境，对前燕高层的腐败有所了解。此外，前燕使者郝晷对王猛泄露了很多前燕的国情。

苻坚送王猛于灞上，做出了最后的战略部署：先打壶关，后平上党（今山西长治），再直趋邺城。至于后方粮食运输补给，苻坚已做好了充足的准备，加上有关陇秦川天然地形的掩护，王猛完全不用操心。

雄赳赳、气昂昂，王猛带着六万人东征了。

等一下！怎么才六万人？想要灭燕国，只有六万人是不是少了点？前燕可是有着千万人口（《晋书·苻坚载记上》记载：坚入邺宫，阅其名籍……户二百四十五万八千九百六十九，口九百九十八万七千九百三十五）的大国啊！

不要拿王猛和桓温比，桓温去年北伐带了五万人，那可都是桓温自己的"家底"，而王猛的背后，有着苻坚举国之力的支持。

所以苻坚是不是有些抠门？

六万人肯定不是前秦的极限，但也接近是能动员的最大兵力了。在公元368年的四公之乱，前秦着实伤了元气，两年内不可能完全缓过来。王猛不能把所有部队都带走，总归还是要防范一下前凉的张天锡，必须留下些人守家。

兵是少了点，可王猛不在乎。兵贵于精，不贵于多，这是他一贯的主张。有着六万的虎狼之师，加上邓羌、张蚝两个"万人敌"压阵，王猛就有底气！

怎么看出来王猛的自信？双方还没正式交战，兵力劣势的王猛，就开始分兵了——自己带一路去打壶关，杨安带一路去打晋阳。

有关壶关之战，史书没有记述具体的过程，王猛轻松拿下，生擒上党太守慕容越，沿途郡县皆望风投降。但是杨安在晋阳的战事，就不那么顺利了。

蒋福亚在《前秦史》提道："晋阳（今山西太原）雄踞天下之肩背，东阻太行山和常山，西有蒙山，南有霍太山和高壁岭，北扼东陉和西陉两关，号称四塞之地。因此，晋阳易守难攻，是通向中原的北门，自古以来就是并州首屈一指的军事重镇。"加之前燕在此兵精粮足，杨安碰了钉子，打了两个月没有攻克。

正当杨安一筹莫展的时候，王猛的援军突然出现在他的面前。王猛不想拖下去，他亲自到晋阳指挥，打算趁前燕救兵未至，一鼓作气拿下它。

面对兵多粮足的晋阳城，王猛也不打算去做过多无意义的消耗了，直接挖地道，命张蚝带领数百名敢死队从地道潜入城中，一举夺下城门，顺势攻克晋阳，擒住了并州刺史慕容庄。

这里有个问题值得思考：在两个月的时间里，前燕为何坐视不管？

慕容暐早就派慕容评领三十万军队去救援壶关和晋阳。

（笔者按：关于慕容评的兵力，史书记载不一致。《资治通鉴》第一百零二卷记载"燕主暐命太傅上庸王评将中外精兵三十万以拒秦"。《晋书·苻坚载记上》记载"暐遣其太傅慕容评率众四十余万以救二城"。《晋书·慕容暐载记》也记载慕容评精卒四十余万。但无论是"三十万"还是"四十余万"，都远多于王猛的六万兵力。）

可慕容评这个尿包，却迟迟不敢进援！他是真的怕了王猛。前怕狼后怕虎地思虑了好久，慕容评才选择了最稳妥的作战方案，屯兵潞川（今山西长治潞城附近），以逸待劳。

学者靳生禾、谢鸿喜在《潞川之战古战场考察报告》中指出："潞川古战场位于浊漳河最宽处五十里处，附近的台壁城与潞县东西相望，与壶关形成掎角之势，数千年间一直是上党东部交通孔道和战略要冲，此地与中古之世的邺城，形成山上山下。因此，潞川实为邺西屏障。唯其如此，前燕出于拱卫邺都，必固守潞川。"这么说来，这个地儿倒也挑得不错。

当年十月，王猛率军抵达潞川，双方的决胜之战即将打响！

将帅不和，王猛玩柔道

我们先来对比一下秦燕双方的兵力。

六万比之三十万，是什么概念？1：5。说实在的，我不信王猛没有压力，往前看，建安十三年赤壁之战的兵力差距都没这么悬殊，王猛就那么有自信打赢这场仗？

翻看慕容评的履历，你会发现，他征战沙场几十年却鲜有胜绩。有时取胜，也是因为主帅指挥得宜。所以，自己有几斤几两，慕容评比谁都清楚。如今，面对不可阻的王猛，虽空有兵力优势，却堕入了自卑的沼泽中，未战先怯！

未战先怯，在气势上就已输了一半。慕容评肚子里的墨水实不足支撑他击败这支秦军。而就在此时，前秦内部的不团结，让慕容评看到了一丝希望。

王猛和邓羌，这对合作多年的老搭档，在这节骨眼儿上，居然内讧了！

局势突然变得微妙起来。

原来，王猛令邓羌的手下徐成去侦察前燕的部署情况，约定中午回来，可徐成到了黄昏才回来。为何会晚了这么久？侦察敌情，自需小心谨慎，超时也不奇怪；但从另一个角度来看，是不是也有通敌之嫌？退一万步讲，就算王猛没有证据指出徐成通敌，单凭延误回归时间，就足以杀掉徐成。

大家一定知道秦朝末年陈涉、吴广所引领的农民起义。《史记·陈涉世家》记载："会天大雨，道不通，度已失期，失期，法皆斩。"因为"失期，法皆斩"，所以陈涉一行人才开始起义。可见，延误日期被斩的规定，早已成文。

有些学者认为，这是三代（夏商周）以来遗留下来的军法传统。尽管睡虎地出土的秦简明确说明秦朝律法"失期"不是死罪，但是继承秦制的西汉，仍然有"失期"当斩的例子。

《史记·卫将军骠骑列传》记载："（张骞）为将军，出右北平，失期，当斩，赎为庶人。"张骞本来是死罪，拿钱赎罪，贬为庶人。西汉与匈奴的漠北之战，李广在大漠迷路，遭到了卫青的责叱，愤而自杀，其罪名也是"失期"。

司马迁和张骞、李广生活在同一时代，不可能弄错汉代律法。可见，古代军法对未按规定时间到达目的地的行为，都是处以斩首。

一向冷酷惯了的王猛，当然不能容忍，下令将徐成斩首示众。邓羌心疼属下，百般求情，希望王猛给徐成一个戴罪立功的机会。王猛固执己见，表明了非杀不可的态度。

邓羌也是有脾气的人，旋即拂袖而去，径直走回自己的军营。行止中透出五个大字：老子不干了！

大家面面相觑，不禁想：早晨还好端端的，怎么一下子就翻脸了？徐成到底还杀不杀？

没过多久，邓羌又回来了。不过这次不是他一个人，而是他带着他手下整支部队。战鼓擂动，喊着要和王猛拼命的口号。

拿自己本部去跟王猛硬拼？你不知道王猛可以调动所有的部队吗？

邓羌这也太冲动了吧？

王猛装作一头雾水的样子，悠悠问："将军这是何故？"这人真有意思，你刚刚还把人家惹怒了，死活不同意宽恕徐成，这么快就忘了？

看似明知故问，实则内蕴乾坤。其实，这既是在给邓羌解释的机会，也是在给自己一个台阶。

义愤填膺的邓羌，自然不会去珍惜自己的唾沫星子，愤然道："我奉诏讨伐远处的贼人，而现在眼前有个贼却要自相残杀，我先要把他除掉！"

眼见将帅不和，兵戎相见，王猛却出人意料地妥协了！他用哄孩子般的语调，道："好了好了，别闹啦，快带着你的人回去吧，乖，我决定不杀徐成了。"

面对突如其来的冲突，王猛如同玩过家家似的，就这么化解了。因为他明白，决战一触即发，在这个节骨眼儿上，没必要与邓羌在这种小事上去争个高下，后面的战事还要靠他呢。因小失大，得不偿失。

末了，邓羌可能觉得自己的做法有些理亏，主动带着徐成来找王猛道歉，王猛拉住邓羌的手，继续给他戴高帽子，道："我啊，今天只是想试一试，想考验将军一下！将军对待手下的郡将都如此珍惜，何况是对国家呢？我不再忧虑敌人了！"

我估计，此时邓羌很可能在暗骂王猛：老子都和你共事十余年了，还需要你去试探考验？你说这话你自己信吗？

一个"奴才"引发的亡国之祸

前燕这头，慕容评打算打一场持久战，不欲与王猛交战，而是拖垮深入中原的秦军。这个计策应该说是没什么问题的。

只是，既然不交战，慕容评似乎没什么事情可做了。

没事做的话，就找点事情来做！

慕容评可能是经济学出身的，身在最前线指挥打仗，还不忘要增加前燕"GDP"产值。他居然想到了封山占水这个妙招：封山禁泉，贩柴卖水。卖给谁呢？卖给自己的士兵！

很快，慕容评后方的钱帛堆积如山。同时，士兵们的怨气也升腾了起来。

消息传到了秦军这头，王猛笑了："慕容评真奴才！"这样的对手，还有什么理由拿不下！于是，王猛派人夜里绕道慕容评后方，一把火烧了燕军的辎重。

夜里，熊熊烈火，照亮了半边天，霎时间，它烧得是那么炫彩夺目，而又惊心动魄！

伫立低处的邺城军民被惊动了。他们不知道，前线到底发生了什么，他们的太傅是否出了什么乱子，他们甚至担心当晚就能看到王猛兵临城下！同样被惊动的，还有前燕的皇帝——慕容暐。

弄明白真相后，慕容暐立刻派人训斥慕容评："太傅爷爷啊，你可是高祖的儿子，我的爷爷辈的人，怎么不懂得以国家大事为重，反而卖水卖柴，一门心思做买卖？好！你说你要提高国家'GDP'。你把'GDP'刷那么高，是要给东晋看，还是要跑到苻坚面前炫耀？国库里的积蓄，我与你共享，哪里有什么贫穷可忧虑？对了，之前出使前秦的那个梁琛，天天在我面前鼓吹苻坚比我开明，王猛不可战胜，太傅胜算很低。现在他已经被我投入大牢了。你可要给我争口气，别让他看我们笑话！吴王慕容垂被你逼走了，范阳王慕容德被你免官了，现在国家能指望的人只有你。如果国家灭亡，你把这些钱帛放哪里？我的太傅爷爷，赶紧把钱分发给军队，赶快击溃王猛，你知道现在邺城百姓有多恐慌吗？"

前所未有的压力锤击着慕容评的胸口。以前，他有慕容恪的大腿可抱，无须做什么就能轻松混到军功。如今，慕容恪已不在，他只能依靠他自己。

想到这里，慕容评鼓起勇气，派人向王猛下了战书。成败在此一举！

潞川之战，十六国时期最经典的战例之一，它是王猛走向顶点的垫脚石，前秦迈进巅峰的踏脚板！

战前，王猛列阵誓师，鼓舞士气："王景略受国厚恩，肩负朝廷内外的重任。今天与诸君深入敌境，应当竭尽全力，殊死战斗，报效国家！凯旋后，咱们在明君面前接受封赏，在父母面前举杯庆祝，不亦美乎！"

一翻豪言壮语让前秦将士们心潮澎湃、斗志昂扬，争先奔赴那个能让他们"镀金"的战场。他们挥舞着寒光凛凛的利刃，直插燕军的心脏。

慕容评也不含糊，尽遣主力。凭借人多势众的优势，短时间内，燕军并未落于下风。

压力被踢到了王猛这边，他该如何化解呢？

战前，王猛特意单独鼓励邓羌一番。而这位秦军的撒手锏，却直接明着勒索王猛，向王猛要官。他说："若以司隶见与者，公无以为忧。"

司隶校尉，相当于长安以及周边地方的监察官。以王猛的地位，当然能办成这事。但这可是一发千钧的战场啊！敌众我寡，容不得托大。邓羌你这样做，是不是有点过分？

受到要挟，王猛的内心是拒绝的，回应道："此非吾之所及也。必以安定太守，万户侯相处。"邓羌一听这话就不乐意了，转身就回营闹情绪。

两军交火，王猛派人召唤邓羌，邓羌置若罔闻，高挂免战牌，闷头睡觉。王猛没辙，又亲自跑去许诺邓羌，事后给他司隶校尉，邓羌方才答应出战。开怀畅饮后，他终于披挂上阵。

决定性的时刻终于到来。秦燕双方厮杀一处，闹得个天昏地暗、不分轩轾。

如同两个人赤膊决斗，都在靠着意念硬撑住自己的双腿，前秦突然注入了一剂强心剂——邓羌与张蚝、徐成等人带着自己的生力军突然加入战场，"跨马运矛，驰入评军，出入数四，旁若无人，攀旗斩将，杀伤甚众"。

邓羌等人杀入燕军，左冲右突，如入无人之境……

终于，燕军崩溃了，损失五万人。慕容评无法再次组织起有效的反击，只能开始往后撤退。前秦乘胜追击，又有十万燕军被杀或投降。慕容评单骑逃回邺城。

潞川之战，前秦以少胜多，用正面实力击溃前燕，取得了无比辉煌的胜利。

由此，前燕的灭亡进入了倒计时，苻坚的宏图大业也因此正式开启。

最后再说一下邓羌。他当之无愧是这场战役的关键人物，左右了整个战局的形势。只是在他顶撞王猛、要挟王猛的时候，就不怕王猛秋后算账，给他穿小鞋，报复他？如果说顶撞王猛的时候，是王猛还需要他。那临阵索要官职的行为又作何理解呢？就不担心王猛开出的是空头支票，打完仗就翻脸不认人？

他一点也不担心。

只能说邓羌太了解王猛了。他与王猛合作了十余年，从开始时的打压勋贵、整治吏治，到征讨苻柳、平定内乱。王猛的为人，除苻坚之外，就数邓羌最了解了。

王猛不会滥用职权、徇私舞弊，对于前秦有用的人才，他都会不遗余力地挖掘。在灭燕后不久，王猛就履行诺言，请求苻坚封赏邓羌为司隶校尉。而苻坚认为，邓羌这种不可多得的人才，区区一个司隶校尉根本配不上他，不如晋升镇军将军，加授特进。

当然了，在肯定邓羌奋勇杀敌的功绩时，我们也不能忽略掉王猛的作用。

崔鸿的《十六国春秋》评价道："邓羌请郡将以挠法，徇私也；勒兵欲攻王猛，无上也；临战豫求司隶，邀君也；有此三者，罪孰大焉！猛能容其所短，收其所长，若驯猛虎，驭悍马，以成大功。《诗》曰：'采葑采菲，无以下体。'猛之谓矣！"

蒋福亚先生在《前秦史》中也对王猛评价甚高："恰如崔鸿所言，统率骄横跋扈之将，若不能随机应变，从权从宜，岂能独收大功。王猛不愧人杰。"

所以说王猛在此战中也发挥了极大的指挥作用，其重要性不亚于邓羌。如果说邓羌是秦军的骨干，那么王猛就是秦军的灵魂。

潞川大捷，战报飞传长安。闻讯后，苻坚兴奋得坐不住了，急忙回复王猛别忙着去打，他要亲自出征，去见证激动人心的时刻——灭燕。

王猛对苻坚的心理了如指掌，就好比之前四公之乱的时候，王猛已经重创了苻柳，却不忙于最终歼灭。他真的一点也不急，等着苻坚来了后，再让苻坚去收割。火急火燎的苻坚，仅用了七天时间就赶到了安阳，王猛也从前线偷偷西返以为接应，给苻坚吃了个定心丸。

王猛还没有率军打过来的时候，邺城周边经常有人公然抢劫，等王猛来了后，军纪严明，对老百姓秋毫不犯，社会治安井然有序，百姓又过上了安居乐业的日子，大家纷纷表示："没想到今天还会再一次遇到太原王慕容恪。"

王猛不由感叹："慕容玄恭信奇士也，可谓古之遗爱矣！"随即，王猛设置太牢来祭奠他。若慕容恪还在，王猛也不可能打到这里。

好了，既然君臣相会，灭燕之战就赶快收尾吧。苻坚即刻命邓羌去攻打正在观望的慕容桓，自己率主力部队围攻邺城。

就在此时，扶余人余蔚带领着扶余、高句丽的人质，趁着夜色偷偷打开了邺城的城门，将秦军迎入邺城。从前，前燕灭了他们的国，如今，是时候该还债了吧？他们的做法也无可厚非。当然，这也证明了"管理俘虏"是个老大难问题。

论逃跑技术，慕容评的经验还是比慕容暐丰富很多。眼见大难临头，慕容评也顾不上其他人了，一溜烟儿直接跑到了高句丽。可他还是被高句丽人绑了，又送还给了前秦。当初，慕容儁欺负人家的时候，哪会想到有今日的落魄？

慕容暐就没有这么好的脚力了，尚在逃跑的路上，就被擒获了。苻坚看看这个可怜兮兮的过气皇帝，决定赦免他，令他率文武百官出来投降，同时正式宣告前燕灭亡。

从某种程度上来说，前燕之所以亡国之祸，是由王猛口中的"奴才"引发的。

自此以后，前燕157个郡、246万户、999万人尽归前秦所有。

有一个细节值得一说。

破城之时，慕容垂也随苻坚而入。当他见到他其他的孩子，忍不住相对而泣。而后，慕容垂杀死了慕容麟的母亲（如前所析，很可能就是小可足浑氏），至于慕容麟，则被慕容垂安置在外。这孩子吧，杀了不忍心，看着又闹心，还是眼不见为净吧。（"然犹不忍杀麟，置之外舍，希得侍见。"）

第五章

前秦盛极一时

前燕梁琛曾评价苻坚、王猛，说："苻坚机明好断，纳善如流。王猛有王佐之才，锐于进取。观其君臣相得，自谓千载一时。桓温不足为虑，终为人患者，其唯王猛乎？"他的认识是非常准确的。

在消灭前燕五年后，王猛猝然离世，留下了让苻坚不能理解的遗言。因为不理解、不认同，苻坚没有完全遵照王猛的遗言，这给他后来的统治埋下了很大的隐患。须知，前秦此后版图空前强大，国力亦为三国之首，因此王猛反对消灭东晋的原因，才那么耐人寻味。

——引言

第一节　大胜之后，不可骄矜

听人劝，还是好皇帝

消灭燕国之后，苻坚春风得意。

打从苻生统治开始，他便战战兢兢，如履薄冰；夺位之后，外有前燕和东晋的威胁，内有宗室诸王的明枪暗箭。一切的一切，都使得苻坚不得不励精图治，丝毫不敢放松。

如今，前燕已灭，桓温忙于内斗，外部的威胁基本已经解除，内部的压力也小了许多——消灭前燕，无人不敢不认可苻坚的功绩。加上苻坚首战得利，他怎能不喜形于色、豪情满怀呢？

那怎样才能最直接地抒发胸中的豪气呢？

一个字：玩。

苻坚先在邺城附近打猎，玩了十多天，仍然没有回去的想法。见苻坚流连忘返，伶人王洛都看不下去了，便劝道："陛下长时间不回去，一旦有什么意外，天下苍生怎么办？"

苻坚的头脑还算清醒，分得清好歹。想想看，王洛只是一个唱戏的，谏言本不该由他来说，但苻坚也没因为他的"越职奏事"而动怒。因为他知道王洛也是为了他好，于是停止打猎，赏了王洛一百匹布帛。回宫之后，王猛板着铁青的脸教训苻坚："王洛之言，不可忘也！"苻坚从此不再打猎。

众所周知，慕容氏的颜值向来极高，苻坚也对迁至邺城的慕容家的小辈留心看了看。就这么一看，便瞧上了慕容暐的妹妹——只有14岁的清河公主，以及慕容暐的弟弟——12岁的慕容冲。史称慕容冲有"龙阳之姿"，姿色绝伦。苻坚遂将二人一并纳入后宫，来了个男女通吃。

古代帝王当中，也有一部分有那龙阳之好，但是姐弟共侍一人之事，实为罕见。这件毁三观的事很快就闹得尽人皆知，以至于长安城里传出歌谣："一雌复一雄，双飞入紫宫。"

分析苻坚的心理，他未必有多喜欢这对姐弟，除却新鲜感的因素，更多的是为了满足自己的征服欲。在王猛的极力反对下，过了新鲜劲儿的苻坚把慕容冲放到地方上去了。

分手不是诀别。再见时，场地已由暧昧的床，换成了金鼓连天的战场。

放走了小正太，苻坚又盯上了慕容垂的夫人小段氏，与之四处游玩，把一顶有颜色的帽子扣在了慕容垂头上。

秘书侍郎赵整虽是一个宦官，但他博闻强识，善于写文章，敢于直言进谏，前后多达五十多次。对于苻坚的行为，赵整作歌讽刺道："不见雀来入燕室，但见浮云蔽白日。"苻坚听到后，也觉自己言行失当，遂向赵整道歉，同时命令段夫人下车。

国君不单独接见臣子的妻子，这是最起码的礼节，忽视这个问题，说不定还会引起内乱，但苻坚就这么做了，这挺让人意外的。或许有人要问了，苻坚犯了这种大忌，而明察秋毫的王猛又持何种态度呢？

王猛视若无睹，置若罔闻。

笔者猜，这也许是因为苻坚招惹的是慕容垂的老婆吧。虽然王猛不难为慕容垂，但是苻坚以此行为来"打击"慕容垂，王猛还是乐于看到的。

对此，慕容垂也没奈何，只能忍着。

需要注意的是，苻坚放松自己，把国家的大权都交给了王猛。

王猛的用人之道

比如说，刚刚拿下的关东六州，政务都交给王猛。

苻坚的意思很明白，所有的事情，你看着办，不用请示我，便宜从事即可；所有要选拔的人才，你也看着选，也不需要对我说明，直接上任就行。

没过多久，苻坚加封王猛为丞相、中书监、尚书令、司隶校尉等官职，这一次，无论是实权职位还是荣誉头衔都有了，但苻坚还嫌不够。前秦建元八年（372）八月，王猛回到长安，苻坚加任王猛都督中外诸军事。

这下子，军权、政权都集中于王猛一人之身。至于说，要找一个人来制衡王猛？不存在的。

自古以来，所谓权臣，无非都是这样——将政权、军权一把抓，架空皇帝。

所以，但凡有实权的皇帝，都不会把权力集中到一个臣子身上，以防君权受到威胁。然而，苻坚就敢这么做，可见他对王猛的信任，已是无以复加。

王猛有些受宠若惊，百般推辞。

鲜花着锦，烈火烹油。王猛知道，现在他所得的都是苻坚赋予的，可是一人之下万人之上的他，就真的能安然受之吗？

为了治国，他得罪的人数不胜数，有多少人都等着揪他的小辫子。万一苻坚哪天倒下了，他还会享有如此崇高的待遇吗？难道不会被其他势力清算吗？对于过多的荣宠，王猛坚拒不纳。

然而，苻坚却似铁了心一般，非得让王猛接受。至于王猛内心的担忧，苻坚也看在眼里，因此他才找来太子苻宏、庶长子苻丕等人，当着王猛的面说："如果有一天我不在了，你们侍奉王公，要像侍奉我一样。"

话都说到这份儿上了，王猛没辙，只能勉强接受，继续保持立身清廉、执政严明的作风。

清廉自不必说。苻坚给王猛的赏赐，几乎都被王猛推掉了。王猛似乎对金钱、物质没啥兴趣，也不考虑给子孙后代谋求财权。相反，他给他的儿子王皮，只留了十头牛让他耕地。

王猛立身清廉，执政自然公正严明。

选拔人才，也是不分种族，不看出身。就算是宗室外戚，若无才能也别想着在王猛这里混个一官半职。至于前燕遗留下来的朝臣，也会根据才能选拔录用。

与此同时，王猛执法依旧严苛，仍然不给权贵特权。

王猛担任丞相之后，阳平公苻融（苻坚的幼弟，文才出众，著有《浮图赋》等）为冀州牧、都督六州诸军事。苻融为政，倒也算得上是明察秋毫，但他平日里喜用苛刻繁杂的方式。为此，臣属申绍多次劝他改进一下，苻融却未能领会其中的道理，仍按着自己的性子来。后来，申绍调到别处当官，苻融因犯错而失去声望多次被追责。

处罚最重的一次，是因他擅造学舍，遭到了弹劾。

按说建造学舍、兴办教育，是为了培养人才，苻融的本意肯定是好的，此举也符合前秦重视教育的国策。此处先不忙说苻融的问题所在，不妨宕开一笔，说说前秦在教育上的投入。

如前所述，苻坚从小就熟读儒家经典，他执政后，从始至终都在大力推广儒学。一开始，他坚持每月三次去太学考查学生、品评优劣。即便后来诸事烦冗，也保持着每月一次的频率。

学子们的积极性也顺理成章地被调动了起来，"诸生竞劝焉"。

苻坚还下令，凡关东的百姓，有学问能精通一经的，或是才能具有一技之长的人，都可以直接到官府当官。反过来，享受百石以上俸禄的官吏，学问不能精通一经，才能没有一技之长的，直接罢官为民。这么一来，百官都不敢有所懈怠，不久后全民学习的气氛蔚然成风。

言及此，笔者不由想到，北魏孝文帝拓跋宏也有过类似的举措。他也对文武大臣说过，教育与读书的重要性，并推行汉化、迁都洛阳，其目的之一就是全面提高本民族文化水平。

不仅仅是北魏。前秦灭亡后，后秦、南燕、西凉、北凉等政权都陆续继承了苻坚的这项优良作风，使得教育事业一直在中国长久不衰。直到隋朝，杨坚下令，废除全国所有的学校，才导致教育事业一度被中断（《隋书·儒林传》记载："及高祖暮年，精华稍竭，不悦儒术，专尚刑名，执政之徒，咸非笃好。既仁寿间，遂废天下之学，唯存国子一所，弟子七十二人。"），好在隋炀帝杨广能够审时度势，又及时恢复了被废除的学校，教育事业才再度兴盛起来。

蒋福亚先生对苻坚重视文教的举措给予了高度肯定。

他认为，"像苻坚这样振兴儒学的君王，不仅仅是在两晋十六国，就是放在整个中国历史上，也不是很常见。他是倡导汉化的先驱者，虽然不如孝文帝那么彻底，结局也不如孝文帝那样幸运，但这不能苛责于苻坚，当时的历史条件还不具备。在民族仇杀的悲剧发生后不过十多年内，苻坚能这样做，显出其惊人的胆识。他的做法，对于缓和民族矛盾、促进民族融合，起到了积极的作用，应该予以肯定"。

关于苻坚的民族政策，笔者在后文还会详加说明（详见下节）。

话题回到苻融遭到弹劾的事件当中。

苻融十分不服，便让他的主簿李纂到长安去申明道理。哪知，李纂却在半路忧惧而死。苻融得知此事后，愁得快白了头，要知道，他可是苻坚的胞弟，同一个爹妈生的，是苻坚最为倚仗的宗室。连他都畏惧法律，可见王猛执法确实不徇私情。

苻融没办法，再次求计于申绍，申绍便向苻融推荐了高泰。高泰原先是前燕的尚书郎，名声卓著、有胆有谋，在慕容垂投奔前秦后，申绍曾经对慕容评建议提拔高泰，缓解舆论压力。前燕灭亡后，王猛多次征召高泰，高泰置之不理。苻融苦苦哀求，高泰也理解苻融的做法并无不妥，方才答应。

到了长安，面对笑脸相迎的王猛，高泰劈头盖脸一顿"责骂"，王猛只好承认是自己的过失，事情才得以圆满解决。

人心不同：梁琛、乐嵩、郝晷

关于王猛的用人，还有一个小故事。

我们知道，前燕使臣梁琛曾因成功预测了战事，而又直言无隐，被慕容暐投进了大牢。等到前秦灭燕之后，符坚赶紧把梁琛释放出来，任命他为中书著作郎。后来，王猛亲自上表，要留下这人做自己的主簿兼任记室督。

某一日，王猛与同僚一起喝酒，说起了燕国的使者。王猛谈到，人心不同：梁琛来到长安，专门美化燕国；乐嵩只说桓温多么厉害；郝晷却暗中提到了燕国的弊病。

参军冯诞进一步问道："如今三人都归顺了我朝，取臣之道，应该优先任用谁？"王猛不假思索，表示："郝晷能洞察隐微的征兆，应该优先考虑。"冯诞则提出异议："然则明公赏丁公而诛季布也。"

丁公与季布，都是项羽的人。丁公曾经放了刘邦一马，后来刘邦灭掉项羽后，他跑去找刘邦领赏，不料却被刘邦以不忠之名杀掉。再说成语"季布一诺"的主人公季布。他一直对项羽忠心耿耿，为此处处与刘邦作对，没少让刘邦吃苦头，但他最后却得到了刘邦的赦免。

对于项羽的两个老属下，刘邦的做法是"诛丁公，赏季布"。以史为鉴，冯诞用典故来委婉地表达了自己不同的意见。值得玩味的是，王猛的反应很不一般。《资治通鉴》只记载了三个字："猛大笑。"

然后呢？然后就没有下文了。

对于冯诞的想法，王猛这种人精，岂会不懂？虽说"人心不同"，但总有规律可循。所以，他是真的要优先考虑郝晷吗？王猛心中肯定会有一杆秤。毕竟王猛可是亲自去找符坚要人啊！嘴上说要用郝晷，但身体却诚实得很。

司马光真是"坏"。"猛大笑"三个字，点到为止。王猛到底怎么想的，王猛笑完后说了什么，他以后又是怎么做的？所有的猜测，都留给后人去琢磨。

这种记载，让笔者想到了东汉初年，隗嚣和马援的一段对话。

当时，光武帝刘秀想要招降割据一方的隗嚣。于是刘秀派出了隗嚣的好朋友马援前去游说。故人重逢，经过一番寒暄后，隗嚣开始向马援询问刘秀的情况。

马援说，当今的皇帝（刘秀），其才能、勇武无人能敌，并且开诚布公、真诚待人、胸怀阔达，与高帝刘邦一样。他博览群书、事必躬亲、辨析政事，当世无人能比。

隗嚣问，既然刘秀这么厉害，你觉得他比得了高帝刘邦吗？

马援给出了很有"学问"的回答：不如刘邦。刘邦"无可无不可"（出自《论语·微子》，大意是事情怎么办都行，没有一定的死规矩）。刘秀却经常深入了解史事，做事情很节制、很守规矩，特务实，且不喜欢饮酒。

听了这话，隗嚣一头雾水：如果刘秀真是如你所说，那他岂不是比高帝刘邦还厉害？

第一次读到此处时，笔者的想法和隗嚣是一样的。从马援的话里，乍一听确实是刘秀优于刘邦啊！他为何却说刘秀不如刘邦呢？当笔者迫不及待地继续往下看时，这段对话竟戛然而止。

马援没有给出解释，或者说《后汉书》的作者范晔故意省去了马援的解释，留给后世之人去分析与思考。

现如今，从经济学、管理学的角度来看，马援说得颇有道理，不知诸位现在是否品出了一二？

"隗嚣与援共卧起，问以东方流言及京师得失。援说嚣曰：'前到朝廷，上引见数十，每接宴语，自夕至旦，才明勇略，非人敌也。且开心见诚，无所隐伏，阔达多大节，略与高帝同。经学博览，政事文辩，前世无比。'嚣曰：'卿谓何如高帝？'援曰：'不如也。高帝无可无不可；今上好吏事，动如节度，又不喜饮酒。'嚣意不怿，曰：'如卿言，反复胜邪？'"（《后汉书·马援传》）

第二节　遗言里的第一个问题

王猛辞世，遗言殊可深味

前秦建元十一年（375），也就是吞并前燕五年后，王猛突然倒下了。

翻看史书的记载，王猛除了喝酒以外（且并不嗜酒如命），似乎没有别的爱好。我们在史载中，没见过他打猎，没见过他敛财，也没见过他好色（苻坚曾经赐给王猛美妾五人，上等女伎十二人，中等女伎三十八人，上百匹马以及十多辆车，王猛统统没有接受）。

史称："（前秦）军国内外万机之务，事无巨细，莫不归之（王猛）。"可见，过度的操劳，才是王猛身体垮掉的主要原因。原来，没有一个人可以像永动机一样不停地运行，王猛，他也是会疲倦的。

这厢，苻坚是真急了，他用了他能用的一切手段，给王猛祈福，比如亲自去南郊、北郊、宗庙、社稷祈福，派人祭祀各个地方的河神、山神。

待到王猛的病情稍有好转，苻坚立刻大赦天下，只要不是触犯死罪的人，统统赦免。此时，王猛还在上疏奏事，期盼苻坚能向前代优秀的君王学习。苻坚看后流涕不已。

当王猛实在支撑不住时，苻坚做了他一生最不想做的事：开口向王猛询问后事。在交代完遗言后（详见后文分析），王猛溘然长逝，享年不过五十一岁。

苻坚号啕大哭，他无法接受王猛先他而去的事实。他亲自装殓王猛，三次前往痛哭，按西汉大将军霍光的葬礼规格厚葬他，又追赠他为侍中。至于生前的官衔一律保留，谥号为武侯。

我们该如何评价王猛的一生？

在那个群雄并起的乱世，起初并不出色的前秦能够脱颖而出，一度成为中国最强盛的政权，这与王猛的智略是分不开的。王猛能将军、政一把抓，不愧是当世最优秀的人才之一。

如今，我们经常有人把张宾、王猛、崔浩放在一起比较。张宾智谋有余，但稍逊于治国之道；崔浩究览天人，却下场凄惨。这么一比，王猛的优势就出来了，既能治国安邦，又能善始善终，非张宾、崔浩二人所能比及。

也有人拿诸葛亮和王猛比较。公允地说，王猛所取得的成就，实则远超诸葛亮，这是没有任何争议的；但论个人风度、后世影响什么的，自然是诸葛亮要强于王猛。至于其他方面，就仁者见仁智者见智吧，在此不展开讨论。

王猛死后三十年，崔浩评价了王猛、慕容恪、刘裕。他说："若王猛之治国，苻坚之管仲也；慕容玄恭之辅少主，慕容暐之霍光也；刘裕之平逆乱，司马德宗之曹操也。"把王猛比作苻坚的管仲，可谓一语中的。

当然，没有苻坚的支持，王猛是不能取得这么高的成就的。这两人，可以说是君臣之间的典范代表。起初，燕国使者梁琛对慕容评说："苻坚机明好断，纳善如流。王猛有王佐之才，锐于进取。观其君臣相得，自谓千载一时。桓温不足为虑，终为人患者，其唯王猛乎？"

是啊，一个肯信，一个敢拼，他们真的将"互相成就"的最高标准做到了极致。

不只如此，王猛灭燕后，可谓功高盖主，但苻坚似乎从来都没有去猜忌过王猛，反倒是对其加官晋爵，恩宠备至。而王猛似乎也没有半点非分之想，始终对苻坚忠心耿耿。"飞鸟尽，良弓藏；狡兔死，走狗烹"这种事，压根儿不存在。

不过，对于其他同僚来说，王猛就不太友善了。

王猛不是一个好相处的人，别人很难与他结成朋友。这个人是专门为国家机器服务的，对人对事都铁面无私，所以别想和他去套近乎谋取利益。并且实话说，王猛有些小心眼，睚眦必报的事儿也偶有发生。至于坑慕容垂那一次，更是令人为之不齿。

金无足赤、人无完人，总的来说，王猛是值得人尊重的一代人杰。

王猛的死，对于前秦的打击极为巨大。放眼国内，无论是军事还是政治，都没人能代替他的位置。王猛所构建的国家机器，能够高速运转，与他本人的实干主义精神是分不开的。

而王猛留给苻坚的，除了无尽的悲痛外，还有让他感到困惑的遗言。

试说苻坚的成就

我们先来看下王猛的遗言。

"猛曰：'晋虽僻陋吴、越，乃正朔相承。亲仁善邻，国之宝也。臣没之后，愿不以晋为图。鲜卑、羌虏，我之仇也，终为人患，宜渐除之，以便社稷。'"

在王猛简短的遗言里，传达了两条信息：第一条，劝苻坚不要去打东晋；第二条，铲除鲜卑、羌族等其他民族，他们的存在是个隐患。

对于这份遗言，苻坚的态度只有三个字：不理解。

前秦该去打东晋吗？如果应该的话，王猛为何不支持？

回答这两个问题之前，我们先来看看苻坚在位时的成就以及苻坚的治国策略。

先来说说第一个问题。

357 年苻坚上位，初期一直都在配合王猛整顿朝纲、发展经济、养精蓄锐，偶尔出兵平叛，但却很少主动挑起战争。直到建元六年（370）王猛灭燕后，才陆陆续续地发动大规模战争。

我们来看一下前秦所攻取的领土：

370 年，前秦吞并前燕，取得关东六州、一百五十七个郡。

371 年，前秦消灭仇池国。（详见第六章）

373 年，前秦夺取东晋的梁州和益州，控制了长江上游地区。（详见第六章）

376 年，前秦消灭前凉，凉州以及河西走廊纳入前秦版图。（详见第六章）

376 年，前秦消灭代国，漠南纳入前秦的控制范围。（详见第六章）

379 年，前秦攻克襄阳，对东晋构成本质性威胁。（详见第七章）

382 年，前秦派吕光出征西域，次年大获全胜。（详见第三卷）

十多年间，前秦的扩张速度，只能用"恐怖"来形容。原本前秦只据有关

383

中之地，但在君臣的努力经营下，苻坚已然拥有大半个中国了。

毫不谦虚地说，前秦的版图是空前的，包括后来统一北方的北魏，其版图都没有囊括这么多地方。史称前秦"东极沧海，西并龟兹，南包襄阳，北尽沙漠"，东北的高句丽、肃慎，西北的于阗、大宛、天竺等六十多国，都争先恐后地与前秦建交。

四海之内，只有南方的东晋还在与前秦对抗。

论底气，论国力、领土面积，论人口和军队的数量，前秦都超过了东晋。

治国之法，在于道义

说到治国，苻坚最大的特点，是坚持道义。他信奉以德服人、以诚感人，用他宽大的胸怀和弘雅的气度去感化别人，希望别人能够真心实意为自己效忠，为前秦效忠。

慕容垂就是个典型的例子。他投奔苻坚，苻坚以礼相待，对其非常看重。后来王猛玩了一出金刀计，诬陷慕容垂，苻坚没有选择"将计就计"杀害慕容垂，而是继续信任慕容垂，而慕容垂在那个时候也是忠于前秦的，这一点学者冯君实在《评慕容垂》一文中，有过严谨的论证。

另外，对于叛乱者，苻坚在大多数情况下都给予了宽大处理。比如说，北方的刘卫辰多次叛秦，多次被前秦平定，苻坚仍然好吃好喝地供着刘卫辰；前秦建元十六年（380），行唐公苻洛起兵十万造反，引起了前秦不小的震动，苻坚也只将其迁至凉州的西海郡；建元十八年（382），苻阳与王皮、周虓一同谋反，事泄后三人都被逮捕，苻坚全部赦而不杀。

看吧，在前秦，造反的代价真的不高。就算失败了，只要给苻坚道个歉、低个头、认个错，苻坚基本上都会原谅对方，就当什么事也没发生过。

由于苻坚对叛臣的处置过于宽大，招来了司马光的严厉批评。老爷子认为，苻坚这是在放纵手下，因罪而不罚非帝王之行。

不仅仅是叛臣。投降过来的君臣，大多数过得很滋润。就拿李俨、张天锡、慕容暐、慕容垂等人来说吧，一直是高爵丰禄、衣食无忧。甚至那个导致前燕亡国的庸臣慕容评，都得到了范阳太守这样的差事。

这个安排让慕容垂非常不满，他亲自劝说苻坚，希望苻坚能替燕国杀掉慕容评。苻坚却摇摇头，展示出他的宽容与大度，对慕容评网开一面。

苻坚对手下确实很大度，他的德治主义也确实能感化别人，但这做得似乎有点过了。

每当国家降临自然灾害时，苻坚首先进行自我反省。他会认为是自己所修的德政不够，而不会去找其他客观原因，更不会将责任推诿给其他人。建元十八年（382）五月，幽州爆发蝗灾，苻坚让散骑常侍刘兰发动幽、冀、青、并四州的百姓消灭蝗虫。半年多过去了，蝗灾仍然没有得到根治。有人弹劾刘兰，认为他不作为，苻坚却说，蝗灾是上天给国家的惩罚，非人力可以消除，乃他政治混乱所致，与刘兰没有关系。

与王猛深受好评相似的是，苻坚之所以受到历代史家的肯定，与他善选人才的优点是分不开的。人说"靡不有初，鲜克有终"，但苻坚求贤若渴始终如一。

虽则前秦继承了西晋的九品中正制，给了士族们一些入仕的特权，但不会让他们像东晋南朝那样"平流进取，坐至公卿"。并且，苻坚提拔人才基本能做到不看出身、不问民族，只论能力。像是出身贫寒的王猛，从姚襄那边投降过来的权翼、薛瓒，身体"不健全"的张蚝，鲜卑人慕容垂、羌人姚苌，都得到了苻坚的信任。

更难能可贵的是，苻坚和王猛在选拔人才时，并非任意挑选，而是需要经过考察的。

怎么考察呢？凡地方官员推荐的人才，经过考察后确认如此，就给予地方官奖赏；反之，这个"人才"不能用，举荐人还会遭受惩罚。有了这个铁规，还有几个人敢胡乱举荐呢？托关系？走后门？完全行不通。如前所述，即便是宗室、外戚，无才者亦不加任用，坚决不养社会蛀虫的政治信号，由此释放出来。

讲到这里，可以斩钉截铁地说，军事实力胜于前秦的前燕，之所以会输给前秦，实属必然，因为腐化堕落才是一个国家最大的蠹虫。

光是"机明好断，纳善如流"肯定不够，苻坚身上值得肯定的地方，还有很多。

在经济方面，苻坚经常减免租税，救济贫困人口。例如，灭前凉后，凉州租赋减免1年；灭代国后，3年无税租；巡行龙门，所经之地田租统统减半……

苻坚带头节俭，严禁奢侈，这与西晋武帝司马炎形成鲜明的对比。在苻坚统治期间，从未见他有修建宫殿、建设园林这些满足私人娱乐心理的工程。至于推崇儒学、建设学校、兴修水利等其他的惠民措施，前文已有详细说明，兹不赘述。

自魏晋以来，中原大地再一次出现了人民安居乐业、社会欣欣向荣的兴盛景象，史称："自永嘉之乱，庠序无闻，及坚之僭，颇留心儒学，王猛整齐风俗，政理称举，学校渐兴。关、陇清晏，百姓丰乐，自长安至于诸州，皆夹路树槐柳，二十里一亭，四十里一驿，旅行者取给于途，工商贸贩于道。百姓歌之曰：长安大街，夹树杨槐。下走朱轮，上有鸾栖。英彦云集，诲我萌黎。"

即使史书可能存在着一些溢美的成分，我们也无法否定苻坚与王猛的努力。

想想看，在前秦之前，百姓长期处于后赵的残暴统治之中。苻坚以后赵为前车之鉴，致力于推行节俭、廉政、惠民、教育的政策，足以说明前秦的崛起并非偶然。尽管苻坚统治后期，他本人有些懈怠，但也未曾去瞎折腾，国家机器依然高速而又稳定地运转。

苻坚绝对是一个优秀的君王，君王该有的优点，他大部分都有。与事必躬亲的宋明帝刘彧相比，苻坚总能放权给臣子，信任他们可以完成所下达的任务；与"我性不喜人谏"的隋炀帝杨广相比，苻坚总能虚心接受批评，无论对方是什么身份；与梁元帝萧绎相比，苻坚胸怀宽大，有容人的雅量，无论对方出自何民族……

整个十六国时期，苻坚的统治时期可以说是最安定也是最强盛的。他所取得的成就，也是十六国各个君王当中最突出、最具代表性的。灭燕定蜀、擒代吞凉，接受西域诸国的朝贡，这些都是十六国时期划时代的事情。

总之，在前秦的鼎盛时期，于内，能国泰民安；于外，则屡战屡胜（司马光认为屡战屡胜不是好兆头）。所以，第一个问题应该有答案了。苻坚想与偏安一隅的东晋一决雌雄，进而一统天下，没毛病。

不妨换位思考，如果你是苻坚，取得了这么大的成就，还会允许有个偏安一隅的东晋在自己眼皮子底下苟活吗？无论是人口、领土，还是国力，前秦都比消灭东吴的西晋要强大得多，遑论区区东晋，所以发动灭晋之战争是势在必行。

第三节　遗言里的第二个问题

不用长江限南北

既然应该打东晋的话，那王猛为何不支持？

明初才子高启诗云："前三国，后六朝，草生宫阙何萧萧。英雄乘时务割据，几度战血流寒潮。我生幸逢圣人起南国，祸乱初平事休息。从今四海永为家，不用长江限南北。"

要说苻坚的愿望，也是想"不用长江限南北"，到达北方皇帝梦寐以求的城市——建康。

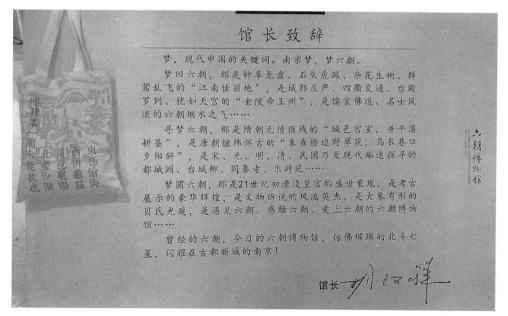

六朝博物馆馆长致辞·笔者的前秦主题帆布包，笔者摄于南京六朝博物馆

建康，今江苏省南京市，古代又名建邺、秣陵、金陵。是三国时期的东吴、东晋、南朝宋、齐、梁、陈连续六个朝代的首都。在这个大分裂的乱世中，南京脱颖而出，成为六朝之根基。

在六朝的经营下，南京城俨然成为当时世界上最繁华的城市之一，与古罗马城并称为"世界古典文明两大中心"，以南京为代表的六朝文化，在人类历史上产生了极其深远的影响。《太平寰宇记》记载南京城纵横四十里间，有二十八万户，这还不包括僧侣以及荫蔽的人口……

一切的一切，都毁于一场人为的灾难。

公元589年，隋朝消灭南朝的最后一个朝代——陈，统一全国。杨坚下令，把繁华无比的南京城全部拆掉，用来耕田！《隋书·地理志》记载："彤阳郡，自东晋以后置郡曰扬州。平陈，诏并平荡耕垦。"《隋书·五行志下》记载："及陈亡，建康为墟。"《资治通鉴》第一百七十七卷记载："于是陈国皆平，得州三十，郡一百，县四百。诏建康城邑宫室，并平荡耕垦，更于石头置蒋州。"

无数亭台楼阁、画栋飞甍，被隋军毁灭，化成了断壁残垣。直到如今，考古界仍然没能找到六朝时期皇宫的具体位置，南京六朝博物馆也只是在考古界搜寻到的一处六朝时期的夯土墙遗址上建成的。

南京大学历史系教授、六朝博物馆馆长胡阿祥，对杨坚的做法非常不满，他用"无情摧残"这个词，对其严厉批评。李白诗《登金陵凤凰台》中所述的"吴宫花草埋幽径，晋代衣冠成古丘"，看来古今之人都对这一罪行痛心疾首，叹惋不已。

当然，符坚所向往的建康，彼时还是一个繁华富庶的所在。

晚年的王猛，已经看出了符坚的心思。王猛死后，符坚曾哭着说："天不欲使吾平一六合邪？何夺吾景略之速也！"他最初的打算，定是让王猛去带兵平定东晋。这也就是符坚不理解王猛劝他勿攻东晋的原因。

不仅符坚不理解，很多人都不理解。

国家强大、君主优秀，王猛为何要这么说？只是因为东晋是"正朔所在"吗？显然不是。世人皆知，那头都当了多久的"白板天子"了？能有多"正朔"呢？

所谓"正朔"，只是个忽悠人的借口罢了，真正的原因包含在王猛遗言的后半句："鲜卑、羌虏，我之仇也，终为人患，宜渐除之，以便社稷。"

咱们从"事后诸葛亮"的角度来看，尚未剪除后患，则内部不安；而内部不安，则大业难成。只是洞若观火的王猛已经去了，还有几人能看出这繁华盛世的潜在危机呢？

充满美好愿望的理想主义者

"鲜卑、羌虏，我之仇也，终为人患"，仔细考虑这句话，我们可以看出王猛的一个态度，他对鲜卑人和羌人始终放心不下，认为他们是"不安定分子"。尤其是鲜卑人，虽然他们投降了，但这里面总有一些反秦分子，他们无时无刻不打算复国。

比如说，慕容垂在前燕灭国之际来到了邺城，见到了燕国的公卿大夫以及以前的同僚官吏后，面有怒色，他的潜台词再简单不过：去年你们这帮饭桶把我逼走，还不到一年的工夫就亡国了，要你们何用？

此时，高弼看出了慕容垂的心思，立刻走上前批评慕容垂。他说："虽然国家暂时灭亡了，但没准儿就是中兴的开始，对待故旧元老，你应该原谅他们，争取他们的支持，然后再建立宏大的功业，不能因为愤怒而抛弃这些人。"他的意思太浅白了：你以后复国还要用到他们，不要现在就撕破脸面，留一个心眼啊，我们敬爱的吴王，你可是我们全村唯一的希望！

高弼这个人，一开始就跟随慕容垂来前秦避难，算是慕容垂的心腹之一。虽然他无法预测复国的时机，但从他这话不难看出，他们复国的心愿有多强烈。慕容垂听了高弼的话，方才面色转霁。

邺城被前秦攻破后，屯守内黄（今河南内黄）的慕容桓逃到辽东。不日后，他就被前秦追兵追杀了。他那十一岁的儿子慕容凤，开始广泛地与有才干的鲜卑、丁零人结交。苻坚的二号谋十权翼认为他很不安分，便对他说："小孩子年纪轻轻，就能显露自己的才望，这很好，就是千万不要学你父亲那样不知天命。"

听罢这话，慕容凤心里很不爽，他厉声呵斥权翼，说他父亲是忠臣，是人臣的操守，是他学习的榜样，末了，他还教训权翼道："你难道就这样教导后辈？"

一顿话把人呛了一鼻子灰，权翼始料未及，向慕容凤道歉后，匆匆离开。他对苻坚报告了这事，并称慕容凤"狼子野心"，恐怕不会为他们所用。

笔者相信，权翼既然能对苻坚说，那他很有可能也对王猛说。王猛对鲜卑人的态度非常强硬，从他对慕容垂的陷害就能看出来。王猛在世期间，慕容垂从未在前秦有过带兵打仗的记录。慕容垂本人或许暂时还没有复国的想法，但这不等于永远没有。

亡国之君慕容暐、"小狼崽子"慕容凤等人固然值得警惕，但苻坚那宽和的民族政策，才迫使王猛不得不留下除掉二族的遗言。纵虎归山，是他最担心的事情啊！

前秦的民族政策大概可以分为三点。

第一，尽量安抚其他被征服的民族，不压迫、不滥杀平民，并且还优待其中的上层分子。就被征服的民族成分而言，鲜卑人、羌人占主要部分。羌人姚襄死后，其弟姚苌投降。苻坚对姚苌十分信任，经常派他带兵打仗。慕容暐、慕容评以及前燕的王公诸臣，也都被授予了官职，苻坚对他们都信任有加。那时候，还不流行杀害敌国或者前代皇帝的做法，直到刘裕时期才坏了规矩。

第二，打击氐族权贵，确保吏治清明，开设学校、尊崇儒学。

第三，任用汉人士族，无论是在关中地区还是新征服的前燕关东地区。

关于第二点和第三点，王猛生前都在不遗余力地去做。至于第一点，完全是苻坚自己坚持的宽大而又道义的治国理念，并且苻坚在这一层面非常固执。尽管前秦内部排斥鲜卑的声音很大，但苻坚一反虚心纳谏的常态，坚持优待鲜卑的政策，直到他的理想完全破灭。

是的，苻坚是一个理想主义者。他的理想就是用他的德治主义，去感化他手下的每一个人。突然想起史立兹的一句话："理想如星辰——我们永不能触到，但我们可像航海者一样，借星光的位置而航行。"苻坚，不就是一个超越时代的航行者吗？

理想远在天边，但他却借着它的位置，朝着民族融合的目标奋力航行，当然你可以说这是他一厢情愿，但他毕竟比刘渊、石勒更进了一步。谁又忍心去苛责他呢？

隐患暗潜，乃为王猛之忧

在羌族、鲜卑之中，王猛更担心的是后者，因为他们的数量更为庞大，建立过的王国也曾显赫一时。他们怎么可能臣服于人呢？

在灭燕不久（370），苻坚将慕容暐和他的后妃、王公大臣，以及四万多户鲜卑人全部迁徙到长安。次年（371），苻坚又迁徙关东豪杰及杂夷十五万户于关中，把乌桓人安置在冯翊（今陕西大荔）、北地（今陕西耀州东），丁零人翟斌及其部众安置于新安（今河南义马）、渑池（今河南渑池）。

算下来，大约有一百万非氐族人员（按一户＝五口）被苻坚迁徙到了关中地区。这样庞大的异族数量，再加上苻坚优许鲜卑高层进入政权中枢的做法，引起了前秦氐族的强烈不安。

前秦建元九年（373），太史令张猛夜观天象，推断出十年之后燕灭秦国之象。为此，他匆忙向苻坚进言，请求诛杀慕容暐及其子弟。苻坚没听他的话。

隔年，发生了一件蹊跷的事，有人进入光明殿大喊道："甲申、乙酉，鱼羊食人，悲哉无复遗！"苻坚下令抓捕，却查无此人，没有抓到。这事传了出去，大家议论纷纷。距离当时最近的甲申年和乙酉年，是384年和385年，也就是十年和十一年后；至于"鱼羊食人"，"鱼"字和"羊"字组合成一个"鲜"字，应该是暗指鲜卑。

秘书监朱彤、秘书侍郎赵整坚持请求诛杀鲜卑人，以绝后患。苻坚也没有听从。

所以，这才有王猛的临终遗言。可苻坚还是坚信自己的选择。

前秦建元十六年（380），平定苻洛叛乱后，苻坚进一步加剧了这种不安因素。他把关中氐族十五万户迁徙至关东，让他们维护东方的安定。这有点像是西周时期的分封制度，苻坚让自己的亲属们分别统领一方。

那一天，苻坚亲自到灞水送别他们。氐人们在辞别父母亲属后，全都失声痛哭，把离别的气氛渲染到了极致。但听赵整弹琴唱道："阿得脂，阿得脂，博劳舅父是仇绥，尾长翼短不能飞。远徙种人留鲜卑，一旦缓急当语谁！"

这首歌的大意是，把自己种族的人迁徙到远方，却留下了鲜卑人在身边，万一出现危急情况，应该告诉谁？

听了这歌，苻坚笑而不语，仍然不以为意。

对于苻坚的谜之操作，我有些不解。为了充实京畿人口、便于控制利用，也有很多君主选择将征服的臣民迁入京畿，但前提是之前的统治集团都簇拥在自己身边。

所以，苻坚为何要把本族人迁走，是因为当时的长安房价太贵了吗？能贵得过北上广？他这是要减少本地户口，用以开发房地产事业？虽然笔者对苻坚的民族政策表示一定程度的理解，但他这一出确实令人费解。

苻坚坚持任用并优待鲜卑，是他贯彻"德治主义"的一种体现。感化鲜卑人，缓和民族矛盾，甚至于模糊民族的边界，希望他们效忠于自己。在促进民族融合的过程中，尽量不使用或者少使用武力，是苻坚所希冀的过程与效果。此外，前秦有一个致命的弱点，这也迫使他不得不优待鲜卑以及其他民族。

氐族致命的弱点

氐族本身，就不是一个多人口的民族，因此氐族统治者往往需要借助外力——别的民族与他们一起统治国家，这无疑是一个先天的、致命的弱点。

田余庆先生指出，苻洪从枋头起兵时所领的十万将卒，就不是纯粹的氐族部队。其中，氐人的数量并不多于汉人。如果说前秦一直在关中固守，这似乎并不是什么问题，但随着前秦的扩张步伐，氐族人口少的弱点则暴露无遗。

如何去统治广袤的领土？究竟该把有限的氐族人安置在哪里？当时大多数人认为，把氐族人口都集中在关中，以便控制形势。可是苻坚在苻洛叛乱后，毅然决然将氐户迁出关中。笔者认为这两件事之间存在着一定的关联。仔细分析了一下，苻洛造反的原因，是他多次想回关中进入朝廷中枢而遭拒。不仅是遭拒，苻坚还让他去益州、宁州，这几乎算是前秦的边疆了。并且，苻坚还给苻洛指定了线路图，拒绝让他经过长安。等到苻洛被平定后不久，苻坚就着急迁徙氐户。

前有四公之乱，后有苻洛起兵，加上王猛生前对贵族以及宗室的打压，使苻坚不得不考虑安抚满足氐人的措置。所以，把氐人迁到远方、分配给宗室，也许能满足他们对权势的渴望。这应该是苻坚迁走氐人的目的之一。

在迁走氐人之后，苻坚才能有更多的余裕，来进一步优待鲜卑，让他们为自己效力。此时的苻坚，已经开始准备对东晋动兵了，甚至说，把苻洛派到益州、宁州，也是出于战略考虑。益州、宁州位居长江上游，地理位置不可谓不重要，对东晋的威胁不可谓不大。因此苻坚容不得内部再出现叛乱。但这也有个副作用。正如赵整所唱的那样：关中一旦出现危急情况，该怎么办？

　　阳平公苻融对此忧心忡忡，后来，在苻坚发动灭晋之战前，他推心置腹地说了一些话，"陛下宠育鲜卑、羌、羯，布诸畿甸，旧人族类，斥徙遐方。今倾国而去，如有风尘之变者，其如宗庙何？""鲜卑、羌、羯攒聚如林，此皆国之贼也，我之仇也。"

　　即便苻坚固执己见，他也无法反驳关中氐族的看法。他们焦虑的情绪不无道理。毕竟氐族是自己人啊，他们还能害苻坚不成？

　　这大概就是苻坚的民族政策。他在优待鲜卑、缓和民族矛盾的同时，也给自己埋下了一颗定时炸弹。客观地说，在那个民族矛盾非常尖锐的时期，苻坚能够统一北方，拿下益州，确实是一个非常值得肯定的成就。这与他的民族政策是分不开的。但正如田余庆所说，苻坚之兴，兴于他缓和了民族矛盾；苻坚之败，败于他远未消弭民族矛盾。

　　可是苻坚已经尽力了，他已经做出了相当大的贡献，我们无须去指责他什么。彻底消除民族之间的矛盾与隔阂，融合众多不同习俗、不同语言的民族，绝非一蹴而就之事。它需要漫长的时间去等待，等待着下一个历史契机的到来。

　　直到苻坚死后一百年，一位雄才大略、经天纬地的帝王方才横空出世。他用自己博大的胸怀与独到的眼光，彻底改变了历史的进程，为以后的隋唐盛世奠定了基础。

　　孝文帝拓跋宏，历史在等着你去改变中国的命运。